本书获得中国社会科学院登峰战略优势学科（企业管理学）资助

政务云与云安全建设

葛 健 等◎著

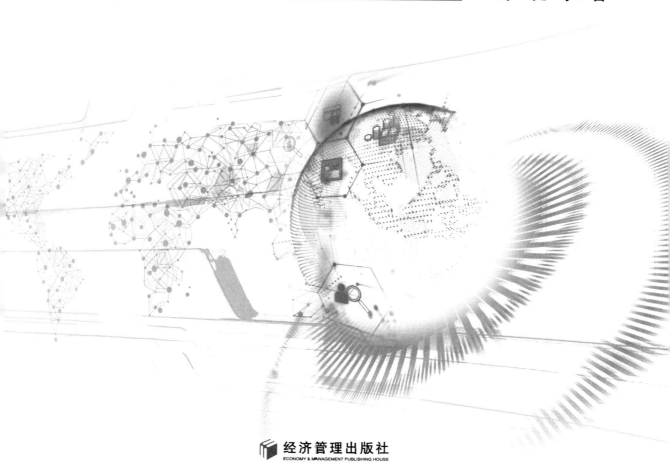

经济管理出版社

ECONOMY & MANAGEMENT PUBLISHING HOUSE

图书在版编目（CIP）数据

政务云与云安全建设/葛健等著. —北京：经济管理出版社，2023.10
ISBN 978-7-5096-9435-0

Ⅰ.①政⋯　Ⅱ.①葛⋯　Ⅲ.①电子政务—安全技术—研究—中国　Ⅳ.①D63-39

中国国家版本馆 CIP 数据核字（2023）第 217906 号

责任编辑：申桂萍
助理编辑：张　艺
责任印制：黄章平
责任校对：张晓燕

出版发行：经济管理出版社
　　　　　（北京市海淀区北蜂窝 8 号中雅大厦 A 座 11 层　100038）
网　　址：www.E-mp.com.cn
电　　话：（010）51915602
印　　刷：北京晨旭印刷厂
经　　销：新华书店
开　　本：787mm×1092mm/16
印　　张：21.5
字　　数：484 千字
版　　次：2023 年 10 月第 1 版　　2023 年 10 月第 1 次印刷
书　　号：ISBN 978-7-5096-9435-0
定　　价：98.00 元

编委会

郑大春　中关村软件和信息服务产业创新联盟　理事长
　　　　北京大学信息科学技术学院　副教授
胡晓阳　中国未来研究会　教授级高级工程师
陈　璐　河北省社会科学院经济研究所所长　研究员
　　　　河北省重点高端智库省社科院京津冀协同发展研究中心　首席专家
葛　音　河北省社会科学院经济研究所　助理研究员　博士
齐怀远　广西柳工机械股份有限公司　高级经理　博士
邱旭东　国家体育总局信息中心信息技术研发部部长　副研究员
刘洛东　国家体育总局体育信息中心电子政务和网站部副部长　高级工程师
李　锋　国家体育总局体育信息中心电子政务和网站部　高级工程师
杨　彦　西南大学信息化建设办公室　高级工程师
任彦龙　北京建筑大学网络技术与安全管理科科长
武喜涛　河北软件职业技术学院　副教授
石建国　河北软件职业技术学院　副教授
周　洋　河北软件职业技术学院　副教授
林鑫磊　北京财贸职业学院　助理工程师
陈　强　北京科技职业学院　信息中心
邝　冶　国家体育总局体育信息中心网络安全部部长　工程师
赵　刚　北京市公安局信息中心　正高级工程师
唐　科　中国民用航空飞行学院空中交通管理学院　高级工程师
葛　健　中国社会科学院工业经济研究所　副研究员
张　辉　北京太极信息系统技术有限公司综合二部副总经理　高级工程师
解晓康　天计科技（北京）有限公司　润雨 CNAS 实验室主任　工程师
任俊卓　Green light 咨询公司　解决方案咨询师
徐梦洋　中国民航信息网络股份有限公司　工程师
王　湖　保密资格审查认证中心　工程师　博士研究生
张美平　北京太极信息系统技术有限公司　高级工程师
张　军　国家药典委员会　信息中心主任　主任药师
葛占雷　产业互联网（河北）研究院　副院长　高级项目管理师
姚　静　产业互联网（河北）研究院　金融研究中心主任　博士　高级金融分析师
吴丽花　北京信息大学经济管理学院　副教授　博士
倪宏志　《纺织标准与质量》　副主编
王丽杰　国家能源集团新能源技术研究院有限公司　工程师
黄军会　北京市德润律师事务所　律师、高级合伙人
肖雅梅　北京云智航教育科技（北京）有限公司　工程师

蒋永生　湖州米欧康电子科技有限公司　技术总监　教授
　　　　湖州中国计量大学检测研究院名誉院长
蔡　辉　西北大学公共管理学院（应急管理学院）培训中心主任
　　　　西安博望经济管理研究所　主任
丁慧玲　北京汇众远航科技有限公司　高级工程师
和会欣　北京数码易知科技发展有限责任公司　高级工程师
葛　惊　北京中宏信技有限公司　高级工程师
孙　伟　计算机通信协会5G专业委员会　主任
吕　东　天津腾领科技有限公司　高级工程师
陈颖达　太平洋电信股份有限公司　技术总监
周广勇　太平洋电信股份有限公司业务拓展　高级总监
李臣亮　北京神州易和科技有限公司　高级工程师
张夏添　北京东方国信科技股份有限公司　云计算工程师
孙绪华　北京建筑大学网信中心　副主任　高级工程师
郭慧馨　北京联合大学后勤基建管理服务中心　副研究员　博士后
张　伦　北京财贸职业学院图书馆与信息技术中心　主任
葛树成　博研正通（北京）信息咨询有限公司　工程师
汪　平　首都信息科技发展有限公司　项目经理
贾　鹏　中略（浙江）城乡规划设计有限公司　咨询师
周萌萌　河南贝斯特文化传媒有限公司　工程师
于富家　中国路桥工程有限责任公司　高级工程师
佟　玲　北京市昌平区经信局　工程师
席小鹭　北京长峰天通科技有限公司　工程师
任向癸　陕西建工第九建设集团有限公司　工程师
刘夏青　北京市公安局海淀分局　工程师
黄艳军　国家自然博物馆　高级工程师
付　静　民航机场建设集团华北有限公司　高级工程师
董　莉　北京中企卓创科技发展有限公司　工程师
董　瑞　北京交通大学　创业指导办公室主任/助理研究员
郑海芸　北京帝测科技股份有限公司　经理　高级工程师
付　延　北京市延庆区经信局　工程师
耿　琦　北京网威科技有限责任公司　工程师
张炎照　中国电信股份有限公司北京分公司　工程师
肖一博　中国联合网络通信集团有限公司郑州分公司　工程师
葛龄聪　北京汇众远航科技有限公司　工程师

叶涓涓　北京双高志远管理咨询有限公司　咨询师　硕士
佘晨阳　保定市莲池区云翔网络信息科技职业培训学校　助教
葛芸琦　北京工商大学工商管理系

前　言

　　"60后"被称为中国历史上最幸运的一代人，不但经历了中国改革开放的历史过程，还见证了几代计算机技术的发展变迁，可以说是有幸经历了计算机诞生至今技术飞速发展的全过程。在此期间，有两个伟大的定律得到了充分验证：一个是英特尔联合创始人戈登·摩尔在1965年发现的摩尔定律，该定律发现并预言了集成电路的演变规律，即芯片的半导体集成度每隔18～24个月就会翻一番，同时价格下降为之前的一半；另一个是小型机创始人戈登·贝尔在1972年提出的贝尔定律，该定律预测每10年就会产生一代新的计算设备，并且设备数量会增加10倍。笔者接触过的计算机硬件，CPU从电子管、晶体管到集成电路、超大规模集成电路，再到使用终端的集中式主机和个人微型计算机，也就是从集中式大型计算机到所谓的个人计算机；目睹了互联网在中国普及应用的全过程，动手参与过NOVELL网同轴电缆的布线联机和Windows对等网的连接；第一次使用计算机是用来进行数值运算，机器名字是TQ16，TQ是图强的缩写，是我国第二代晶体管计算机，也使用过VAX计算机、长城0520和IBM286、IBM386等；所用的操作系统从单进程的DOS2.0、DOS3.0、DOS3.30、DOS3.31到DODOS6.0和UC-DOS5.0，学习过支持多进程的Unix操作系统课程，见过纯英文的视窗Windows3.0演变到如今的Windows11操作系统等；软件编程使用过ASCII码编写的穿孔纸带、汇编语言、C语言、FORTAN语言，经历了从结构化程序设计语言PASCL到面向对象程序设计语言C++、C#、JAVA的跨越过程，用过的存储介质有5寸180K的软盘和2.5寸1.44M的软盘，10M的温氏硬盘、20T的机械硬盘和8T的固态硬盘。未来将是一个万物互联的智能时代，数据的量变到质变带来了对云计算的大量需求，同时也催生了云一边一端融合的崭新的计算架构和以场景为表现形式的数字展示模式——元宇宙等新概念和新事物。

　　作为中国信息化建设的积极参与者，笔者亲历了中国的信息化建设从无到有、从无序到有序的全部过程。1993年我国正式启动了国民经济信息化的起步工程——"三金工程"，2002年我国又制定了"一站、两网、四库、十二金"的宏观架构，自此我国信息化取得了长足的发展，如今已经进入了政务上云的时代，智慧城市的大脑都是架构在云上，笔者有幸成为"四库"建设中的法人单位基础信息库、空间与地理资源基础信息库和宏观经济库数据库建设的服务者，并且参与了我国一些信息化国家标准的编写工作，对信息化建设工作有了一些感性认识。然而，每当有人问起什么是云、云计算的时候，笔者回答起来总是感到非常吃力，这既是因为笔者的学识浅薄，更是由于云计算技术的复杂，因此，决定写这本关于云计算的书，将对此问题的理解分享出来，同时将一些实际解决方案融入其中，以期为从事和关心云和云计算技术的读者提供一点有用的参考。

目　录

第一章　云计算概述

随着智能手机这类移动智能终端的出现，人们更加深刻地感受到互联网的价值和便利，社会公众面前开启了一个网络带来的新世界，并且不知不觉融入其中，可以说移动终端和互联网的普及真正让整个世界进入了万物互联的时代。

如今，互联网上形形色色的用户正在利用云计算（Cloud Computing）快速地获取IT资源，并且按需付费。当初，计算机是作为计算设备出现的，随着计算设备的多样化和运算成本的快速下降，计算机的硬件设备、软件和应用也发生了深刻的变化。计算机已经从当年纯粹依赖硬件设计软件，变成了按照软件和需求来设计甚至定制硬件。人们从单纯的硬件依赖时期，进入了一个软硬件融合的时代：在整个计算机系统中，软硬件的分层使得用户可以根据业务需求灵活定制系统。业务需求的多样化和信息系统的复杂化，需要将不同功能的软件和不同种类的硬件集成起来，使它们协同工作。在这种情况下，云计算环境出现了，云计算是一种通过分层抽象的方式来解决复杂问题的方法，是在网络环境中处理业务流程时出现的计算、存储、传输以及软件和硬件的多重交互过程中，通过软硬件的多级分层、抽象和接口标准化，从全系统的角度出发，依靠网络更好地进行软硬件资源的分配与调度，并且为用户提供功能更强大、操作管理更简单的运行环境，可以让用户从复杂的软硬件建设中抽身出来，更加专注于自身业务的创新。

云计算是通过IaaS、PaaS及SaaS的分层实现的IT服务体系，目前，云计算技术仍然在不断发展变化着。

第一节　云计算的概念

云计算是计算机技术多年发展演化的结果。一些概念与思想早在多年前已经存在，人们不过是把许多原有的经验和技术，在互联网时代进行标准化、简单化和自动化处理，高度集成凝练成为各种按需提供的服务，于是就出现了所谓的云服务。在中央主机时代，终端被中央主机系统集中控制和管理，主机管理员是控制人，掌握所有数据和所有系统的授权。任何运算和处理都必须经过管理员的批准才可进行，如同高速公路的收费口一样，他们往往成为最大的工作瓶颈所在。个人计算机（PC）带来了个人用户的独立和充分的自由，极大地降低了计算机的使用成本，Windows 的出现使 PC 变得更加简单易用，促进了计算机技术的普及和高速发展，互联网的出现改变了人们的工作方式，个体联系世界变得非常简单和快捷，网络中 PC 机用户的相互关系是平等的，是没有主从关系的，PC 机之间借助 Windows 相互间连接的网络被称为对等网。

PC 使得 IT 专业人员的个体天赋得到充分发挥，软件开发工作可以分配给多个个体，其在不受时空限制的工作节点上进行工作，独立分散的结果是利弊各半：一方面，软件系统的开发和部署更快、更廉价，功能更丰富，获得了敏捷性和弹性；另一方面，管理效率、标准性、安全性、可靠性大大降低。PC 的分散运行最终产生了一种"野蛮生长"的效果，非标准的各种应用程序得以快速开发和部署，最终结果就是应用程序的非标准化带来了大量信息孤岛，安全漏洞越来越多，安全缺口、身份盗用以及网络威胁等问题以前所未有的速度出现。这其中的原因之一就是缺乏统一的管控和适当的安全保障。

同时，企业的信息化管理也成了一项复杂而昂贵的工作，在大型机时代，计算机和信息技术的唯一用途就是为了达成商业策略而为业务统一建造各种系统，如财务系统、工资管理系统以及驱动业务核心竞争力和自动化运营流程的系统。PC 机时代打破了这种主从状况。随着互联网的高速发展，协同工作的要求使得人们开始挖掘主从架构时代的技术优点，建立在互联网上的一种全新的主从架构诞生了，这就是所谓的云计算。人们利用云计算通过互联网按需提供 IT 资源，并且采用按使用量计费的方式进行服务：低使用成本，不需要广大用户投入人员和硬件配备；高效率，用户可以根据需要从云计算服务商获得技术服务（如计算能力、存储和数据库），不限量按需付费，用后即止，无须购买和维护物理数据中心及服务器，无须保持大量 IT 专业工作人员。

相比于传统 IT 资源配置方式，云计算有如下优点：

（1）低成本节省各种费用。用户无须购买硬件、基础软件，也不需要在数据中心的建设和运维方面进行资金投入。

（2）高效率，速度快。大多数云计算服务是自助的，通常在数分钟内就可按需调配海量计算资源，用户不需要考虑容量规划。

（3）高弹性，可扩展。云计算能够使用户根据需要实时获取适量的 IT 资源，如增加或减少计算能力、存储空间、网络带宽等。

（4）高安全可靠性。云计算服务商提供了整体安全性的策略、技术和控件，保护数据、应用和基础设施使其免受潜在的威胁，专业地完成数据备份、灾难恢复，保证用户业务的连续性。

（5）资源高度集中，数据充分共享。云计算服务提供的高度集中控制和管理能力使得信息管理的标准化和灵活性得到了统一，不同应用系统之间的数据共享变得非常容易。

　　云计算数据中心具有众多的服务器和存储设备，大量的硬件维护、硬件设置、软件补丁运行和安全维护等其他费时费力的 IT 管理事务均由云计算服务供应商完成。用户可以把更多的时间和精力放在实现业务目标上，可以根据需要快速调度资源，如计算、存储、数据库、物联网、机器学习、大数据分析等，尤其是软件开发用户，可以迅速部署技术服务，自由地进行试验，测试新想法，打造独特的用户体验，从构思到实施的速度可以提高好几个数量级。

第二节　云计算的服务分层

　　云计算服务基于分层结构，分为三层，分别为基础设施即服务（Infrastructure as a Service，IaaS）层、平台即服务（Platform as a Service，PaaS）层和软件即服务（Software as a Service，SaaS）层。每种云服务模式都是通过某种程度上的资源抽象，来降低用户构建和部署系统的复杂性，每层的云计算服务都提供不同级别的控制、灵活性和管理，用户可以根据需要选择合适的服务集合。如图 1-1 所示，云计算在数据中心构建了 IaaS、PaaS 和 SaaS 三层，以提供不同层次的服务。

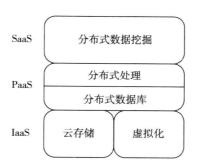

图 1-1　云计算 IaaS、PaaS、SaaS 分层

　　（1）IaaS 层。IaaS 层包含云计算 IT 资源的基本构建块，通常提供对网络、计算机（虚拟机或专用硬件）和数据存储空间的访问。IaaS 层服务为用户提供高级别的灵活性，使用户可以对 IT 资源进行管理控制。

　　（2）PaaS 层。PaaS 层服务让用户无须管理底层基础设施（一般是硬件和操作系统），从而可以将更多精力放在应用程序的部署和管理上面。用户不需要关心资源采购、容量规划、软件维护、补丁安装或与应用程序运行有关的各类烦琐复杂的重复工作。

（3）SaaS 层。SaaS 层服务提供完善的产品，其运行和管理皆由服务供应商负责。在大多数情况下，SaaS 指的是最终用户应用程序。用户在使用 SaaS 产品时无须考虑如何维护服务或管理基础设施，只需要考虑如何使用它。

一、IaaS 层

云计算服务按照 IaaS、PaaS 和 SaaS 分层，其中，PaaS 层、SaaS 层的服务都是基于 IaaS 层的基础服务。IaaS 层包括计算、存储和网络三大基础类服务，数据库类服务是基于这三大基础类服务构建的 PaaS 层服务。

标准化组织云安全联盟（Cloud Security Alliance，CSA）给出的 IaaS 定义如下：以服务的方式交付连同原始存储和网络在内的计算机基础设施（通常是一个平台虚拟化环境）。客户并非购买服务器、软件、数据中心空间或者网络设备，而是将这些资源作为外包服务整体采购。

在 IaaS 中，涉及管理和维护物理数据中心及物理基础设施（服务器、磁盘存储、网络等）的许多工作，都被抽象成一系列服务，可以通过基于代码或网页的管理控制台进行访问和自动化部署。开发人员虽然仍需进行应用程序的设计和开发，管理员也仍然要安装、管理第三方解决方案，并为之安装补丁，但是已经不需要再为物理基础设施的管理劳心费力。传统的那种必须订购硬件，然后等待发货、签收、拆封、组装、集成配置，那种机柜占满数据中心的日子一去不复返了。

在 IaaS 服务中，人们可以根据需要访问虚拟的基础设施，在极短时间内通过调用应用程序接口（Application Programming Interface，API）或者登录网页端管理控制台完成资源的部署和运行。就像供水供电这些公用事业服务一样，提供的虚拟的基础设施也是一种可计量服务，只有在开启使用的时候才会计费，关闭时便不再累计成本。总之，基于 IaaS 所提供的虚拟数据中心的服务能力，用户能够摆脱复杂的基础设施管理。

如今国内外市场上有许多企业提供 IaaS 服务，由于篇幅所限，这里不一一列举。

不过，国际上最成熟和使用最广泛的 IaaS 云服务供应商是亚马逊 AWS，其他的业内领先者有 Rackspace 和 GoGrid 等。Rackspace 是全球三大云计算中心之一，1998 年成立，是一家提供全球服务的托管服务器及云计算供应商；GoGrid 是美国主机服务商 ServePath 旗下的一家公司，是在 IaaS 市场中与亚马逊 AWS 竞争的一家中型服务商，其目标是提供一种针对大数据的云计算服务。此外，还有一个受到开发者追捧的开源云内核 OpenStack，OpenStack 通过提供各种互补的服务提供了 IaaS 的解决方案，每个服务提供 API 以进行集成。

OpenStack 支持几乎所有类型的云环境，项目目标是提供实施简单、可大规模扩展、丰富、标准统一的云计算管理平台，它是由美国国家航空航天局和 Rackspace 合作研发并发起的，以 Apache 许可证授权的自由软件和开放源代码项目。它面向那些不想被供应商锁定、希望按自己意愿在组织内部构建自己的 IaaS 能力（即私有云）的用户提供 IaaS 功能。正如有许多不同发行版本的 Linux 一样，国内也有一些公司基于 OpenStack 提供自己的 IaaS 解决方案。

国内的主要云服务供应商有首信云、金山云、腾讯云、阿里云、华为云、太极云等，服务方式和内容大同小异。

二、PaaS 层

IaaS 再往上一层是 PaaS。IaaS 指基础设施层面的服务，PaaS 则是指应用层面。PaaS 在 IaaS 的上面，将大部分标准化的应用堆栈层的功能抽象出来，将之以服务的形式对外提供。例如，软件开发者在设计高扩展性系统时通常必须写大量的代码来处理缓存、异步消息传递、数据库扩展等诸如此类的工作，但在 PaaS 解决方案中，这些功能都以服务的方式对外提供，开发者无须再在这些功能上重复工作，专注于商业逻辑即可。

CSA 认为，PaaS 定义如下：以服务的方式交付计算平台和解决方案包。这种服务消除了购买、管理底层硬件和软件，以及部署这些主机所带来的成本与复杂度，使应用的部署变得更容易。

CSA 同时也提到，PaaS 服务完全通过互联网提供。PaaS 服务供应商管理应用平台，向开发者提供一套工具来加快开发流程，而开发者在使用 PaaS 服务时，由于受到这些工具和软件包的约束，在某种程度上要放弃一些灵活性。另外，在一些较底层软件的控制上，如内存分配或者堆栈配置方面（如线程数、缓存容量、补丁级别等），开发者也几乎没有控制权限。

PaaS 服务供应商控制了开发工具、内存分配、计算能力等，确保对每个平台用户都有同等的扩展能力。Google Apps Engine 最初要求开发者以 Python 进行编程，运行在 Google 的数据中心上，Azure 最初要求 NET 技术运行在微软的数据中心上。随着新型的 PaaS 供应商的出现，一种开放的 PaaS 环境开始流行，用户可以在自己选择的基础设施之上，选择多种开发包来实施 PaaS 平台。现在 Google 和微软也改变了过去只支持一种开发语言的做法，开始支持多种语言。

通常，大型企业会选择混合云服务，把数据保存在私有云里，然后把不重要的组件迁移至公有云中。与此相比，PaaS 的优点是：平台可以与许多第三方软件解决方案进行整合，如插件（plugin）、附加组件（add-on）或扩展（extension）。下面是一些扩展类示例，大多数成熟的 PaaS 解决方案中都包含如下内容：①数据库（Database）；②日志（Logging）；③监控（Monitoring）；④安全（Security）；⑤缓存（Caching）；⑥搜索（Search）；⑦电子邮件（E-mail）；⑧分析（Analytics）；⑨支付（Payments）。

开发人员可以通过使用 API 接入许多第三方解决方案，提供类似故障转移、高等级服务协议（SLA）等服务，并从所带来的效率中获益。与此相比，PaaS 的优点是：只是通过简单的 API 调用，开发者便可以快速地集成许多成熟可靠的第三方解决方案，而不必经历一系列的采购及安装实施过程。PaaS 使用户可以专注于自身的核心竞争力，其他部分只要选择与市场上最好的工具进行集成即可达成目标。

三、SaaS 层

最上层是 SaaS。SaaS 是一种以服务形式向用户交付的完整应用。用户要做的只是对一些具体的应用参数进行配置和对所有注册客户进行管理，服务供应商则负责处理所有的基础设施问题，所有的应用逻辑、部署，以及所有与交付产品或服务相关的事宜。较常见的 SaaS 应用包括客户关系管理（CRM）、企业资源计划（ERP）、工资单、会计及其他常见的业务软件等。也就是说，SaaS 解决方案在一些非核心竞争力的功能上非常常见。各用户或企业选择在非核心功能上使用 SaaS 解决方案来省去对应用程序基础设施的购买、维护和专职管理人员的聘用，只需要支付一定的订阅费，就可以方便地通过互联网像访问网页服务一样来使用相应的服务。

CSA 将 SaaS 定义为"通过使用供应商在云基础设施上运行的应用程序向消费者提供的能力"。CSA 这一定义参考了美国国家标准与技术研究院（National Institute of Standards and Technology，NIST）的报告。相对于传统软件而言，SaaS 采用的是在线订阅的服务交付模式。在 SaaS 模式下，消费者不会管理或控制云基础设施、操作系统、关联的存储，甚至单个应用程序，当然，特定配置设置除外。用户能够使用云服务供应商运行在云基础设施上的应用，并通过类似 Web 浏览器（如基于 Web 的电子邮件）等客户端界面，在各种客户端设备上访问这些应用。除了一些有限的特定于用户的应用配置的设置外，用户不会直接对底层云基础设施进行管理或控制，包括网络、服务器、操作系统、存储，甚至单个应用的功能。

第三节　云服务模式的选择

虽然云服务给用户构建企业级的软件带来了，诸多便利，但是云服务并不能解决企业信息化的所有问题。不同的业务需求对应不同的服务模式，具体如图 1-2 所示。

一、选择的关键因素

在选择合适的服务模式时，决策者应该从各个角度出发来判断某种云服务模式的适用性与可行性，用户选择云服务模式需要考虑的关键因素有五个方面：

（1）战略。企业发展战略是企业信息化的基础和方向，企业要快速实现业务目标，决策者选用 SaaS 或 PaaS 而非 IaaS 的可能性就越大，因为相对而言 IaaS 方案仍需要 IT 人员进行大量工作，而前两者中绝大多数的 IT 工作已经由云服务供应商完成。如果企业

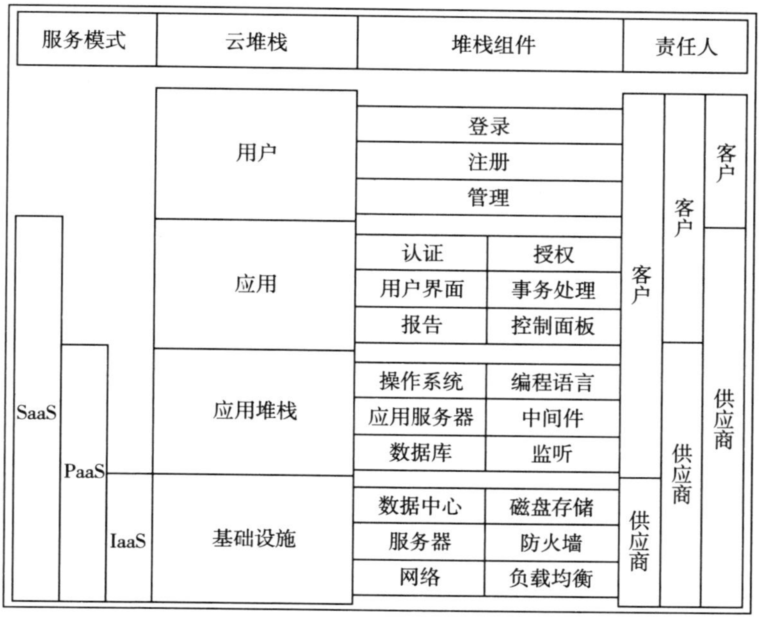

服务模式	云堆栈	堆栈组件		责任人	
	用户	登录		客户	客户
		注册			
		管理			
SaaS	应用	认证	授权	客户	
		用户界面	事务处理		
		报告	控制面板		
PaaS	应用堆栈	操作系统	编程语言	供应商	供应商
		应用服务器	中间件		
		数据库	监听		
IaaS	基础设施	数据中心	磁盘存储	供应商	
		服务器	防火墙		
		网络	负载均衡		

图 1-2　云堆栈示意图

考虑的是控制力和数据的掌控，那么决策者更有可能会倾向于 IaaS 解决方案，这样对底层基础设施会有更多的管控权，而在 SaaS 或 PaaS 中，基础设施相对于最终用户只是一个抽象的概念。其他类似整合数据中心、降低成本、率先推出产品、解决扩展性问题、7×24 小时的技术支持和全球产品销售、与合作伙伴供应链集成的发展战略，也都会对决策者选择的云服务模式产生影响。

（2）资金。主要资金的充裕度对整个采购成本（TCO）有重要的影响，这要求除了考虑每小时或每月的云服务费用之外，还要综合考虑其他因素。如果项目仅仅是新建应用系统，那么计算 TCO 的工作会相当容易，但是对于将原有系统迁移或者升级改造项目，TCO 的计算工作就会复杂很多。决策者必须对变更或整合原有架构所需的成本进行预估。在很多时候，将原有系统迁移至云端都需要对现有架构进行改造以便能够与新的云服务进行整合，相应地通常也会产生费用。除了在云中构建新服务所带来的成本之外，可能还会有其他成本，这包括对原有架构进行改造，员工培训，招聘新员工或顾问，采购工具或服务来支持再造等产生的成本。

（3）技术。技术指的是性能、扩展性、安全性、监管、业务可持续性、灾难恢复等。性能和扩展性的需求在应选择 PaaS 还是应选择 IaaS 时会起到非常重要的作用。PaaS 最大的优点之一是平台使底层基础架构对开发者透明，开发者可以专注于业务需求的实现，而平台负责资源的自动伸缩。由于 PaaS 供应商要负责满足所有租户的扩展需求，因此他们会将单一租户能够请求的资源数量限定在一定范围内。由于这个限额设定得足够高，对于绝大多数应用而言，这种限制都不是一个问题。但是对于有着超多事务量的应用，PaaS 就不能满足性能和扩展性的需求了。正是由于不能指望一个平台来实现必须有的资源规模，因此某些访问量在世界上排名靠前的网站，如 Facebook、Twitter、腾讯都在使用 IaaS 云服务模式。IaaS 和 PaaS 解决方案都提供了数据库即服务方案，实现了复制、自动伸缩、监控、备份等数据管理工作的自动化进行。不过数据库即服务方案的一个不足是缺乏对数据库的控制。

（4）团队。企业技术团队的能力可能也会影响云服务模式的选择。IT 团队是否有能力在云中构建解决方案？如果企业在分布式计算、网页开发和面向服务架构（SOA）领域没有足够丰富的 IT 技能，则应该选择 SaaS 和服务模式，或找一个有在 IaaS 上搭建云服务能力的合作伙伴。越往云堆栈的底层走，企业 IT 员工所需的能力等级也就越高。

（5）风险。企业或者是使用者愿意承受多大的风险？方案多久能交付运行？安全漏洞会造成多大的损失？在获得授权的情况下，政府能否拿走云中的数据？这些风险评估决定了企业是选择公有云、私有云还是混合云。通常，隐私、数据所有权和法规等问题，都会对使用哪种云服务模式和部署模式有很大的影响。

每个企业，甚至企业内每一项目上云对以上这些方面都有不同的考虑。比如，搭建社交媒体网站的公司在客户自愿发布其照片、视频等个人数据的情况下，可能会对实现大规模支撑和高运行时间的技术需求更为看重，风险问题就放在其次，毕竟社交媒体网站的倒闭不会对任何人的生命造成威胁。负责处理医疗索赔的医疗公司很可能把风险这一类问题看得比什么都重要。

二、如何选择云服务模式

选择没有正确或错误之分。最终这些决定是由商业目标、时间约束、团队的准备程度以及个人知识和所在行业与客户经验各方面综合影响所得出的结果。

SaaS 是三种云服务模式中最为成熟的一种类型。用户可以使用浏览器进行网络访问应用的实现。供应商通常会向其客户提供两种使用应用的方式。最常见的一种是通过任何联网设备就可访问的网页形式的用户界面；另一种是向其客户提供 API，通过调用，用户能够将功能集成到他们自己现有的应用或其他 SaaS 解决方案中。

如果能够满足需求，并且在资金允许范围内，企业就应该通过使用 SaaS 来将所有非核心竞争力的应用、功能和服务外包出去。也就是说，如果公司的业务不是编写工资单、CRM 和会计软件，那么不应自己开发相关应用；如果有 SaaS 作为备选方案，那么购买和在本地运行这些应用即可。

自己开发这些应用从性价比上来说也并非最优选择。如果要保证这些应用持续运行，那就必须自己购买软件和服务器、管理服务器，然后还要聘请人员进行打补丁、保障安全，以及完成其他非增值工作，对于这些通用的软件完全没有必要这样做。

PaaS 是三种云服务模式中最不成熟的一种。第一代 PaaS 解决方案，如 Google、

Force. com 和微软 Azure，都要求买方使用某种特定的编程语言，并在服务供应商的基础设施上运行。初创企业或小型公司还可能接受这些约束条件，但是对于大型企业而言则不同了。大型企业通常是一个复杂而庞大的组织，有着多种不同的系统和各自的系统架构、技术堆栈和应用需求。特定的编程语言和基础设施的灵活性不足，使许多大企业对 PaaS 失去了兴趣。然而，新的服务供应商提供的新型 PaaS 支持多种堆栈，还允许将 PaaS 软件部署在消费者自己选择的基础设施之上。随着竞争和技术的进步，许多最初的 PaaS 服务供应商现在也开始支持更多的语言，如 Ruby、PHP、Python 等。

目前，Cloud Foundry 和 OpenShift 是两个开源项目，受到了众多消费者的关注，它们可以部署在任意的基础设施之上。开源云解决方案的优势之一就是，当一个供应商停止业务运营之后，服务消费者只能很快地将 PaaS 服务迁移至另一个平台上，服务消费者在开源方案下对软件有足够的控制权，可以随意使用相关的平台。

公有的 PaaS 服务由供应商统一管理底层的基础设施，像每月的安全补丁、日志、监控、扩展、故障转移及其他系统管理相关的任务都由供应商负责，所以开发者可以专注于构建云端应用。

私有的 PaaS 服务供应商不像公有的 PaaS 提供者那样提供基础设施的抽象服务。私有的 PaaS 使用户能够在私有云和公有云（混合云）上都进行 PaaS 软件的部署，但也因此要求服务消费者自己管理应用堆栈和基础设施。

PaaS 供应商的平台由多个客户共享。为了管理每名客户的性能、可靠性和可扩展性，并确保一名客户产生的高负载不会影响另一名客户的性能，PaaS 供应商会对开发者设置一些限制条件。这些限制有时候也被称为限流（throttling），使平台免受单个客户导致的负载过重的影响，同时也对所有的客户起到保护作用。大多数供应商会对单一用户的带宽进行限流，以避免网络冲突和拥堵。某些 PaaS 供应商会对 CPU 的使用进行限流，以降低数据中心的热量并实现节能。其他基于固定消费数量（如存储块数）定价的 PaaS 供应商在客户使用完所有已付款资源时，会通过限制客户访问的方式进行限流。开发者必须清楚他们所选择的平台的限制，并做出对应的设计。

许多 PaaS 服务提供者通过对客户的数据库操作进行限流来保障平台的正常运行和其他客户的正常使用。开发者必须将此考虑在架构设计之内。一种方式是捕捉这种类型的错误并不断尝试直到成功；另一种方式是在调用数据库之前将工作单位分解成更小的块。这些技巧在应对带宽限制时也能派上用场。但对于一些应用来说，围绕限流进行设计会给处理时间带来不可预期的延迟，或者可能会影响应用的质量和可靠性。这种情况下，PaaS 可能就不是一种适当的服务模式，而应选择 IaaS 进行替代。也就是说，对于有着海量数据的网站或处理大量数据的高度分布式应用而言，通常不应选择 PaaS 服务。

如果一个应用或服务有着性能或扩展性的需求，要求开发者管理内存、配置数据库服务器和应用服务器，以最大化吞吐量，明确数据如何在磁盘分区之间分布和控制操作系统等，那么就应该选择 IaaS。如果无须考虑这些事务，或许选择 PaaS 更优。

三、选择的场景

对于信息化初级用户和新建应用系统而言，整个应用都在云中搭建是很常见的事情。对于信息系统使用已久的用户而言，更多的实际情况是只需要在云中部署某些组件。

1. 周期性高负荷用户

许多企业选择借助云来应对流量的陡增。它们可能在自己的数据中心里也运行着应用程序，同时选择由云服务提供者提供额外的能力，而不是自己投资物理基础设施来满足访问峰值的需要。在假期要应对季节性突发的零售商，或者一年里大多数时间流量不多但在报税季节要经历巨量峰值的纳税申报公司，都是典型的周期性高负荷用户，可以从租用云服务中获益。

2. 海量文件的存储

使用云存储能够降低海量文件和存储的成本。传统的文件存储策略包含一些基础设施和软件，如备份磁带和硬盘设备、各种类型的存储媒介、运输服务等。如今，企业不需要拥有这些物理组成，摆脱了时间、空间的限制，可以借助脚本自动化执行的云存储服务。在云中存储的成本要比存储在物理介质上便宜得多，并且数据检索的处理也要简便得多。

3. 数据挖掘和分析

云是按需处理大量数据的好地方。随着磁盘变得越来越便宜，组织现在存放的数据比以往任何时候都要多，公司存放多个 TB 甚至 PB 信息数据的情况越来越常见。对于本地系统而言，因为处理所有的数据需要大量额外的基础设施，所以对大规模数据进行分析开始成为一种巨大的挑战。更令人头痛的是，对这些大量数据集的分析通常都是临时需求，这意味着如果没人提出需求的话，基础设施在大多数时间内都将闲置空转。将这类大数据的工作负载移至公有云中就会体现出明显的经济性。在公有云中，可以仅在有需要时才进行资源的配置。这样通过部署按需使用的云模式，在物理基础设施和系统管理方面都能大量节约成本。

4. 测试环境

许多软件企业希望云能提供测试和开发环境以及其他非生产性环境。在过去，IT部门必须在本地维持大量的测试和开发环境，相应地就需要长期的补丁升级和设备维护。但大多数情况下，当工作人员处于非工作状态时，这些环境也处于闲置状态。此外，测试和开发人员经常遇到环境有限、不得不与其他团队共享使用的情况，这也对测试和开发提出了一些挑战。

为了解决上述问题，许多公司都在创建一些新的流程，使测试和开发人员可以在云中按需自行配置测试和开发环境。这种方法减少了管理员的工作量，提高了测试和开发人员将产品推向市场的速度，不使用时关闭环境也可以降低成本；测试人员因为可以在云中配置更多资源来模拟巨量的流量峰值，所以可以完成更好的性能测试。在本地模式中，受限于数据中心物理硬件的数量，这是无法做到的。

在云中搭建服务并非只有一种选择。企业在自己的数据中心和一对多的云中部署一种混合方案的架构是完全可行的，并且也是非常常见的。另一个因素是成本。PaaS 能够降低搭建和部署应用的工作量和资源数量，从而大幅降低成本。但是，如果数据的规模过大，或者所需的带宽，CPU 也远远超过正常水平，那么 PaaS 的现付现用模式也会变得极为昂贵。亚马逊已经 26 次降低其弹性计算云（EC2）的价格，其他供应商也相继降价。未来，IaaS 的成本可能会变得非常低。另一个使用 IaaS 而非 PaaS 的原因与降低故障的风险有关。当 PaaS 提供者出现服务中断时，客户只能坐等提供者修复问题，重新恢复服务上线。SaaS 解决方案也是如此。但是在 IaaS 下，客户能够对故障进行架构设计，跨越多个物理或虚拟数据中心构建冗余服务。亚马逊 AWS 曾经出现过几次广为人知的服务中断，使得一些大型的网站如 Reddit、Foursquare 等也都随之出现了服务暂停。然而，许多其他网站却因为跨区冗余的存在而规避了相关影响。

第四节　云计算的部署模式

NIST 给出的云计算可视化模型如图 1-3 所示。

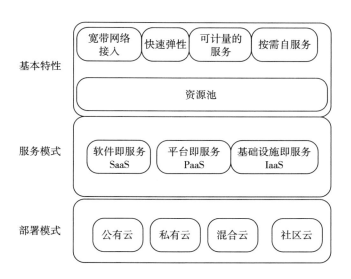

图 1-3　NIST 给出的云计算可视化模型

一、公有云

所谓公有云，指的是这样一种多租户环境，即最终用户与其他用户一起，在一个共享的商业资源网络上为自己所使用的资源付费。NIST 的公有云定义如下：云基础设施提供给大众公开使用。拥有、管理或运营这些设施的可能是商业机构、学术或政府机构，抑或其组合。另外，这些基础设施都存放在云供应商处。

最终用户可以选择数据中心所在的位置，但不知道自己的软件具体运行在哪台物理机上。物理硬件之上是一个抽象层，以 API 的形式展现给最终用户，由用户用来创建运行在多人共享的大型资源池里的虚拟计算资源。公有云的好处体现在如下方面：

（1）公用产品定价。最终用户只为所消费的资源付费。这样用户可以根据扩展或缩减的需要随时启用或关停云服务。在这种模式中，最终用户无须再采购物理硬件，只是随时按需消费，在很大可能性上避免了计算资源在使用周期中可能存在的浪费。

（2）弹性。似乎无穷无尽的资源池使最终用户可以对其软件解决方案进行设置，动态提升或降低其在处理峰值负载时所需的计算资源数量，从而可以对罕见的流量高峰做出实时反应，而在私有的本地云或非云的解决方案中，用户可能必须拥有或租借所必需的资源来应对峰值。

（3）核心竞争力。在公有云服务中，最终用户在本质上是将其数据中心和基础设施管理外包给了那些核心竞争力是管理基础设施的公司，结果是最终用户可以大大减少在管理基础设施上的时间，更专注于自身的核心竞争力。

公有云自然也是有利有弊。采用公有云可能存在如下的一些风险：

（1）控制。最终用户只能依赖公有云供应商正常履行他们在性能和正常运行时间方面的 SLA。如果公有云供应商的服务中断，而最终用户又没有适当的冗余灾备措施，除了耐心等待云供应商恢复服务，别无他法。

（2）监管问题。类似于 PCI（支付卡行业数据安全标准）的监管条例以及个人数据隐私问题，都会对公有云的部署提出挑战。有时为了满足类似于监管条例的要求，还是需要采用混合云的解决方案。

（3）有限的配置能力。公有云供应商在满足普通大众的需求方面有一套标准的基础设施配置方案，但有时解决密集计算问题需要用到特定的硬件。鉴于供应商通常不会提供这种特需的基础设施，所以在这种情况下最终用户往往不会选择公有云。

云基础设施提供给由多个用户（如业务单元）构成的组织专用。拥有、管理或运营这些设施的可能是该组织、第三方，抑或其组合。这些基础设施的存放点可以在本地，也可以不在本地。

二、私有云

私有云的优点在于它克服了前面所说的公有云的一些缺点（控制、监管问题和配置能力）。私有云可以部署在本地或者托管在云服务供应商的数据中心中。无论哪种情况，私有云的最终用户都只是在一种单一租户环境下进行部署，不会与其他用户混用。对于本地私有云的实现而言，由于它们仍然管理着数据中心，并在采购硬件配置方面有着可以按自己意愿进行配置的灵活性，因此用户在各方面有着完全的自主性。托管的私有云用户仍然依靠他们的云服务供应商来提供基础设施，但是他们的资源并不会与其他用户共享。这样用户便有了更大的控制力度和安全性，但是相对地，他们的成本也会比在一个多租户的公有云中使用计算资源要高。鉴于部署模式的单一租户性质，私有云降低了有关数据所有权、隐私和安全方面的一些监管风险。

私有云牺牲了"快速伸缩性、资源池化以及按需使用的定价模式"这些云计算的核心优势。虽然私有云的确允许最终用户在一个共享的资源上进行扩展或缩减，但是与公有云随时可访问的似乎无穷尽的计算资源网络明显不同，私有云中可访问的资源总量取决于内部所购买和管理的基础设施的多少，且必须有人来管理所有的物理基础设施，还要购买、管理额外的计算和存储能力，这无疑也提高了成本、降低了敏捷性。此外，拥有过剩的能力也不符合云计算按需付费使用的概念，因为无论是否使用，最终用户都已经为这些基础设施掏过腰包了。

三、混合云

许多机构想出了一个两全其美的办法，即同时使用公有云和私有云，也就是所谓的混合云。混合云的定义如下：单独存在，通过标准技术或专利技术连接起来，以使数据和应用具有可移植性的两种或多种不同的云基础设施（私有云、社区云或公有云）的组合，如多个云服务之间进行负载均衡的云爆发（cloud bursting）部署模式。

混合云的最佳选择是在利用快速伸缩性和资源池这些云计算的优势方面尽可能多地使用公有云，而在数据所有权和隐私这些公有云中风险较高的领域使用私有云。

四、网络类服务

数据中心的网络大体上分为三类：一是基础的物理承载网络，跟用户没有直接关系，因此没有必要暴露给用户；二是用于租户隔离的虚拟网络，如亚马逊 AWS 中的虚拟私有网络 VPC；三是用于用户业务的应用级网络，如亚马逊 AWS 中的弹性负载均衡 ELB。

1. VPC

用户借助虚拟私有云（VPC）可以在 AWS 云中设计一个逻辑隔离的私有网，并且可以在该私有网中启动 AWS 资源。用户可以完全掌控自定义的虚拟网络环境，包括定义它的 IP 地址范围，为其创建子网、配置路由表和网络网关。用户 VPC 可以使用 IPv4 和 IPv6，因而能够轻松安全地访问资源和应用程序。

用户可以轻松自定义 VPC 的网络配置。例如，用户可以为 Web 服务器创建一个能访问 Internet 的公有子网，也可以将后端系统（如数据库或应用程序服务器）安置在无 Internet 访问的私有子网中，还可以使用安全组和网络访问控制列表（Access Control List，ACL）等多种安全层对各个子网中 EC2 实例的访问进行控制。

VPC 的功能总结如下：

（1）能够在 AWS 的可扩展基础设施中创建 VPC，并可以选择任何私有 IP 地址范围。

（2）可以通过添加辅助 IP 地址范围来扩展 VPC。

（3）可以将 VPC 的私有 IP 地址范围分割成一个或多个公有或私有子网，以便在 VPC 中运行应用程序和服务；可以使用网络控制列表控制进出各个子网的入站和出站访问。

（4）可以在 S3 中存储数据并设置权限，以便仅可从 VPC 内部访问这些数据。

（5）可以为 VPC 中的实例分配多个 IP 地址并为其连接多个弹性网络接口。

（6）可以将一个或多个弹性 IP 地址连接到 VPC 中的某个实例，以便直接从 Intermet 访问该实例。

（7）可以将 VPC 与其他 VPC 相连，从而实现跨 VPC 访问其他 VPC 中的资源。

（8）可以通过 VPC 终端节点建立与 AWS 服务的私有连接，无须使用 Intermet 网关、NAT 或防火墙代理。

（9）可以为私有服务或由 AWS PrivateLink 提供支持的 SaaS 解决方案建立私有连接。

（10）可以使用 AWS 站点到站点 VPN 桥接 VPC 和现场 IT 基础设施。

（11）可以在 EC2-Classic 平台中启用 EC2 实例，以使私有 IP 地址与 VPC 中的实例进行通信。

（12）可以将 VPC 安全组与 EC2-Classic 中的实例进行关联。

（13）可以使用 VPC Flow Logs 来记录有关进出 VPC 网络接口的网络流量信息。

（14）支持 VPC 中的 IPv4 和 IPv6。

（15）可以使用 VPC 流量镜像为 EC2 实例捕获镜像网络流量。

（16）可以使用网络和安全设备（包括第三方产品）来阻止或分析入口和出口的流量。

2. ELB

ELB 可以在多个目标（如 EC2 实例、容器、IP 地址和 Lambda 函数）之间自动分配传入的应用程序流量。ELB 既可以在单个可用区内处理不断变化的应用程序流量负载，也可以跨多个可用区处理此类负载。

ELB 提供三种负载均衡器，它们均能实现自动扩展，并且具有高可用性和安全性，能让用户的应用程序获得容错能力。

（1）应用负载均衡器（Application Load Balancer，ALB）。ALB 最适合 HTTP 和 HT-TPS 流量的负载均衡，面向包括微服务和容器在内的现代应用程序架构，提供高网络层级请求的路由功能。ALB 运行于单独的请求级别（第 7 层），可根据请求的内容将流量路由至 VPC 内的不同目标。

（2）网络负载均衡器（Network Load Balancer，NLB）。若要对需要极高性能的传输控制协议（TCP）、用户数据报协议（UDP）和传输层安全性（TLS）协议流量进行负载均衡，最适合使用 NLB。NLB 运行于连接层（第 4 层），可将流量路由至 VPC 内的不同目标，每秒能够处理数百万个请求，同时能保持超低延迟。NLB 还对突发和不稳定的流量模式进行了优化。

（3）经典负载均衡器（Classic Load Balancer，CLB）。CLB 同时运行于请求级别和连接级别，可在多个 EC2 实例之间提供基本的负载均衡。CLB 适用于在 EC2-Classic 网络内构建的应用程序。

ELB 主要具有如下优势和功能：

（1）高可用性。ELB 可以在单个可用区或多个可用区内的多个目标（如 EC2 实例、容器和 IP 地址）之间自动分配流量。

（2）运行状况检查。ELB 可以检测无法正常运行的目标并停止向它们发送流量，同时将负载分散到其他正常运行的目标上。

（3）高安全性。ELB 可以使用 VPC 创建和管理与负载均衡器关联的安全组，以提供更多网络和安全选项，还可以创建内部（非面向 Internet 的）负载均衡器。

（4）TLS 终止。ELB 提供集成化证书管理和 SSL/TLS 解密，使用户可以灵活地集中管理负载均衡器的 SSL 设置，并从用户自定义的应用程序上卸载 CPU 密集型模块。

（5）第 4 层或第 7 层负载均衡。用户可以对 HTTP/HTTPS 应用程序执行负载均衡，以实现特定于第 7 层的功能，或者对依赖于 TCP 和 UDP 协议的应用程序执行严格的第 4 层负载均衡。

（6）运行监控。ELB 支持对 Amazon CloudWatch 指标的集成和请求跟踪，可以实时监控应用程序的性能。

用户可以根据应用程序按需选择合适的负载均衡器。如果需要灵活管理应用程序，那么应使用 ALB；如果应用程序需要实现极致性能和静态 IP，那么应使用 NLB；如果现有应用程序构建于 EC2-Classic 网络内，那么应使用 CLB。

第二章　政务云建设的背景

第一节　云计算支撑数字中国建设

2013 年以来，国家高度重视信息化发展，提出了建设数字中国的战略。2018 年，习近平总书记在致首届数字中国建设峰会的贺信中强调指出，加快数字中国建设，就是要适应我国发展新的历史方位，全面贯彻新发展理念，以信息化培育新动能，用新动能推动新发展，以新发展创造新辉煌。

数字中国内涵丰富，涉及经济、政治、文化、社会、生态等诸多领域。云计算作为数字时代的基础性、先导性行业，既是数字产业化的具体形态，也是建设数字中国的关键支撑。

云计算的目的，是让人们可以便捷高效地使用云计算服务，方便人们获取各类信息服务资源，提高计算资源的使用率，有效节约成本，使信息资源在一定程度上可控、高效、共享。在云计算模式下，人们在经济社会领域可以充分分享信息知识和创新资源，这种分享可以培育形成新产业和新消费热点，这对调结构、稳增长、惠民生和建设创新型国家具有重要意义。在政务领域，政务云充分提升了公共资源的利用效率，实现了电子政务集约化发展，是数字政务发展的必然趋势。

国内政务云建设主要有部委政务云、省级政务云、市级政务云，通过政务云建设，各级政府的服务能力大幅提升，集约化效果显著提升。相比于传统采购基础设施的硬件成本，租用云资源的成本显著降低。政务云的稳定运行，为电子政务公共数据开放、信息技术资源整合提供了良好的技术基础，这里重点讨论省级政务云的解决方案。

虽然政务部门采购云计算服务有利于提高资源利用率和为民服务效率及水平，但是采购云服务也存在一些安全风险，比如：用户对数据、系统的控制管理能力减弱；安全责任不明确，一些单位可能由于数据和业务的外包而放松安全管理；云计算平台更加复杂，风险和隐患增多，控制和监管手段不足；云计算平台间的互操作和移植比较困难，用户数据和业务迁移到云计算平台后容易形成对云计算服务提供者的过度依赖。对此，一方面，需要各级政务部门高度重视，增强风险意识、责任意识，加强采购和使用云计算服务过程中的信息安全管理；另一方面，需要加强对政务云服务提供商运维监管和服务质量评估，努力提高政务云服务能力和水平，保障政务云系统长期正常稳定运行。有关建设依据如下：《关于进一步加强国家电子政务网络建设和应用工作的通知》（发改高技〔2012〕1986 号）；《国务院办公厅关于运用大数据加强对市场主体服务和监管的若干意见》（国办发〔2015〕51 号）；《关于加强党政部门云计算服务网络安全管理的意见》（中网办发文〔2015〕14 号）；《国家信息化领导小组关于我国电子政务建设指导意见》（中办发 17 号文件）；《国家信息化领导小组关于加强信息安全保障工作的意见》（中办〔2003〕27 号）；《涉及国家秘密的信息系统分级保护管理办法》（国保发〔2005〕16 号）；《信息安全等级保护工作的实施意见》（公通字〔2004〕66 号）；《信息安全等级保护管理办法》（公通字〔2007〕43 号）。

第二节　国内部分省份政务云建设应用情况

一、部分省份政务云建设情况

本书对 2019 年中国省级政府网上政务服务能力较强的部分省份，从参与厂商、已承载的应用数量、云服务能力、续期方式四个方面进行了对比，具体情况如表 2-1 所示。

表 2-1　2019 年中国省级政府网上政务服务情况

序号	省、自治区、直辖市	参与厂商	已承载的应用数量	云服务能力	续期方式
1	上海	电信（华为）、移动（华为）、联通（阿里）	600+	基础设施云服务 大数据计算云服务 公共能力云服务 集群计算服务	续期 5 年，新增云服务商
2	北京	首都信息、浪潮、太极、电信、移动、联通、金山、优刻得	1028	基础设施云服务 支撑软件服务	续期 3 年，新增云服务商

续表

序号	省、自治区、直辖市	参与厂商	已承载的应用数量	云服务能力	续期方式
3	广东	腾讯	1276	基础设施云服务 大数据计算云服务 公共能力云服务 集群计算服务 人工智能（Artificial Intelligence，AI）服务 软件定义的安全服务	续期 1 年，引入新服务商替代
4	浙江	阿里	1000+	基础设施云服务 大数据计算云服务 公共能力云服务 集群计算服务 AI 服务 软件定义的安全服务 数据治理工具服务	续期 1 年，引入新服务商替代
5	重庆	浪潮、阿里、腾讯、华为、紫光	1000+	基础设施云服务 支撑软件服务 大数据资源中心	续期 5 年，新增云服务商
6	贵州	阿里、华为	800+	基础设施云服务 大数据计算云服务 公共能力云服务 集群计算服务 AI 服务 数据治理工具服务	续期 1 年，引入新服务商替代
7	江苏	阿里、华为	1200+	基础设施云服务 大数据计算云服务 公共能力云服务 集群计算服务	续期 5 年
8	福建	华为、新华三	900+	基础设施云服务 大数据计算云服务 公共能力云服务	续期 3 年
9	四川	华为、阿里、腾讯、浪潮、新华三	1000+	基础设施云服务	续期 3 年，新增云服务商
10	河南	华为、阿里	1100+	基础设施云服务 大数据计算云服务 公共能力云服务	续期 3 年，新增云服务商
11	河北	华为、新华三	700+	基础设施云服务	续期 3 年

二、现状分析

1. 上海市

2016 年，上海市政府以"云网合一、云数联动"为架构，建设了市级电子政务云平台，由中国移动、中国联通投资建设，政府按需购买服务，并在 2020 年采购建设了政务云创新能力中心，通过中国联通集成引入云原生架构规划。上海市统筹规划全市政务云资源，实现了市政府各部门基础设施共建共用、信息系统整体部署、数据资源汇聚共享、业务应用有效协同。

2. 北京市

2013 年北京市政务云启动试点建设，2015 年起政务云正式商用，太极、金山云入围。2018 年北京市为了进一步优化服务生态，引入了首信、浪潮、移动、联通和优刻得等云服务商，形成了多家云服务商竞争格局，因服务商过多，协调工作量大大增加，统一监管存在困难。

3. 广东省

2017 年广东省政务云开始建设，依托本省互联网头部企业技术能力，以采购服务的方式建设技术领先的政务云创新节点，提供应用生态的技术支持服务。广东省政务云目前可提供 30 万核 CPU、28PB 的资源服务能力，云平台计算能力达到 50 万亿次/秒，资源利用率达 60%以上。

4. 浙江省

浙江省政务云自 2015 年开始以购买服务的方式开展建设，依托本省互联网头部企业的技术实践，逐步形成以容器、微服务等云原生技术为主体的政务云架构体系，以阿里云技术框架为主的生态体系。浙江省政务云目前已形成"一朵云"架构，平台包括基础云资源及大数据资源，提供主机服务、存储服务、大数据服务、中间件服务等 8 个云服务大类，30 余个云服务小类，同时具备全栈云服务能力。

5. 贵州省

2014 年 7 月贵州省政府在电信、阿里、中软、浪潮等企业的支持下，启动了"云上贵州"系统平台建设，这是全国第一个实现省级政府、企业和事业单位数据整合管理和互通共享的云服务平台。该平台依托贵安信息园电信互联网数据中心（Internet Data Center，IDC）机房，购置了国产服务器、交换机等设备，采用阿里飞天云操作系统构建了强单性计算集群、开放存储集群、负载均衡集群、关系型数据库集群，实现了自主、安全、可控。贵州省政务云平台是由云上贵州大数据公司提供服务，大数据公司与中国联通、中国电信、中国移动、中国广电合作，形成了多家云服务商并存的格局：第一节点由云上贵州大数据公司出资建设；第二节点由中国电信建设；第三节点由中国移动建设；第四节点由中国广电建设。贵州省政务云由云上贵州大数据公司对这四个节点政务云统一管理。贵州省政务云分公有域和专有域两个服务域，公有域通过电子政务外网和互联网向全省政务部门提供非涉密应用系统的云服务，专有域通过业务专网向"金字"工程部门提供云服务。贵州省政务云平台解决方案提供商主要有阿里云与华为云。

6. 重庆市

"数字重庆"云平台原来为一家云服务商提供服务，2019 年该平台为了提升云服务能力、优化服务生态，引入了多家云服务商，形成了"1+5"架构，其中"1"是重庆全市多云管控平台，"5"是浪潮、华为、紫光、阿里、腾讯5个云服务商，将共同支撑重庆各部门、区县政务信息系统进行存储、计算、网络资源动态分配和按需供给，形成了"一云承载，全市共用"的共享、共用、共联的云服务体系。

7. 四川省

四川省政务云创新"1+N+N+1"模式（即1个云监管平台，N个云服务商平台，N个部门整合平台和1个云灾备平台），采用政府购买服务，引入多家云服务商参与并形成竞争，使政务部门能有更多选择，同时可得到灵活、多样、高质量的云服务，形成良性竞争，成为国内政务云建设的主流模式。

四川省充分发挥云计算的作用，利用政务云对数据资源的积聚作用，推动大数据和云计算融合发展，积极开展政务大数据挖掘、分析、应用、服务以及政务数据开放。

四川省政务云采用自主可控技术路线，通过一体化监管，实现对多个平台的统一管理，实时监测云上网络带宽利用率、存储使用率、CPU、内存占用率，避免云资源"超卖"，实现"资源尽数利用"。

三、云平台建设特点

各省市政务云平台建设具有一些共同特点。

1. 统筹规划、集约建设、多元化的云服务

政务云统筹规划、集约化建设，各省市政务云大多采用购买服务方式组织建设，逐步形成多云服务商共存的格局，如上海、重庆、北京、贵州、四川、福建、河南、河北等省市逐步发展成多家云服务商共存的格局，能够提供丰富的云服务和生态应用。

政务云的定位已经从最初的工具、效率型需求，逐步向辅助治理决策、带动产业发展等综合定位转变，给本地带来创新活力。

2. 云服务层级逐步提升，技术架构逐步转变

政务云应用系统需要具备适应灵活开发、需求变更、服务定制的能力。初期的政务云服务主要提供云主机、云存储、云网络、物理机等基础的资源，随着业务需求的发展，目前各省市政务云平台都规划有高层级云服务能力，如大数据平台、容器集群应用、微服务框架、云数据库、操作系统及中间件、AI服务、GIS服务、物联网平台服务等。广东、浙江、上海等省市政务云采用容器架构重构服务系统，逐步实施由传统物理机、云主机的部署模式向容器模式、微服务架构转变。

3. 基于云计算的大数据能力支撑新型政务应用需求

大数据能力日益成为普遍性需求，社会治理的数字化转型沉淀了大量的数据，大数据应用已经成为政府社会管理、服务民生的必备能力。例如，2020年初暴发的新冠疫情，国务院的大数据行程码，在疫情防控、复工、复产阶段发挥了重要作用。

第三节　政务云的发展趋势

一、政务云服务从基础级向多元化发展

新兴技术方面，AI、大数据、区块链、物联网技术趋于成熟，逐步在政务应用中得到广泛发展。随着国内政务云技术的应用与普及，政务云服务发展迅速，从最基础的计算、存储、网络服务，演变为微服务框架、数据治理、数据分析、数据应用等高层级云服务。例如，在区块链场景下，做到防篡改、可追溯，满足电子证照、民生多卡合一、不动产登记、司法存证等多个政务应用场景需求。基础设施方面，从传统 X86 架构向"X86+国产"混合架构的多元算力发展；物联网平台将政务云平台的服务能力扩展到智慧城市领域，满足城市基础设施的智能化管理需求，为城市应急响应等多方面提供支撑。

二、云生态的发展带动了以政务应用为主的软件与服务业发展

云技术发展得益于开源社区的技术引领以及互联网、ICT 企业等技术型企业的优秀实践，目前国内主流云厂商提供的云原生服务越来越多，已经覆盖政务、企业大部分的平台技术应用场景。同时，业务应用对新技术的需求、支撑软件服务种类的需求增多，微服务架构快速推广，云数据库、云操作系统和各类专属场景中间件发展迅速。应用开发企业普遍采用 DevOps 等新兴开发理念，创新、垂直、混合、生态是云技术相关软件发展的动力和方向。

三、安全需求日益增加，云安全建设成为重点

在云计算的架构下，云计算网络开放和业务共享场景更加复杂多变，安全性方面的挑战更加严峻，一些新型的安全问题变得比较突出，如多个虚拟机租户间并行业务的安全运行，云上海量数据的安全存储等。国家各部委出台了一系列标准规范，如《信息安全技术　网络安全等级保护基本要求》，国家信息中心出台了《政务云安全要求》，旨在强化基于云平台的政务系统安全。政务云创新节点需强化平台安全、租户安全、安全管理等方面的建设。

第四节　国家政策与相关标准

一、通用性政策规定

通用性政策规定包括：

《关于加快构建全国一体化大数据中心协同创新体系的指导意见》（发改高技〔2020〕1922号）。

《国家发展改革委　公安部　财政部　国家保密局　国家电子政务　内网建设管理协调小组办公室关于进一步加强国家电子政务网络建设和应用工作的通知》（发改高技〔2012〕1986号）。

《国务院关于促进云计算创新发展培育信息产业新业态的意见》（国发〔2015〕5号）。

《中华人民共和国网络安全法》。

《国家发展改革委关于印发"十三五"国家政务信息化工程建设规划的通知》（发改高技〔2017〕1449号）。

《国务院办公厅关于印发政务信息系统整合共享实施方案的通知》（国办发〔2017〕39号）。

《工业和信息化部信息化推进司关于印发〈基于云计算的电子政务公共平台顶层设计指南〉的函》（工信信函〔2013〕2号）。

《国家电子政务工程建设项目管理暂行办法》（国家发展和改革委员会令第55号）。

《政府采购货物和服务招标投标管理办法》（财政部令第87号）。

《财政部关于印发〈政务信息系统政府采购管理暂行办法〉的通知》（财库〔2017〕210号）。

二、通用性规范标准

通用性规范标准包括：

《云计算数据中心基本要求》（GB/T 34982—2017）。

《信息安全技术　操作系统安全技术要求》（GB/T 20272—2019）。

《信息安全技术　网络安全等级保护基本要求》（GB/T 22239—2019）。

《信息安全技术　云计算安全参考架构》（GB/T 35279—2017）。

《信息技术　云计算　虚拟机管理通用要求》（GB/T 35293—2017）。

《云计算基础设施即服务（IaaS）功能要求与架构》（YD/T 2806—2015）。

《信息技术 云计算 平台即服务（PaaS）参考架构》（GB/T 35301—2017）。

《信息技术 云计算 云服务级别协议基本要求》（GB/T 36325—2018）。

《信息技术 云计算 云存储系统服务接口功能》（GB/T 37732—2019）。

《信息技术 云计算 分布式块存储系统总体技术要求》（GB/T 37737—2019）。

《信息技术 云计算 云服务运营通用要求》（GB/T 36326—2018）。

《信息技术 云计算 云服务采购指南》（GB/T 37734—2019）。

《信息技术 云计算 云服务计量指标》（GB/T 37735—2019）。

《信息技术 云计算 云资源监控通用要求》（GB/T 37736—2019）。

《信息安全技术 云计算服务安全能力评估方法》（GB/T 34942—2017）。

《信息技术 云计算 云服务交付要求》（GB/T 37741—2019）。

《政务云安全要求》（GW 0013—2017）。

第三章 总体需求分析

目前，全国有 28 个部委和 34 个省级行政区的市级行政区 336 个，电子政务系统基本部署在云上，省部级规模单位的各种应用系统在 1500~2000 个，每年有不低于 10% 的系统需要进行升级、扩容。资源使用需求不断膨胀，其中有许多同质化的需求，如统一身份认证、智能呼叫应答、GIS 和大量移动端的微信服务等业务需求。

为支撑政务应用系统的运行和优化，可以在政务云中统一规划建设容器、微服务、大数据平台、AI、GIS 云平台等。这样不但可以节省大量成本，提高效率，还能节省大量能源。

第一节 云资源与服务内容需求

国内政务云是数字政府建设的能力引擎，能为数字政府建设提供强大的能力支撑，因此其选择的云服务技术必须是先进且经过市场验证的成熟服务产品，能为用户提供稳定、安全、可靠的云服务。这些服务内容主要包括：基础设施服务、支撑软件服务、数据资源服务、应用功能服务、云安全服务、应用部署实施和运行保障服务等。政务云需具备政务系统国产化替代能力，能够支持基于国产化设备搭建应用部署环境，引领使用单位加速国产化信息应用的部署。

结合国内政务云行业发展趋势，我们对政务云资源需求和云服务内容需求加以分析。

一、基础设施服务

政务应用系统开发所需基础设施服务包括云计算服务、云存储服务、云网络服务、云容灾服务。

1. 云计算服务

云计算服务包括通用云主机、GPU 云主机、云物理主机等服务。政务云需要根据业务应用的不同特点分配不同的计算资源。政务云根据业务应用的特点，对服务器或存储进行配置，满足应用对计算和存储的需要（CPU、内存、网络 I/O、存储 I/O）。

云计算平台需要和管理平台联动，实现对虚拟计算资源的部署和分配。

2. 云存储服务

政务云应当满足应用系统部署所需要的存储资源需求，云存储服务包括块存储、文件存储、对象存储服务，支持分布式存储和集中式存储。

存储主要由通用服务器与存储软件组成，具有多种功能与作用：提供大带宽的网络吞吐能力；支持使用 SSD 硬件加速，满足高 IOPS 的性能要求；用来承载云主机系统、云主机镜像、光盘镜像文件、云主机的模板文件、非结构化数据、大文件等。

3. 云网络服务

云网络资源池建设遵循已有的网络建设标准。云网络设计必须遵循"业务、管理、数据"三平面分离的原则。云网络服务包括 VPC、弹性 IP、负载均衡、VPN、数据专线、CDN 网络加速等服务。政务云网络分为行政服务域、公共服务域和互联网区。

云网络需求主要体现在：云网络需具备快速收敛、高转发性能、易维护、易管理和节能环保等特性。高可靠性是指网络设计需有效避免单点故障，同时在设备的选择和关键设备的互联时，应充分考虑关键设备的冗余、重要业务模块的冗余和链路冗余，以达到网络高可靠性。高可用性是指网络架构和设备选型方面需要具备可扩展性，其不仅要满足当前需要，还要满足未来业务扩展的需要。

4. 云容灾服务

基于应用系统部署的安全性和数据资源的安全性考虑，云容灾服务主要包括云备份、云容灾服务。

云备份支持用户自助完成备份，用户只需要指定备份对象、备份策略、复制策略（可选），系统将会自动创建备份服务实例，同时用户也可以根据需要调整备份服务实例。云备份支持永久增量备份（首次全量备份、后续增量备份），减少备份窗口，支持周期性全备策略设置和调度。

云容灾为云服务器提供跨机房容灾保护，当生产中心发生灾难时，可在灾备中心恢复受保护的云服务器。此外，生产中心的云服务器还可叠加配置本地存储双活保护，当生产中心单套存储设备发生故障时，数据零丢失，业务不中断；当生产中心发生整站点灾难时，平台可支持整体切换到灾备中心。

二、支撑软件服务

支撑软件服务包括操作系统服务、数据库服务、中间件服务、微服务、容器服务、AI 服务、GIS 服务、区块链服务、物联网等各平台能力的组件服务。

1. 操作系统服务

操作系统服务不仅可提供 Windows、Linux 及国产化操作系统，具备文件管理、设备管理、日志管理、服务管理、进程和监控管理、网络管理、资源管理、软件包管理、硬盘管理等基本功能，还可提供语言支持工具、文件共享服务工具、集成开发平台等常用工具，支持 KVM 虚拟化技术。

2. 数据库服务

数据库服务是以传统关系型数据库与分布式数据库技术为基础，将数据库资源以服务的形式提供给各单位使用的服务能力。它可以有效降低所属各单位应用系统数据库部署及运维的成本。

政务云提供的数据库服务除了传统关系型数据库如 MySQL、PostgreSQL 外，为响应国家关于党政机关信息化系统全面国产化替代的要求，国产数据库有提供高并发业务实时处理能力、高可用能力和分布式高扩展能力等需求。

云数据库服务提供即开即用、稳定可靠、可动态扩展等功能，提供数据库实例、数据库集群等服务方式，支持虚拟机或物理机部署。

国产数据库具备数据存储、访问控制、身份鉴别、补丁升级、自动备份、监控告警、弹性扩容、故障转移、安全审计和数据备份恢复等功能，可以提供图形化管理工具，开发人员可通过标准化数据库访问接口，开发基于数据库的应用系统和软件产品。

分布式数据库需提供海量存储能力和服务高可用能力，用来解决大规模数据集合多重数据种类的数据存储问题。分布式数据库应至少包括键值存储数据库、列存储数据库、文档型数据库和图形数据库，具备通过可视化的配置实现一键部署和计算存储独立扩容的能力，具备通过可视化的方式完成对实例创建、删除、备份恢复、监控报警、节点扩缩容等实际操作的能力。

3. 中间件服务

为了屏蔽底层操作系统的复杂性，政务云需提供便于操作系统和应用交互的中间件服务，主要应用于数据管理、应用服务、消息传递、身份验证和 API 管理等，包括消息中间件、缓存中间件、应用中间件等。

中间件具备 Web 应用、EJB（Enterprise Java Beans 技术的简称）应用、虚拟主机、应用服务集群、日志审计等基本功能，提供类库管理、图形化监控、Java 虚拟机（Java Virtual Machine，JVM）配置、垃圾回收配置等工具，提供实例部署、数据库连接服务。

4. 微服务

政务云提供微服务框架服务，服务内容主要如下：

（1）集成连接。

政务云需提供集成连接平台服务，支持应用和数据链接，适配多种常见的使用场景，提供消息、数据、API 等集成连接服务能力。

1）消息集成。基于 Kafka 协议，使用统一的消息接入机制，支持跨网络访问的安全、标准化消息通道。

2）数据集成。需支持多种数据源（文本、消息、API、关系型数据和非关系型数据等）之间的灵活、快速、无侵入式的数据集成，实现跨机房、跨数据中心数据集成方案，能自助实施、运维、监控集成数据。

3）API 集成。API 集成将数据和后端服务以 API 形式开放，提供不同语言的 SDK 和示例代码，同时支持对 API 的生命周期管理以及安全控制。

（2）微服务框架。

政务云需提供微服务引擎服务，满足应用系统微服务架构业务需求，而微服务引擎要具备应用托管、监控、告警和日志分析等能力，具备开放性，兼容业界主流应用技术栈，包括微服务引擎、开发框架、治理、管控等，以提升政务应用的开发、管理与运维效率。

微服务引擎要提供开箱即用、面向业界主流的开源微服务开发框架，提供微服务注册、微服务治理以及参数配置和安全管控等通用能力。微服务开发框架需要具备微服务注册、发现、通信和治理等基础能力，支持 REST 和 RPC 两种协议。微服务治理需具备微服务负载均衡、限流、降级、熔断、容错等能力。安全管控需提供认证鉴权、黑白名单等能力。

（3）应用公共支撑组件。

政务云需提供支撑应用系统开发、运行的公共支撑组件服务，如云监控、云日志、云审计、对应用系统的运维管理和性能管理等服务。

1）云监控服务。提供一个针对弹性云服务器、带宽等资源的立体化监控平台；提供实时监控告警、通知以及个性化报表视图，精准掌握业务资源状态，监控或触碰租户数据。

2）云日志服务。收集来自主机和云服务的日志数据，通过海量日志数据的分析与处理，将云服务和应用程序的可用性和性能最大化，提供一个实时、高效、安全的日志处理能力，快速进行实时决策分析、设备运维管理、用户业务趋势分析等。

3）云审计服务。需为租户提供云服务资源的操作记录，供用户查询、审计和回溯使用。

5. 容器服务

政务云应具备容器服务，针对新型应用，提供容器部署服务。为解决目前政务应用越来越多、应用部署周期长、资源使用不合理等问题，可通过应用容器技术进行业务系统的快速部署和运行，实现业务的快速交付，缩短业务的上线周期；当遇到高并发、高流量的业务场景时，可以快速进行弹性扩容。

容器服务需提供负载的运行时托管，快速地批量启动容器并且秒级完成部署，支持自定义的弹性伸缩策略，提供容器健康状态检查和容器运行时指标的全方位实时监控等功能。

容器编排能实现自动化容器的部署、管理、扩展等。容器编排工具能够提供用于大规模管理容器和微服务架构的框架，支持 Kubernetes、Docker Swarm 和 Apache Mesos 等主流方案。容器编排服务需提供可视化创建集群能力，自动化部署和运维容器能力，支持集群节点和工作负载的弹性伸缩，支持丰富的调度策略来应对访问量的变化，支持新版本的一键升级，并支持多种存储的挂载。

6. AI 服务

政务云提供统一的 AI 服务，降低各部门使用 AI 服务的门槛，减少重复投入，在城市综合治理、政务服务、指挥调度、预警分析等多个方面提供集约化的服务。

根据目前政务领域 AI 应用需求，政务云需提供 AI 推理平台及 AI 算法服务，主要有视觉智能服务、语音识别服务、文字识别服务、自然语言处理服务、机器学习、深度学习算法服务等。

AI 技术趋于成熟，已在多个场景中得到广泛应用。例如，语音识别服务在会议的语音转写、智能客服助理等场景下得到广泛应用；自然语言处理也将在构建政务领域的知识图谱方面发挥作用。视觉智能的典型应用场景如表 3-1 所示。

表 3-1　视觉智能的典型应用场景

分类	应用场景	服务需求
政务服务	政务大厅服务办理	忘记携带身份证时仍可办理业务：可采用人脸识别（1：1 比对）功能实现
	线上办理刷脸验证	线上办理刷脸验证，确保数据安全性，无须登录密码：可采用人脸识别（1：1 比对）功能实现
	养老金线上认证	免去大厅核验奔波：可采用人脸识别（1：1 比对）功能实现
	特定区域老人、小孩走失	及时寻人：可采用人脸识别（人脸检索、人体轨迹）功能实现
	业务办理人脸存档	为日后追查提供依据：可采用人脸识别（人脸采集）功能实现
社会治理	医院门口黄牛、医闹治理	医院门口黄牛、医闹等人员影响医院秩序：可采用人脸识别（人脸布控）功能实现
	找出潜在的影响秩序人员	可采用人脸识别（人脸研判）功能实现，以便布控识别，重点关注
	社保卡盗刷、倒药卖药行为查证	可采用人脸识别（人脸检索）功能实现
	防止考生替考行为	防止考生替考行为：可采用人脸识别（人脸白名单）功能实现
公共安全	犯罪在逃人员及时发现与抓捕	犯罪在逃人员及时发现与抓捕：可采用人脸识别（人脸布控）功能实现
	寻找嫌疑人轨迹线索	寻找嫌疑人轨迹线索：可采用人脸识别、人体识别（人脸检索、人脸轨迹）功能实现
	人员聚集事件处置	特定区域大人流时易发生踩踏事故，发生事故后要及时处置：可采用人脸识别（人脸检索）功能实现
	危险区域出现人员预警	危险区域出现人员预警：可采用人体识别（人体检测预警）功能实现

分类	应用场景	服务需求
交通安全	车辆识别	重点路段车辆构成复杂，易发生交通事故；可采用车辆识别（车型识别及统计）功能实现
	分析驾驶人不系安全带比例态势	分析驾驶人不系安全带比例态势，为交通安全宣传提供依据；可采用车辆识别（不系安全带检测及统计）功能实现
	禁止渣土车通行	夜间特定路段禁止渣土车通行，因为其易发生交通事故；可利用综合治理场景识别（渣土车识别）功能实现
	井盖缺失、损坏识别	井盖缺失、损坏容易危害行人行车安全，应及时识别；可利用综合治理场景识别（井盖损坏）功能实现
城区综合治理	店外经营、占道经营识别	店家乱摆放影响通行，应及时识别；可利用综合治理场景识别（店外经营、占道经营）功能实现
	流动商贩识别	中小学门口商贩影响秩序和形象，应及时识别；可利用综合治理场景识别（流动商贩识别）功能实现
	商户或住户私搭乱建识别	商户或住户私搭乱建影响市容，应及时识别；可利用综合治理场景识别（私搭乱建）功能实现
	车辆违停识别	道路机动车、非机动车乱停乱放影响通行，应及时识别；可利用综合治理场景识别（机动车乱停、非机动车乱停）功能实现
	堆放检测	识别区域垃圾堆放
	小广告检测	识别在建筑外、路灯、电线杆等区域违规粘贴的小广告
	道路遗撒检测	识别道路上的大范围遗落物
	危险源检测	识别城区内的烟雾、爆竹燃放等
	河道废物倾倒检测	识别沿河、湖、湾区域的废物倾倒行为
	动火检测	识别城区内的露天焚烧、露天烧烤行为
	占道检测	识别沿街商铺的违规占道经营
	违规施工	识别城区内的违规施工
	沿街晾晒	识别影响市容的沿街晾晒
	标志牌检测	识别城区各辖区内街道的广告牌大小违规、内容违规，道路标志牌、消防栓损毁情况

7. GIS 服务

为实现地理信息成果资源的共享，降低各部门应用地理信息成果的门槛和成本，促进数字政府 GIS 服务建设，应结合国内地理信息公共服务平台，依托政务云提供集约化的 GIS 云服务。平台具备地理信息海量存储、资源共享、分布式计算分析、资源重用等服务能力，提供地理信息、定位、地图展示、地图查询和开发接口等。

8. 区块链服务

区块链技术是保障关键政务数据安全的有效手段，政务云需提供区块链服务能力，实现关键数据的安全、高效、不可篡改，具备服务部署、区块链管理、通道管理、成员管理、通知管理等功能。

区块链技术在政务领域的典型应用场景如表 3-2 所示。

表 3-2　区块链技术的应用场景

应用场景		当前问题	服务需求
政府重大资金监管	政府每年都有巨额的专项资金通过财政拨付给各使用单位或个人，由于资金监管不到位，资金被挪用、占用、贪腐等违法违规行为时有发生，需要进一步加强全流程业务监控	专项资金来源渠道多、涉及部门广，由于条块分割等因素，难以实行有效的统一管理，容易造成资金截流延误，难以保证资金有效到达目标群体	通过区块链技术将资金使用全流程上链，资金的使用情况可完整溯源。区块链的不可篡改性保证了账目的清晰，无法进行财务造假，保证专款专用。智能合约技术保证资金执行到位，资金的拨付与项目进度一致，资金的使用方身份真实可靠
食品安全	利用区块链、物联网 IoT、AI 等技术对食品进行管理溯源，保证食品从源头上的数据真实有效性	食品在交易过程中鱼龙混杂，品质参差不齐，查验真伪成为行业痛点。食品在交易中存在易仿造、易被调包、成本高等问题	食品在制作的过程中形成一个随机纹理，这个随机纹理就像动物的 DNA 一样，是唯一的。对这个过程可以进行记录，当有新的食品制成时，可以对食品进行匹配，最终可实现食品溯源、防伪和数据不可篡改
招投标	通过全程数据上链、公开招投标，全程信息无盲点、透明，并可随时回溯历史招投标信息。同时，历史数据上链，还能够帮助主管和监管机构对招投标主体进行信用评级，以确保招投标过程公开、公平、公正，诚实守信	各环节参与方都是信息孤岛，无法进行验证。中心化数据库无法解决信息篡改问题，现阶段要对多个系统进行监管、核对，造成了大量的人力物力浪费	涉及部门之间建立联盟链，将多个主管部门信息互通，让整个招投标流程的协作过程不用经过多个孤岛信息系统，直接参与作业，提高效率。通过智能合约保证整个招投标流程依法按照既定规则去走，杜绝中心化信息篡改问题，保障招投标人的利益。通过打破信息孤岛，主管单位和监管机构直接地进行信息的审核、监管，减少现阶段要对多个系统进行监管、核对的人员和时间成本，以确保招投标过程公开、公平、公正，诚实守信
企业管理服务	政府通过利用区块链和大数据智能化提升效率、优化营商环境，实现"数据多跑路、群众少跑腿"，提升企业开办便利化水平，有效降低企业开办制度性交易成本，助推企业高质量发展	企业成立时资料需多部门分散填报，事情逐项串联办理且不同部门间需重复提交材料，所提交的材料也都需要后台人工审核，这样难免出错，造成时间和人力的浪费	通过将企业成立时涉及的各政府部门或机构组成联盟链，在保障数据的安全和隐私的前提下打通各参与方之间的数据校验通道，将原来的"多部门分散填报"变为"一网式集中填报"，将"逐项串联办理"变为"并联同步办理"，将部门间"重复提交材料"变为"数据互认共享"

续表

应用场景		当前问题	服务需求
环境治理	以区块链、云计算、物联网、GIS 平台技术等为技术依托，结合实际生态情况，建立数字环保生态综合管理平台，以实现生态数据的汇总及分析，并根据报告进行智能调度，以提升管理及应急处理效率，规避信息传递失真等问题	环保生态数据监测涉及部门多，数据难以实时监控并汇总，当遇到类似森林火灾等紧急问题时，难以快速反馈解决方案；同时，由于其数据是动态变化的，且传递效率不高，很可能会造成信息失真的问题	在整个管理平台引入区块链技术后，作为节点的各个部门能够快速、高效地同步动态信息，保证了信息的实时性、精准性、安全性。这样在提升效率的同时，还能为相关应急处理预案优化及后续部门定责提供有效证明
公众服务	数字身份是数据应用的核心部分，数字身份在民生服务和人员管理上具有重要作用，数字身份的共享共用可以降低时间成本、提高效率	办理相关业务需要多次提交材料，审批复杂，个人信息分散，身份信息分散，信用信息不能有效统一	利用区块链技术将实名身份信息进行认证，通过授权机制实现身份信息共享，多方共享共用同步个人信息，授权的信息不可篡改，可追溯，可以实现一卡多证
资质证书	资质证书在使用过程中有效保障证书的真实性、安全性，避免了验证证书真假性的烦琐流程，提升了资质证书在报考、领取、使用时的便捷性	在整个资质证书考试中，篡改数据的风险时有发生，纸质资质证书在传递、校验等方面，人们对其安全性、真伪性存在着质疑	用区块链加密的方式，创建一个可以控制完整成就和成绩记录的认证基础设施，包含证书基本信息的数字文件，如收件人姓名、发行方名字、发行日期等内容；使用私钥加密并对证书进行签名；同步到涉及方组成的联盟链；这样可以在保证数据真实性的同时，让资质证书在使用中更加便捷

9. 物联网平台服务

为了提升城乡智能化管理水平，减少重复建设，提高物联信息利用率，为综合指挥、应急、环保、农林水务、交通、综合执法、市场监管等领域提供智慧化应用及决策支持，政务云需提供物联网平台服务，支持各级各部门物联网设备的统一接入，支持物联网数据交换与信息共享，实现各级物联信息的有效汇聚和整合，支撑各部门依托平台构建各自应用。

物联网平台支持消息队列遥测传输（Message Queuing Telemetry Transport，MQTT）等主流协议，具备设备管理、鉴权认证、故障诊断、联动规则、告警过滤和分析功能，提供标准的 API 接口，提供联动配置和规则响应，支撑应用层面的显示和控制。

三、数据资源服务

数据资源服务层提供数据的聚合和抽象能力，包含大数据基础软件、数据仓库等，并提供技术支持服务。

大数据基础软件支持 Hadoop 等技术架构，实现结构化、非结构化、半结构化数据存储、数据计算，支持实例、集群不同的服务方式。

四、应用功能服务

政务云按需提供较强通用性的应用功能服务，如云盘、云短信等。为满足政务海量数据低成本、弹性扩展、大范围整合能力等需求，创新节点提供安全可靠、经济易用、快速部署的云盘产品。云盘有利于助力政府数字化转型，解决政府各部门间协同困难、文档管理混乱等多种问题。

五、云安全服务

政务云应提供符合安全等级保护三级的云平台安全软硬件能力，主要包括边界防火墙、入侵检测、漏洞扫描、主机安全等；提供漏洞扫描管理和事件响应流程、应急预案。对于租户安全，政务云应具备 Web 威胁检测，具有检测各类应用层攻击行为的能力；能够阻止网页篡改、个人敏感隐私数据泄露、恶意注册、恶意登录等情况的发生。

六、应用部署实施服务

应用部署实施服务主要包括托管实施服务和业务迁移服务。托管实施服务包括对托管设备提供基础网络配置及故障排查、硬件巡检、7×24 小时值守等服务；业务迁移服务包括迁移设计服务、数据迁移服务、业务系统迁移服务。

七、运行保障服务

运行保障服务需要包含驻场服务和容灾专家服务等。驻场服务包含云平台运维、现场硬件支持服务、现场监控及运维支持服务；容灾专家服务包含容灾咨询、容灾设计和容灾演练服务。

第二节　云管理平台需求

一、运营管理需求

平台需提供统一的运营服务门户，提供对各类服务的统一管理能力。对使用的政务云资源量，平台需要能够实现计量统计。

平台需能够为使用服务的用户提供独立的账号，用以管理自己申请的服务。

二、运维管理需求

平台需提供统一的基于云计算的运行保障支撑系统，为平台提供运行保障服务，以保障平台的服务质量达到用户的需求。

云服务平台运行保障系统的运维需求主要包括计算、存储、网络、虚拟资源以及机房的统一监控、统一管理、统一维护，需要管理的对象包括数据库、操作系统、服务器、网络设备和安全设备、存储设备、机房设备。

平台需要建立报表系统，实现对服务管理平台中各种信息的分析和呈现。

三、监管需求

政务云需提供与主管部门业务管理系统对接的开放接口，接受统一监管，确保平台安全稳定运行与规范管理。

第三节 平台安全需求

政务云应按照网络安全等级保护三级的标准要求建设和保护，并遵守国家密码管理有关政策法规和标准规范。政务云节点服务商应严格按照网络安全、密码等相关法律法规建立安全管理体系，定期开展网络安全等级保护测评、风险评估、云计算服务安全评估、关键信息基础设施安全检测评估、商用密码应用安全性评估等工作。

按照国家网络安全相关规定，监控网络行为，阻断网络攻击，根据使用单位需求做好容灾备份，定期发布安全公告和开展应急演练，加强所提供云资源的安全防御和日常监控，确保政务云节点安全运行。

产品服务提供商应严格遵守网络安全、保密、密码等相关法律法规，加强相关产品服务的安全防御和日常监控，保障平台安全运行。

平台安全需求主要分为：标准规范合规需求、安全技术需求和安全管理需求等。

一、标准规范合规需求

政务云建设需遵循网络安全相关法律法规和标准规范要求，主要云服务产品需通过可信云认证，应具备通过中央网信办网络安全评估的能力，满足信息技术服务标准（Information Technology Service Standards，ITSS）云服务能力评估等要求。

二、安全技术需求

政务云需按照网络安全等级保护三级的标准要求进行分区分域设计，提供网络安全、主机安全、数据安全、管理安全等多种安全措施，保证虚拟机、云平台数据中心、网络边界的安全，同时为将来的业务应用系统发展提供可兼容的空间，最大限度地降低业务应用系统安全风险，确保整体信息安全目标的实现。

网络安全需求：平台需要采用冗余双链路设计，具备冗余空间，提升单台设备或单条链路出现故障时的自动处理能力，为政务云提供24小时不间断服务。应对网络系统中的网络设备运行状况、网络流量、用户行为等进行日志记录，防止非法访问，对不同的用户、业务区进行安全隔离和管控，区别各种攻击流量和正常流量，并能采取相应的措施保护内部网络免受恶意攻击，保证数据中心网络及系统的正常运行。

主机安全需求：政务云采用两种或两种以上组合的鉴别技术，对登录操作系统和数据库系统的用户进行身份标识和鉴别。启用访问控制功能，依据安全策略控制用户对资源的访问；提供安全审计和入侵检测能力，满足相关要求，防止各种攻击，提升工作效率、营造安全办公环境。

数据安全需求：政务云应能够检测到系统管理数据、鉴别信息和重要业务数据在传输过程中完整性受到破坏等情况，并在检测到完整性被破坏时采取必要的恢复措施；应具备加密或其他保护措施，实现对系统数据的管理、鉴别信息和保证重要业务数据存储保密性；应能够提供数据备份和数据恢复能力。

三、安全管理需求

平台需形成由安全策略、管理制度、操作规程等构成的全面的信息安全管理制度体系，成立指导和管理信息安全工作的委员会或领导小组，制定安全审核和安全检查制度，规范安全审核和安全检查工作，定期按照程序开展安全审核和安全检查活动。

四、运行保障服务需求

运行保障服务应包括对云创新节点管理的各项资源监测、资源配置、资源优化、服务监控、事件处理、运维流程、日常巡检、备份恢复、灾备管理、应急预案管理、服务质量监督和报告等服务。

政务云按需为各部门提供资源分配，并对其运行过程进行全方位监控，实现故障隐患的主动排查和精确定位；提供完全托管或用户自助式的运行管理和维护，保障信息化基础设施7×24小时的稳定可靠运行。

五、迁移服务需求

政务云需提供系统迁移服务，确保在进行迁移时不影响业务正常运行，需具备在线信息系统数据迁移的能力，保障数据传输安全和数据存储安全。

第四节　机房技术需求

标准要求：提供新建政务云的机房条件应满足《数据中心设计规范》（GB 50174—2017）中 A 级要求的主要指标，提供较高性能的安防、环境监控、灭火系统等基础设施服务，抗震设防类别不低于乙类。

提供的机房可以按照要求对资源进行物理和逻辑隔离，且需要在机房内划分独立区域，满足云平台资源区和特定部门独立资源区域划分要求，提供 7×24 小时热线人工值守以及响应电话，7×24 小时全天候技术支持响应。机房应具备管理和监控能力。机房应具备环境智能监控，以实现对设备电流量的监控、机房温度监控、机房湿度监控等。

能源节能环保要求：机房应符合 IDC 机房建设标准，应充分从硬件设备、机房布局、软件管理等方面考虑机房的节能环保设计，确保电源使用效率（Power Usage Effectiveness，PUE＝数据中心总能耗/IT 设备能耗）不高于 1.5，以提升政务云的能源使用效率。

机房供电系统独立稳定，采用市电双回路电源供电，提高供电保障和保护能力；机房后备发电机组不小于 2000kW。

机房具有不间断电源系统（Uninterruptible Power System，UPS）保障能力：UPS 具备冗余备份能力，所有设备机架供电应由两套或以上 UPS 提供。

机房必须设置机房专用的空调系统，应具备冗余备份能力，避免出现单点故障。空调系统供电应采取双路自动切换线路供电，每台空调应采用独立回路供电，保证空调系统对机房的制冷能力。

机柜要求：提供满足本期项目所需的机柜空间，并具备平滑扩容到不低于 500 个机柜的能力，具备适应业务发展的扩展能力。每个机柜提供双路不间断供电，机柜功率不低于 5kW。机房空间和供电在满足本期建设规模的基础上，提供机房环境服务，包括场地、电力、制冷、管理等内容。

运维要求：一是管理制度要求。按照 ITSS 等规范要求，建立运维管理制度体系，加强日常运维、定期巡检、应急演练等；制定详细的《数据中心运维服务手册》，按照手册规范开展运维工作，制定《数据中心应急响应预案》，制定完善的报告制度；运维服务人员保证遵守国家有关的政策、法律法规和制度，保证按照工作规范进行工作，凡接收到的重大服务请求，在未经用户同意的情况下不得擅自行动；运维服务人员保证不向外泄露任何业务和相关数据，保证不向外泄露任何保密的资料。

二是运维工具要求。提供智能运维管理平台和监控平台。

运维管理：在运维工作中优化 IT 服务，包括事件、问题和变更管理、知识库管理、资产管理和用户自助等服务。

监控平台：配备能对 IPv4、IPv6 两种协议进行管理的一体化网管系统，支持通过 ICMP、SNMP、IPMI 等协议对网络中的设备进行监控，监控设备种类主要包括网络设备、安全设备、服务器、存储、备份、虚拟化等。监控指标至少包含设备 CPU、内存、磁盘使用空间、进程状态。

第五节　平台性能需求

政务云应当具有良好的扩展性，支持快速扩容，以适应平台业务不断发展的需要。

在日常运维过程中，当政务云资源使用率超出限定额度或平台资源数量、功能、性能等方面不能满足用户使用要求时，云服务提供商需对现有平台进行扩容，政务云应具备资源动态调整机制并提供相应资源的监控手段，根据业务系统运行情况进行资源的动态调整。

云服务商提供的政务云整体可用性应不低于 99.99%，数据可靠性应不低于 99.9999%。

云平台支持不少于 1 万台服务器统一管理，最大支持用户数不少于 20000 个，运营管理支持不少于 50 个用户同时在线。

云平台具备高性能，如支持创建虚拟机最大并发数不少 30 个，创建单个虚拟机时间不超过 3 分钟，单虚拟机高可用时长不超过 90 秒。

云平台支持云容灾备份服务，针对应用级容灾 RTO<4 小时，根据备份策略设定，最大支持 RTO<1 小时。云备份恢复时延 RTT≤20ms，丢包率≤0.1%。

第六节　建设采购

项目采用购买服务方式，由云服务商投资建设，政务部门按需申请使用，主管部门根据云资源使用情况，依据《政务云服务目录》付费方式每年定期据实结算政务云服务费。

政务云服务目录包含政务云应用的主要服务需求，包括基础设施服务、支撑软件服务、数据资源服务、安全保障服务、运行保障服务等。

政务云服务目录模板样例如表 3-3 所示。

表3-3 政务云服务目录模板样例

一级分类	二级分类	三级分类	描述
基础设施服务	计算服务	通用型云服务器（X86）	提供不同规格的标准云主机服务
		通用型云服务器（国产）	提供基于国产处理器的多种规格云主机服务
		GPU云服务器	提供适用于深度学习、科学计算、高性能计算、图形渲染、视频解析的GPU服务器
		云物理主机（X86）	提供不同规格的X86架构云物理主机服务
		云物理主机（国产）	提供基于国产处理器的多种规格云物理主机服务
	存储服务	块存储	提供标准云硬盘、高性能SSD云硬盘服务，按需块存储，容量单位为GB
		对象存储	提供稳定、安全、高效、易用的云存储服务，具备标准REST-ful API接口，可存储任意数量和形式的非结构化数据，适用于备份归档、静态网站托管、视频监控等场景
		文件存储	满足持续大数据量存储需求，适用于视频、气象、物联网等文件存储需求场景，提供NAS服务接口
	灾备服务	备份服务	针对运行在云主机或者物理机的各种操作系统、应用和数据库提供同城备份、异地备份服务
		容灾服务	针对应用、数据库等各种软件进行统一容灾管理；按照提供的云主机数量计费
		其他灾备服务	针对客户业务系统进行详细调研，根据调研情况输出灾备规划方案，进行可交付的容灾方案设计，包含灾难恢复预案设计，搭建好的业务容灾系统进行灾备演练
	网络服务	负载均衡	提供不同规格的负载均衡服务，支持包含TCP协议的四层、HTTP协议和HTTPS协议的七层负载均衡；支持对应用程序的健康状态检查
		CDN	在广域互联网环境下，可通过完善的网络路由调度机制为各机构发布业务自动选择最佳网络访问路径，实现互联网业务感知的提升；可依据热度、负荷、质量，部署智能算法精准调度，实现服务节点择优选择；可通过多平面部署，实现高可靠性保障，通过多维度监测，实时掌控质量
		VPC	为租户提供逻辑隔离、自主配置和管理的虚拟网络环境
		VPN服务	提供IPsec VPN接入服务，每用户赠送2个账号
	其他基础设施	本地数据专线	为位于同城的机构部门之间提供点对点、点对多点透明传输的专线出租电路，为用户传输数据、图像、声音等信息，实现本地区域的网络互联，提供数字电路的租用和维护服务
		跨区数据专线	为位于不同区域的机构部门之间提供点对点、点对多点透明传输的专线出租电路，为用户传输数据、图像、声音等信息，实现跨区域的网络互联，提供数字电路的租用和维护服务

一级分类	二级分类	三级分类	描述
支撑软件服务	操作系统服务	商业操作系统	提供不同版本的 Windows Server 操作系统，每套含 2 个物理 CPU 许可，无虚拟 CPU 限制，每套带 5 个 Windows User CAL
		开源操作系统	提供基于 Red Hat Linux 提供的可自由使用源代码的 Linux 操作系统、以桌面应用为主的可自由使用源代码的 Linux 操作系统 64 位
		国产操作系统	提供中标麒麟、红旗、普华、深度等主流国产操作系统的激活、安装服务
	数据库服务	HighGo 数据库	提供不同版本、不同规格的 HighGo 数据库实例授权，提供激活、安装服务
		SQL Server 数据库	提供不同版本、不同规格的 SQL Server 数据库实例，提供激活、安装、容灾环境搭建、参数调优、故障处理、性能优化、软件升级等服务
		MySQL 数据库	提供不同版本的 MySQL 数据库，提供激活、安装、容灾环境搭建、参数调优、故障处理、性能优化、软件升级等服务
		PostgreSQL 数据库	提供不同版本、不同规格的 PostgreSQL 数据库实例，提供激活、安装、容灾环境搭建、参数调优、故障处理、性能优化、软件升级等服务
		分布式云原生数据库	提供不同规格的分布式云原生数据库，完全兼容 MySQL
		国产数据库	提供国产神通、达梦、优炫、人大金仓、南大通用 Gbase 等主流国产数据库，提供打包容器镜像、参数调优、故障处理、性能优化、软件升级等服务
	中间件服务	缓存中间件	提供不同规格的内存数据库服务，基于双机热备的高可用架构，提供单机、主从、集群等丰富类型的缓存类型，满足用户高读写性能及快速数据访问的业务诉求
		国产中间件	提供金蝶、东方通、宝兰德、中创等主流国产中间件，提供打包容器镜像、参数调优、故障处理、性能优化等服务
	应用功能服务	云盘	提供智慧云盘服务，支持提供服务和私有化部署两种模式，提供安装、激活服务，提供打包容器镜像、参数调优、故障处理、性能优化等服务
		云短信	提供短信通道服务，支持联通、移动、电信三家运营商
	微服务	集成连接	提供不同规格的集成连接服务，支持轻量化消息、数据、API、设备等集成能力，简化上云流程，支持云上云下、跨区域集成；打通云上云下应用、数据、设备之间的信息孤岛，实现信息共享

一级分类	二级分类	三级分类	描述
支撑软件服务	微服务	应用性能管理	提供分布式应用性能分析能力，解决应用在分布式架构下的问题定位和性能瓶颈等难题；拥有强大的分析工具，通过拓扑图、调用链、事务分析可视化地展现应用状态、调用过程、用户对应用的各种操作，快速定位问题和解决性能瓶颈
		微服务框架	提供应用部署、治理、监控的一站式解决方案，支持 Java、Go、PHP、Node. js、Docker、Tomcat、ServiceComb 及 Spring Cloud 等运行环境；面向运维、开发、运营人员及 IT 经理的云上运维平台，以日志、指标、事件形式实时监控运行、运营数据，提供云资源、网络、中间件、上云业务、手机 App 等全链路的数百种运维指标，一站式完成云上运维；统一监控资源、上云业务，一站式完成云上运维
	容器服务	云容器引擎服务	提供高可靠性、高性能的企业级容器应用管理服务，支持 Kubernetes 社区原生应用和工具，简化云上自动化容器运行环境搭建
		容器专业服务	提供应用容器化改造最佳实践，帮助客户实现应用容器化改造；在客户应用已经容器化改造完成的场景，帮助客户将容器化应用接入 PaaS 平台，或协助客户将容器化应用从其他 PaaS 平台（Docker 容器）迁移到本地 PaaS 平台
	AI 服务	政务 AI 运营推理平台	AI 视频分析、图像分析、语音语义分析所必须依赖的基础 AI 平台，负责对 AI 能力进行统一的管理、部署和运营；支持算法的云上推理部署和边缘推理部署模式，支持对算法调用量和配额的统计，支持对算法使用权限进行分权分域管理，并提供边缘 AI 小站
		AI 视频分析	提供通用类视频分析、城市治理视频分析、交通类视频分析能力
		图像分析	提供智能文字识别和人脸识别等功能
		语音语义分析	提供语音识别、语音合成、语音唤醒以及自然语言处理技术，实现语音智能化交互服务，如智能问答机器人、智能语音助手等
		知识图谱	提供全生命周期知识图谱管理服务，包括本体设计、知识抽取、知识更新、知识融合、知识管理等
		AI 专业服务	提供智能问答机器人设计与优化服务、智能语音助手设计与优化服务等
	区块链服务	区块链平台服务	提供不同规格的一站式构筑区块链平台框架，构建高可靠、高安全、强隐私保护的企业级可信协作基础设施，构建联盟链，促进数据的可信共享，提升协作效率，降低运营成本

一级分类	二级分类	三级分类	描述
支撑软件服务	区块链服务	区块链专业支持服务	面向项目提供相关开发技术支持（设计、开发、部署和测试指导）
	GIS 云服务	基础 GIS 应用服务	提供空间地理基础数据底板，CGS2000 坐标系，7~18 级瓦片。提供标准的 WMTS 服务接口，包含矢量电子地图与影像电子地图服务
		高级 GIS 应用服务	提供路径分析、全文检索、地理编码、时空影像、在线打印、在线制图、在线制绘等服务。每节点以 4 核 8G 为基准，其他类型节点按此标准线性折算。高级 GIS 应用服务涵盖基础 GIS 应用服务
		专业级 GIS 应用服务	提供时空数据管理引擎、空间服务管理引擎、时空数据分析服务，提供云端存储地理信息数据、专题数据、时空动态数据等数据资源服务，实现数据服务统一发布和管理，形成服务配图、授权、监控的全流程管理；提供矢量切片、开发 API 服务（二维、三维、Android）等。每节点以 8 核 16G 为基准，其他类型节点按此标准线性折算。专业 GIS 应用服务涵盖高级 GIS 应用服务
		GIS 专业服务	提供政务空间信息资源整合服务，整合部门内部的政务空间信息资源，梳理形成部门政务空间地理信息"一张图"资源专题目录。解析部门的实时政务空间信息接口，形成跨部门的实时信息"一张图"信息目录。根据实际需要完成二维地图渲染制作，三维白模渲染制作。三维地图模型制作即对地形、建筑物进行三维模型制作，可按要求完成对全省范围内的高精度地表模型和城市建筑物模型可视化
	物联网平台服务	设备接入管理平台	提供 IoT 设备接入管理平台，提供设备接入、设备管理、应用管理、北向 API 开放、设备安全、网络安全、政企用户 Portal、管理员 Portal 等功能（10TPS，1000 连接）
数据资源服务	大数据服务	大数据平台	提供数据接入、数据存储、数据分析和价值挖掘的统一大数据平台，并且与 IoT 物联网、数据集成平台、数据湖工厂及数据可视化等服务对接，为客户轻松解决数据通道上云、大数据作业开发调度和数据服务中展现的困难。一站式大数据平台服务，可自动伸缩，按需使用和计算存储分离，为客户提供低成本平台解决方案
		大数据专业服务	提供大数据开发支持服务、Hadoop 迁移基础服务、数仓迁移基础服务、数据仓库开发支持服务

续表

一级分类	二级分类	三级分类	描述
安全保障服务	租户及平台安全	云主机杀毒服务	云主机操作系统安全防护软件，提供系统安全扫描和漏洞防护等功能
		Web 应用防火墙	为租户 Web 类应用提供应用层安全服务。Web 应用防火墙帮助用户解决面临的 Web 攻击（跨站脚本攻击、注入攻击、缓冲区溢出攻击、Cookie 假冒、认证逃避、表单绕过、非法输入、强制访问）、页面篡改（隐藏变量篡改、页面防篡改）和 CC 攻击等安全问题
		态势感知服务	基于环境动态洞悉安全风险，以安全大数据为基础，从全局视角提升对安全威胁的发现识别、理解分析、响应处置能力，并提出相应报告，支持决策与行动
		安全指数服务	提供统一、直观、多维度的安全视图。用户可以通过安全指数服务了解所使用云环境是否已合理配置，所采取的安全措施是否已经足够，以及主动安全、被动安全的概况
		边界防火墙服务	提供边界安全防护的服务。边界防火墙服务支持以弹性公网 IP 为防护对象的访问控制策略，同时支持配置额外开启入侵检测防御和网络防病毒功能
		密钥管理服务	为平台云服务、租户业务应用提供一种安全可靠、简单易用的密钥托管的服务。根密钥依赖后端加密机存储，可对接国内加密机
		主机安全	提供资产管理、漏洞管理、基线检测、高级入侵检测、勒索病毒防御、程序运行认证、文件完整性管理、安全运营、静态网页防篡改、动态网页防篡改等服务
		漏洞扫描	提供 Web、数据库、基线配置核查、操作系统、应用软件安全风险检查检测的综合漏洞扫描探测功能
		平台堡垒机	平台堡垒机是为云平台管理员提供安全运维管理区资源的一项服务，方便为租户提供安全运维能力
		云堡垒机	云堡垒机是为租户提供安全运维云上资源的一项服务，方便为租户提供安全运维能力。云堡垒机服务包含主机管理、权限控制、运维审计、安全合规等功能，支持 Chrome 等主流浏览器随时随地远程运维，开启高效运维新时代。它不包含应用发布服务器
		日志审计	对租户网络、安全设备、主机和应用系统日志进行全面的标准化处理，及时发现各种安全威胁、异常行为事件，为管理人员提供全局的视角，确保客户业务的不间断运营安全；支持上千种设备型号的日志；支持海量日志归一化存储挖掘分析、集中管理；事后审计追溯，违规事件可追踪；业务违规、安全告警，事中告警，及时发现违规越权访问及安全事件；满足多种法规信息监管要求；单实例支持 50 个日志源收集

续表

一级分类	二级分类	三级分类	描述
安全保障服务	数据安全服务	数据库审计	提供对各种数据库的审计服务。对账号登录、注销、数据的增删改查、视图创建、表结构的更改、权限变更、导库等操作，以及操作中的嵌套、函数、绑定变量、超长语句、返回结果、脚本等复杂操作行为完整审计。支持 3 个数据库实例授权
		数据库安全防护	建立数据库准入机制，收束数据库访问权限，杜绝非法连接，对数据库访问行为进行安检，鉴别非法操作，杜绝删库跑路、越权访问、违规备份等行为，提供 3 个数据库实例支持
		数据水印及数据追溯	隐秘标记原始数据，数据真实可用，标记无法篡改，帮助实现数据流转监控，泄密数据追踪，影响范围研判，对数据使用全程监控，并可以对流转的水印数据进行细节回溯。提供 3 个数据库实例支持
		数据脱敏	对敏感数据变形处理，保证数据结构和内容可用，敏感隐私不被泄露；敏感数据自动分析、发现，内置国内特色隐私数据类型漂白算法、脱敏工作在内存交互，数据不落地，脱敏任务需进行审批方可执行。提供 3 个数据库实例支持
		数据库加密	防止明文存储引起的数据泄密，防止突破安全防护的危险访问，对不同授权的用户可返回真实数据、部分遮盖、全部遮盖以及其他屏蔽算法得到的结果。提供 6 个数据库实例支持
运行保障服务	迁移服务	主机迁移服务	提供主机迁移服务和数据库迁移服务
	托管服务	云托管服务	提供额定 3kW、5kW、7kW 规格标准机柜托管服务，并对托管设备提供基础网络配置及故障排查、硬件巡检服务、7×24 小时值守服务
		机柜预留服务	提供空机柜地预留服务
	驻场运维服务	驻场运维服务	提供硬件设备及云平台运维服务，现场硬件支持服务、现场监控及运维支持服务
	安全保障服务	上线安全检测	提供业务系统及相关组件漏洞扫描服务，全面的安全配置核查和分析服务，发现配置的不合规项，并结合行业实际需求提出系统整改建议、渗透测试（服务人员通过智能工具扫描与人工测试、分析的手段，以模拟黑客入侵的方式对服务目标系统进行模拟入侵测试，识别服务目标存在的安全风险）等对策

第四章　总体方案设计

第一节　总体架构

政务云采用"1+1+3+N"架构设计，包含一云、一网、三体系、N 应用（见图 4-1）。

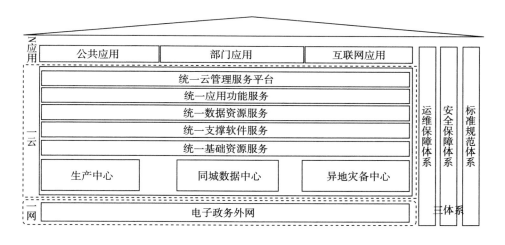

图 4-1　国内主要省市政务云总体架构

一云即一个统一云平台，以"两地三中心"为总体架构，以计算、存储、网络为基础，以大数据、AI、区块链、物联网等新兴信息通信技术为支撑，以数据资源为核心，通过统一的云管理平台为各部门提供基础资源、支撑软件、数据资源服务等。

一网即一个电子政务外网，为全省提供支持 IPv4、IPv6 双栈的高质量、高带宽、高可靠的电子政务网络服务。

三体系即标准规范体系、安全保障体系和运维保障体系三套体系。

N 应用即 N 个部门应用、公共应用与互联网应用。

我国以国家与国内有关规划和标准体系为基础，逐步构建了多中心、高可用性的政务云，为各部门提供丰富的云服务。

第二节　总体逻辑架构

政务云采用分布式架构进行部署，打造统一标准规范的电子政务云，总体逻辑架构如图 4-2 所示。

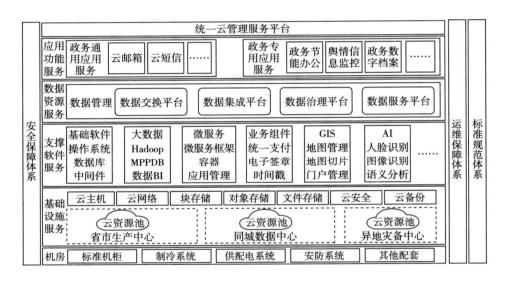

图 4-2　政务云总体逻辑架构

政务云逻辑架构分为基础设施服务、支撑软件服务、数据资源服务、应用功能服务、安全保障体系、运维保障服务体系、标准规范体系。

1. 基础设施服务

基础设施服务主要包含基于云计算的计算资源池、存储资源池、网络资源池，资源弹性扩展、动态分配，支撑业务快速部署，面向用户提供云主机、云存储、云网络、云备份等服务。

2. 支撑软件服务

支撑软件服务主要包含基础软件（操作系统、数据库、中间件）、微服务（如容器等）、业务组件、GIS、区块链、物联网平台等服务，用户可以基于该类平台服务，进行应用的快速开发、测试、分析和部署运行。

3. 数据资源服务

数据资源服务主要包含大数据基础平台、数据仓库等工具及对应的技术支持服务，支撑各部门进行数据存储、数据分析等。

4. 应用功能服务

应用功能服务包含政务通用应用服务，如云邮箱、云短信等，以及政务专用应用服务，如政务节能办公、舆情信息监控、政务数字档案等。

5. 安全保障体系

政务云致力于建设安全、合规的安全保障体系，主要包括：计算环境安全、网络环境安全、安全管理、平台安全和租户安全服务等。

6. 运维保障服务体系

保障省级政务云的稳定高效运行，除了建设信息安全保障体系之外，还需要一个良好的运维体系，以提供资源管理、调度管理、监控管理等运维功能，实现资源运维监控管理，同时构建本地运维团队，制定相应的管理办法，切实保障政务云稳定可靠运行。

7. 标准规范体系

标准规范体系用于指导省级政务云的建设与实施，保障业务的稳定可靠运行，主要包括网络安全互联、业务系统整合集成、服务规范与接口、应用部署规范、数据共享交换等方面的标准规范，以及业务协同、部门协同、安全运维等管理标准规范。

本书项目建设范围包含基础资源服务、支撑软件服务、数据资源服务、政务通用应用服务、安全保障服务和运维保障服务。

云平台架构体系还应具备开放性，支持多厂商服务兼容部署，通过制定省级创新政务云服务接口规范，指导多软件供应商服务兼容部署，协同服务，实现各层云服务可跨平台、异构解耦部署，按需、择优选择云服务。

云平台应提供全省市一片云管理体系的服务接口，支持与政务统一监管平台对接，提供必要的管理需求数据。

第三节　总体部署架构

政务云总体按照"两地三中心"架构设计，统一规划，分步实施。

第一阶段：建设主数据中心及本地数据备份。

主数据中心与本地备份系统同步建设，高效地对政务云资源进行备份管理，通过本地备份等自动化手段保障业务连续性和数据可靠性。

第二阶段：打造应用级同城容灾架构。

主备机房采用"一朵云"设计，即主机房和同城容灾机房通过专线互联并部署在同一个云平台中。云存储、云数据库实时或定时同步，云主机主备部署，打造应用层面的主备或双活架构。

第三阶段：构建数据级异地容灾架构。

同城和异地机房之间建设数据级异地容灾，保障极端情况下关键数据不丢失等。

"两地三中心"容灾服务要求三个月内具备本地数据备份服务能力，六个月内具备同城灾备中心服务能力，九个月内具备异地灾备中心服务能力。

1. "两地三中心"容灾架构设计

为保障国内电子政务云各部门应用系统连续性以及关键数据不丢失，政务云按照"两地三中心"架构进行规划建设（见图4-3）。

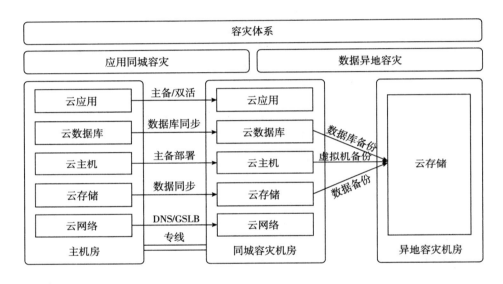

图4-3 "两地三中心"布局架构

省级政务云采用同城双中心加异地灾备中心的"两地三中心"灾备模式。例如，济南同城双中心（主数据中心、同城容灾中心）通过高速链路同步数据，同城双中心之间实现网络层、计算层、存储层、数据库层、应用层的主备容灾，在主数据中心发生故障时，可以快速切换至同城灾备中心，实现应用级无缝接管，保持业务连续运行；在济南以外的城市建立异地灾备中心，用于济南双中心的数据容灾。

2. 主数据中心布局分区设计

主数据中心布局分区设计如图4-4所示。

国内主要省市电子政务云划分为行政服务域、公共服务域和互联网区三个区域，同时在公共服务域提供国产化专属资源。

（1）行政服务域与公共服务域之间通过边界接入平台进行隔离。

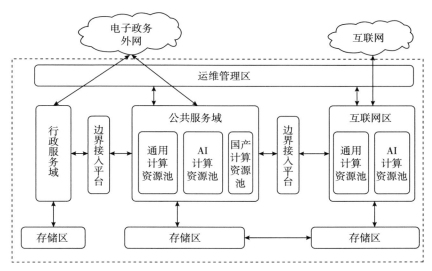

图 4-4　主数据中心布局分区设计

（2）公共服务域与互联网区通过边界接入平台隔离，公共服务域规划国产化专属资源。

（3）电子政务云提供统一的政务外网和互联网出口，与现有的电子政务外网、互联网对接。

各部门业务系统可以按需部署行政服务域、公共服务域和互联网区，各服务域均提供各类云资源服务。政务云运维管理区部署统一的云管理模块，集中对各资源区进行管控，各区域之间数据交换均需通过边界接入平台实现。

主数据中心部署架构如图 4-5 所示。

根据创新节点总体布局设计，主数据中心部署行政服务域、公共服务域、互联网区，各服务域部署独立的虚拟化平台，并通过云管理平台实现资源统一管理，总体按照数据、业务、管理三平面分离的方式进行部署。按照国家电子政务外网标准的云安全技术要求与省级政务云建设安全要求，互联网区、公共服务域业务与数据平面通过边界接入平台隔离，管理面通过防火墙进行数据交换，两个区域与行政服务域业务、管理、数据平面均通过边界接入平台进行数据交换。

各区域按需部署各类云服务资源，包括如下内容：

（1）计算资源池：按需提供各种规格的云主机与云物理机。

（2）GPU 计算资源池：为 AI 计算、图形计算等提供计算资源池。

（3）存储资源池：提供对象存储、文件存储、块存储、备份存储资源服务。

（4）大数据资源池：提供大数据 Hadoop、数据仓库服务。

（5）容器资源池：提供容器计算服务。

各部门可按需部署微服务引擎、区块链云主机等。管理区部署云管理平台以及租户安全产品，如主机安全、数据库审计、云堡垒机等。

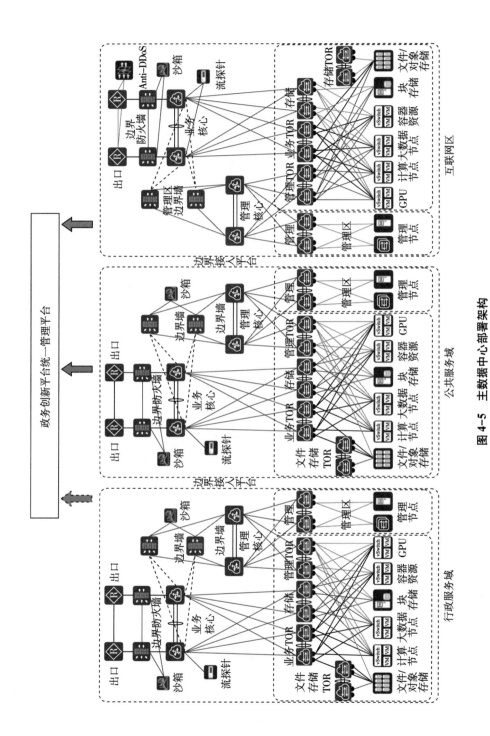

图 4-5 主数据中心部署架构

第五章　分项技术方案

第一节　机房方案

政务云数据中心位于省会城市内，符合住房和城乡建设部于 2017 年 5 月发布的《数据中心设计规范》（GB 50174—2017），达到 A 级标准要求。

一、机架标准

数据中心机架布置合理，通风良好。机房内有清晰的冷热通道，并对冷风通道进行封闭；机柜选用通用型 IT 机柜，具备可以满足安装各种 IT 设备的要求；为保障机柜供电可靠性，机柜具备无缝集成机架空气开关和线缆管理器等重要机柜配件。列头柜采用双路主备供电，布局设计合理先进，具有良好的通风设计，确保制冷效果。另外，采用双路电源供电，具有良好的级差保护，避免越级跳闸。

单机架平均运行功率可满足 5kW/架，特殊情况下可提供满足如表 5-1 中功率的机架。

表 5-1　单机架平均功率

序号	机房类型	单机架平均运行功率
1	类型一	3kW
2	类型二	5kW
3	类型三	7kW

为保证良好的排、吸风效果，数据中心采用前后通透式通用 IT 机架。安装相应柜门的前、后门开孔率超过 50%，在满足强度要求的前提下，尽可能提高开孔率。可用机架数量不少于 500 个，以满足未来业务发展需要。

二、电气系统

数据中心供电系统可靠，有独立变电站，保障园区用电独立安全稳定，满足

GB 50174—2017 要求的双路供电，一类市电引入，每路市电的容量均能支撑 IDC 机房的全部负载，具有完善的变电站、高低压配电系统、柴油发电机、UPS 供电系统和完善的电力应急处理机制，当电力出现故障时可确保设备正常运行。机房 UPS 配置满足全机房满负荷工作 20 分钟以上。

数据中心内使用直流电源供电的通信设备的电源配置方式遵从相关通信行业标准，主设备采用 220V 和 380V 两种交流供电方式。

三、空调系统

建设绿色数据中心，保证制冷系统的安全性及制冷设备的互备性，保证数据中心整体冷量负荷，采用较新的水冷技术，降低数据中心整体 PUE。机房专用空调配置空调自控系统，配电设备具有 ATS 双路电源自动切换开关。机柜布置采用面对面/背对背的冷热通道方式或采用冷热通道封闭方式。

四、消防报警

数据中心配建火灾自动报警系统，符合现行国家标准《火灾自动报警系统设计规范》（GB 50116—2013）的规定。机房内采用温感探测器和烟雾探测器，且设置有极早期烟雾探测报警系统，机房内设置气体灭火系统，这样不仅可以提前发现火灾隐患，把火灾消灭在萌芽状态，而且可以实现机房内自动灭火。同时，设置事故后排烟，手动或自动将有害气体排出室外。

数据中心配备洁净气体灭火系统、水淋系统以及手提式灭火器等多种灭火系统。

五、安防系统

数据中心在园区内、机房公共走道、机房内实现视频监控的全覆盖，实现全方位、立体式的防控体系；机房设置门禁及双鉴探测器，不仅能有效控制无关人员进入，而且能在人非法闯入时及时报警；配备环境监控系统，可以远程监控机房内的温湿度等指标；保留监控接口，可以通过远程实时进行环境监控和视频监控。

六、管理制度

为了使日常维护更加制度化、规范化，一些重要制度进行全部上墙。这些制度主要包括：机房现场管理制度、机房值班制度、重大故障上报制度、重大故障应急处理及上报流程、机房交接班制度、外来人员操作管理制度、消防安全制度等。

机房内相关资料固定存放在专业文件柜中，同时设置相应清单，包括仪器仪表工具、备品备件、日常维护作业计划和资料等。

第二节　基础设施服务方案

基础设施服务包括计算服务、存储服务、网络服务和灾备服务（见图 5-1）。

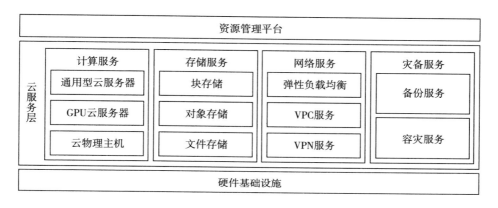

图 5-1　基础设施服务总体架构

计算服务包括通用型云服务器、GPU 云服务器和云物理主机，存储服务包括块存储、对象存储和文件存储，网络服务包括弹性负载均衡、VPC 服务、VPN 服务，灾备服务包括备份服务和容灾服务。

考虑兼顾政务云国产化替代需求，在基础设施资源中规划预留了国产化资源专区。鼓励应用服务商积极采用国产化云环境构筑应用服务，推动政务领域国产化产业快速发展。

一、计算资源池设计

云创新节点计算资源池主要为用户按需提供通用型云服务器、GPU 云服务器、云物理主机等云服务，资源池可弹性扩展、动态分配。

（一）计算资源服务类型

1. 通用型云服务器

通用型云服务器提供可随时自助获取、可弹性伸缩的云服务器，为租户构建可靠、安全、灵活、高效的应用环境，确保服务持久稳定运行，提升运维效率。

通用型云服务器服务通过 Web 管理控制台，自主完成服务实例的申请、释放、变更等操作，具备以下特性：

（1）支持多类型，多规格云服务器的选择和变更。

（2）支持多种类型云硬盘选择，如分布式存储、SAN 存储、共享存储。

（3）提供公共镜像能力和私有镜像服务，免安装快速部署操作系统与软件。

（4）提供虚拟控制台、远程终端和 API 等多种管理方式，满足用户多种登录需求，降低运维人员的工作难度，提升运维效率。

（5）安全，即支持用户申请时指定实例登录方式，支持多种登录方式（密码、密钥对），密码防暴力破解，满足用户的登录安全需求。对于 Windows Server 系统的服务实例，只能使用密码登录。

云创新节点计算资源池提供的云服务器类型有多种，具体如表 5-2 所示。

表 5-2　通用云服务器基本配置

产品分类	型号	描述	量纲
通用型 云服务器	计算型 1C2G	政务云提供的标准云主机服务，主频 2.2GHz 以上，含 100G 云硬盘系统盘	台/年
	计算型 2C4G	政务云提供的标准云主机服务，主频 2.2GHz 以上，含 100G 云硬盘系统盘	台/年
	通用型 2C8G	政务云提供的标准云主机服务，主频 2.2GHz 以上，含 100G 云硬盘系统盘	台/年
	计算型 4C8G	政务云提供的标准云主机服务，主频 2.2GHz 以上，含 100G 云硬盘系统盘	台/年
	通用型 4C16G	政务云提供的标准云主机服务，主频 2.2GHz 以上，含 100G 云硬盘系统盘	台/年
	计算型 8C16G	政务云提供的标准云主机服务，主频 2.2GHz 以上，含 100G 云硬盘系统盘	台/年
	通用型 8C32G	政务云提供的标准云主机服务，主频 2.2GHz 以上，含 100G 云硬盘系统盘	台/年
	计算型 16C32G	政务云提供的标准云主机服务，主频 2.2GHz 以上，含 100G 云硬盘系统盘	台/年
	通用型 16C64G	政务云提供的标准云主机服务，主频 2.2GHz 以上，含 100G 云硬盘系统盘	台/年
	计算型 32C64G	政务云提供的标准云主机服务，主频 2.2GHz 以上，含 100G 云硬盘系统盘	台/年
	1G 内存	每次最小增加单位为 2GB	GB/年
	1C	每次最小增加单位为 2C	C/年

2. GPU 云服务器

GPU 云服务器提供浮点计算能力，应对高实时、高并发的海量计算场景。GPU 云服务器适用于训练和推理两类应用场景。

云创新节点计算资源池提供的 GPU 云服务器类型如表 5-3 所示。

表 5-3　云服务器类型

产品分类	型号	描述	量纲
GPU 云服务器	GPU 云服务器-V100-4	机型：G2；GPU（NVIDIA Tesla V100）：4 颗；两路英特尔至强处理器，主频≥2.6GHz；内存：128G；适用于深度学习、科学计算、高性能计算、图形渲染、视频解析	台/年

续表

产品分类	型号	描述	量纲
GPU 云服务器	GPU 云服务器-V100-8	机型：G2；GPU（NVIDIA Tesla V100）：8 颗；两路英特尔至强处理器，主频≥2.6GHz；内存：256G；适用于深度学习、科学计算、高性能计算、图形渲染、视频解析	台/年
	GPU 云服务器-T4-4	机型：G1；GPU（NVIDIA Tesla T4）：4 颗；两路英特尔至强处理器；内存：128G；适用于深度学习推理、视频解析	台/年
	GPU 云服务器-T4-8	机型：G1；GPU（NVIDIA Tesla T4）：8 颗；两路英特尔至强处理器，主频≥2.6GHz；内存：256G；硬盘：7.2T；适用于深度学习推理、视频解析	台/年

3. 云物理主机

提供专属的云物理主机，满足核心应用对高性能及稳定性的需求，租户可以根据自己的需要选择物理机规格、操作系统，能够实现自动化完成卷挂载、网络配置、关联业务 VPC、安装软件等工作，并且云物理主机可以与通用型云服务器网络互通，同时可以和 VPC 等其他云产品灵活结合使用。

云创新节点计算资源池提供的云物理主机类型如表 5-4 所示。

表 5-4　云物理主机配置

三级分类	型号	描述	量纲
云物理 主机	均衡计算服务-24 核 64G	均衡计算服务-24 核 64G：单计算节点两路英特尔至强处理器，单处理器 12 核 2.2GHz	台/年
	均衡计算服务-24 核 128G	均衡计算服务-24 核 128G：单计算节点两路英特尔至强处理器，单处理器 12 核 2.2GHz，内存 128G	台/年
	均衡计算服务-24 核 256G	均衡计算服务-24 核 256G：单计算节点两路英特尔至强处理器，单处理器 12 核 2.2GHz，内存 256G	台/年
	均衡计算服务-32 核 64G	均衡计算服务-32 核 64G：单计算节点两路英特尔至强处理器，单处理器 16 核 2.3GHz，内存 64G	台/年
	均衡计算服务-32 核 128G	均衡计算服务-32 核 128G：单计算节点两路英特尔至强处理器，单处理器 16 核 2.3GHz，内存 128G	台/年
	均衡计算服务-32 核 256G	均衡计算服务-32 核 256G：单计算节点两路英特尔至强处理器，单处理器 16 核 2.3GHz，内存 256G	台/年
	均衡计算服务-36 核 64G	均衡计算服务-36 核 64G：单计算节点两路英特尔至强处理器，单处理器 18 核 2.2GHz，内存 64G	台/年
	均衡计算服务-36 核 128G	均衡计算服务-36 核 128G：单计算节点两路英特尔至强处理器，单处理器 18 核 2.2GHz，内存 128G	台/年

续表

三级分类	型号	描述	量纲
云物理主机	均衡计算服务-36核256G	均衡计算服务-36核256G：单计算节点两路英特尔至强处理器，单处理器18核2.2GHz，内存256G	台/年
	关键业务计算服务-80核256G	关键业务计算服务-80核256G：单计算节点四路英特尔至强处理器，单处理器20核2.1GHz，内存256G	台/年
	关键业务计算服务-80核512G	关键业务计算服务-80核512G：单计算节点四路英特尔至强处理器，单处理器20核2.1GHz，内存512G	台/年
	存储型计算服务-20核128G	存储型计算服务-20核128G：单计算节点两路英特尔至强处理器，单处理器10核2.1GHz，内存128G	台/年
	存储型计算服务-32核256G	存储型计算服务-32核256G：单计算节点两路英特尔至强处理器，单处理器16核2.3GHz，内存256G	台/年
	存储型计算服务-32核256G（SSD）	存储型计算服务-32核256G（SSD）：单计算节点两路英特尔至强处理器，单处理器16核2.3GHz，内存256G	台/年

（二）计算资源池设计

1. 虚拟化资源池设计

虚拟资源池承载的大多数 Web 应用服务器和轻载数据库服务器均能通过虚拟机承载。

本书根据业务应用的特点（L 表示低、M 表示中等、H 表示高），梳理了虚拟化应用建议，具体如表5-5所示。

表5-5 虚拟化应用建议

应用类型	应用需求	CPU需求	内存需求	网络带宽需求	存储需求	存储IO需求	存储带宽需求	虚拟化适应性
通用管理应用系统	通用类型	L	L	L	L	L	L	适合
大计算量应用系统	计算密集型	H	H	M	L	M	M	适合
大访问量应用系统	浏览密集型	H	H	H	M	M	L	适合
大数据量应用系统	大IO小数据量	M	H	M	M	H	M	一般不建议
	小IO大数据量	M	M	H	H	M	H	适合
	访问写密集型	H	H	H	H	H	H	一般不建议
	访问读密集型	M	H	H	H	H	H	适合

对应用虚拟化的适应性也可以基于当前主流的应用分层（Web 服务器、App 服务器、DB 服务器）进行分析，通常情况下虚拟化比较适合 Web 服务器和 App 服务器。DB 服务器需要根据业务应用对存储 I/O 的需求来评估，如果业务应用的 DB 服务器 I/O 要求大或者 DB 服务器有高可用性或集群需要，应将该种业务应用的 DB 服务器部署在

物理服务器上。

根据服务器功能分类和业务应用的性能需求，经过评估业务应用可以虚拟化后，就可以分别选择不同的虚拟机规格类型。虚拟化资源池选择不低于两台服务器进行建设，配置不低于如下要求：

（1）CPU：主频 2.2GHz、2 路 24 核。

（2）内存：256GB。

（3）硬盘：2 块 480GBSATA SSD 硬盘。

（4）业务网络接口：2×10GE 光口，提供业务数据访问网络，包括政务业务间交互、政务系统访问。

（5）存储网络接口：2×10GE 光口，虚拟化计算节点配置 IPSAN 接口连接存储 SAN 交换机。

（6）管理网络接口：2×10GE 光口，提供高可靠的管理数据交互网络，包括虚拟机管理、虚拟机热迁移等。

（7）带外管理口：1×GE 电口，用于服务器带外管理。

2. 云物理主机资源池设计

针对如下条件，可以直接使用物理机来满足业务对计算资源的需要：

（1）对服务器运算性能要求特别高，在单个物理服务器上配置最大计算能力的虚拟机依然不能满足业务应用的计算能力要求。

（2）现有软件许可加密方式不支持虚拟化的场景。

云物理主机是传统机房使用的计算系统，它能够很好地将系统软件的性能表现出来。本书介绍了物理服务器在相关场景的具体应用场景。

本书按照应用的类型（L 表示低、M 表示中等、H 表示高），针对对应的业务场景进行了描述，具体如表 5-6 所示。

表 5-6　业务场景对应表

应用类型	应用需求	CPU 需求	内存需求	常见业务场景
通用管理应用系统	通用类型	L	L	一般基础管理系统（Web、检索引擎、DNS、DHCP、AD、FTP、FileServer）
工具类应用系统	工具类型	L	L	基本的工具类应用系统（如打印控制、报表、文字识别、流媒体、网页抓取）
大访问量应用系统	浏览密集型	H	H	政府门户网站、气象查询系统、Web 中间件服务器等
大数据量应用系统	大 IO 小数据量	M	H	联机处理数据库
	小 IO 大数据量	M	M	数据仓库分析
	访问读密集型	M	H	影视播放网站

续表

应用类型	应用需求	CPU 需求	内存需求	常见业务场景
大数据量应用系统	计算密集型	H	H	高性能计算集群，数据库应用服务器，数字城管，GIS 地理信息系统等图像渲染
	访问写密集型	H	H	流媒体，数据库，数据仓库

对于关系型数据库等高负载应用，可以根据要求采用云物理主机资源池部署。物理机资源池提供 2 路、4 路服务器，并支持内存、网络、硬盘按需灵活调整。

（三）计算资源池容量设计

根据电子政务应用的特点，计算服务区部署主要考虑三层架构，即表现层、应用层和数据层，同时考虑物理和虚拟部署。计算服务区在部署业务时，最先考虑使用虚拟化平台，优先采用云服务器满足，对于云服务器不能满足的应用，则采用云物理机满足。以下是针对不同类型应用系统的计算平台方案：第一，针对普通的应用系统，如 Web，对内存容量、IO、扩展性的要求都不高，采用云服务器能节约计算资源、机架空间、能源；第二，对于高性能计算、大容量存储、大容量内存和高 IO 的需求，虚拟化不能满足应用需求，则采用云物理主机。

根据需求分析，主机房需要计算服务器约 5000 核 CPU，17000GB 内存，后续根据业务需求进行资源弹性扩容。

1. 虚拟化资源池规划

计算资源池分类需求规划具体如表 5-7 所示。

表 5-7　计算资源池分类需求规划

机房	分区	CPU 资源（核）	内存资源（GB）
主数据中心	行政服务域	1000	2400
	公共服务域	2500	6000
	互联网区	1500	3600

2. 云物理主机资源规划

云物理主机服务域资源分配具体如表 5-8 所示。

表 5-8　服务域资源分配

机房	分区	CPU 资源（核）	GPU 资源（核）
主数据中心	行政服务域	100	100
	公共服务域	250	250
	互联网区	150	150

二、存储资源池设计

（一）存储资源池类型

1. 块存储

块存储基于分布式架构，可弹性扩展，为通用型云服务器和云物理主机提供存储空间。用户可以对挂载到云服务器上的块存储做格式化、创建文件系统等操作，并对数据做持久化存储。块存储可以作为主机的系统盘，也可以作为共享数据盘。

块存储服务具备以下能力：

（1）支持用户自助管理，包括创建、挂载、卸载、删除。

（2）支持不同类型（如普通 IO、高 IO、超高 IO）的云硬盘，用户可以根据应用场景对 IO 的需求进行选择。

（3）支持快照管理，即用户可以为硬盘创建快照，提供硬盘快照管理界面，展示快照列表、快照详细信息，支持删除快照、快照回滚到原云硬盘、从快照创建新云硬盘。

（4）弹性扩容可以随时根据用户的需求扩展磁盘的容量，满足不断增长的业务对更多存储容量的需求。

（5）单块磁盘最大可支持 64TB，最大限度满足用户对不同存储容量硬盘的需求。

（6）支持硬盘 QOS 功能，支持对硬盘的带宽和 IOPS 限速。

（7）云硬盘迁移，可以保证在不中断业务的前提下，在同一 AZ 内对云硬盘在存储阵列内或阵列间迁移，以精确匹配业务需求。

2. 对象存储

对象存储可应用于大数据存储、视频监控存储、备份归档存储等场景。对象存储服务具备以下能力：

（1）支持创建、删除、查看存储空间和 AK/SK 密钥。支持存储资源池在线扩展，支持数据检查，如存储前一致性检查，确保存入数据是上传数据；支持全局命名空间，无须指定 Region 即可访问全部存储空间和对象。

（2）生命周期管理。用户可以为某个存储空间定义生命周期管理规则，为该存储空间的对象定义各种生命周期规则。

（3）支持查看用户配额（容量）、存储空间配额（容量）；支持最大 5TB 的超大文件存储。

（4）多版本控制。用户开启多版本控制后，上传对象时，OBS 自动为每个对象创建唯一的版本号；上传同名的对象将以不同的版本号同时保存在 OBS 中；可以指定版本号下载对象，不指定版本号时默认下载最新的对象；支持大文件分段上传和合并，支持批量删除对象。

3. 文件存储

文件存储可以为租户提供按需扩展、弹性伸缩的高性能共享文件系统。租户在通用云服务器主机中挂载完弹性文件共享后，可以和使用本地文件系统一样，把数据存储到弹性文件系统中。弹性文件服务为租户的业务虚拟机提供一个完全托管的共享文件存储，符合标准文件协议（NFS、CIFS），能够弹性伸缩至 PB 规模，具备可扩展的性能，为海量数据、高带宽型应用提供有力支持。

文件存储服务需具备以下功能：创建、删除、查询文件共享、修改挂载权限、在线扩容缩容、自动挂载，NFS 协议，支持 CIFS 协议，支撑 IPv6&IPv4 双栈、支持操作日志上报等。

（二）存储资源池设计

政务云物理存储支持分布式存储资源池（块存储、文件存储、对象存储）、集中存储资源池（块存储），可按需配置。大部分政务应用的数据采用分布式块存储，针对镜像文件、图片、视频、文档等数据可采用对象或文件存储。

分布式存储主要是由通用服务器与分布式存储软件组成，使用至少两个万兆接口用于提供分布式存储服务，提供大带宽的网络吞吐能力；使用 SSD 硬件加速，满足分布式存储高 IOPS 的性能要求；用来承载如虚拟机系统、虚拟机镜像、光盘镜像文件、虚拟机的模板文件、非结构化数据、大文件等，这类数据特点是对存储的容量要求高；提供分布式块存储、分布式对象存储和分布式文件存储三种类型。

分布式存储支持的特性如表 5-9 所示。

表 5-9　存储支撑类型

指标项	指标能力
存储类型	支持多种存储服务，包括分布式块存储、分布式文件存储和分布式对象存储；提供对延迟要求较低的虚拟机块存储能力，提供基于 API 访问的对象存储能力
数据保护能力	块存储、文件存储支持分布式存储三副本；对象存储支持纠删码技术
自动化部署	存储集群快速部署，包括批量部署、单节点增减、单磁盘增减等，设置监控报警系统，发生故障时能快速界定问题、排查故障；允许用户定制数据分布策略，方便地进行故障域隔离，以及对数据存储位置进行灵活选择
线性扩展能力	一方面，集群部署规模可以线性扩展，可达到 PB 级存储能力；另一方面，随着集群规模的扩展，其性能要能够线性或近似线性扩展

（三）存储资源池容量设计

根据目前调研情况，创新节点提供的块存储、对象存储、文件存储容量总体规划如表 5-10 所示。

表 5-10 存储类型

存储服务类型	容量规划（TB）
块存储	850
对象存储	210
文件存储	150
合计	1210

各存储服务按照创新节点各区域规划容量如表 5-11 所示。

表 5-11 资源分配

机房	分区	块存储（TB）	对象存储（TB）	文件存储（TB）
主数据中心	行政服务域	170	70	50
	公共服务域	425	70	50
	互联网区	255	70	50

三、网络资源池设计

（一）网络服务类型

1. 弹性负载均衡

弹性负载均衡通过将访问流量自动分发到多台弹性云主机，扩展应用系统对外的服务能力，获得更高水平的应用程序容错性能；通过消除单点故障，提升应用系统的可用性。

弹性负载均衡需支持如下特性：

（1）支持多种监听器，支持不同业务申请不同的监听器来进行服务访问。

（2）支持 RR、源 IP、最小连接的负载均衡算法。

（3）支持源 IP、HTTP_ Cookie、APP_ Cookie 的会话保持。

（4）支持 Ping、TCP、HTTP 等多种健康检查类型。

2. VPC 服务

VPC 服务即虚拟私有云服务，为弹性云服务器构建隔离的、自主配置和管理的虚拟网络环境，提升租户云中资源的安全性，简化租户的网络部署。

VPC 服务支持在 VPC 中定义安全组、VPN、IP 地址段、带宽等网络特性。用户可以通过 VPC 方便地管理、配置内部网络，进行安全、快捷的网络变更。同时，用户可以自定义安全组内与组间弹性云服务器的访问规则，加强弹性云服务器的安全保护。

VPC 需支持如下特性：

（1）支持安全、隔离的网络环境。

（2）支持 VLAN/VXLAN 类型网络发放云主机。

（3）支持源地址转换，提供子网内的云主机访问外网。

（4）支持用户可以使用私有业务 IP 地址在安全隔离的 VPC 之间实现三层路由互通。

（5）管理方便。用户可以通过 Web 页面或者开放 API 同时管理一个、数十个，甚至上百个 VPC 实例。

（6）完全控制。用户可以完全控制自己创建的 VPC 实例。

3. VPN 接入服务

VPN 接入服务即虚拟专用网络，用于在远端用户和 VPC 服务之间建立一条安全加密的通信隧道。远端用户需要访问 VPC 的业务资源时，可以通过 VPN 连通 VPC，需要将 VPC 中的云主机和数据中心或私有网络连通，此时可以启用 VPN 功能。

VPN 需要支持如下加密算法：

（1）支持 IKE 加密算法 AES-128、AES-192、AES-256、3DES。

（2）支持 IKE 完全正向保密 GROUP2、GROUP5、GROUP14。

（3）支持 IKE 版本 V1、V2。

（4）支持 IPSEC 认证算法 sha-256、sha-384、sha-512、sha1、md5。

（5）支持 IPSEC 加密算法 AES-128、AES-192、AES-256、3DES。

（6）支持 IPSEC 传输协议 ESP、AH、AH-ESP。

4. 数据专线服务

它是指为位于不同区域的机构部门之间提供点对点、点对多点透明传输的专线，以及满足不同区域的机构部门间接入 Internet 互联网络、开展各种应用的业务。

5. CDN 网络加速服务

通过 CDN 完善的网络路由调度机制为各机构发布业务自动选择最佳网络访问路径，实现互联网业务感知的提升。CDN 网络加速服务具有多种作用：可依据热度、负荷、质量，部署智能算法精准调度，实现服务节点择优选择；可通过多平面部署，实现高可靠性保障；可通过多维度监测，实时掌控质量。

（二）网络资源池设计

网络资源池每个独立服务域的内部组网方式相同，出口防护区由于连接的对端网络不同会存在各种差异。

1. 双核心组网设计

双核心组网设计原则如下：

（1）双核心组网各区域分工明确，易于理解，方便扩容。

（2）网络依照各节点安全级别分区，可提供物理隔离能力。

（3）计算节点管理和业务网口分离。

（4）二层架构，网关是核心。

双核心组网分为管理区和业务区，网络物理隔离，区域分工明确，方便扩容。双核心组网标准方案最大可支持 2000 台物理机。

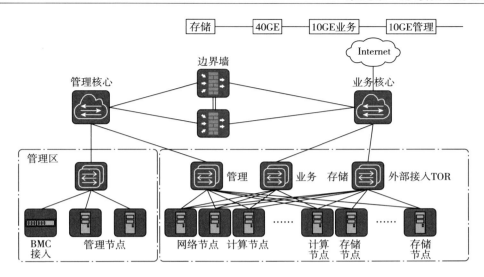

图 5-2 双核心组网结构

双核心组网整体架构上采用两层架构，分别设立管理核心和业务核心，通过边界墙隔离，接入 TOR 和核心间采用 M-LAG/堆叠部署。

管理区管理 TOR 下行接入所有管理节点，上行接入管理核心。网络节点支持网络节点与计算 VM 合并部署，计算节点仅部署计算 VM，类型相同者支持共 AZ。

第一，管理区。双核心组网场景下部署云物理主机服务，管理节点配置独立 2× 10GE 网卡连接到云物理主机的业务区，进而接入到 TOR 上。

第二，对象存储区。①对象存储区 TOR 仅对象存储区独占，不与其他节点复用，支持 Bond4 组网。②对象存储区 TOR 性能要求：满足转发时延<4us 且 buffer>=20MB，支持 10G 组网和 25G 组网。

第三，业务区。①业务区中业务 TOR、管理 TOR、存储 TOR 独立组网，业务 TOR 和存储 TOR 上连业务核心，管理 TOR 上连管理核心。②每台网络节点业务口配置用户态 OVS；计算节点仅部署计算 VM，计算节点业务口场景为用户态 OVS。③云物理主机业务场景下，支持分布式和集中式云物理主机网关两种能力，支持分布式网关与集中式云物理主机网关方式共存。集中式和分布式支持多个 AZ，分布式可以与集中式共 AZ。

2. 出口区设计

互联网区出口设计如图 5-3 所示。

政务云互联网区通过核心交换机、防火墙、出口交换机连接运营商网络，接入到互联网，同时部署 DDoS 设备，防止流量攻击。

公共服务域出口设计如图 5-4 所示。

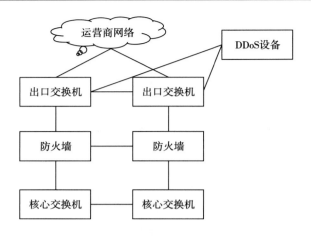

图 5-3　互联网区出口设计

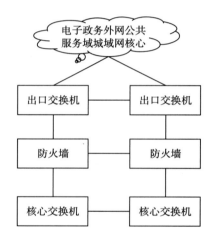

图 5-4　公共服务域出口设计

　　政务云公共服务域出口通过核心交换机、防火墙、出口交换机连接到省级电子政务外网公共服务域城域网核心。

　　行政服务域出口设计如图 5-5 所示。

　　政务云行政服务域通过核心交换机、防火墙、出口交换机连接到电子政务外网行政服务域城域网核心。

　　（1）核心交换组网设计（见图 5-6）。

　　业务核心采用两台核心交换机堆叠部署，业务核心对接计算 TOR、网络 TOR 和对象存储区 TOR，存储核心区采用两台核心交换机堆叠部署，每台核心交换机可提供 40GE 端口，存储核心对接计算节点的存储 TOR 和存储节点的存储 TOR。

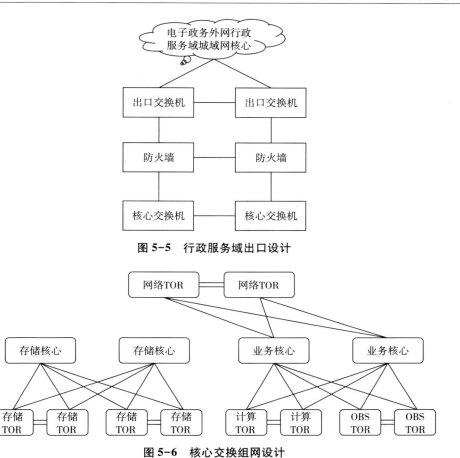

图 5-5 行政服务域出口设计

图 5-6 核心交换组网设计

计算节点和网络节点的业务网关都部署在业务核心上，存储节点的存储网关部署在存储核心上。

（2）计算资源区组网设计（见图 5-7）。

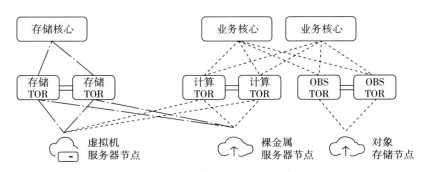

图 5-7 计算资源区组网设计

计算 TOR 使用两台交换机堆叠部署，使用 2 个 40GE 端口做堆叠，每对计算 TOR

最大支持 40 个计算节点接入。每台计算 TOR 上行端口 2×40GE 至核心。

计算 TOR 是计算资源池接入,共有两种类型的计算节点服务器,即虚拟机服务器、云物理主机,计算节点为用户提供计算资源。同时,对象存储的业务面也接入到计算 TOR。

(3)存储资源区组网设计(见图 5-8)。

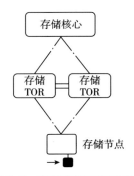

图 5-8　存储资源区组网设计

存储 TOR 分两种:一是接计算节点存储平面的存储 TOR,二是接存储节点存储平面的存储 TOR。存储 TOR 使用两台交换机堆叠部署,使用 2 个 40GE 端口做堆叠,每对存储 TOR 最大支持 40 台存储节点接入。每台计算 TOR 上行端口 2×40GE 至核心。存储平面网关均在存储核心交换机上。

存储节点分存储和管理平面,一组 2×25GE 作为存储端口,接入到存储接入交换机,一组 2×10GE 作为管理端口,接入到管理接入交换机,一个 GE 带外管理口对接到 BMC 接入交换机。

(4)网络资源区组网设计(见图 5-9)。

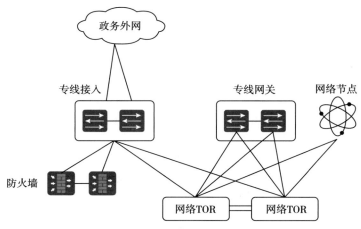

图 5-9　网络资源区组网设计

网络 TOR 承载每个网络服务的业务流量，包括负载均衡服务、VPC 服务等，各种服务以虚拟机形式部署在网络节点上。每台网络节点的业务平面接入到网络 TOR，网络节点的业务网关部署在业务核心。防火墙主要负责外网业务专线接入的访问安全控制，旁挂在网络 TOR 上。网络 TOR 通过 4×40G 对接专线网关和专线接入。专线接入对外对接政务外网等。

（5）管理区组网设计（见图 5-10）。

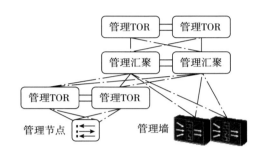

图 5-10　管理区组网设计

云平台管理区部署云平台管理节点，主要包括控制台、基础服务、扩展服务、账号鉴权、运营/运维组件，以及 NTP、DNS 和日志服务器等公共服务。所有管理平面的网关均设置在管理汇聚。进入管理区的流量均通过管理墙控制防护。

管理 TOR 使用两台交换机堆叠部署，使用 2 个 40GE 端口做堆叠。管理 TOR 用于管理墙、管理节点的管理平面的接入。管理节点有一组 2×10GE 管理端口和 2×10GE 存储端口，一个 GE 带外管理口对接到 BMC 接入交换机。

（6）带外管理区组网设计（见图 5-11）。

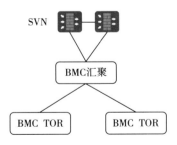

图 5-11　带外管理区组网设计

BMC 汇聚和 BMC TOR 单台部署，BMC 汇聚对接到管理汇聚。BMC TOR 上行至 BMC 汇聚，下行至网络设备和服务器。SVN 设备下行至 BMC 汇聚，BMC 汇聚对接到管理汇聚。

四、灾备资源池设计

（一）灾备资源池类型

1. 备份服务

为各部门提供统一备份服务，用户可按需配置备份策略，自助申请云备份服务，备份容量弹性扩展。备份服务主要包含云备份与一体化备份服务，云备份实现对用户云服务器数据的备份，一体化备份实现对用户云物理机、应用数据的备份。

2. 容灾服务

创新节点规划"两地三中心"，后期按需构建同城主备容灾，为各部门提供数据级、应用级主备容灾服务，保证用户数据安全性和业务连续性。

（二）灾备资源池设计

1. 灾备架构设计

政务云按照两地三中心灾备方案设计，总体灾备架构如图5-12所示。

"两地三中心"由主数据中心、同城容灾中心、异地灾备中心组成。

同城容灾中心需要对国内主要省市政务云关键业务实现高可用性，保证数据的实时同步，且根据发展的需求，未来可支持更多的业务实现应用级容灾。

异地灾备机房支持数据级容灾，未来可按需扩容规模，满足异地灾备业务的使用需求。

本书主要建设主数据中心，同时构建本地备份系统，提供云备份和一体化备份服务，云服务商要在服务期内按需逐步构建同城应用级容灾和异地数据级容灾服务能力。

2. 云备份方案设计

本地备份包括对云服务器和云硬盘的备份。云服务器备份可为通用云服务器和云物理主机创建备份（备份内容包括通用云服务器和云物理主机的配置规格，系统盘和数据盘的数据），利用备份数据恢复通用云服务器和云物理主机业务数据，最大限度保障用户数据的安全性和正确性，确保业务安全。

云硬盘备份服务可为云硬盘创建备份，利用备份数据恢复云硬盘，最大限度保障用户数据的安全性和正确性，确保业务安全。

备份服务使用场景如表5-12所示。

表5-12 备份服务使用场景

应用场景	通过备份服务可以实现
受黑客攻击或病毒入侵	立即将云硬盘数据恢复到最近一次没有受黑客攻击或病毒入侵的备份时间点
数据被误删	立即将云硬盘的数据恢复到删除前的备份时间点，找回被删除的数据
应用程序更新出错	立即恢复到应用程序更新前的备份时间点，使系统正常运行
服务器宕机	立即恢复宕机之前的硬盘数据，或将宕机之前的硬盘数据恢复到其他服务器中
本地可用分区故障	通过复制副本，可立即在其他可用分区恢复数据，使业务快速恢复

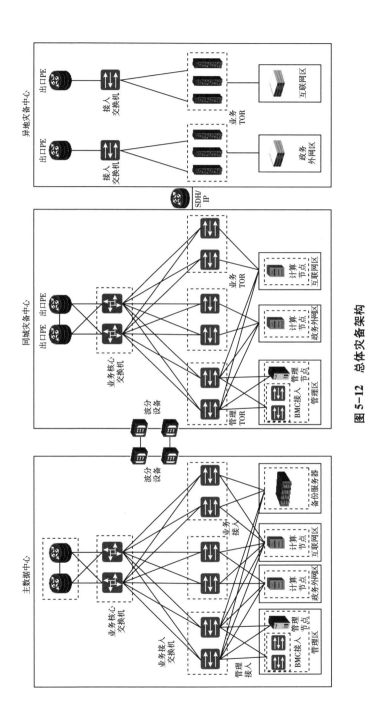

图 5-12　总体灾备架构

本地备份服务需要的备份组件、容灾管理组件虚拟化部署在虚拟化云平台管理集群上。本地备份服务在云管平台上提供统一的访问控制台。本地备份服务使用备份服务器/代理组件，通过独立的网络接口接入到生产存储网络，并与备份存储连接。整个本地备份业务的运营通过云管理平台实现。备份用户登录云管理平台后，可创建、修改、删除备份服务，查看和删除备份副本，也可手工发起备份、恢复操作。

（1）备份服务创建。用户根据业务数据的备份需求，申请备份服务，制定备份策略和备份对象，在主管部门完成备份服务审批流程后生成备份服务实例。通过本地备份组件创建保护计划、备份策略和保护对象。备份服务创建流程如图 5-13 所示。

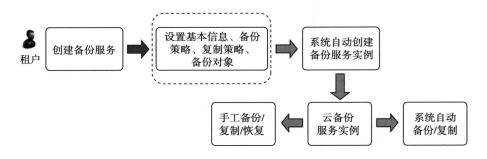

图 5-13　备份服务创建流程

（2）备份服务恢复。用户申请备份服务后，当遇到需要通过备份系统恢复业务数据时，可使用备份副本恢复原云服务器/原云硬盘，或者恢复指定的云服务器/云硬盘。备份数据恢复流程如图 5-14 所示。

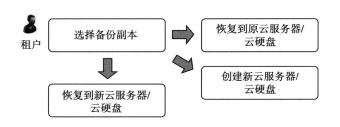

图 5-14　备份数据恢复流程

3. 一体化备份方案设计

政务云提供一体化备份系统实现对所有业务平台及数据的备份保护。

一体化备份系统集云、虚拟和物理环境保护能力于一体，对各个云资源池进行数据备份保护，当云资源池中的业务应用系统出现故障时，实现数据快速恢复，保障业务快速恢复，提供智能的灾备运维，简化管理复杂度。它具有如下功能：

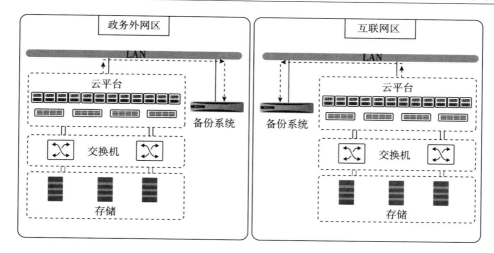

图 5-15　本地业务备份架构

（1）集中数据备份。用户自定义备份时间点和周期，使系统按照任务策略和计划定期自动发起数据备份。

（2）并行重删。通过重删，数据源中重复的数据在备份过程中均可以被识别并消除，这适用于平台中的文件、数据库、虚拟机等不同应用类型的数据，可以大幅度减少需要传输的数据量，从而极大地节省数据传输带宽，节约备份数据所占用的存储空间。

（3）数据压缩。支持基于源端的备份数据压缩技术，减少备份存储空间占用和带宽资源占用。

（4）永久增量备份。永久增量技术首次执行完全备份，之后只对新增的数据进行增量备份，并自动合成完全副本。这样不仅大幅度缩减备份时间，还能节省大量存储空间。

（5）自动化备份策略。它提供备份计划等策略，便于系统自动触发备份、恢复管理方式，简化管理操作，提升灾备管理的运维效率。

五、虚拟化平台设计

政务云依托虚拟化技术实现对底层计算、存储、网络资源的统一管理，构建满足不同业务需求的资源池，并充分利用云计算动态调度、热迁移、高可用性等技术特性，保障平台的稳定性和可靠性。

（一）**虚拟化安全隔离**

政务云承载多个部门业务，需要满足各部门业务之间相互独立的要求。通过虚拟化隔离、VLAN/VXLan 网络划分、安全组隔离手段，保障计算、存储、管理、接入等域的安全隔离。

虚拟化平台提供包括 CPU 调度、内存、内部网络隔离和磁盘 I/O、云服务器存储的安全隔离。

（二）云服务器热迁移

虚拟化平台支持将处于运行状态的云服务器从一台物理服务器迁移到另外一台使用同一共享存储的物理服务器上，并且在迁移的过程中不影响云服务器的使用；支持将繁忙的物理服务器上的云服务器迁移到空闲的物理服务器上；支持将空闲物理服务器上的云服务器聚拢到几台物理服务器上，并关闭无负载物理服务器。

（三）云服务器高可用性

虚拟化平台提供故障自动迁移（云服务器高可用）机制。系统支持周期检测云服务器状态，当物理服务器宕机、系统软件出现故障等引起云服务器故障时，支持将云服务器迁移到其他物理服务器上并重新启动。

1. 存储热迁移

在云服务器正常运行时，通过管理员手动操作，支持将云服务器的卷迁移至其他存储单元中；支持在同一个存储设备内或不同存储设备间进行在线迁移；支持存储迁移带宽可控，支持跨集群迁移。

2. 云服务器规格动态调整

虚拟化平台支持调整云服务器的配置规格，包括 VCPU 个数、内存大小、网卡个数、磁盘卷个数、虚拟卷的大小等。

3. 云服务器快照备份技术

虚拟化平台的快照备份技术支持对系统卷、数据卷进行快照备份。当系统由于意外丢失云服务器卷数据时，系统管理员可以通过硬盘快照恢复云服务器卷数据，以保证云服务器能恢复到快照备份时间点。

它支持灵活设置备份策略，包括备份起始时间、全量备份周期、增量备份周期；支持从存储读取快照文件或者备份文件恢复云服务器。

4. 自动化资源弹性分配

虚拟化平台提供资源弹性统一调度功能，支持设置集群资源的调度策略。调度策略支持多种策略类型：组内自动伸缩策略、组间资源回收策略、时间计划策略、负载均衡与动态节能策略。

（1）组内自动伸缩策略。该策略是根据应用的当前负载动态调整实际使用的资源：当资源负载较高时，自动添加云服务器并部署应用；当应用的资源负载很低时，自动释放资源。

（2）组间资源回收策略。该策略是在系统资源不足的情况下，支持系统根据组间设置的资源复用策略，让优先级高的应用优先使用资源，优先级低的应用释放资源。

（3）时间计划策略。支持设置时间计划策略，不同的应用分时段使用系统资源。

（4）负载均衡与动态节能策略。虚拟化平台提供多种自动化调度策略，包括节能策略、负载均衡策略；支持轻载合并下电，重载分离上电。

第三节 支撑软件服务方案

支撑软件服务包含操作系统、数据库、中间件、云容器、微服务、AI、GIS、区块链、物联网平台等服务。支撑软件服务总体架构如图 5-16 所示。

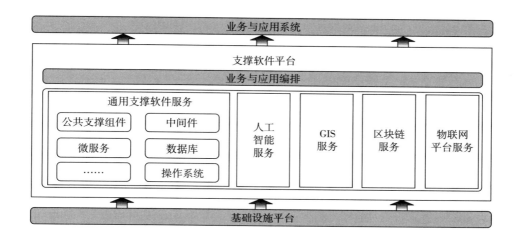

图 5-16 支撑软件服务总体架构

一、操作系统服务

提供操作系统服务，包括 Windows、Linux 及国产化操作系统等。操作系统需具备文件管理、设备管理、日志管理、服务管理、进程和监控管理、网络管理、资源管理、软件包管理、硬盘管理等基本功能。操作系统服务支撑架构包括如下组件：

（1）镜像库，统一管理操作系统各版本的镜像，提供镜像注册接口，支持增加新的操作系统镜像，支持替换原有的操作系统镜像。

（2）配置库，统一存放系统、软件的配置信息，提供上传配置接口，支持用户自定义配置需求。上传配置信息后，配置库自动验证配置信息的正确性、可行性，验证通过后，配置库将生成与用户关联的配置信息。依据优化需求，配置库定期更新各类系统、软件的默认配置和用户自定义配置。

（3）分发平台，利用批量处理软件，集中化处理分发操作。依据分发规则，从镜像库中选择对应镜像，进行操作系统安装；读取配置库信息，自动配置操作系统。

（4）系统升级服务器，自动定期同步补丁，当有新的补丁更新后，将进行升级信息推送，用户可一键更新所使用的操作系统。

（5）授权中心，提供商业操作系统各版本的商业授权，存储用户对应的授权信息。它提供服务的方式包括操作系统的安装部署服务和实例镜像两种。

二、数据库服务

政务云提供数据库服务，基于云原生架构，具备即开即用、稳定可靠、按需扩展、便捷管理、动态拓展等性能。数据库服务具有完善的性能监控体系和多重安全防护措施，并提供专业的数据库管理平台，让用户能够在云平台上设置、操作和扩展数据库，简化运营流程，减少日常运维工作量。数据库服务架构图如图 5-17 所示。

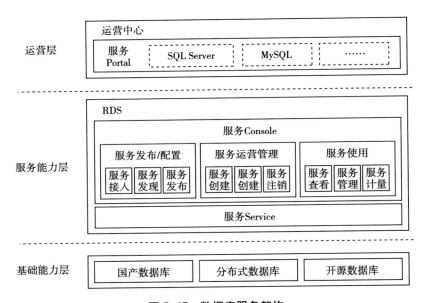

图 5-17 数据库服务架构

数据库服务主要包括国产数据库、分布式数据库等，服务方式支持单实例方式或分布式集群方式。

（一）关系型数据库服务

政务云提供关系型数据服务，包括 SQL Server、MySQL 以及国产数据库（包含神通数据库、达梦数据库、优炫数据库、人大金仓数据库、HighGo 数据库、南大通用 Gbase 等），并根据不同用户需求提供不同的部署与服务方式。

1. 国产数据库服务设计

（1）单机：利用云主机的软件分发组件、软件配置组件、监控报警等组件来进行数据库软件安装，实例创建和数据库配置等操作，并交付给用户正常访问的数据库。

（2）实例：利用数据库多租户特性，分配不同规格实例给用户，并支持读写分离，应用程序将读写请求全部发送给代理实例（Proxy），代理实例自动分离读请求并均摊到只读实例上，剩余的读写请求发给主实例的主节点，从而扩展整体读能力；主实例各节点、只读实例和主节点之间通过异步复制进行主从同步。

（3）高可用集群架构：创建主实例时会生成一主一备两个节点，备节点通过异步复制和主节点保持同步，主节点故障时会自动切换到备节点；如果用户创建主实例时选择多可用区，则主节点和备节点会分别创建于不同的可用区，建立可用性更高的数据库架构。

2. SQL Server 数据库服务设计

SQL Server 数据库服务方案包括 SQL Server 单机方案和 SQL Server 高可用性方案两种。

（1）SQL Server 单机方案。SQL Server 数据库单机方案由"单台虚拟机+云存储"构建，数据库实例运行在一台虚拟机上。底层存储后端有自身的高可用性机制，可以保证存储的可靠性。

（2）SQL Server 高可用性方案。SQL Server 数据库高可用性方案由"两台单机虚拟机+云存储+高可用性"构建，采用双机热备模式，两台虚拟机中平时只有一个虚拟机会挂载一个云存储。数据库实例运行在其中的一台虚拟机上，另一台做高可用性备机，平时不挂载云存储。

SQL Server 服务功能包括服务运营管理、服务实例管理、服务监控管理。

1）服务运营管理。

资源管理：支持资源配额设置。

服务创建管理：用户创建 SQL Server 实例。

服务状态查询：租户能从页面查看实例当前创建、删除的状态服务审批。

服务注销：支持租户注销服务，删除 SQL Server 实例。

2）服务实例管理。

实例类型支持：支持部署 SQL Server 单例。

实例规格修改：支持 SQL Server 实例的 CPU/内存的扩容、缩减。

实例重启：租户根据业务需要，在交互页面上操作，重启数据库实例。

实例列表显示：支持租户查看实例列表。

实例详情查询：支持租户查看实例详情。

实例基本管理：包括实例存储使用率查看、数据库参数组设置、日志查看。

备份恢复：支持设置备份策略、自动备份、创建快照、查看快照列表、删除手动快照。

3）服务监控管理。

数据库参数管理：支持查看数据库启动及运行时参数，支持参数组设置功能。

数据库参数管理：支持查看操作系统和部分 SQL Server 实例监控指标数据。

日志管理：支持查询 SQL Server 运行日志，定位系统问题。

3. MySQL 数据库服务设计

MySQL 数据库服务方案包括 MySQL 单机方案和 MySQL 高可用性方案两种。

（1）MySQL 单机方案。MySQL 单机方案由"虚拟机+云存储"构建，云存储可以使用块存储以及本地 SSD 存储两种模式。

（2）MySQL 高可用性方案。MySQL 高可用性架构是标准 MySQL 主从复制架构，一旦主机故障，应用可以手动转移到从机。另外，数据库的备份可以使用从机来做，同时也不会影响主机的资源。在备份进行时，主机继续处理更新。

MySQL 服务功能包括服务申请管理、服务实例管理、数据导入导出管理和服务高可靠性管理。

1）服务申请管理。

服务创建：支持创建 MySQL 实例。

服务状态查询：租户可以查看实例当前创建、删除的状态。

服务注销：支持租户注销服务，删除 MySQL 实例。

2）服务实例管理。

实例类型支持：支持部署 MySQL 单例、主备实例、只读副本。

实例规格修改：支持 MySQL 实例进行存储扩容；支持 MySQL 实例进行 CPU/内存的扩容、缩减。

实例重启：租户根据业务需要，在交互页面上操作，重启数据库实例。

实例列表显示：支持租户查看实例列表。

实例详情查询：支持租户查看实例详情，如数据库链接地址、规格等。

实例基本管理：包括实例存储使用率查看、数据库参数组设置、错误日志查看、慢日志查看。

备份恢复：支持设置备份策略、自动备份、手动备份、创建快照、查看快照列表、删除手动快照。

3）数据导入导出管理。

支持服务导入导出操作指引，包括导入工具（mysqldump）以及具体的导入操作步骤。

4）服务高可靠性管理。

服务监控管理：支持查看系统监控指标数据（CPU、内存、IOPS、数据连接数、QPS、TPS、InnoDB 指标、MyISAM 指标等）。

数据库参数管理：支持查看数据库启动及运行时参数。

日志管理：支持租户查询慢日志与错误日志，定位系统错误与性能问题。

（二）分布式数据库服务

分布式云数据库服务提供高扩展性的海量存储分布式数据库，具有完善的性能监控体系和多重安全防护措施，并提供专业的数据库管理平台。

分布式数据库整体架构自下向上分为三层。

第一，存储层：基于分布式存储，提供分布式、强一致和高性能的存储能力，以保障数据的可靠性以及横向扩展能力。

第二，存储抽象层（Storage Abstraction Layer）：将原始数据库基于表文件的操作抽象为对应分布式存储，向下对接存储层，向上提供高效调度的数据库存储语义，是数据库高性能的核心。

第三，SQL 解析层：100%兼容 MySQL8.0 代码。

分布式云数据库服务特性：

（1）网络隔离：VPC 允许用户通过配置 VPC 入站 IP 范围来控制连接数据库的 IP 地址段。关系型数据库服务（Relational Database Services，RDS）实例运行在租户独立的 VPC 内。

（2）访问控制：租户创建云数据库实例时，云数据库会为租户同步创建一个数据库主账户，主账户的密码由租户指定。

（3）传输加密：云数据库实例支持数据库客户端与服务端 TLS 加密传输。

（4）存储加密：云数据库支持对存储到数据库中的数据加密后存储。

（5）自动备份和快照：云数据库提供两种备份恢复方法，即自动备份和数据库快照。自动备份默认开启，同时开启自动备份后允许对数据库执行时间点恢复。

（6）数据复制：云数据库支持部署高可用性实例。租户可选择在单可用区或多可用区中部署高可用性实例。当租户选择高可用性实例时，云数据库会主动建立和维护数据库同步复制，在主实例故障的情况下，云数据库会自动从实例升为主实例，从而达到高可用性的目的。

（7）数据删除：租户删除云数据库实例时，存储在数据库实例中的数据都会被删除，任何人都无法查看及恢复数据。

云数据库支持按照不同性能需求配置不同规格实例，典型规格如表 5-13 所示。

表 5-13　云数据库性能需求配置

规格	VCPU（个）	内存（GB）
典型规格一	16	64
典型规格二	32	128
典型规格三	60	256

政务云提供的分布式数据库包含 PostgreSQL 数据库等。

（三）数据库支持服务

政务云提供的数据服务除软件授权外，还需提供的服务包含安装服务、运维服务等。

1. 安装服务

关于数据库安装，用户可以自主选择数据库软件版本及数据库部署架构（单机、读写分类及高可用），当数据库专业团队提供在线商业授权服务（也可以进行已授权认证）后，再由其针对用户的选择提供自动化安装及定制的专家级的数据库配置调优的安装。

2. 运维服务

提供完善的数据库运行和维护服务，包括五个方面。

（1）监控服务：监控报警组件针对数据库运行的各项指标进行监控报警，包括 7~24 小时数据库资源、状态、指标等监控数据，并提供图表历史监控数据。可自定义报警阈值。

（2）备份服务：备份恢复组件对数据库进行备份与恢复操作，默认备份 30 天，可将数据库恢复至 30 天内任意时间点，也可根据用户要求来定制备份存档时间。

（3）数据库软件升级服务：软件升级组件可以对数据库软件进行打补丁或者版本升级操作。

（4）日志服务：提供数据库错误日志、慢查询日志，以便做分析使用。

（5）软件补丁与升级：及时升级数据库软件存在的漏洞、补丁及进行版本升级。

三、中间件服务

政务云提供常用中间件服务，中间件服务位于操作系统与应用之间，作为基础架构软件，为应用提供便捷的开发、随需应变的灵活部署、丰富的运行时监视、高效的管理等关键支撑。

政务云提供的中间件服务主要包含 Web 中间件、分布式缓存中间件、分布式消息中间件，提供国产主流中间件服务，如中创、金蝶、东方通等。

中间件服务具备软件开发中的通用服务和功能，如数据管理、应用服务、消息传递、身份验证和 API 管理等服务，帮助开发人员快速有效地构建应用，提高应用系统架构的开发效率，为使用单位提供稳定、可靠、高效的云服务。

中间件服务以授权形式提供，用户基于业务需求，按需灵活申请。

四、云容器服务

（一）架构设计

创新节点提供基于 Docker 的容器服务，主要构架如图 5-18 所示，系统由两部分组成：管理域和租户域。租户域运行用户的容器集群，每个用户有一个或多个容器集群，容器集群通过 Kubernetes 实现资源管理；管理域部署运维、Docker 镜像仓库、认证授权等管理和服务模块。

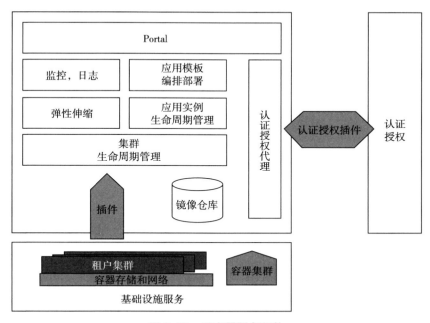

图 5-18　云容器服务架构

（二）功能设计

云容器服务提供高可靠高性能的企业级容器管理服务，支持 Kubernetes 社区原生应用和工具。通过云容器服务，可实现应用的一站式部署和运维。云容器引擎使用流程如图 5-19 所示。

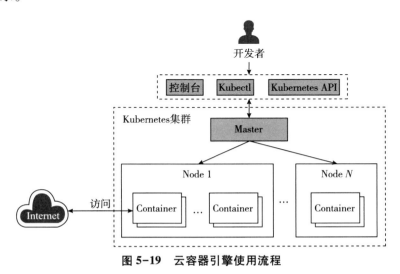

图 5-19　云容器引擎使用流程

云容器服务需涵盖应用全生命周期管理、DevOps 持续交付、应用调度、弹性伸缩等众多功能。

一站式部署和运维包括一键创建 Kubernetes 集群，自动化部署、运维容器应用，整个生命周期都在容器服务内一站式完成。

云容器服务主要功能如表 5-14 所示。

表 5-14 云容器服务主要功能

特性	描述
集群管理	支持集群生命周期管理（查看、创建、修改、删除）
	支持高可用 Master 节点和非高可用 Master 节点
	支持虚拟机与云物理主机混合、支持 GPU 等异构节点的混合部署
节点管理	支持容器节点生命周期管理操作，包括创建、删除等
	支持节点标签，通过标签可以快速了解节点特点，可以设置与工作负载的亲和性/反亲和性策略
容器存储	支持存储生命周期基本操作（创建、删除、挂载）
	支持块存储、对象存储、文件存储等存储类型，支持动态创建文件存储
资源弹性伸缩	支持基于 CPU、内存等指标策略的集群资源节点弹性伸缩功能
	支持基于定时周期策略的集群资源弹性伸缩功能
应用管理与调度	支持应用生命周期管理操作，包括创建、暂停、恢复、删除、升级等
	支持 Deployment、Statefulset、Daemonset、Job、CronJob 等多种负载类型，满足不同类型应用部署需求
	支持节点、工作负载、AZ 等多种亲和/反亲和调度策略，调度策略支持全自定义和简易调度两种方式
	支持基于 CPU/MEM 策略，周期策略的应用实例弹性伸缩能力
	支持 Secret 密钥用于存储敏感配置信息，如用户名、密码、证书等，且可作为文件或者环境变量使用
镜像管理	支持跨 Region 镜像同步
	支持公开镜像和私有镜像
权限控制	支持集群资源、命名空间、模板市场等基于用户、用户组的 RBAC 权限控制，快速设定不同用户的操作权限，保障系统安全
	支持租户级别的命名空间的资源配额管理，以及配额使用情况提示

五、微服务

（一）微服务框架服务

创新节点提供微服务引擎服务，支持用户基于微服务框架进行应用开发、测试、托管、运维、发布等。

微服务框架引擎需具备开箱即用、高性能、兼容流行生态、支持多语言的一站式开源微服务框架和服务治理能力，微服务框架应具备如下功能：

1. 接口契约管理

政务系统规模普遍较大，微服务组件众多，所以对服务间接口需进行统一管理。微服务应用中，服务间远程调用，接口不一致通常发现时间较晚，会造成更大的修复成本。微服务引擎通过契约管理满足这一需求，有了契约可以保证架构师按照契约设计，严格审查变更，保证兼容性（见图5-20）。

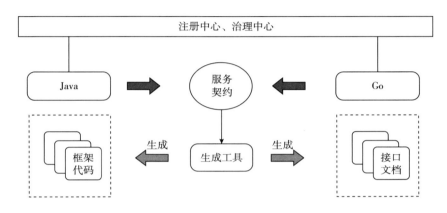

图5-20　服务契约逻辑架构

2. 多语言多框架

提供多语言、多框架的微服务统一治理方案，避免多注册中心所带来的管理难、技术兼容难等痛点问题。多语言多框架能力示意图如图5-21所示。

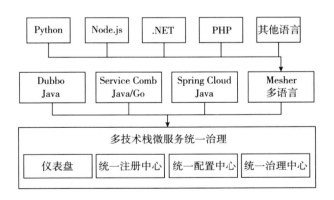

图5-21　多语言多框架能力示意图

3. 全链路灰度发布

为保障新特性能平稳上线，可以通过灰度发布功能选择小部分用户试用，降低发布风险。

4. 微服务自愈能力

微服务运维支持自动负载均衡、自动容错、服务降级、服务限流等微服务治理策略，其中自动负载均衡策略包括轮询、会话黏滞、时间响应权值、随机等（见图5-22）。

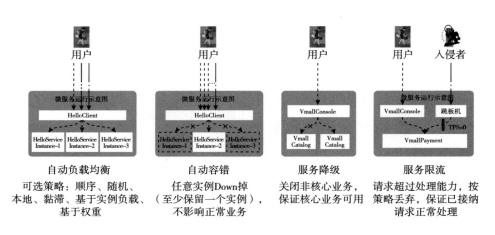

图5-22 微服务自愈能力

提供微服务治理控制台，实现分布式系统细粒度治理和高可用性保障，具有运行状态实时监控、配置下发实时生效的能力。

5. 应用运维管理

（1）应用监控。通过应用监控可以及时了解应用的资源使用情况、趋势和告警，使用这些信息可以快速响应，保证应用流畅运行。

（2）主机监控。通过主机监控可以及时了解主机的资源使用情况、趋势和告警，使用这些信息可以快速响应，保证主机流畅运行。

（3）指标监控。通过指标监控界面来检索指标，通过资源的层级关系在指标树上进行展示。

（4）应用全景。应用全景以应用为中心，拉通服务、实例、主机、中间件等多维度关联分析。通过多视角分析关联指标和告警数据，快速定位异常。

（5）仪表盘。提供通过仪表盘将不同图表展示到同一个屏幕上，通过不同的仪表形式来展示资源数据，如曲线图、数字图、TopN图表等，进而全面、深入地掌握监控数据。

（6）告警中心。告警中心是告警和事件的管理平台，支持自定义通知动作，可通过邮件、短信等方式获得告警信息，在第一时间发现异常及其根因。对于重点资源的指标可以创建阈值规则，当指标数据满足阈值条件时，应用运维管理服务会产生阈值告警，还可使用阈值告警订阅功能，将阈值告警对接到对应的运维平台进行分析。

（7）日志管理。提供强大的日志管理能力。日志检索功能可快速在海量日志中查询到所需的日志；日志转储实现长期存储；通过创建日志统计规则可实现关键词周期性统计，并生成指标数据，实时了解系统性能及业务等信息；通过配置分词可将日志内容按照分词符切分为多个单词，在日志搜索时可使用切分后的单词进行搜索；开启日志订阅功能可将应用运维管理服务的日志实时对接到运维平台。

（二）集成连接服务

提供应用与数据集成服务，包含数据、消息、API 等集成能力，连接各类应用系统。支持统一认证模式、SSL/TSL 加密、黑白名单设置，支持访问流量控制，打通异构系统间的认证与权限。支持数据、应用通过 API 集成，提供认证、鉴权、流控等管理能力。集成连接服务架构如图 5-23 所示。

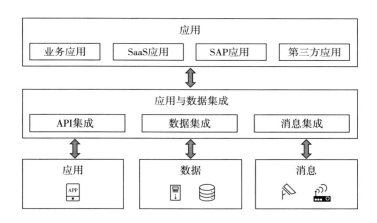

图 5-23　集成连接服务架构

1. API 集成

API 集成将数据和后端服务以 API 形式开放，简化分享数据或提供服务的过程，降低部门之间对接的成本。API 集成功能包括 API 生命周期管理、API 调试工具、API 版本管理、API 访问流量控制、API 监控统计、API 环境变量等。

2. 数据集成

数据集成支持多种数据源（文本、消息、API、关系型数据和非关系型数据等）之间的灵活、快速、无侵入式的数据集成，可以实现跨机房、跨数据中心、跨云的数据集成方案，并能自助实施、运维、监控集成数据。提供数据集成任务生命周期管理、系统管理、多种数据读写、可靠的数据传输通道、任务调度、调试工具、监控告警、版本管理等功能。

3. 消息集成

提供统一的消息接入机制，为用户提供跨网络访问的安全、标准化消息通道。根据目前的政务业务需求，需支持 Kafka 传输协议，提供 Kafka 基础功能、消息轨迹、监控报警等功能。

（三）应用性能管理服务

提供应用性能管理服务，实时监控并管理云应用性能和故障。提供专业的分布式应用性能分析能力，帮助运维人员快速解决应用在分布式架构下的问题定位和性能瓶颈等难题，架构如图 5-24 所示。

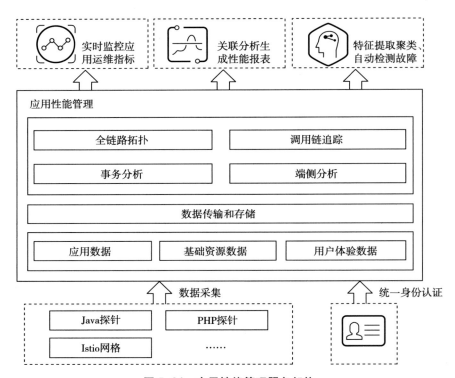

图 5-24　应用性能管理服务架构

应用性能管理服务主要功能如下：

1. 全链路拓扑

（1）可视化拓扑。应用性能管理服务通过拓扑可视化展示应用间调用关系和依赖关系。拓扑使用应用性能指数（Apdex）对应用性能满意度进行量化，并使用不同颜色对不同区间 Apdex 的值进行标识，方便快速发现应用性能问题，并进行定位。拓扑清晰地展示应用间关系、调用数据（服务、实例指标）、健康状况等详细内容。

（2）跨应用调用。拓扑图支持在不同应用服务间的调用关系，当不同应用之间有服务调用时，可实现跨应用调用关系的采集并展示应用的性能数据。

（3）异常 SQL 分析。拓扑图可以统计并展示数据库或 SQL 语句的关键指标。应用性能管理服务提供数据库、SQL 语句的调用次数、响应时间、错误次数等关键指标视图，通过这些指标视图可以分析异常（慢或调用出错）SQL 语句导致的数据库性能问题。

（4）JVM 指标监控。拓扑图可以统计并展示实例的 JVM 指标数据。应用性能管理服务实时监控 JVM 运行环境的内存和线程指标，快速发现内存泄漏、线程异常等问题。

2. 调用链追踪

（1）调用链。应用性能管理服务能够针对应用的调用情况，对调用次数、响应时间和出错次数进行全方位的监控，可视化地还原业务的执行轨迹和状态，协助性能及故障快速定界。根据调用链追踪所示，在拓扑图中发现红色的服务出现异常后，通过查看调用状态、耗时、接口调用的详细信息，进一步定界问题产生的原因。

（2）方法追踪。方法追踪是对某个类的某个方法进行动态锚点，当这个类的方法被调用时，应用性能管理服务采集探针会按照配置的方法追踪规则对方法的调用数据进行采集，并将调用数据展现在调用链页面中。方法追踪主要用来帮助应用的开发人员在线定位方法及性能问题。

3. 事务分析和洞察

（1）事务分析。应用性能管理服务通过对事务（从 Web 客户端或移动终端到服务端全栈业务流）实时分析，展示事务的吞吐率、错误率、时延等关键指标，使用健康指标 Apdex 对应用打分，直观体现用户对应用的满意度。当事务异常时，则上报告警；对于用户体验差的事务，通过拓扑和调用链完成事务问题定位。

（2）事务洞察。事务洞察是使用调用链数据进行大数据聚类统计来生成异常类型，在启用事务洞察功能后，调用链按照 100% 采样率采样，以保证有足够的样例数据。在运维过程中可以对业务中关键的事务开启事务洞察功能，通过得到的异常类型，结合智能算法学习历史指标数据，分析成功和异常的规律，找到问题根因。

4. 端侧分析

提供清晰直观的移动 App 性能监控数据，通过用户体验、吞吐量、错误数、崩溃、卡顿等多项指标，展现不同维度的移动 App 性能数据，快速定位性能瓶颈，完成移动 App 性能优化。

（四）公共支撑组件服务

1. 云监控服务

云监控服务的监控对象是基础设施、平台及应用服务的资源使用情况，提供立体化监控平台，对所有云资源进行监控，基本功能包括实时监控告警、通知以及个性化报表视图等。使用方式包括通过服务控制台、开放接口、命令行和 SDK 等。云监控服务的数据以租户维度进行存储隔离，只有认证通过的租户才能访问其对应的监控数据。

2. 云日志服务

提供云日志服务，用于收集来自主机和云服务的日志数据；提供对海量日志数据的分析与处理功能。

日志数据可以通过控制台直观展示、快速检索，支持关键字查询、模糊查询等，支持监控与告警，实时监控服务运行状态。

3. 云审计服务

提供云审计服务，为用户提供云服务资源的操作记录，供用户查询、审计和回溯使用。支持三种操作类型的记录：通过云账户登录管理控制台执行的操作、通过云服务支持的 API 执行的操作以及云平台系统内部触发的操作。具体如下：

（1）云审计服务实时、系统地记录所有人员对平台上的资源和系统配置变更操作。

（2）云审计服务实时记录用户在管理界面上的所有操作和用户在云创新节点上的所有 API 操作，便于进行问题查询、分析与定位。

（3）借助云审计服务中记录的对象级 API 事件，用户可以通过收集对象存储中对象上的活动数据来检测数据泄露情况。

六、AI 服务

政务云提供 AI 服务，架构如图 5-25 所示。

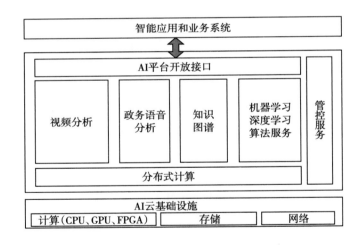

图 5-25 AI 平台总体架构

AI 服务包含推理平台和 AI 算法，如视频分析、语音分析、知识图谱，向业务层提供统一的接口服务。

（一）推理平台

1. 总体架构

推理平台总体架构如图 5-26 所示。

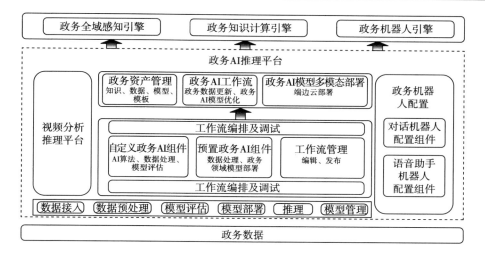

图 5-26　推理平台总体架构

2. 系统方案设计

政务 AI 推理运营平台最重要的职能是模型部署，并基于模型服务配置工作流，此外还有视频分析推理、政务机器人配置功能。模型部署方案涉及模型管理和部署两部分：模型管理用于对模型多版本管理，在将模型部署为可推理预测的模型服务之前，需要将模型纳入模型管理；模型部署则用于对模型管理中的模型进行各种形态的部署，包括在线服务部署、批量服务部署、端边部署。

（1）模型管理。用户的模型有两种形态：一是不包含推理预测逻辑的模型文件；二是包含推理预测逻辑及模型文件的模型镜像。模型文件可通过算法训练模块训练，模型镜像可由用户自定义提供。

模型管理功能支持对用户指定的模型文件或模型镜像进行统一版本管理。在模型部署时，对于不包含推理预测逻辑的模型文件，平台将提供模型相应的推理框架对其打包部署。

（2）模型部署。

1）在线服务部署。在线服务部署是指平台按用户指定资源规格及实例数部署指定模型，并自动配置对外提供 Rest API 接口，以提供实时推理服务。模型部署之后资源实例将常驻运行。

在线服务部署所需运行资源完全由平台代为管理，平台通过监控每个实例运行状态进行调度维护，保障模型服务可靠运行。对于每一个模型服务，平台在网络上通过VPC 进行隔离保障模型服务安全。

在线服务部署支持用户一次性选择模型的多个版本进行一键式部署，每个版本可以设置其推理调用比例，从而支持用户进行 A/B 测试。用户可以随时增减模型版本的部署或者调整它们的推理调用比例。

2）批量服务部署。批量服务部署是平台针对用户批量推理需求而提供的一种模型服务形态，用户可以指定资源规格及实例数用于部署运行指定模型。批量服务部署的资源实例不是常驻运行的，当对指定批量数据的批量推理任务完成后，资源实例将被释放，不会再对资源进行计费。批量服务部署所需运行资源也完全由平台代为申请和管理，对用户透明。

用户通过指定不同的待推理数据路径启动批量服务部署以完成推理任务。

3）端边部署。端边部署用于支持将模型管理中的模型部署到用户特定边缘节点。边缘部署通过智能边缘平台（IEF、Hilens）跟边缘节点进行通信部署，用户在做模型的边缘部署之前，可以先通过智能边缘平台创建和管理边缘节点，部署时选择需要的一个或一批边缘节点进行一键式部署。

端边部署用于支持将模型部署到用户特定端设备。端边部署通过端云协同 AI 平台 HiLens 进行端设备的模型部署。

（3）视频分析推理。视频平台提供给算法供应者及算法服务使用者的视频 AI 算法的推理平台，主要包括视频流接入、算法管理、计算任务管理、服务管理、资源管理等模块，帮助算法供应者快速构建算法服务能力，帮助算法服务使用者拥有视频 AI 能力，快速搭建智能应用，实现 AI 变现。

（4）工作流配置。政务 AI 工作流配置的理念就是让 AI 开发变得更简单、更方便。面向不同经验的 AI 开发者，提供便捷易用的使用流程。例如，面向应用开发者，不需关注模型或编码，可使用预置模型快速构建 AI 应用。功能上支持对 AI 工作流的编排、调试、执行和管理。工作流配置依赖 AI 训练模块。

（5）政务机器人配置。政务机器人配置支持对政务对话机器人和语音助手机器人进行配置，使其能够满足政务咨询、政务应急或 IOC 语音助手所需的问答和语音助手机器人场景要求。功能上主要包括机器人知识管理、问答对配置管理、问答纠错等机器人配置端到端能力。

（二）视频分析

政务云提供视频分析服务，即计算机视觉服务，计算机视觉（Computer Vision，CV）主要任务是通过对采集的图片或视频进行处理获得相应场景的信息。服务内容包含语音识别、语音合成、定制语音识别、语音转写等。

1. 算法能力

视频内容分析提供多维度的视频分析算法，支持对视频中人、车、物、行为的多目标检测、识别、分析等能力，在多种场景下准确高效地输出视频结构化信息。

2. 服务场景

（1）视频分析平台接入服务。视频平台提供给算法供应者及算法服务使用者的视频 AI 算法的推理一站式平台，主要包括视频流接入、算法管理、计算任务管理、服务管理、资源管理等模块，帮助算法供应者快速构建算法服务能力，帮助算法服务使用者拥有视频 AI 能力，快速搭建智能应用，实现 AI 变现。

（2）通用类视频分析。通用类视频分析模块订阅可选入侵检测服务、人流量统计服务、人员在岗监控服务、工服工帽检测服务、车辆车牌识别服务、异常停车服务、消防通道占用监控检测服务、遗留物检测服务、未戴口罩检测服务、人脸类视频分析服务，视频人脸提取功能。

（3）城市治理类视频分析。城市治理类视频分析为城市治理类应用提供算法服务，其中包括人群聚集检测（含横幅检测）服务、占道经营视频识别服务、垃圾不落地监控服务、打架斗殴视频分析服务、共享单车乱摆放监控服务垃圾、桶满溢检测等。

（4）安全应急类视频分析。安全应急类视频分析为安全应急类提供算法服务，其中包含打手机动作识别服务、吸烟动作识别服务、烟雾（起火点）检测服务、攀爬、摔倒、挥手动作识别服务。

（5）水务智能监管视频分析。水务智能监管视频分析为水务应用提供算法服务，其中包含漂浮物检测，内涝水尺，河湖水尺，不文明行为检测，排口行为检测，水体周边入侵，水体入侵检测（游泳），水体入侵检测（船只）。

（6）城市网格事件多模态分类。城市网络事件多模态分析为城市网格管理提供算法服务，通过案件数据训练学习特征提取，智能识别案件分类，基于工单描述及过往关联性分析智能推荐处置部门，同时对历史案件数据持续学习，不断提高分类精度，实现市民上报等来源案件分类、处置部门自动推荐，释放座席人员工作压力，提高案件派遣效率。

（三）政务语音分析

平台提供语音交互服务（Speech Interaction Service，SIS）以开放 API 的方式提供给用户，用户通过实时访问和调用 API 获取语音交互结果。

1. 算法能力

（1）定制语音识别。基于深度学习技术对特定领域场景和语料进行优化，针对专业词汇，支持上传至热词表，增加专业词汇的识别准确率。针对客户的特定场景需求，定制垂直领域的语音识别模型，识别效果更精确。定制语音识别提供了一句话识别、录音文件识别功能。①一句话识别：可以实现一分钟以内音频到文字的转换。对于用户上传的二进制音频格式数据，系统经过处理，生成语音对应的文字。②录音文件识别：对于录制的长语音进行识别，转写成文字，提供不同领域模型，具备良好的可扩展性，支持热词定制。

（2）实时语音转写。用户通过实时访问和调用 API 获取实时语音转写结果。采用语音识别技术，基于深度神经网络（Deep Neural Networks，DNN）技术，把语言模型、词典和声学模型统一集成为一个大的神经网络，支持多种实时语音转写模式，如流式识别、连续识别和实时识别模式，并灵活适用于不同应用场景。①文本时间戳：为音频转换结果生成特定的时间戳，从而通过搜索文本即可快速找到对应的原始音频。②智能断句：通过提取上下文相关语义特征，并结合语音特征，智能划分断句及添加标点符号，提升输出文本的可阅读性。③中英文混合识别：支持在中文句子识别中夹带英文字母、数字等，从而实现中、英文以及数字的混合识别。④即时输出识别结果：连续识别语音流内容，即时输出结果，并可根据上下文语言模型自动校正。⑤自动静音检测：对输入语音流进行静音检测，识别效率和准确率更高。

（3）语音识别。语音识别服务可以实现一分钟以内、不超过4MB的音频到文字的转换。对于用户上传的完整的录音文件，系统通过处理，生成语音对应文字内容。①使用深度学习技术，语音识别准确率超过95%，在业界具有一定的技术优势。②提供RESTful规范API接口，并提供服务SDK，方便客户使用与集成；帮助客户减少人力成本，节省业务支出。③支持中文普通话，含带方言口音的普通话识别。

（4）语音合成。语音合成将用户输入的文字合成为音频。通过音色选择、自定义音量、语速，为企业和个人提供个性化的发音服务。①使用深度学习技术来合成逼真的人声语音，合成速度快，语音自然流畅。②能够对合成后的语音音色、音调、语速进行个性化的设置，满足客户的定制化需求。③提供RESTful规范API接口，并提供服务SDK，方便客户使用与集成；帮助客户减少人力成本，节省业务支出。

（5）定制语音合成。定制语音合成支持多种音色，可调节语调、语速、音量。①为客户提供定制发音人服务。②中文普通话、男声、女声、童声自由切换，可以调整音量、语速。③文本转换自然清晰，近乎真人发音，能够符合多样的应用场景。

2. 服务场景

（1）定制语音识别的应用场景。①语音搜索：搜索内容直接以语音的方式输入，让搜索更加高效。支持各种场景下的语音搜索，如地图导航、网页搜索等。②人机交互：通过语音唤醒、语音识别服务，对终端设备发送语音命令，对设备进行实时操作，提升人机交互体验。

（2）语音识别的应用场景。①语音导航：使用语音合成服务将车载导航数据转换成语音素材，为用户提供精确的语音导航服务。利用个性化定制能力，提供丰富的导航语音服务。②有声读物：将书籍、杂志、新闻的文本内容转换成逼真的人声发音，充分解放人们的眼睛，使其在搭乘地铁、开车、健身等场景下获取信息、享受乐趣。③电话回访：在客服系统场景中，通过语音合成服务将回访内容转换成人声，直接使用语音和客户交流，提升用户体验。④智能教育：集成语音合成的教育系统可以实现中文标准朗读及带读，应用于课堂和学生自学，提升教学效率。

（3）实时语音转写的应用场景。①直播实时字幕：将视频直播或现场直播中的音频实时转为字幕，为观众提供更高效的观会体验，方便对直播内容进行监控。②会议实时记录：将视频或电话会议中的音频实时转为文字，可实时校核、修改及检索转写会议内容，提高会议效率。③即时文本录入：手机 App 上实时录音并即时提供转写的文本，如语音输入法等。

（4）定制语音合成的应用场景。①人机交互：通过定制语音合成，实现高品质的机器人发声，使得人机交互更加自然。②智能客服：借助定制语音合成，联络中心可以用自然的声音与客户互动。

（四）知识图谱

平台提供知识图谱（Knowledge Graph，KG）全生命周期管理服务，包括本体可视化构建、自动化图谱流水线构建，以及图谱问答、搜索、推理等图谱应用能力，用户可以灵活掌控图谱配置，适合复杂多变的业务场景。

1．算法能力

知识图谱服务支持用户创建与管理知识图谱。

（1）创建图谱流程。①数据源配置：数据是知识图谱的基础。创建知识图谱之前，必须收集基础数据用来构建知识图谱。②信息抽取：从不同来源、不同结构的基础数据（包括结构化数据或非结构化数据）中提取出实体、属性以及实体间的相互关系。③知识映射：建立从基础数据中抽取的结构化信息与所创建的知识图谱中的实体、属性、实体间相互关系的映射关系。④知识融合：融合多个来源的关于同一个实体或概念的描述信息，对来自不同数据源的知识在统一规范下进行异构数据整合、消歧。

（2）管理知识图谱功能。①查看图谱详情：针对已创建的知识图谱，可以查看图谱详情。②发布图谱版本：针对新创建的图谱，可以发布图谱版本。只有发布图谱版本后，才能查询图谱中的实体数据。③预览图谱：针对已发布版本的知识图谱，可以通过搜索实体预览不同结构形式的知识图谱。④新建实体/关系：针对已发布版本的知识图谱，可以直接在现有图谱基础上新建实体和关系。⑤知识图谱问答服务：针对已发布版本的知识图谱，可以查询和推理图谱的结构化知识。⑥全量更新图谱：针对已经创建的知识图谱，可以通过使用新的数据替换原有的基础数据，全量更新图谱。⑦增量更新图谱：针对已经创建的知识图谱，可以在原有图谱的数据基础上增加新的数据，增量更新图谱。

2．服务场景

（1）语义搜索与推荐：建立用户搜索输入的关键词与知识图谱中的实体之间的映射关系，为用户推荐满足用户需求的结构化信息内容，而不是互联网网页。

（2）知识图谱：包括政务图谱构建工作流、实体链接、可视化编辑、可视化查询图谱等应用。

（3）知识图谱平台：政务知识图谱构建和应用平台，包括本体可视化编辑、本体管理、数据配置、知识映射、图谱发布等平台能力。

（4）大数据分析与决策：知识图谱通过语义链接帮助理解大数据，获得对大数据的洞察，并提供决策支持，应用于各个行业。例如，可用于公安情报分析：通过抽取人

（受害人、嫌疑人、报案人等）、企业和个人银行的资金交易等信息构建"资金账户—人—公司"关联知识图谱，形成完整的证据链，辅助公安进行安检侦查和挖掘犯罪同伙。

七、GIS 服务

政务云提供 GIS 服务，包含四个层次的建设内容：基础设施层、数据服务层、平台服务层和应用层（见图 5-27）。

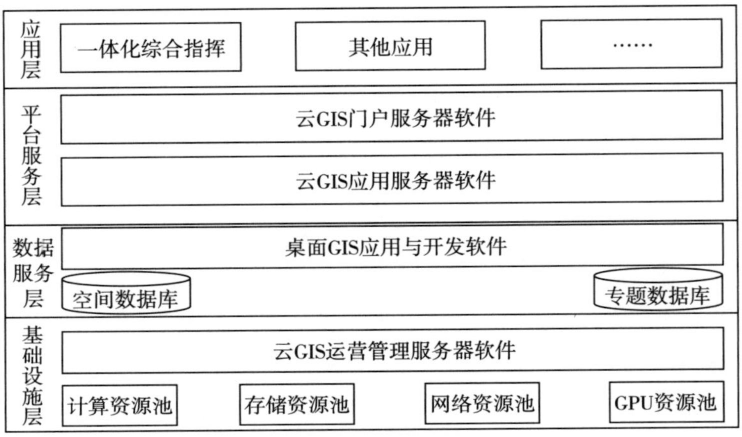

应用层	一体化综合指挥	其他应用	......
平台服务层	云GIS门户服务器软件		
	云GIS应用服务器软件		
数据服务层	桌面GIS应用与开发软件		
	空间数据库		专题数据库
基础设施层	云GIS运营管理服务器软件		
	计算资源池	存储资源池 网络资源池	GPU资源池

图 5-27 GIS 平台架构

基础设施层：提供底层硬件、网络运行环境支持，是地理信息服务云平台的基础层。

数据服务层：地理信息服务云平台数据设施层，主要包括基础地理数据、影像数据、POI 数据、三维数据等，通过对数据进行整合、处理、并进行数据入库，建立基础地理数据，可存放地图切片，也可为用户提供更加专业的地图应用和丰富的基础库、主题库和专题库等数据。

平台服务层：部署 GIS 应用服务器以及云 GIS 门户服务器，是智慧应用的 GIS 计算节点、GIS 服务节点以及行业服务节点，部署于云平台，通过调用数据层实现 GIS 服务的共享。

应用层：地理信息服务云平台应用接口，支持多终端访问，可通过 SDK 等进行 GIS 服务调用开发。应用层支持通过桌面 GIS 开发平台进行数据处理和数据入库。

（一）GIS 平台服务

1. 地图服务

GIS 平台提供的地图服务，包括地图 REST 服务、Web 地图服务（Web Map Service，WMS）服务、切片地图 Web 服务（Web Map Tile Service，WMTS）服务三种。

服务能力包括：地图的访问和浏览，获取地图图片、图层信息及鹰眼图片；查询功能，即空间查询与属性查询；图层控制，对图层进行获取、创建、修改或者删除操作；对地图进行距离或者面积量算；获取跟踪层，高亮几何地物；清除地图缓存；等等。

2. 数据服务

地理信息云平台提供的数据服务，包括数据 REST 服务、网络要素服务（Web Feature Service，WFS）、Web 栅格服务（Web Coverage Service，WCS）服务。

服务能力包括：获取或修改数据源的信息；对数据源中的数据集信息进行获取、修改、删除等操作；对点、线、面、属性、CAD、文本类型的数据集进行获取、修改、添加、删除、查询等操作；对数据集图层的属性字段进行统计计算，如计算平均值、标准差、方差等。其中，对数据集中空间数据进行的修改、添加、删除等操作，实现了对数据在客户端进行在线编辑的支持。

3. 空间分析服务

GIS 平台提供空间分析 REST 服务。

服务能力包括：对数据集资源进行缓冲区分析服务；对数据集资源进行叠加分析服务，支持通过裁剪、擦除、相交、同一、合并、对称差和更新的方式进行叠加分析；对数据集资源进行提取等值线、等值面的表面分析服务，支持分别对于点数据集、栅格数据集实现提取等值线、等值面操作；对点数据集进行邻近分析，如生成泰森多边形；对数据集资源进行差值分析，支持反距离加权插值、克吕金插值、样条插值、点密度插值算法；对数据集进行动态分段分析，支持根据路由数据集和事件表生成空间数据资源；对数据集进行空间关系分析，支持对源数据集和参考数据集按照指定的空间关系进行分析，如包含、相交、被包含关系；对几何对象资源进行缓冲区分析，支持的叠加方式有裁剪、擦除、合并、相交、同一、对称差和更新；对几何对象资源进行叠加分析；对几何对象资源基于采样点进行提取等值线、等值面的表面分析；对点数组几何对象进行邻近分析，如生成泰森多边形。

4. 网络分析服务

GIS 平台提供网络分析服务，支持各终端的服务访问。主要功能提供与二、三维网络数据处理相关的服务。

服务能力包括：最佳路径分析、旅行商分析、最近设施分析、服务区分析、连通性分析、关键设施查找和追踪分析功能。

5. 三维服务

地理信息云平台提供三维服务，支持各终端的服务访问。

服务能力包括：支持影像数据、地形数据、KML 数据、模型数据、矢量数据、二维地图等数据发布三维场景等；提供三维安全机制，对数据传输进行控制，只有客户端才可以批量下载数据，同时在客户端提供下载数据的加密机制；支持动态更新，即工作空间有更新时，系统自动更新三维场景、风格、图层；支持三维GPU空间分析。在三维场景中，基于地形、模型、影像等数据，对数据的位置和形态进行空间分析。

（二）GIS资源服务

1. GIS资源整合

GIS平台具有资源快速整合能力，能将分散的、异构的GIS服务器中的地图、服务、场景、数据、应用等GIS资源快速整合到平台中。地理信息共享云平台提供的资源整合方式包括添加地图、注册服务、添加场景、托管数据、托管服务以及注册Web应用程序等。

2. GIS资源查找

GIS平台提供快速查找地图、服务、场景、应用等GIS资源的能力，协助用户方便、快捷地查找定位所需GIS资源，支持通过模糊搜索、分类过滤、标签过滤、分类排序等多种方式进行地图、服务、场景、应用、群组等资源的快速定位，同时支持自定义目录过滤。

3. GIS资源共享

GIS平台提供灵活的GIS资源共享能力，支持的共享范围包括私有、公开、指定群组、指定用户四种共享资源的方式。支持对指定用户/群组授权进行共享，如设置指定用户/群组可查看、可编辑。将资源共享给指定用户/群组后，指定用户/组内成员即可查看、协同编辑资源，实现资源的实时维护、更新，提高GIS资源的利用率。

此外，地理信息共享云平台提供对多源服务进行统一的权限控制能力，提供对注册的多源服务进行代理功能，隐藏原始服务地址，从而在平台级别实现对多源服务的统一权限控制。

4. GIS资源管理

GIS云平台提供完备的资源管理能力，可以对平台中各类GIS资源进行统一运维管理。

5. GIS API服务

对外提供统一的服务资源池，便于政务应用系统开发调用，服务资源池包括数据服务、二维地图API服务、三维地图API服务等合计70余个接口。上述接口将通过二次封装后，提供对外服务。服务类型如表5-15所示。

表5-15　GIS API服务类型

序号	主要接口类	接口功能描述	数量
1	地图类	基础地图加载 OGC标准服务 三维地图服务加载	≥3

续表

序号	主要接口类	接口功能描述	数量
2	符号类	矢量要素 弹窗类 标记覆盖物	≥3
3	控件类	缩放控件 版本控件 鹰眼控件 图层切换控件	≥4
4	查询编辑类	ID 查询 SQL 查询 范围查询 几何查询 缓冲区查询 栅格查询 地物编辑	≥7
5	专题图类	点密度专题图 等级符号专题图 统计专题图 范围分段专题图 单值专题图	≥5
6	空间分析类	数据缓冲区分析 几何对象缓冲区分析 叠加分析 动态分析 表面分析 点密度插值分析	≥6
7	网络分析类	服务区分析 最佳路径分析 最近设施分析 选址分区分析 多旅行商分析	≥5
8	可视化类	热力图 聚点图 高效率点图层	≥3

八、区块链服务

政务云建设统一的区块链服务平台，融合分布式并行计算、容器、数据管理、安全加密等核心技术，提供区块链服务。

（一）总体架构

区块链平台总体架构如图 5-28 所示。

政务云与云安全建设

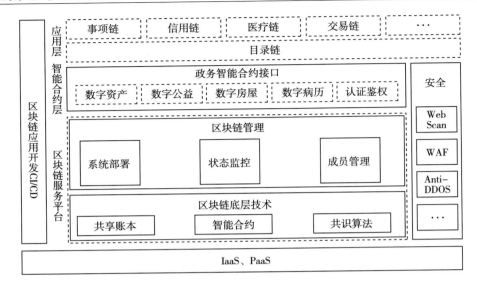

图 5-28　区块链平台总体架构

区块链业务从实现层面可分为三层：第一，技术层：区块链业务实现的基础平台，包括提供智能合约、共享算法、分布式账本等基本功能。第二，管理层：各部门基于区块链平台的区块链管理功能进行开发，构建联盟链，联盟链的盟主可对链上的用户进行管理、运维、运营以及跨链服务。第三，租户层：向各部门提供区块链的多租户能力，各部门可以自主创建、管理联盟链和智能合约，并基于区块链平台提供的不同行业联盟链模板，支持租户一键发放联盟链。

（二）区块链服务管理

（1）区块链系统部署：通过配置区块链服务名称，部署区块链服务的 Kubernetes 集群名称、弹性文件名称、共识算法类型、节点参数等一键完成区块链服务部署工作，平台将根据用户配置的区块链服务参数，通过 Kubernetes 将区块链的各个节点自动部署到指定集群中，快速部署一个完整的区块链系统，支持创建跨区域联盟链和私有链。

（2）区块链服务状态监控：全方位的监控体系，包括区块链服务平台各用户节点的运行状态、区块生成速度、交易频率、总体资源指标。对系统中比较严重的情况如欺诈节点、账本篡改、机器故障等情况通过邮件等方式通知到相关人员，以便及时处理。

（3）联盟链成员动态加入：区块链平台支持成员的动态加入与退出，同时成员的加入需要联盟发起方的许可，不允许任意地加入区块链联盟中，具有准入审批过程。区块链服务平台提供联盟链方式，每个联盟成员为独立租户，独立管理自己的节点和账本，通过独有的租户成员邀请机制，联盟发起成员通过租户账号邀请的方式将其他租户加入现有的区块链系统中，逐步扩大联盟链成员。

（4）区块链服务节点管理：管理员根据业务需求和负载，按需配置节点，在运行时动态弹性调整节点的数目，同时当节点出现故障时，系统对故障节点进行自动恢复，保障区块链应用的可靠性。

（三）智能合约管理

智能合约是运行在区块链上的、特定条件下自动执行的代码逻辑。

（1）智能合约安装和实例化：链代码上传安装在 Peer 节点上，在通道上进行实例化，实例化的过程需要参与方达成共识，智能合约实例化过程将被记录到区块链中，实例化后链代码将在 Docker 容器中运行。所有通道成员都需要在运行此链代码的每个 Peer 节点上安装链代码，且只需在一个 Peer 节点上进行链代码实例化。若使用相同的链代码，通道成员必须在链代码安装期间为链代码提供相同的名称和版本。

（2）智能合约调用和触发：智能合约实例化后，可以通过外部条件来触发合约执行的过程，支持定时触发、事件触发、交易触发和其他合约触发的方式。定时触发是指满足合约中预设的时间之后，节点就触发时间达成共识，自动触发合约调用的过程。事件、交易和其他合约调用都是在一次新的请求共识过程中触发合约执行。

（3）智能合约变更：合约条款需要变更时需参与方对新的合约共同签署后执行合约升级，或者对过期作废及因业务需求变更不再需要的合约进行转存和清理，升级和清理的过程需要多节点达成共识之后才能完成。

（4）智能合约开发：通过高效管理智能合约（链代码），包括安装链代码、链代码编辑器、更新链代码、链代码实例化等功能。链代码编辑器支持链代码的在线编辑、调试和部署。

（四）区块链共识算法与共享账本

共识机制按照共识的过程分为两类：第一类是概率一致的共识，工程学上最终确认；第二类是绝对一致之后再达成共识，共识即确认。区块链服务平台为用户提供区块链服务，采用第二类的共识机制，区块链服务平台提供多种安全、高效共识算法，可以根据不同的使用场景以及安全和性能等不同需求选择合适的共识算法。

区块链状态信息存储支持多种底层数据库，包括文件数据库、关系数据库和 NoSQL 文件数据库，交易历史数据保存在区块链中，状态数据保存在文件数据库中。

区块链服务平台支持根据用户的诉求，将账本切割，把历史的交易数据定期进行归档，并转存到价格更低的冷存储中。

区块链浏览器提供区块链相关信息的查询，包括区块数量、交易数量、区块详细信息、交易详细信息、性能数据及节点状态等。

九、物联网平台服务

提供物联网平台服务，用户可基于物联网平台实现海量设备的接入和管理。物联网平台作为连接业务应用和设备的中间层，屏蔽各种复杂的设备接口，实现设备的快速接入；业务应用通过调用物联网平台提供的 API，实现设备管理、数据上报、命令下发等功能。

（一）总体架构

物联网平台总体架构如图 5-29 所示。

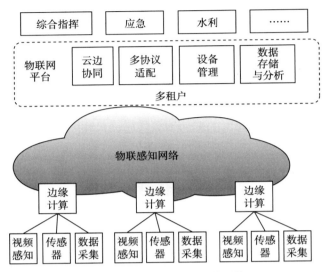

图 5-29　物联网平台总体架构

物联网终端设备通过边缘计算节点连接到物联感知网络，支持各部门快速接入传感器等终端设备，实现数据收集。物联数据统一汇聚到物联网平台。

（二）网络架构

物联网平台网络架构如图 5-30 所示。

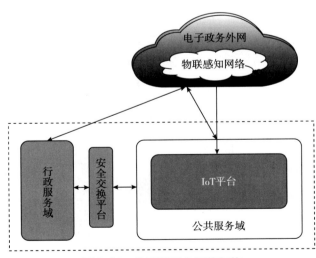

图 5-30　物联网平台网络架构

物联网平台部署在政务外网公共服务域，提供统一的物联网平台服务，汇聚各部门在物联感知网络上的设备数据。

（三）功能设计

1. 设备接入

物联网平台设备接入示意图如图5-31所示。

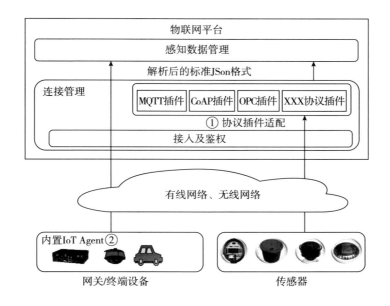

图5-31　物联网平台设备接入示意图

物联网平台提供多网络、多协议、IoT Agent、平台协议插件接入等多种灵活的接入方式。

（1）多网络接入。支持有线和无线的接入方式，如有线通信、远距离蜂窝通信、远距离非蜂窝通信、近距离无线通信等。

（2）多协议接入。支持业界主流的物联网终端设备接入协议，如 MQTT、LWM2M、CoAP、OPC 等。

（3）多 SDK/Agent 接入。通过在设备/网关中集成 SDK/Agent 接入到物联网平台。此种方式由物联网平台提供两种类型的 IoT Agent SDK：①在设备中直接集成 Agent，快速完成和物联网平台的对接。②在物联网关中集成 Agent，物联网关通过 Agent 与物联网平台快递对接，从而间接完成设备与物联网平台对接。集成 Agent 后，将设备或网关与物联网平台之间的协议标准化成 MQTT。

（4）云端协议解析接入。针对无法集成 Agent 的设备/网关，可以通过物联网平台协议插件的方式快速接入到物联网平台。协议插件主要包括设备协议解析、设备链路管理、设备数据和命令处理、插件管理等功能，通过把各种不同的南向协议转换为物联网平台的统一格式进行数据解析处理。提供常见的 MQTT、ModBus、CoAP 等协议插件，通过扩展协议插件，提供私有或非标协议设备和应用的接入，支持协议插件的上传、加载、卸载等操作。

2. 设备管理

设备管理是物联网平台对设备终端进行远程监控、设置调整、软件升级、系统升级、故障排查、生命周期管理等功能，具体如图 5-32 所示。

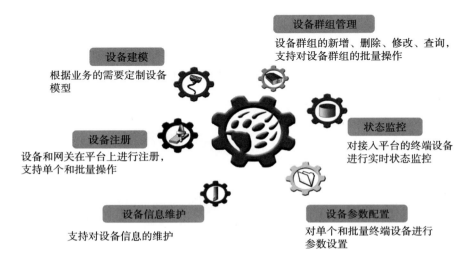

图 5-32 设备管理功能

（1）设备建模。平台提供设备建模功能，并内置常规设备模型模板。用户可以根据业务的需要定制设备模型，可对模型进行新增、删除、修改的操作。设备模型包括设备基本信息和业务信息（包含属性、命令），并提供裸数据到标准模型的编解码转换能力。

（2）设备注册。为了实现平台对终端设备的管理，终端设备首先需要在 IoT 平台完成注册。平台提供如下两种设备注册方式：①北向应用通过调用平台提供的标准接口完成终端设备的注册，支持批量或者单个设备注册。②平台操作人员通过账号登录物联网平台，在物联网平台上完成设备注册，支持批量或者单个设备注册。设备注册的目的是确保后期设备上电后接入平台的合法认证。注册后，平台会给设备分配 IoT 平台内部标识，后期在网络中的消息传递是通过 IoT 平台内部标识实现的，不传递设备本身的真实标识，确保消息被截获后无法被识别。

（3）设备鉴权。物联网平台在设备/网关上电后，首先要完成设备鉴权。根据设备携带设备标识，判断设备是否已经完成注册。如果完成注册，则允许接入 IoT 平台；否则，不允许接入 IoT 平台。

（4）状态监控。根据设备连接属性（如长连接设备、无连接设备），物联网平台定义连接状态：在线、异常、离线。平台对接入的终端设备进行状态监控，当设备发生异常时能够进行报警。

（5）设备信息维护。平台提供对设备信息进行维护的能力，同时对于设备更换、新增、删除等操作能够通过标准接口通知到北向应用。

（6）设备群组管理。平台提供对设备群组进行管理能力，支持群组的新增、删除、修改、查询操作，以及对设备群组的批量操作。

（7）设备参数设置。平台提供对终端设备单个或者批量的参数进行设置的能力。

（8）终端升级。平台能够对终端的软件和固件进行升级管理。为了提高升级可靠性，平台支持断点续传及版本回退的能力。

3. 设备联动

设备联动示意图如图 5-33 所示。

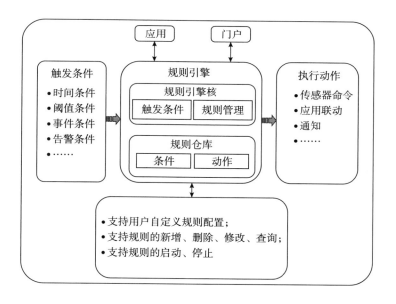

图 5-33 设备联动示意图

设备联动通过条件触发，基于预设的规则，引发多设备的协同反应，实现设备联动、智能控制。当响应动作为"主题通知"时，物联网平台对接消息通知服务，进行主题消息的设置和下发。

规则可以和设备、应用、告警绑定，当绑定的信息满足条件时，规则可以自动化执行响应动作。规则引擎定位处理各种事件，利用规则引擎可以完成异常事件的及时通知和快速处理，帮助终端用户维护设备、监控设备，保证系统业务的及时恢复。阈值超限、范围超限、位置跟踪等事件也可定义为规则引擎输入条件，并关联对应的处理动作。

触发条件是指定义触发规则的条件，可以从以下角度来定义：①时间条件，如定义8：00钟关闭走廊的灯。②阈值条件，如定义当温度计的温度值大于25℃时打开空调。③事件条件，根据系统事件定义条件，如当系统发出异常告警时，发送通知到指定手机。

响应动作是指定义规则的条件满足时，要执行的动作或响应，其主要有以下两类：①执行动作，系统给传感器下发需要执行的动作或响应的命令。②发送通知，发送通知包含邮件、短信、语音呼叫和弹出窗口等方式。

4. 数据采集

数据采集功能如图 5-34 所示。

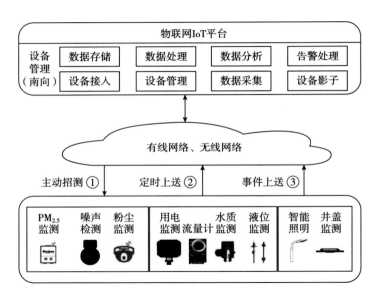

图 5-34　数据采集功能

当设备完成与物联网平台的对接和注册后，一旦设备上电，设备可以基于一定的规则进行数据上报，而规则可以是基于周期或者事件触发的。

（1）平台提供多种采集方式，如主动招测、定时上报、事件触发上报，客户根据终端设备能力及业务需要进行配置。

（2）对于定时推送数据的终端，可配置数据采集周期，采集次数等，同时采集周期最低可配置1s。

（3）平台可对数据采集成功率进行统计。

（4）对于开放接口且具有通信能力的业务系统中的数据，平台具备集成能力，采集业务系统中的数据。

5. 数据处理

采集数据上报到平台后，平台通过设备对应的插件对数据进行解析，解析后的数据上报给上层应用同时在平台进行存储。采集的数据可以在北向应用查看，或者通过 IoT 平台进行查看。

（1）数据查看。平台按照用户的输入条件对数据进行过滤，仅对满足条件的数据进行显示。过滤条件可以是设备、应用、时间段等。

（2）鉴权控制。平台对用户进行权限检查，只对用户显示授权的业务数据。

（3）数据访问。平台提供多种数据访问方式，如标准的 API 接口、消息服务等，同时可以根据需要与其他数据交换平台进行对接，进行采集数据同步。

（4）数据导出。平台提供数据导出功能，支持 XMI、CSC 等多种方式。

（5）数据存储。采集数据在物联网平台进行存储，存储周期可配置，至少可保存 3 个月。可以根据项目需要存储采集原始数据，或者解析后的采集数据。

6. 数据转发

物联网平台提供多个层面的数据转发能力，如数据接入服务、消息订阅服务、对象存储服务。

（1）对接数据接入服务。提供 SDK/API 等方式实现数据高效采集、传输、分发，完成后续自定义使用数据的业务开发场景，如数据存储、数据分析等，便于用户进行更灵活、多样化的数据使用。

（2）对接消息订阅服务。通过南向 MQTT 为设备数据提供消息队列服务，用于收发消息。终端设备作为生产者发送消息到消息队列里，用户的应用程序作为消费者从消息队列里消费消息，从而在多个应用程序组件之间传输消息。

（3）对接对象存储服务。实现设备数据持久存储（物联网平台支持设备数据存储，存储 3 个月），也能够按时增量将数据全量存储到大数据平台进行备份，为客户提供海量、安全、高可靠、低成本的数据存储能力，适用于对设备上报数据进行归档和备份存储。支持对接实时流计算云服务，由实时流计算云服务分析数据流，并将分析结果对外提供给其他云服务商进行数据可视化操作等。

7. 设备影子

设备影子主要用于存储设备当前上报的属性值和物联网平台期望下发给设备的属性值，且设备影子功能只存储最近一次的上报值和属性值。每个设备有且只有一个影子。用户可通过管理门户和北向 API，查询和修改设备影子，获取设备最新属性，并将期望属性下发给设备。

（1）查询设备属性状态。北向应用直接向设备查询状态时，由于设备可能长时间处于离线状态或因网络不稳定掉线，因此不能及时获取设备当前的状态。使用设备影子机制时，设备影子保存的是设备最新的状态，一旦设备状态产生变化，设备会将状态同步到设备影子，应用便可以及时获取查询结果，无须关注设备是否在线。

很多的北向应用频繁地查询设备状态，由于设备处理能力有限，频繁查询会损耗设备性能。使用设备影子机制时，设备只需要主动同步状态给设备影子一次，多个应用程序请求设备影子获取设备状态，即可获取设备最新状态，从而将应用程序和设备解耦。

（2）修改设备属性信息。设备管理员通过管理门户或者调用北向 API 接口修改设备的属性信息，由于设备可能长时间处于离线状态，修改设备属性的操作不能及时下发给设备。在这种情况下，物联网平台可以将修改设备的属性信息存储在设备影子中，待设备上线后，将修改的设备属性值同步给设备，从而完成设备属性的修改。

8. 告警处理

（1）告警上报。支持接收设备的告警上报，支持推送给上层应用。

（2）告警分级。根据告警类型、设备类型等维度配置设备告警的告警级别。

（3）告警过滤。可以通过用户界面设置告警策略，策略包括根据严重性、状态、传感器名称、报警类型来过滤部分告警；可以按配置对允许的告警进行推送。

（4）告警合并。可以通过用户界面设置和应用告警合并策略，包括可将不同的策略应用到不同的安全区域和地点；可以基于时间段、传感器名称匹配、严重性以及报警描述内的常见表述等规则合并；允许用户通过操作员用户界面查看被合并的报警数量。

9. 系统管理

（1）用户管理。针对用户信息支持分级管理、群组管理，支持不同的用户管理不同的区域和资源等。

（2）权限管理。支持以功能、设备、设备群组等维度对用户或用户群组进行权限控制。

（3）日志管理。提供操作日志存储与查询功能。

（4）系统监控。提供系统各组件运行状况、安全状态监控。

（5）配置管理。提供系统各项配置集中管理功能。

（6）报表统计。提供数据、性能、设备在线率等报表功能，可以查看平台设备总数、设备收发消息统计、传感器统计等详细报表。

10. 报表管理

物联网平台通过提供报表，对平台运行指标进行监控，为平台维护提供数据支撑。平台提供的报表主要有传感器报表、API 调用报表、数据用量报表、传感器安装报表、告警报表、下发命令数报表、上报消息数报表、设备在线率报表等。支持灵活的时间维度统计，如日、周、月、年等。物联网平台支持对报表进行导出操作。

第四节　数据资源服务方案

数据资源服务总体架构如图 5-35 所示。

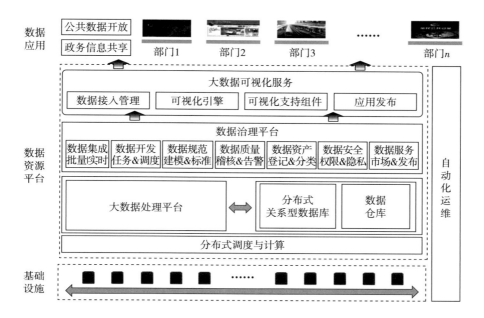

图 5-35 数据资源服务总体架构

数据资源平台包含大数据处理平台、分布式关系型数据库、数据仓库。平台提供多租户能力，提供低成本、海量存储、高可靠性、高安全性的数据资源服务能力，可随物理基础设施的增加而实现计算、存储等资源自动弹性扩展，数据自动平滑迁移。用户可利用平台能力快速构建从数据接入到数据分析的端到端智能数据系统，消除数据孤岛，统一数据标准，实现数字化转型。

一、大数据处理平台

大数据处理平台对外提供大容量的数据存储、高性能的数据查询和分析能力，其系统架构如图 5-36 所示。

大数据处理平台主要包含数据集成、分布式存储管理、分布式计算引擎、领域描述语言、数据分析、集群管理等各功能。

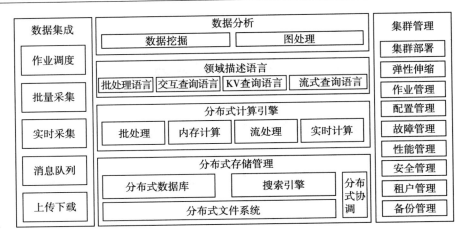

图 5-36 大数据处理平台逻辑架构

（一）数据集成

数据集成部分包含多个组件。

1. 实时数据采集

提供高可用性的、高可靠性的、分布式的海量实时数据聚合和传输的系统，提供对数据进行简单处理，并接入各种数据接受方的能力。

2. 分布式消息队列

提供分布式、分区、多副本的消息发布—订阅系统，具有消息持久化、高吞吐、分布式、多客户端支持、实时等特性，适用于离线和在线的消息消费，如常规的消息收集、网站活性跟踪、聚合统计系统运营数据（监控数据）、日志收集等大量数据的互联网服务的数据收集场景。

3. 作业编排与调度

用于运行分布式处理任务工作流。工作流通过自定义处理的语言，控制工作流的编排。

（二）分布式存储管理

分布式存储管理主要有以下组件：分布式数据库、全文检索、分布式文件系统。分布式数据库提供存储海量非结构化数据或半结构化数据服务，具备高可靠性、高性能，可灵活扩展与伸缩，支持实时数据读写。全文检索提供高亮显示、层面搜索、近实时索引、动态聚类、数据库整合、文档处理和地理信息搜索等。分布式文件系统提供可靠的大规模数据分布式读写。

（三）领域描述语言

1. 数据仓库工具

数据仓库工具用来进行数据提取转化加载（ETL），能将结构化的数据文件映射为一张数据库表，并提供 SQL 查询功能，将 SQL 语句转变成分布式处理任务来执行。

2. 分布式高速缓存

提供一种内存 Key-Value 缓存系统，支持简单字符串数据的存取，通常作为后端数据库内容缓存，以提升数据处理性能，降低对后端数据库的性能依赖。支持多种数据类型，包括字符串（String）、链表（List）、集合（Set）、有序集合（Zset）、哈希表（Hash）等。

（四）数据分析

提供大数据方面可扩展的机器学习库和分布式图处理框架。机器学习库包含一些通用的学习算法和工具，如分类、回归、聚类、协同过滤、降维以及底层的优化原语等算法和工具。

分布式图处理框架用于图和分布式图的计算，用以简化图分析任务。从社交网络到语言建模，不断增长的数据规模以及图形数据的重要性已经推动了许多新的分布式图系统的发展。通过限制计算类型以及引入新的技术来切分和分配图，分布式图处理框架可以高效地执行复杂的图形算法。

（五）集群管理

大数据处理平台提供运维管理系统，为部署在集群内的服务提供统一的集群管理能力；支持大规模集群的安装部署、性能监控、告警、用户管理、权限管理、审计、服务管理、健康检查、日志采集、升级和补丁等功能。

提供用于和大数据组件进行交互的 Web 界面，为用户提供浏览分布式存储及查询，启动分布式计算任务等功能，承载了与所有大数据组件之间的交互。

基于云原生提供统一资源管理和调度框架，满足集群共享、可伸缩和可靠性要求。

提供集中式安全管理框架，具有统一授权和统一审计能力。可对整个大数据处理平台中的相关组件等进行细粒度的数据访问控制。用户可以利用管理框架提供的前端 WebUI 控制台通过配置相关策略来控制用户对这些组件的访问权限。

（六）服务方式

大数据处理平台支持以实例和集群的方式向用户提供服务，平台可根据不同应用场景申请相应服务。典型服务场景有以下两个：

1. 离线数仓场景

通常数据会包含多种数据源、数据格式，并汇聚到大数据平台，接入后需要对数据进行加工处理形成模型化数据，以便提供给各个业务模块进行分析梳理。离线数仓总体技术架构如图 5-37 所示。

2. 实时分析场景

实时分析通常用于异常检测、欺诈识别、基于规则告警、业务流程监控等场景，在数据输入系统的过程中，对数据进行处理。实时分析总体技术架构如图 5-38 所示。

政务云与云安全建设

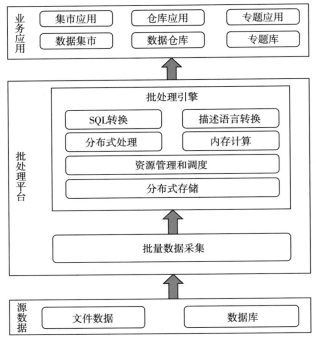

图 5-37　离线数仓总体技术架构

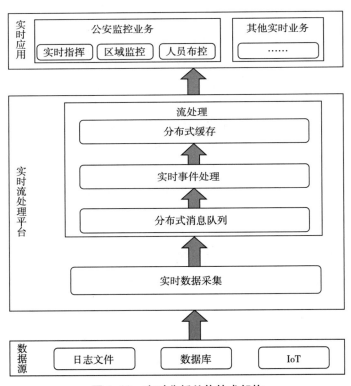

图 5-38　实时分析总体技术架构

二、数据仓库

（一）数据仓库服务

提供数据仓库服务，为各部门提供海量大数据分析能力，具备大规模扩展能力。数据仓库服务系统架构如图 5-39 所示。

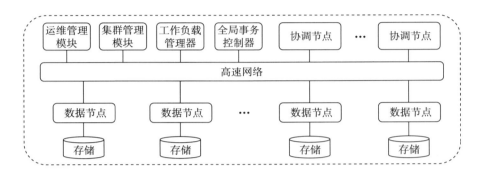

图 5-39　数据仓库服务系统架构

数据仓库服务基于非共享/MPP 架构，数据跨节点均匀分布，节点以并行方式工作，提供标准 SQL 接口，支持 JDBC/ODBC 标准接口，提供 PB 级数据存储分析的扩展能力。主要包含以下六个组件：

（1）协调节点组件：独立进程，SQL 的统一入口，对外接收客户端 SQL 语句，生成分布式执行计划，下发计划片段到各执行节点，各执行节点返回执行结果到协调节点，返回给客户端。主要职责是接收 SQL 请求，生成执行计划，汇聚最终结果。

（2）数据节点：执行节点组件，也称之为数据节点，独立进程，SQL 执行计划的执行主体，并存放数据。

（3）全局事务控制器：独立进程，主要是用于维护分布式系统中全局事务一致性。

（4）负载管理组件：控制 SQL 语句的资源消耗，保证任务优先级。

（5）集群管理组件：由两部分组成，一部分是集群管理服务端，另一部分是代理端，集群管理服务端和代理端均为独立进程，每个主机节点上部署一个代理端，代理端监控这个节点上的所有资源，包括监控网络状态、磁盘状态等硬件设备的状态，以及协调节点、数据节点、全局事务控制器等软件设备的状态，代理端进程每隔一定时间向集群管理服务端汇报集群各组件状态信息，集群管理服务端根据代理端上报的状态信息判断集群资源是否发生故障，并在集群发生故障时，能够根据故障类型做出相应的故障处理指令，保证集群自动恢复。

（6）运维管理模块：安装部署运维，配置管理接口工具，为独立进程。

数据仓库系统具有如下特性：

（1）易扩展：支持多节点超大集群，支持在线扩容。

（2）并行架构：充分利用集群中所有资源，提供极致分析性能，且随着集群规模扩展性能线性增长。

（3）行列混存：行列混存+向量化执行，极速查询分析数据并快速入库。

（4）易运维：安全可靠，可实现平滑应用迁移。

（5）自动数据备份：支持将集群快照自动备份到 EB 级对象存储服务中，方便利用业务空闲期对集群做周期备份以保证集群异常后的数据恢复。

（二）服务方式

数据仓库服务支持以实例、集群的方式向用户提供服务，支持应用程序通过标准 JDBC 4.0 和 ODBC 3.5 等连接数据仓库服务。提供数据并行加载工具 GDS（General Data Service）、SQL 语法迁移工具、SQL 开发工具，支持通过控制台对集群进行运维监控。典型服务场景有以下两个：

1. 数据仓库迁移

数据仓库是政务云应用的重要数据分析系统，随着业务量的增长，传统关系型数据库性能逐渐不能满足实际要求，可将数据迁移至数据仓库进行海量数据分析。数据仓库迁移架构如图 5-40 所示。

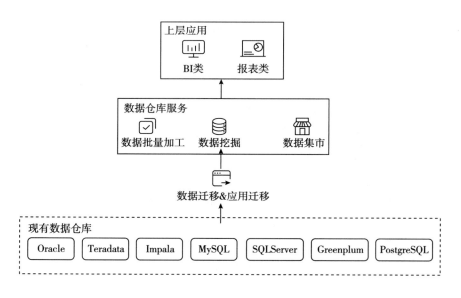

图 5-40　数据仓库迁移架构

2. 实时数据分析

针对海量数据实时需求，数据仓库服务支持快速入库和查询。实时数据分析架构如图 5-41 所示。

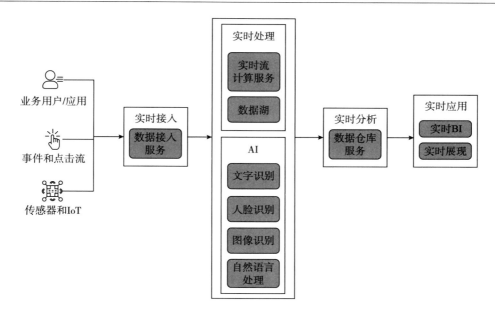

图 5-41　实时数据分析架构

三、云原生特性

基于云化环境的数据资源平台，能够结合云原生的优势，提升大数据资源使用效率，实现流量实时变化情况下的数据处理与分析，便捷高效地满足大数据服务业务需求。

（一）弹性伸缩，动态适配业务需求

按照业务使用的时间规律或者资源率使用情况，自动对计算资源进行弹性调整，自动匹配业务的计算诉求。伴随业务的持续增长，数据仓库可实现在线扩容，满足业务需求。

（二）自动运维，高效生命周期管理

自助申请，一键发放集群，自动化部署、扩容，快速响应业务资源诉求。应用撤销后资源快速回收，可实现应用系统完整的生命周期管理，并做到快速开发、快速迭代，增强应用的高可用性。

（三）存算解耦，提升资源使用效率

大数据存储系统是基于云原生技术存储与计算资源分离，一份数据支持多种业务。在计算资源较为固定的场景中，可满足业务中数据持续增长需求，保障用户体验与性能提升。

（四）租户共享，挖掘平台数据价值

基于平台的多租户能力，支持合理配置和资源隔离，保障租户之间的数据安全性。

通过建立统一的数据模型，有效整合各专业的数据，实现数据的标准化和开放共享，最终达到数据价值最大化。

第五节　应用功能服务方案

政务云提供通用、成熟、可靠的应用功能服务，主要包括云盘、云短信等，后续可以根据政务云业务需求增加其他应用功能服务能力。

一、云盘

（一）海量弹性存储空间

提供文档、图片、视频等文件的管理、存储、共享、远程编辑及访问等服务，具有海量云存储、快速分享、高速传输和安全保障的能力，支持文件管理和多用户协同办公，设置分享权限，并支持多终端文件实时同步。

（二）多重保障数据安全

全程采用 SSL 加密传输，从访问、传输、存储等多方位保障数据资产安全。

二、云短信

政务云提供云短信服务，接入系统根据约定格式将短信内容发送给短信平台，即可将短信快捷高效地发送给终端客户。云短信服务提供的功能主要有短信通知、短信验证码、异步通知、数据统计等。

（一）短信通知

短信通知保证 99% 到达率，支持大容量高并发。支持多种内容的短信发送，如政策宣传、群众关怀等内容的短信。

（二）短信验证码

提供三网合一专属通道，与工业和信息化部携号转网平台实时互联。支持带入变量，变量灵活，内容灵活，可适应各业务场景。

（三）异步通知

支持后端服务处理完成任务时，异步回调通知用户，进而减少用户、Web 前端和后端服务之间大量不必要的轮询请求。

（四）数据统计

平台支持查看请求量、发送成功量、失败量等统计数据，通过日期、手机号等维度查看发送详情。

（五）多租户

支持多租户模式，租户可购买一定数量限时或不限时短信服务，通过签发令牌生成数字签名与应用通信。短信资源池化，多租户共享同一短信资源池。

（六）自动分流

支持短信自动分流，验证码、通知类短信在系统内自动分流，避免批量短信堵塞，减少短信提交延迟。

（七）鉴权

为了保证应用系统的接入安全，接入模块对所有接入自己的其他外部实体都要进行鉴权操作，而同时接入模块接入到的其他外部实体也要对该接入模块进行鉴权操作等。

所有接入云短信平台的客户及客户模块均需要通过鉴权后方可接入，除了用户名、密码等传统方式外，还支持证书加密、IP 鉴权等多种方式。

第六节　云管理平台方案

政务云为用户提供云服务门户与运维门户，在运营管理层面实现公共服务域、互联网区、行政服务域三域资源统一计量。

省级政务云各部门通过国内主要省级政务信息系统项目综合管理系统（简称项目管理系统）向省级大数据局进行资源申请，审批通过后向云服务商发放工单，云服务商运营人员根据工单通过云管理平台分配相应云资源。

云管理平台架构如图 5-42 所示。云管理平台包含的功能模块如下：

一、服务门户设计

服务门户主要功能包括运营管理、组织管理、用户管理、资源管理、应用管理、云服务编排等。

（一）运营管理

运营管理主要功能包括租户管理、多级虚拟数据中心管理、服务目录管理、订单管理、配额管理、计量计价、操作日志等。

（二）组织管理

运营管理组织模型包括租户和虚拟数据中心，其中，租户对应不同单位，多级虚拟数据中心对应单位的多级部门。例如，每个部门创建一个租户，部门内部根据层级结构创建多级虚拟数据中心。虚拟数据中心管理员可以查看每个服务实例的资源使用量计量，系统提供计价功能，根据已确定的云服务的单价得到计费结果。

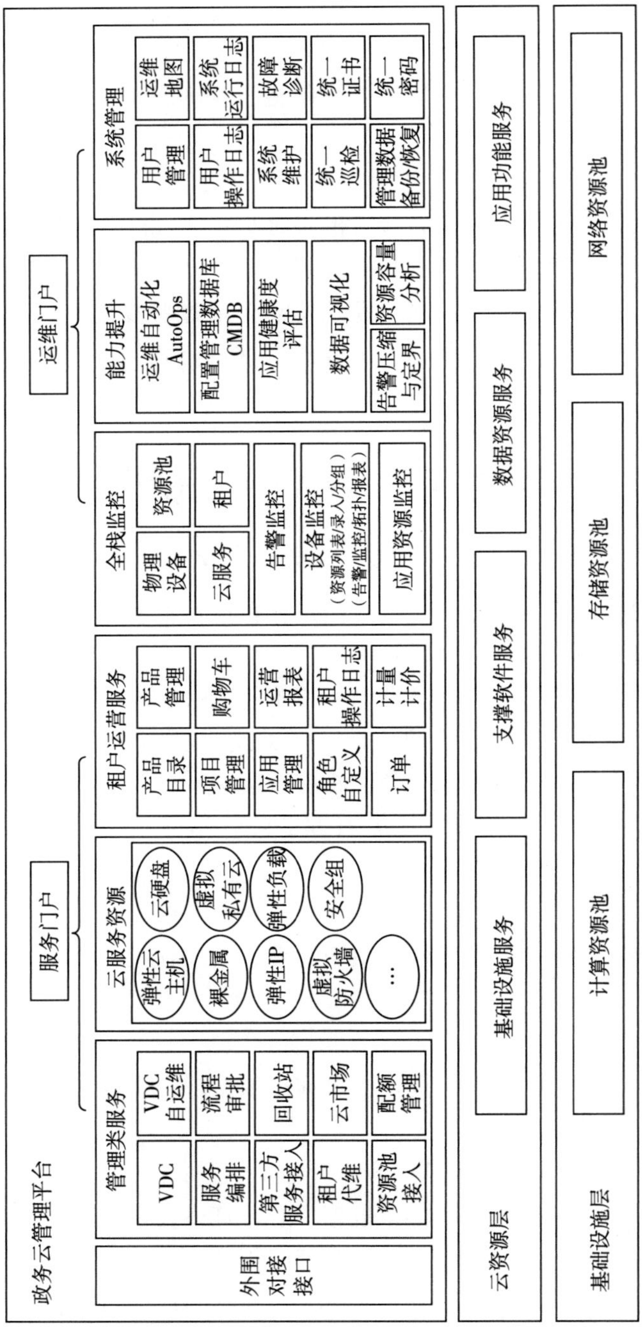

政务云管理平台

服务门户　　运维门户

外围对接接口

管理类服务
VDC｜VDC自运维｜服务编排｜流程审批｜第三方服务接入｜回收站｜租户代维｜云市场｜资源池接入｜配额管理

云服务资源
弹性云主机｜云硬盘｜裸金属｜虚拟私有云｜弹性IP｜弹性负载｜虚拟防火墙｜安全组｜…

租户运营服务
产品目录｜产品管理｜项目管理｜购物车｜应用管理｜运营报表｜角色自定义｜租户操作日志｜订单｜计量计价

全栈监控
物理设备｜资源池｜云服务｜租户｜告警监控｜设备监控（资源列表/拓扑/报表）（告警临控/拓扑报表）

能力提升
运维自动化AutoOps｜配置管理数据库CMDB｜应用健康度评估｜数据可视化｜告警压缩资源容量｜资源容量分析｜与定界

系统管理
运维地图｜系统运行日志｜故障诊断｜统一证书｜统一密码｜用户管理｜用户操作日志｜系统维护｜统一巡检｜管理数据备份/恢复

云资源层
基础设施服务｜支撑软件服务｜数据资源服务｜应用功能服务

基础设施层
计算资源池｜存储资源池｜网络资源池

图 5-42　云管理平台架构

（三）用户管理

用户管理需满足三类角色权限管理，其中管理侧有运营管理员角色，租户侧用户包含租户的虚拟数据中心管理员和业务员。用户管理需支持自定义角色功能，能够灵活地控制虚拟数据中心内用户的权限，包括创建，修改，查询自定义角色等功能。

（四）资源管理

云管平台统计各虚拟数据中心内申请的资源数量，为管理员、业务员提供统一的资源视图，无须切换到每个资源池统计资源。

（五）应用管理

用户可根据业务系统创建应用，把应用和资源关联，部署应用软件，以应用的维度统计资源以及资源的性能负载、告警，并可以指定哪些用户可以管理应用。

（六）云服务编排

云管平台根据用户需要提供云服务产品的编排服务，创建业务应用运行所需资源环境。

1. 服务应用场景

编排服务有如表5-16所示的多个场景应用。

表5-16　服务场景表

场景	描述
从基础设施到应用统一编排	能够一键式完成基础设施到应用的部署，提升应用上云的效率
弹性伸缩保证业务平稳运行	在业务访问压力大的情况下，系统能够自动扩容资源，保证业务可以正常运行，而当业务负荷低时，系统可以自动化回收资源，保证系统资源可以得到充分的利用
快速复制相同或相似配置的应用环境	能够快速地创建多套相同或相似配置的应用环境，不必要对每个应用环境都重新搭建
频繁地部署和删除应用环境	开发和测试环境需要频繁地搭建和删除应用环境

2. 服务架构和服务能力设计

（1）云服务编排架构。编排服务可以实现 IT 资源复用，通过与多个资源池的云服务插件适配对接，实现跨资源池的自动化编排。编排提供图形化资源模板编排、一键式应用部署、弹性伸缩的应用自动化部署服务。编排服务通过可视化编排界面任意拖拽图元，快速完成云服务器、块存储、负载均衡、应用等资源的自动化部署，并作为一个整体为用户提供服务，支撑业务快速上线，同时可以自定义自动伸缩策略以达到自动扩容和减容的弹性云服务器部署，从而实现负载均衡、资源充分利用。

（2）编排服务能力。编排服务支持通过 Cloudinit 机制、运维自动化服务的机制实现应用的安装部署，如通过运维自动化服务的机制，在目标虚拟机中安装 Agent，再通过 Agent 完成应用软件的部署，且支持部署后应用的变更。具体原理如图5-43所示。

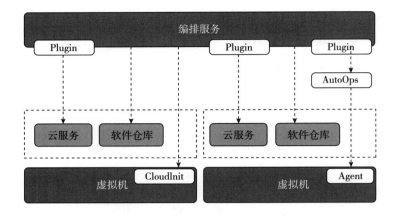

图 5-43 运维编排服务能力原理

（3）应用弹性伸缩。通过编排部署应用时，可以为编排部署应用的虚拟机定义弹性伸缩组和弹性伸缩策略，在编排实例发放完成后，编排会根据弹性伸缩策略的定义在集中监控服务中设置阈值告警，集中监控服务会定期采集编排中虚拟机的相关性能指标，检测是否超出阈值，如果超出阈值，则会发送通知告警给编排，而编排收到后，则根据策略定制执行相关的虚拟机扩缩的动作。具体的原理如图 5-44 所示。

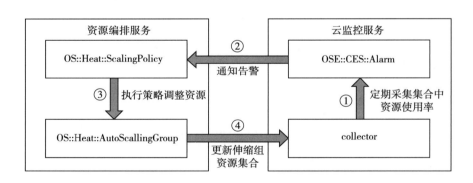

图 5-44 应用弹性伸缩能力原理

（4）应用模板管理。编排服务提供模板管理，主要功能如下：①自定义模板：支持模板的创建、删除、修改、查询、复制、导入、导出、创建服务产品等功能。②样例模板管理：内置样例模板，支持样例模板的复制、导出、查询、创建服务产品等功能。③图形化设计器：支持以图形化拖曳方式设计模板，可以定义模板之间的属性依赖和资源依赖关系，支持设计的资源包括基础设施资源、应用、脚本、子模板等。

（5）脚本管理。编排服务提供脚本管理功能，用户可以将系统配置相关的脚本放到编排脚本管理中，脚本管理中的脚本可以在图形化设计器中编排，最终通过编排推送到对应的虚拟机中执行。

（6）软件管理。提供软件管理功能，管理应用软件的基本信息包括软件名称、描述、版本、安装、卸载、配置脚本等。软件管理中的软件可以在图形化设计器中编排，最终通过编排推送执行相关的安装部署脚本完成应用软件的部署。

（7）编排实例管理。编排实例提供一组弹性云服务器和软件集合，由一个或多个弹性云服务器组成，通过弹性云服务器的网络、软件、弹性 IP、安全组、弹性负载均衡等相互配合，对外提供服务。

二、运维门户设计

云管理平台运维整体架构可分为采控层、平台层和运维场景层，并提供多种日志审计功能，具体功能如图 5-45 所示。

（一）采控层

基于 Agent 和驱动对接技术，实现海量数据插件化的全栈接入能力。

（二）平台层

1. 资源管理

提供资源管理功能，全局统一管理从基础设施到租户应用全景资源。按照管理部门规定的统一资源编码来存储与管理政务云中设备和系统的各种数据信息，依赖相关流程保证数据的准确、及时有效，实现信息共享。

2. 数据分析

构筑运维数据分析平台，通过对大量运维数据的存储和分析得出资源利用闲忙趋势，并能提前预判和报警联动，更好地服务各业务系统。

3. 自动化平台

改变传统运维模式，提供运维自动化执行引擎和工作流引擎，实现作业管理、资源管理、脚本管理、编排管理。

为管理员提供作业管理，自定义配置操作参数和执行脚本、管理执行目标以及存储参数文件的平台；构建丰富的运维操作库，如内置批量修改操作系统、缺省用户密码、批量为操作系统打补丁的日常操作，标准化各种运维场景；通过编排管理向管理员提供将运维操作库的单个操作以图形化的方式编排组合的能力，更大程度上满足各业务场景的自动化运维操作（见图 5-46）。

（三）运维场景层

1. 集中监控

提供无盲点、无误报、实时准确的立体化监控能力。监控对象覆盖从基础设施到租户应用，主动监控云数据中心的运行状况，从而提升运维效率。

提供监控告警功能，包括设置告警规则、告警监控与处理。

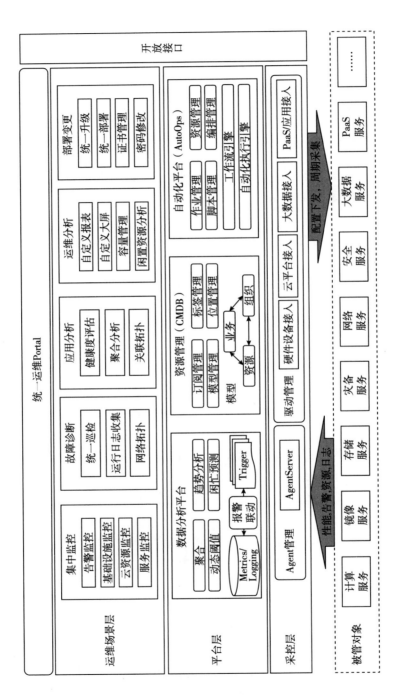

图 5-45　运维门户总体架构

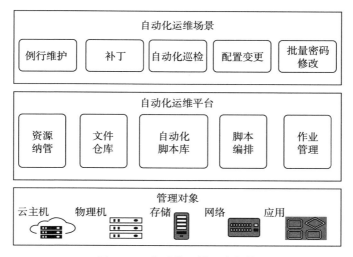

图 5-46　自动化运维平台架构

提供消息通知服务，通过该服务用户可以以高效且经济的方式将消息推送给电子邮箱、手机号码。消息通知服务还可以轻松地集成其他云服务（如云监控服务、对象存储服务、弹性伸缩服务等），并接收它们的事件通知。租户通过服务控制台或消息通知服务 API 来使用消息通知服务。消息通知服务采用基于租户的权限模型、严格参数校验、安全通信协议、敏感信息保护、审计日志等安全措施，保护管理系统免受攻击的危害。

2. 故障诊断

提供定期巡检功能，提升产品可用性，提供全面诊断信息、有效定位手段和故障自愈能力。

提供按需收集运行日志能力，用于集中收集云服务、管理系统、设备的运行日志数据，支持按照场景收集日志，帮助运维人员快速进行故障定位定界。

提供拓扑管理功能，用于构造并管理整个网络的拓扑结构，以反映网元的组网情况和运行状态。用户通过浏览拓扑视图可以实时直观地了解和监控整个网络的运行情况，辅助运维人员快速进行故障的定界和分析。

3. 应用分析

提供应用分析功能，改变运维重心，从以资源为中心的监控转变为以应用为核心的监控，持续保障客户业务稳定运行。管理员可查看应用数量统计、应用健康度/繁忙度状态统计和应用列表。

通过健康度、繁忙度得分评估应用资源的运行情况；通过资源闲置分析，提升资源使用率；通过资源瓶颈分析，识别资源瓶颈风险。同时，支持对应用的总览、拓扑视图、性能分析、告警统计和负载分析等全方位查看和展示。

4. 运维分析

提供数据可视、风险可识别、措施可实施的端到端运维能力。

（1）自定义大屏。运维管理系统支持集中监控的实时大屏，直观展现云数据中心的整体概况、业务数据等信息，可以全方位地展示云数据中心的运行状况。

（2）自定义报表。运维管理系统支持对告警、性能、资源以及租户的报表数据进行业务分析。管理员可以执行自定义报表、查看报表、管理周期报表、设置报表或任务访问权限等任务。

（3）资源池分析。资源池管理及监控可实现监控计算、存储、网络资源池，支持查看基础设施资源池的资源、容量、负载信息，方便运维人员及时全面地了解资源池的运行情况。

（4）虚拟数据中心分析。基于统一监控，管理员可以监控和统计各级虚拟数据中心的资源列表、资源配额和使用情况，帮助运维人员及时发现异常，评估风险。同时，提供基于虚拟数据中心的资源闲置分析和资源瓶颈分析能力，支撑运维人员查看各级虚拟数据中心的资源使用率，及时识别资源闲置及瓶颈风险。

（5）容量分析。管理员能够查看指定资源池的资源池容量（定位于提供资源池中的计算、存储、网络等物理容量）以及云服务容量（定位于提供云服务视角的容量），包括当前容量和历史容量趋势。

容量分析特性将当前容量、历史容量、容量预测、容量阈值配置、容量风险以及涉及资源池利用率提升的闲置/瓶颈资源分析能力进行了场景化的整合，支撑客户在容量分析场景下的业务诉求。

5. 部署变更

降低部署和变更成本，提供标准化、白屏化、自动化的部署和变更能力。

6. 日志审计

（1）租户操作日志审计。租户操作日志用于记录用户在云平台运营面上的操作日志和云服务上的操作日志（见图5-47）：①租户操作日志支持通过多种维度检索租户操作日志。②租户操作日志支持查看操作日志详情，包括操作失败的原因以及解决建议等。③租户操作日志支持一键式导出租户操作日志，并支持通过 Syslog 协议转发至三方日志服务器。

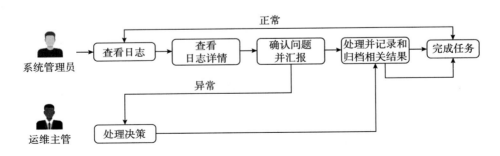

图 5-47　日志审计

（2）管理操作日志审计。管理操作日志支持通过 Syslog 协议收集并转发云平台内各管理系统或设备操作日志。管理操作日志主要用于收集云平台内管理侧操作日志，并转发至三方的日志管理系统，仅提供有限的存储能力。

（3）云管平台自身日志审计。云管平台自身日志管理提供了安全日志、系统日志和操作日志三种类型的日志，通过查看并分析日志可以了解用户在系统上执行的操作信息和系统自动触发的操作与任务：①安全日志记录用户在系统上执行的影响系统安全的操作。②系统日志记录系统自动触发的操作或任务。③操作日志记录用户在系统上执行的除影响系统安全外的所有操作。

三、外围系统对接

政务云采用开放性架构，支持与项目管理系统、监管系统等外围系统对接。

（一）服务门户对接

服务门户提供标准 API 接口与已有的项目管理系统、统一云监管系统对接，通过统一控制台集成各云服务控制台，提供统一的云服务使用界面入口。

（二）运维门户对接

运维门户实现对云服务端到端的监控能力，包括云服务自身、租户资源和云服务所依赖的基础设施（计算、存储、网络）。运维平台提供各云服务集成能力，集成多个云服务的常用配置，实现运维统一入口。提供统一的 API 接口，支持对接 ITIL、SSO、邮箱、短信、监管系统等，将资源、告警、性能、容量等数据统一管理、统一监控。

第六章　运维保障方案

对运维保障体系的科学管理是提高运维服务效力与效率的重要保障。运维服务是支撑政务云 7×24 小时正常运行，快速适应业务发展变化的关键。

第一节　云服务解决方案定制

云服务解决方案定制主要为客户提供量身定制的云服务解决方案，由云服务解决方案架构师、解决方案专家负责，其主要工作为收集客户需求与应用场景，与客户沟通澄清需求并输出需求规格说明书，分析客户需求并给出云服务建议，与应用和集成厂商沟通云服务对接方式，同时输出云服务整体解决方案。方案通过专家评审后，即为客户提供专业的云服务解决方案。

一、运营方案

以"管运分离"为原则，发挥云服务商的运营主体作用，推进数字政府建设与运营模式构建。为支撑政务云从"云优先"向"云效能"转变，云服务提供商需对云服务和云应用的全生命周期进行设计、实施和管理。根据业务云化推广和云平台自身发展的要求，运营工作需涵盖以下方面：运营团队建设、云服务管理、云服务解决方案定制、云服务能力赋能推广、云服务规划发展。

二、服务目标

提供机房基础设施、支撑网络及云平台的运维服务，需要达到高可用性、稳定、安全的目标。提供相应的安全服务，通过安全机制、安全连接、安全协议和安全策略等弥补和完善现有操作系统和网络信息系统的安全漏洞。

三、云服务管理

云服务管理包括服务的开通、变更、查询、注销等，以及云服务目录的管理与维护、用户权限的管理与维护。运营工程师通过云管平台配置发布服务目录后，云平台会按服务目录对外提供标准云服务，在收到客户审批通过的开通需求后，首先在云上根据客户需求的标准部分开通标准云服务，其次再由运营工程师根据客户需求的定制部分配置定制服务。同样，在收到客户审批通过的变更需求后，需求的标准部分由云管平台自动完成，定制部分由运营工程师配置完成。

租户可以通过云管平台完成租户自己的权限管理、云服务资源的查询、注销，也可以通过运营人员协助完成。

四、云平台规划及发展

云平台规划及发展的专家需要分析未来业务发展趋势，依据在云服务解决方案定制工作中收集到的客户需求，分析客户需求变化，对标研究业界优秀实践，掌握最新云服务业务和技术发展动向，从而为云平台的发展规划提出正确的方向。

第二节 运营团队建设

为支撑政务云的日常运营，云服务提供商需要设置运营组织结构。

一、内部管理队伍

服务提供机构应做好服务内部管理队伍的建设，至少应包括：

（1）设立专门服务管理组织，明确服务管理岗位和职责，指导服务管理工作。

（2）根据服务产品和服务目录，制定服务方案、规范服务流程、监管服务过程、考核服务人员和督促服务改进等。

二、客户服务队伍

服务提供机构应做好客户服务队伍管理，至少应包括：

（1）客户服务队伍应确定服务受理、投诉受理、满意度调查和重点客户服务等职责，并设定岗位。

（2）客户服务应对每次服务进行记录，以备跟踪和追溯。

（3）根据服务合约要求，实现对服务使用机构及个人用户的个性化服务，包括服务回访、专题交流和客户培训等服务。

（4）保证客户服务队伍规模，保证在服务合约的约定下及时对服务使用机构和用户提供服务。

（5）客户服务人员应具有客户服务相关的知识、技能、经验和信用。

三、技术服务队伍

服务提供机构应做好技术服务队伍管理，至少应包括：

（1）根据政务云的技术特点，设置相应的技术岗位，明确各岗位职责和技能要求，保证服务交付可控。

（2）技术服务人员应具有相关的知识、技能和经验，以保证服务交付质量和效率。

（3）服务人员具备平台岗位的相关技能和经验等。

第三节　运维管理制度

一、运维管理制度建立

（1）运维服务管理模式。政务云对于管理工作从技术到标准方面都有很高的要求，为了保障政务云的稳定运行，运维管理必须采用集中与分级管理相结合的模式来进行。

（2）运维管理报告制度。它要求报告包括服务统计和分析、反馈统计、投诉统计、故障问题分析、系统容量分析、可用性分析、配置状态报告、巡检总结报告、本年度提交文档清单、计划外费用清单、专题报告汇总、其他文档汇总，以及重大故障、问题、变更和发布要提交专题报告等内容。

（3）运维文档管理制度。建立运维配置管理数据库；制定、编写运维管理制度；针对运维期间的事件、问题、变更、发布等运维活动，更新运维数据库中的信息，编制规范的文档；对所有运维文档进行科学管理、归档、汇总和整理。

（4）日常事务管理制度。它包括机房值班、设备开关机、机房运行日志管理，以及设备及其配置文档手册的管理和借用制度等。

（5）网络运行管理制度。它包括网络设备配置、IP 地址、共享资源等网络资源的规范化管理制度以及网络运行监控日志制度。

（6）系统运行管理制度。它包括系统安装及其配置，对系统运维状态进行监控、维护、数据备份等管理制度。

（7）硬件设备管理制度。它包括硬件设备日常维护和更新改造等管理制度。

（8）故障处理管理制度。它包括对故障从发现到结果处理的一系列过程的管理制度。

（9）运维安全管理制度。它包括操作人员的日常安全操作、机房、设备、操作系统、数据库、应用软件等数据安全管理和应急处理的管理制度。

（10）运维服务质量管理。运维服务质量管理主要是针对运维技术小组的维护质量进行监督、考核，通过目标管理法对质量进行控制和考核，对运维质量效果作出评价。

二、运维服务体系

运维服务体系包含三级服务支持结构：运维领导小组负责领导和协调各级运维服务支持小组的运维服务；一级支持小组负责政务云的运维支持，并接受运维领导小组的管理和支持；二级运维服务支持小组负责对集成商、应用系统承建商、软硬件设备供货商进行运行管理的支持，同时也需要接受运维领导小组的管理和支持。

三、监控与告警管理

提供监控管理系统对云平台进行统一监控并及时发现问题，确保各个 IT 系统功能 7×24 小时稳定可靠运行。

主要监控内容如下：

（1）机房环境监控系统应达到的温度、湿度、漏水检测、氢气监控、闭路监控等测量准确，数量显示稳定。

（2）设备管理：监控在网交换机、路由器、安全设备及虚拟设备等的设备数量、设备状态、设备标签、型号、IP 地址、设备类型及资产投入使用时间。

（3）拓扑管理：监控网络拓扑及异常变化。

（4）性能管理：监控网络设备的通断、CPU、内存等性能指标。

（5）告警监控：监控网络设备的故障，及时产生告警，包括主动轮询、设备 Trap 上报、设备 Syslog 上报等多种方式。告警可以通过邮件、短信等方式通知维护人员。

四、备份恢复管理

数据备份与恢复服务为用户提供了端到端的服务，备份管理员每天对备份操作进行检查，对失败的记录进行补备，对系统进行调整优化。恢复方案的制作应写明具体的实施步骤，形成恢复操作手册。

五、托管服务

提供设备运维保护服务，以及机位、机柜、机房区域租赁等托管服务，机柜规格额定功率为 3kW、5kW，最大可提供功率 7kW，满足特定用户的需要，并提供预留机柜服务。

六、驻场服务

提供 IT 设备驻场运维管理服务，包括 7×24 小时技术咨询、安装部署、定期巡检、故障应急调优等服务。

七、培训服务

运维团队根据项目的特点组织培训，培训内容包括基础设施服务、支撑软件服务、数据资源服务、应用功能服务、区块链和物联网平台等服务涉及的软硬件产品的使用和基本管理。培训对象包括运维团队的内部人员以及使用云平台的相关主管部门的工作人员。运维团队负责安排专业培训讲师授课，并提供全套培训教材和培训课程计划表。

八、响应服务

应当为最终用户提供技术服务热线（7×24 小时），云服务商负责解答用户在云平台使用中遇到的问题，并及时提供解决问题的建议和操作方法。

（1）在服务期内，提供 7×24 小时的现场和技术支持服务。

（2）在服务期内，7×24 小时运行值班监控，配备 2 名以上具备两年云平台维护经验的运维人员，支持电话、网上值班等响应方式。

第七章　云安全需求分析

云平台承载着各租户最核心的信息，极易成为黑客的攻击目标，因此，云平台的安全建设成为政务云建设的关注重点。一方面，必须加强云平台的安全防护建设，抵御外部、内部的各种攻击和威胁，满足网络安全法和等级保护2.0以上的关于云平台安全的相关要求。另一方面，云平台必须能为云租户提供一站式的安全服务能力，针对每个云租户可以提供单独安全防护能力，帮助租户满足业务系统过等级保护的要求，打消租户上云的疑虑。也就是说，云平台也应该具有信息安全服务能力，通过云平台（信息安全服务企业）独立的专业安全运营服务，对云平台、网络、业务应用进行扫描和监测，对云平台的安全态势进行全面感知，完成漏洞库的日常管理、对入侵行为状态的有效监测，并覆盖到云平台应用的全生命周期各个阶段和云平台的各个层级，构建纵向连贯、横向互通的云安全服务体系。同时，这种独立的专业安全运营服务会依据云平台主管部门的需求和要求，持续完善和维护安全管理规范及流程设计，保障云平台能为租户提供安全可靠的云服务，全面保障云平台整体的安全。

很显然，在实现云安全之前，必须由信息安全服务企业对客户进行安全咨询服务和提供整体安全规划。

安全咨询服务内容包括：对云平台网络和安全建设状况进行摸底调研，从整体性、多重保护、性能保障、平衡性等多方面对安全态势进行感知和对系统进行整体规划。同时，针对云平台运行的机房环境、应用系统、服务器、中间件、数据库、磁盘阵列、网络设备和安全设备等进行全面规划（实现贯穿云平台全生命周期的支持），并协助规划、设计、建设、运维和设施优化，这将确保云平台在全生命周期的高效和安全，确保安全系统建设发挥其应有的作用，提升整体安全态势感知和威胁预警能力。

（1）物理机房规划。该规划内容包括：按照国标A类机房建设要求进行检查，保证机房环控、温湿度、机房位置达标，以及机房安装有UPS、精密空调、机房电源等配套设备，并根据需要配置辅助机房，设计功能区隔离、专用空调及通风、消防报警及自动灭火工程、智能化弱电工程（视频监控、门禁管理、环境和漏水检测、综合布线、KVM系统等）规划与优化方案。

（2）整体网络规划。考虑网络服务中数据应用业务的独立性、各业务的互访关系以及业务的安全隔离需求，网络系统要采用负载均衡和备份的方法，采用核心交换机与服务器群连接，避免单点故障，使网络系统能够提供不间断的服务，验证网络负载均衡的有效性；在云平台配置网络管理软件，让网络管理人员可以有效地跟踪及进行配置更改、软件更新、确定和解决网络故障，从而使网络可以高效运行和验证。

（3）信息安全规划。参照等级保护的要求对云平台进行评测，发现安全风险并给予优化。信息安全服务企业信息将使用等级保护检查工具进行服务。

（4）业务系统优化规划。针对原有业务系统和新上线业务系统定期进行压力测试和性能调优，对发现的潜在应用风险根据测试结果进行修改和优化。

（5）性能调整规划。针对数据库、中间件的性能瓶颈进行调整规划，使业务系统发挥最大效力，为企业不断发展业务提供高效的保障。针对业务系统中的数据库和中间件提供在线性能评估，分析系统、网络、应用软件及数据库等各方面资源的使用情况；确定系统性能现状及性能调整的目标；定位系统中出现的性能瓶颈；测试验证针对性能瓶颈进行的改进方案；提供性能调整建议报告，并按客户认可的计划实施优化。

（6）数据备份与恢复设计。对数据中心的应用系统建立本地数据备份和同城容灾机制，定期进行数据备份与恢复演练，以保证数据备份与恢复的有效性。

同时，信息安全服务企业应当能够为客户提供完整的安全咨询服务，应当包括但不限于网络架构分析、安全策略规划、新业务上线安全检查、系统安全加固等级保护建设咨询、数据安全分析等。

第一节　云平台安全需求

一、物理环境安全需求

物理安全风险主要是指网络周边的环境和物理特性引起的网络设备和线路的不可使用，从而会造成网络系统的不可使用，甚至导致整个网络的瘫痪。它是整个网络系统安全的前提和基础，只有保证了物理层的可用性，才能保证整个网络的可用性，进而提高整个网络的抗破坏力。例如：机房缺乏控制，人员随意出入带来的风险；网络设备被盗、被毁坏；线路老化或是有意、无意地破坏线路；设备在非预测情况下发生故障、停电等；自然灾害如地震、水灾、火灾、雷击等；电磁干扰等。

因此，在通盘考虑安全风险时，应优先考虑物理安全风险。保证网络正常运行的前提是将物理层安全风险降到最低或是尽量考虑在非正常情况下物理层出现风险问题时的应对方案。

二、平台区域安全需求

平台区域的安全需求主要包括访问控制、完整性检测、入侵防范以及安全审计等方面。

（1）访问控制。对于各类区域最基本的安全需求就是访问控制，对进出安全区域的数据信息进行控制，阻止非授权及越权访问。

（2）完整性检测。区域的完整性如被破坏则所有控制规则将失去效力，因此需要对内部网络中出现的内部用户未通过准许私自连到外部网络的行为进行检查，维护区域完整性。

（3）入侵防范。各类网络攻击行为既可能来自大家公认的互联网等外部网络，也可能来自内部。通过安全措施，要实现主动阻断针对信息系统的各种攻击，如病毒、木马、间谍软件、可疑代码、端口扫描、DoS/DDoS 等，实现对网络层以及业务系统的安全防护，保护核心信息资产免受攻击危害。

（4）安全审计。在安全区域内需要建立必要的审计机制，对进出的各类网络行为进行记录与审计分析，可以和主机审计、应用审计以及网络审计形成多层次的审计系统，并可通过安全管理中心集中管理。

（5）恶意代码防范。现今病毒的发展呈现出病毒与黑客程序相结合、蠕虫病毒更加泛滥的趋势，目前计算机病毒的传播途径与过去相比已经发生了很大的变化，更多地以网络（包括 Internet、广域网、局域网）形态进行传播，因此，为了安全的防护手段也需以变应变，迫切需要网关型产品在网络层面对病毒予以查杀。

三、通信网络安全需求

通信网络的安全需求主要包括网络结构安全、网络安全审计、网络设备防护、通信完整性与保密性等方面的需求。

1. 网络结构

网络结构是否合理直接影响着是否能够有效地承载业务需要。因此，网络结构需要具备一定的冗余性，带宽能够满足业务高峰时期数据交换需求，并合理地划分网段和 VLAN。

2. 网络安全审计

由于用户的计算机相关知识水平参差不齐，一旦某些安全意识薄弱的管理用户误操作，将给信息系统带来致命的破坏。如果没有相应的审计记录，将会给事后追查带来困难。因此，有必要进行基于网络行为的审计，从而威慑那些心存侥幸、有恶意企图的小部分用户，以利于规范正常的网络应用行为。

3. 网络设备防护

由于云平台网络系统使用大量的网络设备和安全设备，如交换机、防火墙等，这些设备的自身安全性会直接关系到网络和各种应用的正常运行。如果网络设备被不法分子攻击，将导致设备不能正常运行。更加严重的情况是，设备设置被篡改，不法分子轻松获得网络设备的控制权,通过网络设备作为跳板攻击服务器,造成无法想象的后果。例如,交换机口令泄露、防火墙规则被篡改等,都将成为威胁网络系统正常运行的风险因素。

4. 通信完整性与保密性

由于网络协议及文件格式均具有标准、开放、公开的特征,因此数据在网上存储和传输过程中不仅面临信息丢失、信息重复或信息传送的自身错误,而且会遭遇信息攻击或欺诈行为,导致最终信息收发的差异性。因此,在信息传输和存储过程中,必须确保信息内容在发送、接收及保存上的一致性,并在信息遭受篡改攻击的情况下,提供有效的察觉与发现机制,实现通信的完整性。

在数据传输过程中,为了能够抵御不良企图者采取的各种攻击,防止遭到窃取,应采用加密措施保证数据的机密性。

5. 网络可信接入

对于一个不断发展的网络而言,为方便办公,在网络设计时应保留大量的接入端口,这对于随时随地快速接入到云业务网络进行办公是非常便捷的,但同时也引入了安全风险。一旦外来用户不加阻拦地接入到网络中来,就有可能破坏网络的安全,使得外来用户具备对网络进行破坏的条件,由此而引发诸如蠕虫扩散、文件泄密等安全问题。因此,需要对非法客户端实现禁入,并监控网络,对于没有合法认证的外来机器,应阻断其网络访问,保护好已经建立起来的安全环境。

四、虚拟资源安全需求

利用虚拟化技术带来的资源池化和弹性扩展有利于提高资源利用率,具备多租户的服务能力,但虚拟化技术也会带来云计算资源、网络资源、存储资源的安全问题。

1. 云计算资源安全需求

(1)虚拟机隔离:虚拟机是云上租户的业务承载基础,虚拟技术大大提高 IT 计算资源使用率的同时也带来了安全方面的隐患,云平台应该实现虚拟机之间的完全隔离,保障单个虚拟机不会占用过多资源,单个虚拟机故障不会影响其他虚拟机的正常运行等。

(2)虚拟机迁移:云租户的业务存在迁移的需求,即云平台需要提供虚拟机的冷热迁移功能,保障租户的云上业务能够平滑迁移。

(3)镜像安全性:镜像的安全是云上计算资源安全的基础,系统镜像的安全性、镜像的保密性都会影响到整个云平台的安全稳定。

(4)计算资源审计:云平台拥有庞大的计算资源,云平台需要具备对整个云平台的计算资源进行审计的功能。

2. 云网络资源安全需求

(1)访问控制:根据等级保护要求的云租户访问控制情况,在云计算环境网络或云内虚拟网络(SDN 或 NFV)中,综合使用多种 ACL 技术建立内部流量汇聚点,并定向所有外部流量的路由，以满足云租户不同的网络访问控制安全需求。

（2）租户隔离：充分利用云计算平台的虚拟机隔离机制，对云计算环境中租户虚拟环境之间的访问控制进行充分保障，确保云租户的业务和数据隔离。

（3）DDoS 攻击防护：一旦云计算环境遭受 DDoS 攻击，很容易造成一定程度的社会影响，而随着云业务系统不断增多，面临的这种威胁也越来越大，因此，使用抗DDoS 或流量清洗机制，确保云计算环境的网络可用性，也是云平台安全需求的重要部分。

（4）传输加密：云平台将会承载大量的租户业务，其中包含部分重要信息系统的业务数据，因此，云平台需要提供数据传输加密的功能，防止数据在传输过程中被窃取和篡改。

（5）安全审计：随着业务不断搬迁至云平台，云平台上的流量也会越来越复杂，云平台的流量审计功能也成为用户必不可少的需求。

（6）访问控制：严格控制数据库的访问权限，防止对数据的非法操作。数据库应该具备严格的访问控制功能。

3. 云存储资源安全需求

（1）数据加密：云平台承载云租户所有的数据，云平台的数据存储很容易会成为黑客的攻击目标，数据的保密性将会成为影响数据安全的重要因素之一，因此，云平台应该提供数据的加密功能，保障租户的数据安全性。

（2）数据备份恢复：云平台应该为租户提供业务数据的高可靠性和高可用性，保障租户业务不会因为数据的丢失和损坏而造成无法避免的损失，因此，数据的备份恢复是云平台的必备功能。

（3）剩余信息保护：云平台的基础资源将会被多个租户共享使用，当云租户删除虚拟机、数据盘等资源时，云平台应该具备资源自动回收功能，避免资源浪费和历史数据遗留造成的安全隐患。

（4）安全审计：云平台数据库审计对数据库的所有访问行为、访问途径、读取、写入和删除行为进行全面的安全审计。

第二节　云租户安全需求

一、网络安全需求

网络层安全需求主要包括网络监控、网络访问控制、网络入侵防御、流量审计等方面的需求，以实现包含网络监控、网络攻击防御和网络审计的全方位安全保障。

1. 入侵防范

网络入侵方式越来越多，有的充分利用防火墙放行许可，有的则使防毒软件失效，如何监视网络或网络设备的网络资料传输行为的计算机网络安全，及时地中断、调整或隔离一些不正常或是具有伤害性的网络资料传输行为，成为云租户安全必须考虑的重要因素。

2. 安全域

云租户的不同业务等级保护要求不同，云租户需要根据自己的业务需求划分不同的安全域，在安全域边界部署虚拟防火墙，保障不同等级之间的业务完全隔离。

3. 访问控制

云租户虚拟网络的访问控制也是云租户安全的需求之一，云租户应该根据云平台 ACL 等技术手段，对虚拟机之间的访问也做严格的控制。

4. 安全审计

云租户需要随时了解整个云上系统的运行情况，及时发现系统异常事件，租户需要通过日志审计帮助管理员进行故障快速定位，并提供客观依据进行追查和恢复。

二、主机安全需求

主机层安全风险和需求主要存在于租户的虚拟机，需要从主机系统扫描、木马检测、基线评估、主机入侵防御、病毒防护、运维审计等方面考虑安全措施。

1. 主机监控

云租户需要通过日志审计等手段，对自己的云主机安全健康状态做监控，保证虚拟机的正常健康运行。

2. 主机防入侵

云主机作为租户业务的承载，往往成为黑客的攻击对象，一旦云主机的密码被暴力破解，云租户的业务安全将会遇到很大的安全威胁，因此，云租户需要部署主机防入侵产品以保障自己的云主机不被入侵。

3. 主机防病毒

虚拟主机是租户业务的核心，一旦虚拟机被病毒感染，就会使虚拟机无法启动，整个网络陷于瘫痪，造成灾难性后果。租户需要部署主机防入侵产品保护云主机，使云主机不被感染。这样病毒也就失去了传播途径，因而从根本上杜绝了病毒在网上蔓延。

4. 安全审计

为了保障租户的主机不受来自外部和内部用户的入侵和破坏，云租户需要实时收集和监控网络环境中每一个组成部分的系统状态、安全事件、网络活动，以便集中报警、及时处理及审计定责。

三、应用安全需求

不同云租户由于业务系统不同，对应用层面防护的需求也可能存在差异。因此，需要为每个云租户提供不同的 Web 应用防护。

1. Web 应用防护

云租户的 Web 应用面临跨站脚本攻击、注入攻击、缓冲区溢出攻击、Cookie 假冒、认证逃避、表单绕过、非法输入、强制访问、CC 攻击等威胁，云租户需要通过部署防护措施保障自己的 Web 安全。

2. Web 防篡改

用户的网站一旦被黑客攻击后，网页的篡改会对租户造成巨大的负面影响，因此，租户需要部署网页防篡改产品，防止网页被非法篡改。

四、数据安全需求

需要依据云内数据的生命周期和数据特点，构建从数据访问、数据传输、数据存储到数据销毁各环节的云端数据安全框架。

云内数据库审计：对数据库的所有访问行为、访问途径、读取、写入和删除行为进行全面的安全审计。

云内数据库漏洞扫描：对数据库系统进行安全扫描，发现可能存在的安全漏洞，弥补数据库系统存在的各种安全隐患。

根据对云租户数据安全具体的需求，提供针对性的业务系统数据安全功能设计建议，并在其租用资源中做相应配合调整。

第三节　云安全管理需求

一、统一管理需求

为了保障云上业务的安全性，云租户需要申请部署不同的云安全服务，在传统的环境下，用户部署不同的安全产品需要登录到不同的安全产品管理界面去使用和运维安全产品，给安全运维造成了极大的压力。云管理平台实现了云计算资源的统一管理，云安全同样也要实现云安全服务的统一运维、统一管理、统一使用，满足用户降低运维管理成本的需求。

二、按需分配需求

资源的按需分配是云计算技术的核心思想之一。同样地，云安全的设计也要符合云计算的核心思想，实现安全资源的整合和优化，将安全服务的方式提供给云上的租户，满足不同租户按需随时获取、按需申请、按需使用、按需计费的需求，提高安全资源的使用率。

三、权限隔离需求

云平台管理员需要整体把控云平台的安全资源和安全状态，而云租户只需要了解和管理自己的业务安全状态，管理自己的安全数据。同时，每个安全服务也要实现不同管理员的角色数据隔离，保障数据的安全性。因此，云安全管理平台需要满足云安全数据的隔离需求，不同的管理者拥有不同的安全数据权限。

四、智能引流需求

云平台上，用户的信息系统部署在虚拟的计算资源上，传统的云安全硬件产品已经无法部署到用户隔离的网络空间，安全引流成为云安全技术面临的难题。因此，如何把流量牵引到云安全产品做流量的清洗和审计等，成为云安全解决方案必须解决的技术难题。

五、云安全监测需求

云平台上的网络环境、信息系统架构与传统环境大不相同，原本单一的检查工具已经渐渐不能满足弱点多样化的今天，用户越来越需要全方位的弱点发现能力。

云上用户需要实时了解和把控自己云上业务的安全状态，需要对云内业务系统进行全面的检测，需要覆盖系统漏洞检测、Web 应用漏洞检测、数据库漏洞检测、安全配置基线核查等。

六、安全态势感知需求

随着业务的不断发展，云内网络设备、服务器、应用、安全设备、终端等设备不断增加，传统的日志审计或运维管理设备存在接入日志源单一、缺乏存储和性能的扩展能力、缺乏分析建模能力、缺少有效回溯能力、缺少整体安全态势感知能力等问题，无法为日常运维管理提供及时有效的数据支撑。

如何掌握全网的安全动态，为网络安全态势感知预警提供全面、丰富的安全数据，根据安全业务场景采集安全设备日志、流量数据、中间件、应用系统日志，进行安全数据的统一存储、管理和分析，并通过安全数据发现全网威胁动态及全网安全态势，成为云安全管理必须考虑的问题。

七、安全运维服务需求

安全，最终是人与人之间的对抗，是网络攻击者与安全管理人员之间的对抗。再好的设备和产品，最终都要有人来维护和使用，这样才能更好地发挥产品的作用。除了部署相应的安全产品、加强防护能力，云平台必须配备有具备专业技能、高水平的运维管理团队，这样才能充分发挥产品优势，时刻做好安全运维管理工作，才能保障云平台网络和信息系统安全、稳定运行，为租户提供可靠、有保障的服务。

第八章　云安全解决方案

云计算环境的安全性由云服务提供者和租户共同保障，按照责任主体不同，云安全分成云平台安全和云租户安全两个类别。

云平台安全主要指提供云上服务的基础资源和管理平台自身的安全性，按照云上服务类别的不同，安全责任也有所差异。IaaS 主要包括云平台的物理资源和虚拟资源的安全性，PaaS 是在 IaaS 之上，在 IaaS 安全的前提下要保障 PaaS 平台自身安全性，SaaS 则要保障 SaaS 平台自身安全和 SaaS 应用安全。

云租户安全主要指租户私有虚拟空间内的安全，包括虚拟网络安全、虚拟主机安全、云上应用安全、云上数据安全。

具体安全架构和分类如图 8-1 所示。

图 8-1　具体安全架构和分类

第一节　云平台安全设计

云平台安全是整个云安全的基础，根据等级保护 2.0 云安全技术要求，需要建设一个满足等级保护要求的云平台。

一、物理环境安全设计

物理环境安全策略的目的是保护网络中计算机网络通信有一个良好的电磁兼容工作环境，并防止非法用户进入计算机控制室和各种偷窃、破坏活动的发生。本方案物理环境安全设计为利用机房的安全防护措施。

二、云平台边界安全设计

1. 链路负载

云平台互联网出口采用了多运营商链路接入，既保证了链路可靠性，也保障了对外服务业务的访问速度。为了保障各链路资源的合理利用，需要在出口部署负载均衡设备，对链路资源进行合理的分配和负载，保障用户的访问体验和快速响应。

2. 访问控制

通过在云平台出口及不同区域边界部署安全网关提供区域隔离防护和访问控制，严格控制进出该安全区域的访问，明确访问的来源、访问的对象及访问的类型，确保合法访问的正常进行，杜绝非法及越权访问，同时有效预防、发现、处理异常的网络访问，确保该区域信息网络的正常访问活动。

3. 入侵防御

入侵防御是对外部网络黑客利用防火墙合法开放的端口穿透防火墙对内网发起的各种高级、复杂的攻击行为进行检测和阻断。安全网关的入侵防御模块作为一种在线部署的产品，提供主动的、实时的防护，其设计目标旨在准确监测网络异常流量，自动对抗各类攻击性的流量。入侵防御模块工作在第二层到第七层，通常使用特征匹配和异常分析的方法来识别各种网络攻击行为，尤其是对应用层的威胁进行实时阻断，而不是简单地在监测到恶意流量的同时或之后才发出告警。

4. 抗 DDoS 攻击

部署抗 DDoS 网关系统，利用专业的拒绝服务攻击算法，对 SYN Flood，UDP Flood，ICMP Flood，IGMP Flood，Fragment Flood，HTTP Proxy Flood，CC Proxy Flood，Connection Exhausted 等各种常见的攻击行为进行有效识别，并实时对这些攻击流量进行处理及阻断，保护云平台整体安全。在不影响正常业务流量的前提下对攻击流量进行精确分析，实时阻断，可以达到立体的防御异常流量和攻击的安全体系效果，确保合法流量的正常传输，从而保障了用户网络内业务系统的运行连续性和稳定性。

5. 恶意代码防护

当前互联网病毒、蠕虫、木马、恶意软件等各类恶意代码已经成为互联网接入所面临的重要威胁之一，面对越发复杂的网络环境，传统的网络防病毒控制体系没有从引入威胁的最薄弱环节进行控制，即便采取一些手段加以简单的控制，也仍然不能消除来自外界的继续攻击，短期消灭的危害仍会继续存在。为了解决上述问题，对网络安全实现全面控制，一个有效的控制手段应时而生：从网络入手，切断传播途径，实现网关级的过滤控制。

三、云资源安全设计

云资源安全是对云平台产品本身的安全要求，由云平台供应商负责满足，在此不再赘述。

第二节　云租户安全设计

云租户安全依赖于云平台安全，一个安全、可信的云平台是云租户安全的基础。但云租户作为一个个独立的业务个体，还是要对自身的业务安全负责，云租户的安全框架设计如图 8-2 所示。

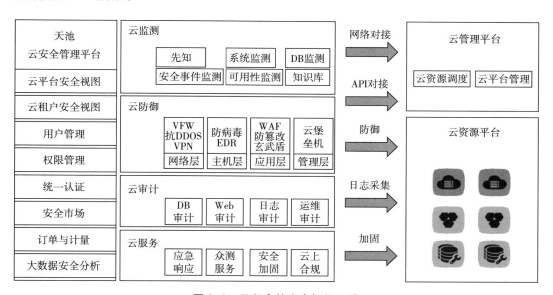

图 8-2　云租户的安全框架设计

方案通过网站云防护+云安全资源池的方式为租户提供云安全能力。通过网站云防护和云安全资源池为云平台建设统一的云安全防护，实现安全服务，用户按需申请购买云安全服务，并自动部署到自己隔离的网络空间里面去，保护云上业务的安全。

租户安全设计分为两个模块：网站云防护和云安全资源池产品模块。

第一，网站云防护。信息安全服务企业在云节点机房采用 SaaS 服务的方法，帮助用户以"事前检测+事中防护+事后分析"的方式，实现整体 Web 安全生命周期的安全防护。相比于本地部署设备，用户可以获得更及时的安全策略更新和弹性的防护资源扩展以及专家验证服务。

第二，云安全资源池产品模块。云安全资源池通过云计算虚拟机化技术，把物理资源虚拟成虚拟安全资源池，实现计算资源、存储资源、网络资源共享，为安全管理平台和各个安全模块提供资源承载，为用户提供包含云监测、云防御、云审计等覆盖全生命周期的云安全产品服务，满足用户多样化的云安全需求。

一、网站云防护

信息安全服务企业网站云防护采用"事前检测+事中防护+事后分析"的整体 Web 安全生命周期解决方案。如图 8-3 所示，事前采用云监测对用户网站进行漏洞监测，事中采用零部署云防护方案，用户无须在本地部署任何安全设备，只需将 DNS 映射至网站云防护 CNAME 别名地址或将网站 NS 解析为信息安全服务企业网站云防护 DNS 服务器，网站云防护全国 DNS 调度中心会对全国的用户访问进行就近选路，用户的访问先经过云 DDoS 清洗中心，信息安全服务企业云 DDoS 清洗中心具备 300G 防护能力，可清洗黑客发起的 SYN-Flood、UDP-Flood、TCP-Flood、应用层 CC 等 DDoS 攻击，然后云 WAF 对 SQL 注入、跨站脚本、Webshell 上传、Web 组件漏洞等安全风险进行防护；事后采用大数据分析形成可视化报告和统计分析报表，并通过手机 App 云管理服务提供数据分析和查看。

接入信息安全服务企业网站云防护后，信息安全服务企业提供的 7×24 小时监测服务可实现监测网站可用性、应用漏洞、安全事件等。

重点网站部署防篡改模块进行重点防护，防止页面被篡改，7×24 小时运维团队实时进行监测运维，发现网站出现漏洞或大规模 0day 攻击时进行虚拟补丁修复，同时对海量日志进行大数据分析，及时发现并处理误报、漏报等情况。"0day"是指从发现漏洞到对其进行首次攻击之间的天数。0day 漏洞公开后，便称为 nday 漏洞。0day 漏洞是指负责应用程序的程序员或供应商所未知的软件缺陷。因为该漏洞未知，所以最开始没有可用的补丁程序。

（一）Web 监测功能

（1）基础信息采集模块。通过分布式爬虫技术，对租户网站进行爬取与分析，获得网站指纹信息，进行基础数据的收集与持续更新，并协助开展网站摸底工作，检查与校验网站备案情况等。基础信息采集如下数据：域名、IP 及归属；域名备案信息；其他

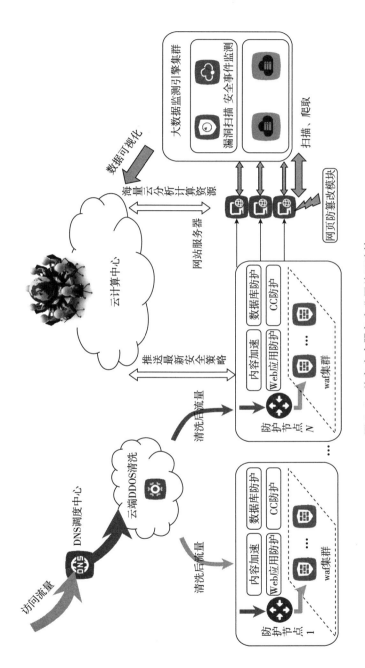

图 8-3 信息安全服务企业网站云防护

在线信息系统；Web 首页及其页面内资源；设备指纹检测信息，包括 Web 容器、脚本语言、框架、CMS、插件、SSL 证书是否有效等；检测联网设备是否已部署防御设备等信息。

（2）安全漏洞检测模块。漏洞是在硬件、软件、协议的具体实现或系统安全策略上存在的缺陷，其可以使攻击者在未授权的情况下访问或破坏系统。

具体举例来说，比如在 Intel Pentium 芯片中存在的逻辑错误，在 Sendmail 早期版本中的编程错误，在 NFS 协议中认证方式上的弱点，在 Unix 系统管理员设置匿名 Ftp 服务时配置不当的问题，这些都可能被攻击者使用，威胁系统的安全。因此，这些都可以认为是系统中存在的安全漏洞。

漏洞按严重程度分为"紧急""重要""警告""注意"四种。通过大数据漏洞扫描技术，每周对租户网站进行全面的安全漏洞扫描，发现系统存在的各类安全隐患，并持续跟踪漏洞修复情况。漏洞具体包括以下类型：

第一，常见的 Web 应用漏洞，包括 OWASP TOP 10 等主流安全漏洞，以及各种挂马方式的网页木马，如 Iframe、CSS、JS、SWF、ActiveX 等。

第二，系统层漏洞，包括 Windows 扫描、Linux 扫描（CentOS、Ubuntu、Debian 等）、类 Unix 扫描、数据库扫描、路由器交换机设备扫描、CVE 漏洞扫描等 30 余种扫描后发现的漏洞。

第三，0day 漏洞。该漏洞是由不直接参与项目的人员发现的。0day 时间表的工作原理如下：一个人或一个公司创建了一个软件，其中包含一个漏洞，但涉及编程或发行的人员不知道，在开发人员有机会定位或解决问题之前，有人（除负责软件的人员之外）发现了漏洞，而发现该漏洞的人会创建恶意代码来利用该漏洞，于是该漏洞被释放，负责人员将被告知漏洞利用并打补丁，在补丁发布后，该漏洞不再被视为 0day。大多数情况下，针对 0day 漏洞的攻击很少立即被发现。发现这些缺陷通常可能需要几天或几个月的时间，这才使这类漏洞如此危险。

如何处理 0day 漏洞？作为管理员或用户，可能无能为力，最好的情况是永远不要使用未打补丁版本的软件。这在 Linux 社区中通常很常见。在 Linux 社区中，许多用户不会安装 .0 发行版。相反，他们将等待 .1 版本（如 Ubuntu 19.10.1）。通过避免最初发布的版本，可能会免受第一批产品中至少任何未发现的 0day 漏洞的影响。这并不意味着 .1 版本将修补所有的 0day 漏洞，如果有的话，甚至在下一个主要版本之前，它们都可能未被发现。经常在新闻中看到在发布一段时间的软件中发现新漏洞。作为开发人员，最好的办法是招募尽可能多的版本测试人员。这是开源软件比专有软件更具优势的地方。在源代码公开的情况下，任何人都可以审查和测试代码，而且 Beta 开源软件通常面向公众发布，因此任何人都可以进行测试。然而，付费软件通常不会向公众发布 Beta（也有例外）。当应用程序的 Beta 测试人员数量有限时，发现的 bug 较少，从而导致出现 0day 漏洞的可能性更大。因此，最终用户应该推迟采用全新的发行版本，而开发人员需要首先进行测试，然后再发布给公众。错误报告是程序员解决软件问题的一种有效方法。

（3）服务质量监测模块。采用分布式节点进行数据监测，以多链路多点监测形式自动监听指定的 TCP 端口，通过 HTTP 协议访问返回的响应状态码，发现在不同区域内网站系统的多线路访问可用性情况，以及发现是否存在区域的域名劫持等安全事件。

（4）安全事件监测模块。对网站进行页面资源与指纹信息的分析，通过采用 HTML 标签域比对技术对网站进行初始化采样，建立监测基准，并对基准内容进行泛格式化处理，解析出 HTML 的相关标签作为后续比对的基准，对各类安全事件进行全面分析感知，包括网马、暗链、敏感言论、网站可用性、健壮性等，同时向相关部门和人员进行定向安全通报。

（二）防护功能

（1）网站防护。网站云防护提供了目前业界覆盖范围最广、防护能力最强的安全防护，对 Web 网站或应用进行严格的保护。安全策略来自 Snort、CWE、OWASP 组织，以及信息安全服务企业对国内外典型应用深入研究的成果，覆盖范围包括：HTTP 协议规范性检查，文件 B 超，注入攻击防护，跨站脚本攻击防护，网页木马防护，信息泄露防护，智能防护，第三方组件漏洞防护，CSRF 跨站请求伪造防护，防盗链。

（2）CDN 加速。信息安全服务企业网站云防护在多个云防护节点可对所有省、直辖市的访问用户进行 CDN 加速，内置 Webcache 及 Webrar 模块，其中 Webcache 模块对静态页面进行高速缓存，提升 Web 服务器连接可用性，而 Webrar 模块对页面内容进行文件压缩，压缩比率高达 10∶1，从而提升服务器带宽使用率。通过压缩及节点缓存技术，实现内容加速功能。

（3）防 DDoS、CC 攻击。信息安全服务企业网站云防护拥有 300G DDoS 防护能力，有效防护 SYN Flood、UDP Flood、ACK Flood、ICMP Flood、DNS Query Flood、NTP Reply Flood 等 3~7 层 DDoS 攻击，拥有专利级防 CC 攻击算法，可有效解决应用层 CC 攻击。强大的 DDoS 防护能力一方面解决了用户网站被 DDoS 攻击时的可用性问题，另一方面对网站云防护本身也加强了防护，这样可持续保证用户的网站稳定运行。

（4）永久在线。当用户网站因为服务器故障、线路故障、电源等问题出现无法连接时，可显示云防护中的缓存页面。当在敏感期或特殊时期时，用户网站会主动关闭，在这期间可显示云防护中的缓存页面。

（5）一键关停。当网站出现紧急安全事件时，可一键秒级完成关停，防止网站因安全事件被通报或事件被散布到互联网上，产生恶劣影响。

（6）可视化安全防护。可实时查看可视化态势感知，实时了解安全防护状态。

（7）网站云防护态势分析。信息安全服务企业风暴中心提供 7×24 小时安全运维服务。

二、云安全资源池安全能力

云平台上的不同租户由于其业务系统不同，对安全的需求各不相同，需要的安全产品和安全方案也不同，通过云安全资源池可以对不同的租户分配相应的安全产品，租户也可以自助申请购买使用云安全服务，这样使安全产品的使用灵活化、效率最大化。

各个租户只能看到本单位的业务运行情况，并依靠各自的运营中心对自己业务环境内的安全产品进行统一的管理和安全资产的梳理，掌握自己云内业务环境的安全状况。

云安全资源池可以为业务上云的各租户提供以下云内安全能力和服务（如图 8-4 所示）：

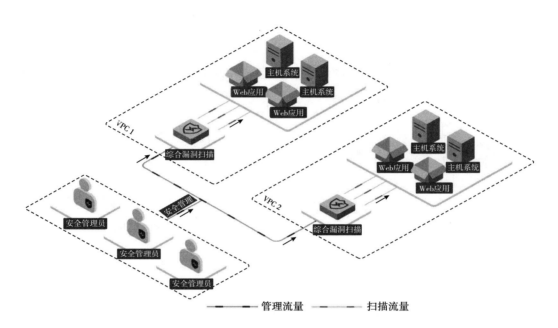

图 8-4　云安全资源池

（一）综合漏洞扫描能力

综合漏洞扫描服务是一种以 Web、数据库、基线核查、操作系统、软件的安全检测为核心，弱口令、端口与服务探测为辅助的综合漏洞探测服务。通过先进技术，实现分布式、集群式漏洞扫描，大幅缩短扫描周期，提高长期安全监控能力。通过 B/S 框架及完善的权限控制系统，最大程度上满足用户的安全协作要求。

综合漏洞扫描服务主要包含了 Web、数据库、基线核查、操作系统及应用软件、弱口令、端口探测与服务识别六大扫描功能，以及分布式集群扫描模块、统计报告控制体系等辅助功能。

（二）云 Web 应用防火墙能力

云 Web 应用防火墙提供 Web 应用防御能力，对访问网站的流量进行安全清洗如图 8-5 所示。

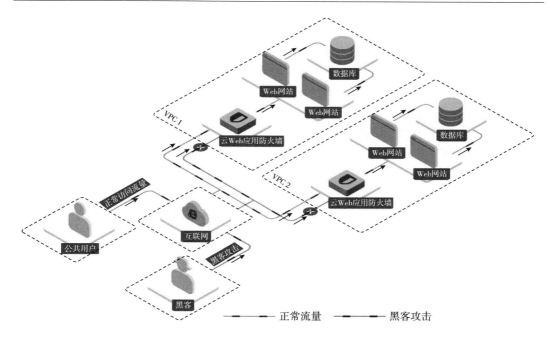

图 8-5　安全清洗

　　信息安全服务企业应充分考虑 Web 应用系统可能存在的安全风险，通过对网络层、Web 服务层、Web 应用程序层、应用内容属性四个层面进行全方位安全分析与防御。针对各个层面不同的安全属性，分别采取相互独立的安全防御技术进行有针对性防御，从整体上提升 Web 应用的安全防御能力。

　　云 Web 应用防火墙采用当前最为主流的代理技术架构，以 Web 服务代理技术形成的天然屏障解决了传统网络重组技术的一系列难题。同时，云 Web 应用防火墙通过 TCP 协议加速、高速缓存、内容压缩等技术，帮助用户加快网站应用访问速度，减轻 Web 服务器的负担。

　　（三）网页防篡改能力

　　网页防篡改服务为用户提供先进的网页防篡改能力，对用户的网站加以防护，并通过借助防篡改引擎实现对篡改行为的监测。

　　网页通常由静态文件和动态文件组成。对于动态文件的保护，是通过在站点嵌入 Web 防攻击模块，以及设定关键字、IP、时间过滤规则，对扫描、非法访问请求等操作进行拦截；对于静态文件的保护，是在站点内部通过防篡改模块进行静态页面锁定和静态文件监控，当发现有对网页进行修改，删除等非法操作时，进行保护并告警。

　　主要特点如下：

　　（1）支持多种保护模式，防止静态和动态网站内容被非法篡改。新一代内核驱动及文件保护技术，确保防护功能不被恶意攻击或者非法终止。

（2）采用核心内嵌技术，支持大规模连续篡改攻击保护。

（3）完全杜绝被篡改内容被外界浏览。

（4）支持继线/连线状态下篡改检测。

（5）支持多服务器、多站点、各种文件类型的防护。

（四）下一代云防火墙能力

下一代防火墙以用户识别、应用识别为基础，为用户提供应用层防火墙、入侵防护、防病毒、反 APT、VPN、智能带宽管理、多出口链路负载均衡、内容过滤、URL过滤等多重安全功能如图 8-6 所示。

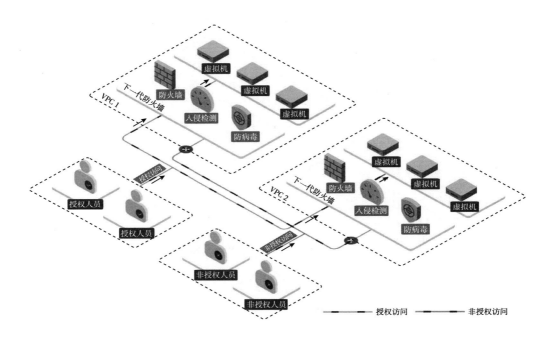

图 8-6　防火墙防护

主要特点如下：

（1）网络隔离。实现资产的网络隔离和网络访问控制。

（2）入侵防护。攻击检测和防御，轻松识别攻击并防护。

（3）病毒过滤。高性能病毒引擎，可防护多种病毒和木马。

（4）上网行为管理。记录并阻止访问恶意网站，审计上网行为。

（5）安全互联。丰富的 VPN 特性，确保高可靠的安全互联。

（6）带宽管理。基于不同应用灵活管理流量带宽的上下限。

（7）负载均衡。支持服务器间的负载均衡。

（五）主机安全及管理能力

主机安全及管理系统提供符合网络安全法要求的日志集中化管理和多种类型的关联分析，并依照合规要求生成多种审计报表，为用户提供持续性安全监控能力和高效的攻击溯源分析技术如图8-7所示。

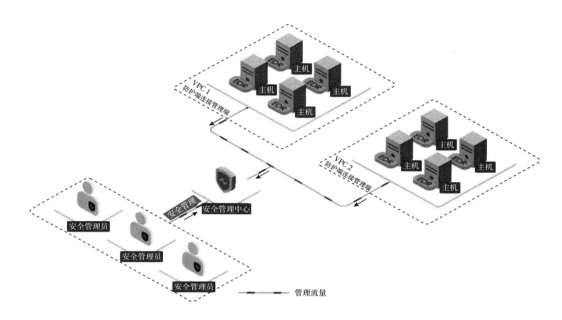

图 8-7　云主机防护

主要功能包括：

（1）Web 攻击防护。检测 Web 请求，拦截 Web 应用服务攻击。

（2）访问控制。支持互联网应用服务的访问控制。

（3）可疑行为检测。监控操作系统中横向命令，及时告警。

（4）异常进程行为监控。提供策略级异常进程监控能力。

（5）网络对外连接审计。实时记录进程对外连接情况，提供通信矩阵视图。

（6）暴力破解。阻断对 SSH 和 RDP 暴力破解行为。

（7）Webshell 扫描。提供 Webshell 检测功能。

（8）文件完整性监控。监控指定监控目录下内容完整性。

（六）云堡垒机能力

云堡垒机为用户提供运维审计能力，用户通过开通使用运维审计堡垒机服务，使其成为运维的唯一入口，主机连接必须经过堡垒机的统一身份管理，并基于 IP 地址、账号、命令进行控制，防止越权操作，而且整个操作过程都可以实现全程的审计记录如图8-8所示。

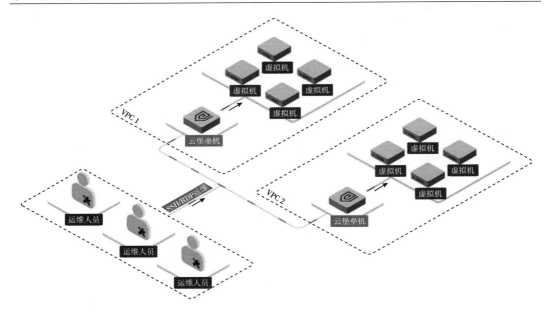

图 8-8　云堡垒机防护

主要功能包括：

（1）单点登录。实现与用户授权管理的无缝连接，用户只需一次登录，无须记忆多种系统的登录用户 ID 和口令。

（2）账号管理。集中管理所有服务器、网络设备账号，对账号整个生命周期进行监控和管理。

（3）身份认证。提供多种认证方式的统一认证接口，支持与第三方认证服务器结合。

（4）资源授权。提供统一的界面对用户、角色及行为和资源进行授权，达到对权限的细粒度控制。

（5）访问控制。提供自定义控制策略配置，实现细粒度的访问控制。

（6）操作审计。审计账号使用（登录、资源访问）情况、资源使用情况等，并提供全方位的运维审计报表。

（七）云数据库审计能力

数据库审计帮助用户实现对进出核心数据库的访问流量进行数据报文字段级的解析操作，完全还原出操作的细节，并给出详尽的操作返回结果，以可视化的方式将所有的访问都呈现在管理者的面前。数据库不再处于不可知、不可控的情况，数据威胁将被迅速发现和响应如图 8-9 所示。

主要功能包括：

（1）事前安全风险评估。数据库审计服务依托权威性的数据库安全规则库，自动完

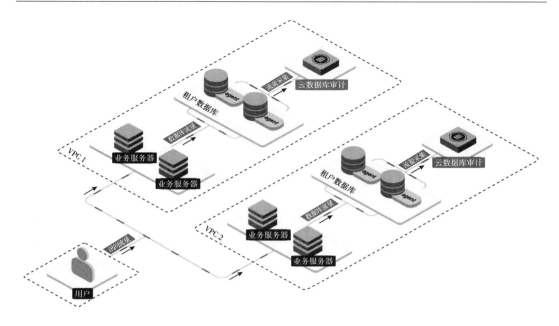

图 8-9　云数据库防护

成对几百种不当的数据库配置、潜在弱点、数据库用户弱口令、数据库软件补丁等的漏洞检测等，包括风险趋势管理、弱点检测与弱点分析、弱口令检测、补丁检测、存储过程检测等。

（2）实时行为监控。数据库审计服务可保护业界主流的数据库系统，防止受到特权滥用、已知漏洞攻击、人为失误等的侵害。当用户与数据库进行交互时，会自动根据预设置的风险控制策略，结合对数据库活动的实时监控信息，进行特征检测及审计规则检测，任何尝试的攻击或违反审计规则的操作都会被检测到并实时阻断或告警。

（3）细粒度协议解析与双向审计。通过对双向数据包的解析、识别及还原，不仅对数据库操作请求进行实时审计，还可对数据库系统返回结果进行完整的还原和审计，包括数据库命令执行时长、执行的结果集等内容。此外，在详细信息中能够看到格式化的操作结果，更有利于事后的取证和追溯。

（4）Web 业务审计。用户只需要将 Web 服务器的流量镜像到数据库审计，就能够对所有基于 Web 的应用的访问行为进行解析还原，形成数据库审计和 Web 审计的双重审计模式。数据库审计能够提取出 URL、POST/GET 值、Cookie、操作系统类型、浏览器类型、原始客户端 IP、MAC 地址、提交参数、返回码等字段，并形成详尽的 Web 审计记录。

（5）应用三层关联审计。能够将 Web 审计记录与数据库审计记录进行关联，直接追溯到应用层的原始访问者及请求信息（如操作发生的 URL、客户端的 IP 等信息），从而实现将威胁来源定位到最前端的终端用户的三层审计的效果。通过三层审计能更精确地定位事件发生前后所有层面的访问及操作请求。

（6）高效的行为检索。在已审计的海量记录中设计了通过各种要素多重组合的方式进行查询，能够快速精确地定位到威胁记录的位置，帮助管理者做出响应。检索效率可以达到 500 万条/秒。

（7）基于会话的真实回放。允许安全管理员提取历史数据，对过去某一时段的事件进行回放，真实展现当时的完整操作过程，便于分析和追溯系统安全问题。

（八）综合日志审计能力

综合日志审计为用户提供日志审计能力，对用户的各类日志进行综合审计分析，并以图表的形式展现在线服务的业务访问情况。通过对访问记录的深度分析，可发掘出潜在的威胁，起到追根溯源的目的，并且能够记录服务器返回的内容，便于取证时分析，以及作为案件的取证材料。

主要功能包括：

（1）全面的智能收集功能。不断进行连接检查和完整性检查，以及可自定义的缓存功能，确保系统接收到所有数据，配置的过滤和聚合功能可以消除无关数据，并合并重复的设备日志如图 8-10 所示。

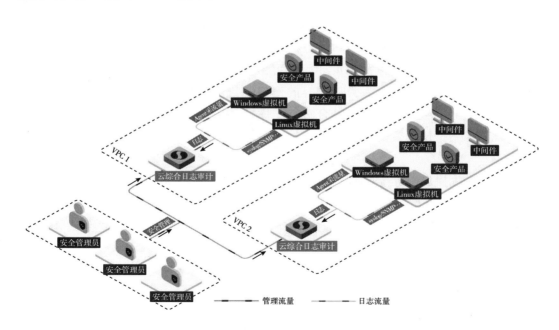

图 8-10　综合日志审计

（2）标准化日志。将各类日志统一进行解析识别，包括各种安全事件日志（攻击、入侵、异常）、各种行为事件日志（内控、违规）、各种弱点扫描日志（弱点、漏洞）、各种状态监控日志（可用性、性能、状态）。

（3）日志解析能力。采用多级解析功能和动态规划算法，实现对未解析日志事件的灵活处理，同时支持多种解析方法（如正则表达式、分隔符、MIB 信息映射配置等）。

（4）先进的关联算法。采取 In-Memory 的设计，全内存运算方式，保证事件分析保持高效率和及时性。

（5）满足合规要求。综合日志审计实现日志的统一存储，满足网络安全法要求日志存储不少于 6 个月的要求。

（九）等级保护推荐套餐

为了帮助用户快速满足等级保护要求，云安全资源池为用户提供等级保护推荐套餐服务，帮助用户一键满足等级保护要求，保障业务安全可靠。

通过云安全资源池如图 8-11 所示，用户可以通过可视化拓扑图清晰地获取等级保护套餐所涉及的安全产品部署位置、产品功能等。等级保护推荐套餐分为二级推荐套餐和三级推荐套餐，用户通过业务安全需求自主选择，同时用户可根据业务规模选择不同规格的套餐服务，如基础版、标准版、高级版、旗舰版等。

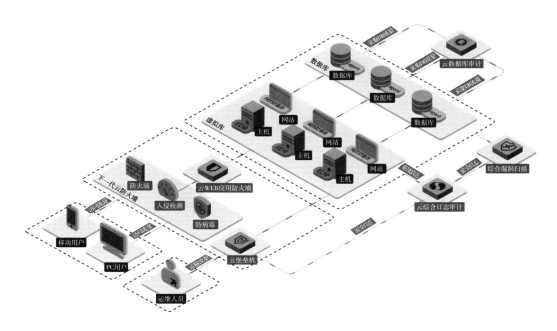

图 8-11 云安全资源池综合防护

第三节　云安全管理设计

一、云安全管理平台

为了帮助客户实现云安全统一管理，本方案将会为客户建设云安全资源池云安全管理平台如图8-12所示，实现云平台安全的统一管理、统一运维、统一运营等功能。同时，还实现云安全管理权限分离，不同管理员的权限分离，保障云安全平台的安全可靠。

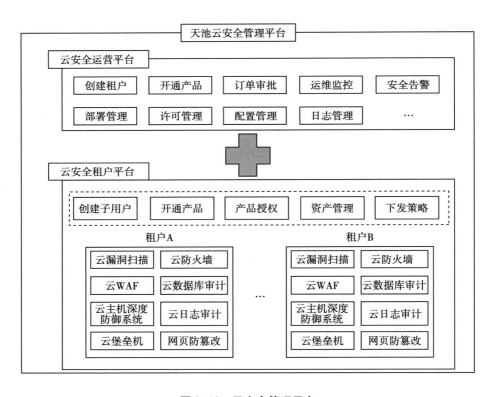

图 8-12　云安全管理平台

（一）权限管理

云安全资源池实现了用户的统一管理，并基于管理权限将云安全资源池分为两个管理平台：云安全运营平台和云安全租户平台。

云安全运营平台为客户提供整个安全资源池的管理员视角，管理员可以实现对安全资源池的集中、统一、全面的监控与管理，同时安全运营平台提供了丰富的拓扑、设备配置、故障告警、性能、安全、报表等网络安全管理方面的功能，使安全管理过程标准化、流程化、规范化，极大地提高了故障应急处理能力，降低了人工操作和管理带来的风险，提升了信息系统的管理效率和服务水平。

云安全租户平台为用户提供租户管理员视角，并实现了租户与租户之间的安全隔离，即租户与租户之间的安全数据完全隔离，每个租户只能看到自己的安全数据。

租户可以通过管理平台管理自己所拥有的多种安全产品，实现安全产品统一认证，策略统一下发，业务安全数据统一监控。

（二）用户管理

云安全资源池实现了用户的统一管理。云安全运营平台超级管理员可以通过自己的管理界面进行租户的创建、修改、删除、编辑等操作，统一管理云安全资源池云安全运营平台云租户的安全。

同时，租户可以在管理平台创建自己的子用户，并给子用户批量授权不同的安全产品和对应的安全产品管理员角色，满足安全三权分立要求。

（三）产品开通

云安全资源池实现了安全产品的一键开通并自动化部署。为了满足不同的应用场景，云安全资源池支持两种开通方式：管理员主动给租户开通安全产品和租户先提交开通安全产品申请订单，管理员再审批。

管理员拥有整个安全资源池的管理权限，通过订单审批的方式合理分配安全资源，租户是安全资源的使用者，可以通过安全自服务的方式选择满足需求的安全产品。

在开通安全产品时，用户可以自主选择开通安全产品的种类、性能规格、有效周期、开通数量等信息，提交订单以后实现安全产品的自动化部署、许可的自动导入、安全服务的自动激活，整个部署、导入与激活流程不需要人工干预。

（四）策略管理

云安全资源池为用户提供策略统一管理功能，用户无须再输入账号密码登录到不同的安全产品下发策略，只需要登录云安全资源池云安全管理平台就可以实现不同安全产品的策略下发，大大降低了用户的运维压力。

（五）运维监控

云安全资源池为用户提供统一运维监控能力。云安全资源池承载着用户所有的安全产品，管理员可以通过监控中心或运维态势大屏快速获取整个云安全资源池的安全运行健康状态和资源CPU、内存、磁盘使用率，以及网络的趋势等，一旦发现安全问题及时告警，帮助用户快速响应，提高运维效率。

（六）订单管理

云安全资源池为用户提供统一的订单管理功能。通过订单，管理员可以快速统计安全产品的开通种类、数量、有效时长、产品归属关系等信息，为用户提供完整的安全运营机制。同时，云安全资源池支持订单报表的导出功能，为安全资源池的管理人员提供

政务云与云安全建设

有效的安全统计报表。

管理员可以查看平台的所有订单，租户只能查看自己的订单。管理员可以通过审批通过或拒绝租户的安全产品开通申请订单的方式来管控云安全资源池的资源分配。

（七）资产管理

云安全资源池为用户提供资产的统一管理功能。用户只需要在云安全资源池云安全管理平台创建或导入资产，资产就会自动同步下发到对应的安全产品模块，无须管理员到不同的安全产品逐一添加资产，大大降低了管理员的运维管理压力。

同时，云安全资源池为用户提供业务管理视角，用户可以创建业务下关联对应的资产，用户可以清晰地了解不同业务的安全状态如图 8-13 所示。

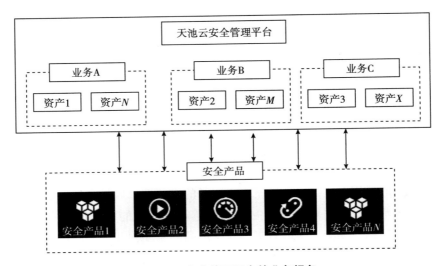

图 8-13　安全管理平台的业务视角

二、态势感知平台

AiLPHA 大数据智能安全态势感知平台通过建立安全大数据中心，实现对网络中安全类、管理类、流量数据以及资产、用户的基本数据的采集、标准化和集中化存储，并在安全大数据中心的基础上建立安全态势威胁分析与预警平台，帮助政务云建设实现对云平台全网的安全要素分析、安全威胁事件联动分析、异常行为快速发现，同时实现云平台整体的安全态势可视化和整体网络环境安保能力综合评估。

态势感知平台架构如图 8-14 所示。

（一）建立态势感知平台系统架构

AiLPHA 大数据智能安全态势感知平台需要以下几个组件：

第一，日志采集器 SOC。主要实现对安全设备、网络设备以及主机服务、各应用系统的日志采集，并对采集到的日志进行归一化处理。通过使用 Syslog、SNMP Trap、OPSec、

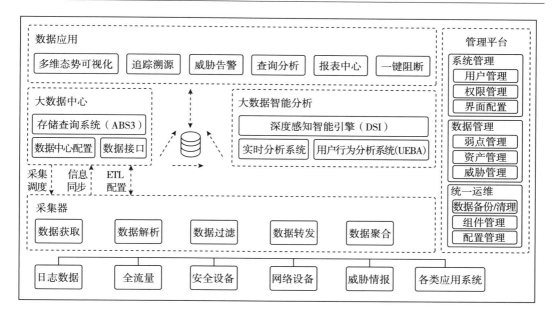

图 8-14　态势感知平台系统架构

FTP 协议日志收集，支持主动采集和被动接收等多种方式对日志进行采集。

第二，流量采集器 DPI。接收交换机或其他网络设备提供的镜像流量，并对流量进行全协议审计，包含网络第 2 层至第 7 层数据流量，通过审计分析流量数据，详细记录所有的审计数据包，可展现审计数据包的时间、客户端 IP、服务端 IP、应用层协议、报文、返回码、详细信息等，这些信息通过加密通道传送至安全大数据分析平台统一处理。

第三，APT 攻击预警平台。通过深度协议解析，实现对主流 Web、文件和邮件等应用类型的攻击检测，能够在攻击到达服务器之前进行检测，并实时进行攻击预警。同时，结合动态行为分析技术、基于文件层的沙箱检测技术，发现网络中存在的 0day 攻击、APT 攻击等高级威胁。相关告警也会发送至安全大数据分析平台，分析平台收到告警信息后，以此为分析起点，结合海量的流量和日志信息做进一步关联分析，描绘和确认整个攻击过程及画像。

第四，开放接口导入。主要用于资产和用户数据采集，包括用户的基本信息，以及账户的基本信息等，主要包括用户编号、人员信息、主账号名称、手机号码、账户的变动信息、账户状态、资产基本属性等信息。通过使用数据源采集接口中的 WebService 接口采集这类标准化数据，只需提供对应的接口和网络连接方式即可完成数据的采集。

第五，大数据分析平台。用于分析流量传感器和日志采集器及 APT 沙箱提交的流量日志、设备日志、系统日志和 APT 检测日志，并同时提供应用交互界面。分析平台提供实时流数据分析引擎和离线式分析引擎，分析平台底层的数据检索模块采用了分布式计算和搜索引擎技术对所有数据进行处理，平台本身支持通过多台设备建立集群以保证存储空间和计算能力的供应（不需要客户额外准备存储设备和资源），可以满足大流量场景下长周期的日志存储要求，满足网络安全法的日志存储周期要求。同时，通过大数据分析技术，对收集到的各种数据进行智能建模和关联分析，实现对全网安全状况的整体感知和全网安全态势的统一展示。

（二）建立安全大数据中心

通过建立安全大数据中心，实现网络环境安全类、管理类、流量数据以及资产、用户的基本数据的采集、ETL 和集中存储。

表 8-1　安全大数据中心的数据

序号	数据类型	采集引擎	采集方式
1	流量数据	全流量审计引擎 流量沙箱分析引擎	实时镜像采集
2	主机、服务器、安全设备日志	日志采集引擎	协议采集
3	DNS 日志	日志采集引擎	协议采集
4	操作系统进程数据	日志采集引擎	协议采集
5	邮件日志、证书相关数据	日志采集引擎	接口采集
6	资产、用户数据	采集接口	接口采集
7	扫描报告	采集接口	离线导入和协议发送

（三）建立态势感知与预警平台

（1）外部攻击态势。外部攻击态势主要关注来自全世界不同地区的攻击源对内部资产的威胁情况，实时监控境内境外攻击源的地域分布和国家排行，掌握各攻击链段的威胁变化趋势和最新外部攻击事件。

（2）资产外连态势。资产外连态势主要关注内网存在回连行为和对外攻击的风险资产，实时监控外连行为变化趋势、最新外连事件、外连目的国家等，掌握内部资产的 C&C 回连情况和远控信息。

（3）横向威胁感知。横向威胁感知主要关注内部资产之间的违规操作和病毒传播，实时监控跨安全域的访问行为和业务系统访问情况，通过自由布局和圆形布局观测资产之间的威胁关系，及时发现并制止违规资产对内网环境造成的破坏。

（4）Web 安全态势。Web 安全态势监控 Web 服务的被访问状态和受攻击情况，包括网站区域访问量、访问地区排名、攻击网站排行、攻击类型排行、网站访问和攻击变化趋势等。

（5）内网安全态势。内网安全态势通过 3D 逻辑安全域展示网络系统内发生的安全事件的攻击路径、攻击手法和影响范围，支持关联用户的网络和安全域划分，支持根据具体的资产和安全域的方式告警，可以为用户提供攻击者的溯源信息以及安全事件的处置建议。

（6）AI异常分析。AI异常分析将AI算法与观测指标结合，发现网络中断异常活动和新型威胁；多种AI分析场景配合算法特征将实时数据、拟合数据、评价参数共同呈现。异常新型通过红色点或区域高亮标注，点击异常标注可弹出异常信息详情窗口，辅助用户进行分析钻取和异常定位。

（7）Sherlock。Sherlock透视整个网络，追踪网络实体的连接关系，发现访问行为的蛛丝马迹。大数据标签画像分析寻找相似的受害团体和黑客组织，AI算法加持发现观测指标中隐藏的未知威胁，情报、弱点信息辅助安全事件的追踪溯源。

（8）资产态势感知。资产态势感知通过资产卡片形式实时监控重大保障活动中的关键资产，利用标签切换不同的活动资产分组，及时发现并处置风险资产，保障用户业务的可持续平稳运行。

（9）攻击者追踪溯源。攻击者追踪溯源可视化分析大屏，为安全运维人员提供包括攻击行为分析、团伙分析、攻击取证信息、攻击趋势、攻击手段、攻击影响范围等信息，支持任意攻击者信息查询，可生成详细的攻击者溯源报告，并能够一键导出报告。

（10）资产威胁溯源。资产威胁溯源可视化分析大屏为安全运维人员提供包括攻击行为分析、影响资产范围分析、攻击取证信息等，支持任意资产查询，可呈现被访问趋势、被攻击趋势、被攻击手段、资产状态、资产评分等信息。

（11）业务资产拓扑视图。业务资产拓扑视图主要管理用户的业务支撑系统，实现业务资产拓扑和资产安全等级评价等功能，为用户提供业务的实时监控，保障用户业务的可持续平稳运行。

（12）安全态势报表。用户可查看访问流量报表、安全防护报表，其中安全防护报表包含攻击次数态势分析、攻击者区域态势分析、攻击者IP统计、被攻击页面统计、被攻击域名统计、攻击事件统计、攻击威胁等级统计等。提供定期自动生成标准的周报、月报、年报，提供Word、PDF等多种格式的报表。

（13）数据检索。支持原始日志搜索和标准化日志搜索，实现快速的海量日志检索。提供以下功能：①提供日志的搜索输入框及搜索按钮，可全文检索设备的原始日志。②可输入关键字，包括但不限于设备IP、日志发生时间、原始信息，支持输入时间段、表达式等条件。③搜索结果于搜索框下方显示，多条内容以列表方式显示摘要，支持翻页，支持关键字高亮显示。④所有日志均可以标准化接口形式提供。⑤支持搜索结果从前端导出，以Excel格式导出。

（四）实现高级威胁检测

（1）病毒及高级木马持续性威胁监测。通过部署APT流量检测设备，实现流量数据采集和深度分析，将分析后的数据传送至大数据安全可视化分析与预警平台，结合威胁情报数据进行深度关联分析，构建机器学习模型，发现其中的攻击事件。利用网络流量分析技术、异常访问定位技术、邮件社工分析技术、恶意文件分析技术、动态行为分析技术、云端的高级分析和威胁情报技术来分析与检测发现 APT 攻击，极大提高 APT 攻击检测的成功检测率和减少误报情况。

（2）威胁变种检测。通过结合公司防病毒软件、恶意文件检测系统，实现对恶意文件、恶意代码的检查，定位利用文件进行攻击的攻击路径和感染的终端、系统等。

（3）网站运行监控。通过部署网站云防护和专业安全服务，实现 7×24 小时对网站可用性监测、网站应用漏洞检测、网页木马检测、网站后门利用检测、网页防篡改监测等，并实现网站各类安全风险的统计和跟踪展示。

（4）安全事件溯源。结合威胁情报库及攻击路径溯源模型，可视化展示对网络威胁程度较高的攻击者，并展示该攻击者的攻击路径，定位到安全事件的责任人。

（5）漏洞信息态势分析。通过导入扫描设备的报告和结合安全威胁情报库数据，进行网络漏洞信息的态势分析，分析整体网站系统的漏洞，展示系统自身脆弱性情况。

（五）实现安全事件处置

（1）安全事件管理。对安全事件进行分级分类展示，方便各级信息安全管理员按照安全事件严重程度进行分析。如果确认为需要调查处置的安全事件，转入安全处置流程，并跟踪安全事件的处置流程。

（2）安全事件处置。对于在事件管理中确认为需要调查处置的安全事件或系统检测到的安全威胁，生成任务处置工单，在相关安全管理员完成调查处置后填报处置结果，并支持在安全设备上下发规则等方式进行自动化联动处置。

（3）未知威胁分析。结合威胁情报库数据，分析挖掘网络系统存在的风险点和 0day 漏洞等，并进行态势统计分析。

（4）网络系统安全环境评估分析。通过建立大数据分析模型，跟踪网络系统的安全态势，分析安全设备对安全事件的响应效率、系统漏洞态势、资产防护状态等多维指标，综合分析评估网络系统安全环境。

（5）知识库管理。实现对信息安全各种规章制度、操作指南、标准文件、典型案例等内容的维护管理，并提供全文检索工具，方便管理员检索知识，同时为管理员处理各类型安全事件提供有效的指导和培训等。

三、安全运维管理

为保证云平台稳定可靠运行，同时发挥平台作用，帮助用户提升安全检测和安全防护能力，建议划分单独的运维管理区，部署运维管理和安全审计相关设备，并要有专业的安全运维管理服务团队，保障云平台整体的安全运营管理。

（一）安全运维审计

由于设备众多、系统操作人员复杂等因素，导致越权访问、误操作、资源滥用、疏忽泄密等时有发生。黑客的恶意访问也有可能获取系统权限，闯入部门或单位内部网络，造成不可估量的损失。终端的账号和口令的安全性，也是安全管理中难以解决的问题。如何提高系统运维管理水平，满足相关法规的要求，防止黑客的入侵和恶意访问，跟踪服务器上用户行为，降低运维成本，提供控制和审计依据，越来越成为内部网络控制中的核心安全问题。

安全运维审计是一种符合 4A（Authentication、Account、Authorization、Audit）要求的统一安全管理平台服务，在网络访问控制系统（如防火墙、带有访问控制功能的交换机）的配合下，成为进入内部网络的一个检查点，拦截对目标设备的非法访问、操作行为。

运维审计设备能够极大地保护客户内部网络设备及服务器资源的安全性，使得客户的网络管理合理化、专业化。

在安全管理区旁路部署一台运维审计系统，运维审计（堡垒主机）系统为运维人员提供统一的运维操作审计。通过部署运维审计设备，能够实现对所有的网络设备、网络安全设备、应用系统操作行为的全面记录，包括登录 IP、登录用户、登录时间、操作命令全方位细粒度的审计。同时，支持过程及行为回放功能，从而使安全问题得到追溯，提供有据可查的功能和相关能力。

（二）数据库安全审计

在安全管理区旁路部署一套数据库审计系统。通过部署数据库审计系统，能够实现所有对数据库进行访问的行为进行全面的记录，以及包括对数据库操作的增加、删除、修改、查询等全方位细粒度的审计。同时，支持过程及行为回放功能，能够还原并回放所有对数据库的操作行为，包括访问的表、字段、返回信息、操作等，从而使安全问题得到追溯，提供有据可查的功能和相关能力。

通过部署数据库审计，可实现：全面监测数据库超级账户、临时账户等重要账户的数据库操作；实时监测数据库操作行为，发现非法违规操作能及时告警响应；详细记录数据库操作信息，并提供丰富的审计信息查询方式和报表，方便安全事件定位分析，以及事后追查取证。

（三）日志安全审计

在安全管理区旁路部署综合日志审计设备。综合日志审计可以全面收集网络设备（路由器、交换机等）、网络安全设备（防火墙、入侵检测系统，补丁系统等）、应用系统等运行日志和安全事件日志，平台对日志进行归并、关联分析等操作后把海量日志中有价值的信息提取出来，并且平台提供统计、查询及审计报表，为管理人员提供直观的日志查询、分析、展示界面，并长期妥善保存日志数据以便需要时查看，使管理员在综合日志审计平台上就可以了解整个数据中心的安全态势。

（四）漏洞扫描

在安全管理区旁路部署漏洞扫描系统。通过部署该系统能够全面、深层次、快速地对 IT 资产所存在和潜在的安全风险进行评估，通过提供专业的针对安全团队及产品所存在的安全风险一对一的修复建议，指导用户对信息系统进行及时、正确的加固，使信息系统抗攻击能力能够有效提升，减少、避免遭受被攻击的概率，从而提升信息系统整体安全性。

（五）安全运维服务

信息安全服务企业将为本项目提供以下安全服务：

（1）安全驻场服务。信息安全服务企业提供专业安全分析师进行现场驻场，信息安全服务企业信息驻场人员将按相关要求提供专业的驻场服务，并尽量保证团队稳定。

现场安全值守服务内容包括但不限于：监视网络系统安全运行情况；监视系统运行的各类实时情况，包括 CPU 利用率、内存占用、硬盘占用等基本系统信息等；监视服务运行的各类实时情况，包括系统起停状态、服务起停状态、Web 服务日志状态等；监视主机系统完整性情况，包括关键配置文件修改、关键服务修改、关键用户和配置修改等；监视主机安全状况的情况，包括网络型攻击、主机入侵、应用型入侵等；监视应用系统如数据库的运行状况，包括服务是否宕机等；具备处理一般安全突发事件的能力，如遇到不能独立完成的重大安全事件需要在 15 分钟内联系后台相关技术支持人员一同进行故障处理；与运维团队配合进行安全设备运维、安全日志及事件分析、扫描系统操作、任务监控、漏洞验证、报告编写、安全评估、安全建设、安全审计、安全制度的修订等。

驻场人员将根据政务云建设的相关规定和要求，定期提交相关运维和驻场报告，包括但不限于：《安全事件处理报告》《安全运维工作周报》《安全运维工作月报》《安全运维工作季报》《云安全管理平台系统监控月度报告》《态势感知系统监控月度报告》《安全情况月度通报》。信息安全服务企业驻场人员将按日和周提供《系统安全日常运行报告》，对前一日和周的系统遭受攻击情况、应急处理情况等进行总结报告，并对安全值守情况等进行总结。

（2）应急响应服务。安全应急响应服务是指当云平台的信息系统发生突发的安全事件时或重大活动期间，信息安全服务企业信息安全专家将在第一时间提供应急响应服务，协助客户对安全事件进行分析、处理，并提供安全事件应急响应报告和安全改进建议报告。

紧急事件响应是当安全威胁事件发生后迅速采取的措施和行动，其目的是最快速恢复系统的保密性、完整性和可用性，阻止和降低安全威胁事件带来的严重影响。紧急事件主要包括病毒和蠕虫事件、黑客入侵事件、误操作或设备故障事件。

但通常在事件爆发的初始很难界定具体是什么事件，通常根据安全威胁事件的影响程度来分类。①单点损害：只造成独立个体的不可用，安全威胁事件影响小。②局部损害：造成某一系统或一个局部网络不可使用，安全威胁事件影响较大。③整体损害：造成整个网络系统的不可使用，安全威胁事件影响大。

当入侵或者破坏发生时，对应的处理方法的主要原则是：首先保护或恢复计算机、网络服务的正常工作，其次再对入侵者进行追查。

因此，对于客户紧急事件响应的服务主要包括准备、识别事件（判定安全事件类型）、抑制（缩小事件的影响范围）、解决问题、恢复以及后续跟踪。

首先，事件的等级分类情况如表8-2所示。

表8-2 事件等级分类

事件分类	事件描述	威胁级别
紧急事件	客户业务系统因安全问题崩溃，系统性能严重下降，已无法提供正常服务。客户出口路由因网络安全因素非正常中断，严重影响用户使用。公众服务因安全因素停止或者造成恶劣影响	高危险
严重事件	用户内部的业务支持系统因安全事件出现问题，导致不能运转正常不稳定。部分服务因安全因素中断，影响用户正常使用	中危险
一般事件	因安全因素导致系统出现故障，但不影响用户正常使用。客户提出安全技术咨询、索取安全技术资料、技术支持等	低危险

其次，应急流程如图8-15所示。

1）准备阶段。

目标：在事件真正发生前为应急响应做好预备性的工作。

角色：技术人员、市场人员。

内容：根据不同角色准备不同的内容。一是负责人准备内容；二是技术人员准备内容；三是市场人员准备内容。

输出：《准备工具清单》《事件初步报告表》《实施人员工作清单》。

2）检测阶段。

目标：接到事故报警后在服务对象的配合下对异常的系统进行初步分析，确认其是否真正发生了信息安全事件，制定进一步的响应策略，并保留证据。

角色：应急服务实施小组成员、应急响应日常运行小组。

内容：检测范围及对象的确定，检测方案的确定，检测方案的实施，检测结果的处理。

输出：《检测结果记录》等。

3）抑制阶段。

目标：及时采取行动限制事件扩散和影响的范围，限制潜在的损失与破坏，同时要确保封锁方法对涉及相关业务影响最小。

角色：应急服务实施小组、应急响应日常运行小组。

内容：抑制方案的确定，抑制方案的认可，抑制方案的实施，抑制效果的判定。

输出：《抑制处理记录表》等。

4）根除阶段。

目标：对事件进行抑制之后，通过对有关事件或行为的分析结果，找出事件根源，明确相应的补救措施并彻底清除。

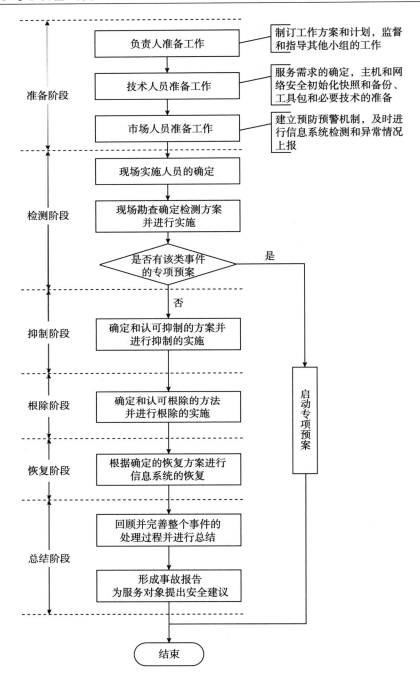

图 8-15　应急流程

角色：应急服务实施小组、应急响应日常运行小组。

内容：根除方案的确定，根除方案的认可，根除方案的实施，根除效果的判定。

输出：《根除处理记录表》等。

5）恢复阶段。

目标：恢复安全事件所涉及的系统，并还原到正常状态，使业务能够正常进行，恢复工作应避免出现误操作导致数据的丢失。

角色：应急服务实施小组、应急响应日常运行小组。

内容：恢复方案的确定；应急服务提供者应告知服务对象一个或多个能从安全事件中恢复系统的方法，以及他们可能存在的风险。应急服务提供者应和服务对象共同确定系统恢复方案，根据抑制和根除的情况，协助服务对象选择合适的系统恢复的方案；如果涉及涉密数据，确定恢复方案时应遵循相应的保密要求。

关于恢复信息系统，应急响应实施小组应按照系统的初始化安全策略恢复系统，且在恢复系统时，应根据系统中各子系统的重要性确定系统恢复的顺序。

恢复系统过程应包括各方面的确定：①对于不能彻底恢复配置和清除系统上的恶意文件，或不能肯定系统在根除处理后是否已恢复正常时，应选择彻底重建系统。②应急服务实施小组应协助服务对象验证恢复后的系统是否正常运行。③应急服务实施小组应帮助服务对象对重建后的系统进行安全加固。④应急服务实施小组应帮助服务对象为重建后的系统建立系统快照和备份。

输出：《恢复处理记录表》等。

6）总结阶段。

目标：通过以上各个阶段的记录表格，回顾安全事件处理的全过程，整理与事件相关的各种信息并进行总结，尽可能地把所有信息记录到文档中。

角色：应急服务实施小组、应急响应日常运行小组。

内容：事故总结，即应急服务提供者应及时检查安全事件处理记录是否齐全，是否具备可塑性，并对事件处理过程进行总结和分析；应急处理总结的具体工作及分析：事故报告，即应急服务提供者应向服务对象提供完备的网络安全事件处理报告，以及网络安全方面的措施和建议。上述总结报告的具体信息参考《应急响应报告表》。

输出：《应急响应报告表》。

（3）漏洞扫描及验证服务。信息安全服务企业信息采用专业的 Web 应用安全检查工具，全面对网站进行扫描，主动发现 Web 应用系统中隐藏的漏洞，根据漏扫结果输出详尽的漏洞描述和修补方案；协助采购人满足等级保护、PCI、内控审计等规范要求和检查。

信息安全服务企业采用专业的数据库扫描系统，对数据库系统的弱点进行扫描，协助数据库安全事故后的分析调查与追踪。

信息安全服务企业信息采用专业远程安全评估系统对评估主机及网络设备所依赖的操作系统、中间件、网络设备、安全设备等进行漏洞扫描，并人工验证所发现的主机操作系统漏洞、逻辑缺陷、弱口令、信息泄露及配置不当等脆弱性问题，同时提供专业的漏洞扫描报告和安全加固建议。

（4）安全加固服务。信息安全服务企业信息安全专家的信息安全加固工作是指在风险评估、安全事件分析之后或应公安相关要求，根据评估和分析的结果强化信息系统安全防范能力的重要过程。

信息安全加固优化服务是基础架构安全服务的实质阶段，参考当前网络和系统现状，为客户信息安全架构的改进或升级提出切实可行的解决方案，在帮助客户实施的同时，提高网络的安全性，提高每一个信息主体抵抗安全风险的能力。信息系统的安全加固主要包括三个方面：网络设备加固、操作系统加固和应用系统加固。

①网络设备安全加固。它包括禁用不必要的网络服务、修改不安全的配置、利用最小特权原则严格对设备的访问控制、及时对系统进行软件升级、提供符合 IPP 要求的物理保护环境等。对网络设备进行检测评估，提出可行性的加固方案。

②操作系统安全加固。它包括检查系统补丁、停止不必要的服务、修改不合适的权限、修改安全策略、检查账户与口令安全、开启审核策略、关闭不必要的端口等。

③应用系统（Web 系统、数据库）安全加固。它包括：一是安全审核。对要使用的操作数据库软件（程序）进行必要的安全审核，比如对 ASP、PHP 等脚本，这是很多基于数据库的 Web 应用常出现的安全隐患。对于脚本，主要是一个过滤问题，需要过滤一些类似"，""；""@""/"等字符，防止破坏者构造恶意的 SQL 语句。二是安装最新的补丁，使用安全的密码、账号策略，加强日志的记录审核，修改默认端口，使用加密协议，加固 TCP/IP 端口，对网络连接进行 IP 限制等。

驻场运维期间，信息安全服务企业安全分析师将协助进行等级保护自查和协助电子政务用户在安全测评机构进行等级保护检查时提供支持服务，同时，在获得电子政务用户许可的情况下，将对上云系统进行等级保护合规预查工作，保障上云系统的合规。

（5）通报预警服务。信息安全服务企业信息驻场人员在日常运维过程中，通过态势感知系统发现用户潜在的安全风险和隐患，提供及时的通告预警服务，主要服务对象为网络安全态势感知涉及的监测对象，包括关键节点流量监测、重点网站监测、网站空间测绘、重保单位监测、网安数据监测、情报监测。

同时，基于信息安全服务企业网站云防护发现的行业内或区域内的重要安全事件或情报，驻场人员将在第一时间通知政务云建设相关人员，并协助相关人员完成排查和相关安全加固的工作。

（6）新业务上线安全检查服务。为促进各租户信息系统上线前信息安全防护能力和防护水平的提升，最大限度地预防和减少重大信息安全事件的发生，通过开展渗透测试、配置核查、漏洞扫描等安全服务工作，使得信息安全工作能够居安思危、防患于未然。

通过新系统上线前的安全评估，深入分析信息系统中存在的安全风险与隐患，根据检查出的问题协助进行安全加固，并在加固完成后提供回归测试，全面提升信息系统上线前的整体防护水平，保障信息系统上线后的整体安全性。

为提高新上线业务的自身安全性，在新业务上线前信息安全服务企业将综合采用访谈、漏洞扫描、渗透测试、安全配置检查等方法对新上线业务进行安全检查，新业务上线前 5 天通知信息安全服务企业提供新业务上线安全检测服务，3 天内完成测试环境的安全检测，并提供检测报告，对发现的不足要从等级保护基本要求的技术和管理两方面协助采购人完成安全加固工作。服务范围包括：①安全漏洞检查，提供加固建议。②安全配置合规检查。③应用系统配置安全检查。④新上线业务如有互联网 IP，须在互联网进行渗透测试。⑤新上线业务如有 Web 网站，须对网站程序全面检查，提供代码修改建议。⑥新业务的安全域规划和访问控制策略。⑦网络改造协助提供安全审计、建议和整改方案。⑧信息安全服务企业将协助新上业务系统完成等级保护定级以及上级主管部门、公安网监等重大安全检查前的自查工作。具体要求如下：第一，信息安全服务企业信息将首先提供业务系统上线安全检查流程、方法。第二，每次服务完成后，提供安全漏洞、安全配置、Web 应用漏洞以及互联网渗透的报告，并提出安全加固建议。第三，新上业务相关建设方完成加固后，提供二次复查，对发现的安全风险逐一验证，确保上线业务系统不存在已知的安全风险。

成果文档包括但不限于：提供《新业务上线安全检查报告》《新业务上线安全加固报告》，提供新系统上线前安全评估服务，编制评估报告及系统安全整改加固建议，并配合完成新系统上线前的安全整改加固工作。

（7）重大活动安全保障服务。在"五一"、国庆节等重大节假日以及其他重大活动期间，信息安全服务企业要着重提供安全保障服务。除机房现场驻场工程师之外，还应当提供后台安全专家值守服务作为增强安全运维服务，安全值守时间自重大活动前 1 周至重大活动结束。重大活动安全保障服务通常分为事前、事中和事后三个阶段。事前阶段发现和解决问题；事中监测、值守和应急处置；事后总结，为以后信息安全工作提出建设性建议。

在重大活动前期，信息安全服务企业做好云平台的全网扫描、重要内网系统和互联网系统渗透测试、网络架构分析、无线网络安全检查、应急预案完善及演练等工作。安全评估从网络安全、主机安全、应用安全、数据安全等方面进行，全面找出影响云平台安全运行的风险，并协助进行整改，做好整改后的复测工作，确保在重大活动事前把风险控制在可接受范围内。同时，加强安保队伍培训，提高配合紧密度，提高人员应急处置的能力，事前阶段可选取几个场景，组织应急演练，并完善应急预案。

针对政务云建设指定的内网系统、互联网系统、网络设备、网络安全设备、服务器进行全网的漏洞扫描，主要从系统层面、Web 层面、中间件层面、数据库层面发现存在的漏洞，并对扫描过程中发现的高危、易于利用的漏洞进行验证，确保扫描结果真实可靠。针对互联网系统、重要内网系统，信息安全服务企业可以进行渗透测试，深度挖掘其中存在的漏洞，并协助修复。

事中进行实时监测、大数据安全分析，安全专家现场值守，及时对监测到的各种告警信息进行分析，出现异常事件时及时决策和处置。除现场驻场运维人员外，信息安全服务企业应当增派具有丰富的入侵分析和应急处置经验的安全专家进行值守。

重要安时期全安保障结束后，信息安全服务企业应当对本次安保工作进行全面总结，针对云平台目前的安全防护水平、存在的不足、安保中遇到的问题等进行总结，形成书面材料，并与政务云建设相关人员充分沟通，为后期信息安全建设提出建设性意见。

第四节　云安全方案的价值

一、提供完整的安全防护体系与可视化的监控和态势感知能力

方案为政务云建设构建了针对云平台、云内租户一体化的安全防护能力，建设了覆盖"云+管+端"各个层面的安全防御体系，云安全防护能力覆盖网络层、数据层、应用层和数据层，满足云平台和云租户多样化的安全需求。同时，云安全资源池云安全管理平台开放第三方接口，允许第三方安全产品接入云安全资源池，强化了云安全资源池的安全保障能力。

随着云平台的不断成熟，租户业务系统的不断迁入，整个云平台的安全会变得越来越复杂。通过部署信息安全服务企业云安全资源池云安全管理平台和大数据智能安全态势感知平台，政务云建设能够全局观察整个云平台的安全态势，实现安全拓扑、业务风险、安全合规等可视化管理，让安全运维管理变得更加简单。

二、降低运维成本

方案为用户提供统一的云安全管理平台，实现安全资源池的统一管理、安全服务状态的统一监控和安全产品的统一运维等，大大降低了用户安全的运维成本。

第一，安全资源池统一管理。运营管理员可以通过管理平台实时掌控云安全资源池的使用状态，每个安全模块的资源占比和每个租户的安全资源使用率，当安全资源不够时，及时响应对安全资源进行扩容。

第二，安全服务状态统一监控。云安全运营管理员能够通过云安全资源池云安全运营平台统一监控整个云平台的安全状态和租户的安全资源使用情况；云租户可以通过云安全资源池云安全租户平台统一管理自己的安全资源，掌握自己业务的整体安全动态，对安全产品统一配置。

第三，安全产品统一运维。通过统一的管理平台，管理员和租户可以统一运维权限

范围内的安全资源，无须单独登录到不同的安全产品进行管理，降低运维成本。

三、划清安全责任边界

云安全运营管理员和云租户管理权限分离，划清了安全责任边界，避免安全责任边界模糊带来的不必要纠纷。

第一，租户通过云安全资源池云安全租户平台自助申请安全资源，并统一管理，租户安全责任由租户自己承担。

第二，运营管理员通过云安全资源池云安全运营平台统一管理安全资源池的状态和云平台的安全状态，负责安全资源池的运营和云平台的安全。

四、快速满足等级保护要求

等级保护是我国推行最广的一套安全标准。根据《信息安全技术　网络安全等级保护基本要求　第2部分：云计算安全扩展要求》，在云计算环境中，应将云服务方侧的云计算平台单独作为定级对象来定级，云租户侧的等级保护对象也应作为单独的定级对象来定级，即在云平台满足了等级保护要求的同时，云租户业务也需要满足等级保护要求。

云安全资源池为租户提供等级保护推荐套餐，可以为租户提供所需要的安全产品和安全服务，帮助用户快速满足等级保护要求，业务合规，打消了用户上云疑虑。

第九章　监管平台建设方案案例

第一节　项目服务要求

一、项目主要服务情况

某监管服务平台（简称"平台"）是某行政部门履行监管职责的重要信息化工作平台。平台目前部署在阿里公有云上，现根据工作需要，计划在确保安全稳定基础上，将平台迁移到单位机房，变为私有云。

这里将项目主要服务情况介绍如表 9-1 所示。

表 9-1　项目主要服务情况

主要服务所属分类	主要投标标的名称	品牌	规格型号/主要特征
软件及服务	容器服务	阿里云	容器服务
	弹性云主机		弹性云主机
	对象存储		开放存储服务软件（OSS）
	关系型数据库		云数据库 RDS for MySQL
	缓存数据库		云数据库 kvstore
	文档型数据库		云数据库 MongoDB 版本
	全文检索		阿里云 Elasticsearch
	分析型数据库		分析型数据库（ADS）
	密钥管理系统		KMS 密钥管理系统
	日志及应用实时监控服务		日志及应用实时监控
	文件存储		文件存储

续表

主要服务所属分类	主要投标标的名称	品牌	规格型号/主要特征
软件及服务	数据传输服务	阿里云	数据传输服务
	运维及安全管理平台		专有云统一管理平台软件和 Apsara Stack 运维系统
	监管服务平台功能及数据迁移服务		监管服务平台功能及数据迁移服务

二、项目现状、建设目标

(一)现状

平台整体架构采用微服务架构,核心业务应用包括各类服务内容、业务数据上报、统计上报等应用层服务,同时涉及用户服务、日志服务、短网址服务、文件服务、短信服务等基础服务,以阿里云容器服务 K8s 集群服务作为核心计算承载。数据库方面,使用 RDS、Redis、TableStore、MangoDB 等云服务。存储方面,使用对象存储服务 OSS (Object Storage Service) 和 NAS 作为业务数据存储共享,并使用 ADB 做基础的数据分析。中间件方面,使用 SLS 日志服务,数据传输服务(Data Transmission Service, DTS),Kafka 做消息队列以及业务实时监控服务 ARMS(Application Real-Time Monitoring Service) 等微服务监控工具。安全方面,使用阿里云包括云盾—堡垒机、数据库审计、态势感知、WAF、安骑士等一整套公有云安全防护体系,并使用 KMS 管理作为密钥管理。

(二)建设目标

第一,构建安全稳定运行的基础环境。为平台构建安全稳定运行的信息化基础设施资源、数据存储空间和计算资源。

第二,实现平台向单位机房的迁移。在确保平台业务不中断、数据不丢失、服务质量不下降的前提,将平台一次性彻底迁移至单位机房。

第三,网络安全管理。平台须按网络安全等级保护三级建设,并通过等级保护三级测评和密码应用安全性评估,确保满足服务期内年度网络安全攻防演习防守要求。

第二节 项目需求分析

一、整体需求分析

项目整体需求如表 9-2 所示。

表 9-2 项目整体要求情况

内容	需求说明
业务需求	（1）项目采购的软硬件设备主要用于平台运行支撑环境和系统安全建设，需具备和满足与原公有云基本一致的功能及性能需求，具备平台正常运行所需的计算、存储资源及云安全。采购的迁移服务主要用于将公有云上平台系统及数据迁移至单位机房。 项目采购的云平台软件中容器服务、虚拟云主机、对象存储服务、云数据库、分析型数据库应与现有平台所用相应组件兼容。 （2）现有平台所用各组件情况如下： 第一，容器服务，用于承载资质、团队管理、电子合同管理、业务管理等业务应用。 第二，弹性云主机，用于电子合同管理和业务管理的业务应用部署。 第三，对象存储服务，用于存储电子合同、附件等图片、版式文件。 第四，云数据库，用于各不同业务模块的数据存储与管理，业务应用与数据库之间的缓存服务，存储电子合同。 第五，全文搜索服务，用于大数量、多条件查询、检索和统计。 第六，分析型数据库，用于业务数据的汇集存储及报表生成。
技术需求	第一，提供由 CPU、内存、镜像和云硬盘组成的可随时获取、弹性可扩展的计算服务器，结合虚拟私有云、容器引擎等云服务，形成高效、可靠和安全的计算环境。 第二，要求提供以容器编排管理工具为基础，以应用为中心的容器云平台，具备对容器化应用的生命周期管理能力，涵盖了应用的自动伸缩、配置管理、资源管理、自动运维等功能。提供软件仓库和镜像仓库，对通用软件包以及业务应用镜像进行本地化管理。 第三，要求提供适应平台不同业务需求的存储设备及软件。 第四，要求提供云服务的资源申请、发放、计量等管理能力。在大规模场景下，租户侧和管理侧能隔离，并支持从内网和公网访问租户侧和管理侧。
系统需求	（1）项目的实施应为实现监管平台迁移提供一体化的信息化架构体系，云平台功能应为一体化，计算、网络、存储等资源虚拟化，可扩展、可伸缩，最大化利用资源。集成商应充分利用、集成已有数据、应用、硬件、网络等资源，充分利旧，避免重复建设，降低建设成本。 （2）项目采购的软硬件设备应为成熟、完整的私有云体系，集成商应严格执行电子政务建设相关国家标准，以及国家相关部门关于电子政务建设的相关文件要求。若出现项目有专业标准情况，则应保证本期工程专业标准，不能与国家或行业标准冲突。 （3）项目须按照网络安全等级保护三级建设，并符合 GB/T 22239—2019 信息安全技术　网络安全等级保护的基本要求以及云计算安全扩展要求，对平台进行安全整改及防护。项目采购的软硬件设备须满足通过等级保护三级测评和密码应用安全性评估的要求。 （4）项目采购的软硬件设备应满足采购人现有机房、网络等支撑环境要求。

二、软件及服务需求

（一）容器服务需求

容器服务需求如表 9-3 所示。

表 9-3 容器服务需求情况

指标项	指标要求
部署环境	支持部署在物理机或虚拟机

续表

指标项	指标要求
Linux 系统	至少支持 Centos7.4 以上版本的操作系统
网络管理	容器需保证与现有网络方案对接，需提供承诺
存储管理	支持存储卷的生命周期管理，包括创建、删除、挂载、卸载
扩展性	单集群管理支持 500 以上容器节点
版本	kubernetes 版本 ≥1.15
功能需求	提供容器镜像仓库
管理性	支持 X86 或 ARM 架构集群
资源监控	支持集群/应用资源监控
资源需求	单集群 VCPU 数量≥360VCPU，内存容量≥720GB，提供 1 年软件服务

（二）弹性云主机需求

弹性云主机需求如表9-4所示。

表 9-4　弹性云主机需求情况

指标项	指标要求
计算需求	须支持云主机的生命周期管理，包括创建、停止、重启、启动、删除，并支持批量创建云主机
	须支持云主机创建快照，用户能够在不影响现有业务的情况下对云主机创建快照
	需支持为云主机配置 IPv4，IPv6 网络
镜像管理	根据实例创建镜像，支持系统盘镜像、数据盘镜像或者整机镜像
	镜像导入，支持导入的镜像格式有 vmdk、qcow2、qcow、qed、raw，支持多种虚拟化平台镜像导入云平台
	支持镜像导出，支持从 console 导出 vmdk、qcow2 格式的镜像，自主导出
分布式存储	服务可用性不低于 99.9%，数据持久性不低于 99.9999999%
	支持专属云盘服务，存储池物理隔离，资源独享，专属分布式存储对接弹性云主机服务器、裸金属等多种不同类型的计算服务
负载均衡	均衡策略，负载均衡提供源地址 Hash 算法的流量分发策略，将请求分发到对应固定服务器上，这可以使得对不同源 IP 的访问进行负载分发，同时使得同一个客户端 IP 的请求始终被派发至某特定的服务器
服务能力	为了业务安全考虑，需支持物理机级别反亲和性
资源需求	配置 VCPU≥80 核，内存≥320GB，提供块存储容量≥16TB，提供 1 年的软件服务

（三）对象存储需求

对象存储需求如表9-5所示。

表 9-5　对象存储需求情况

指标项	指标要求
基础功能	对象存储服务支持 RESTful API 接口；通过开发工具包 SDK 或直接通过 RESTful API 进行基础和高级 OSS 操作
	支持存储空间标签能力
	支持对象存储直接映射到公网
	支持 JPG、PNG、BMP、GIF、WebP、TIFF 等多种图片格式的转换，以及缩略图、剪裁、水印、缩放等多种操作
扩展能力	支持服务器横向扩展，扩容过程中不影响对外服务
基础数据监控	支持存储空间监控，支持流量监控
存储管理	支持将数据以对象文件方式进行存储，用户可以通过调用 API 操纵存储的数据，实现在任何应用上、任何时间、任何地点上传和下载数据
持久性	服务可用性不低于 99.99%，数据持久性不低于 99.9999999%
	支持对象多版本存储
资源需求	配置对象存储容量≥70TB，提供 1 年的软件服务

（四）关系型数据库需求

关系型数据库需求如表 9-6 所示。

表 9-6　关系型数据库需求情况

指标项	指标要求
功能指标	支持主流的开源和商用数据库引擎，开源产品如 MySQL
	提供记录数据库的所有 SQL 访问记录的能力
支持锁视图	获取锁视图信息，方便现网定位事务卡住信息
安全性	支持数据库审计
	支持数据自动化全量、增量备份
	具备完善的安全防护措施，支持访问控制策略，支持白名单设置、SQL 审计等功能
版本	MySQL5.6、5.7、8.0
资源需求	配置 VCPU≥80 核，内存容量≥320GB，存储空间≥5TB，提供 1 年的软件服务

（五）缓存数据库需求

缓存数据库需求如表 9-7 所示。

表 9-7　缓存数据库需求情况

指标项	指标要求
兼容性	兼容主流如 Redis、Memcached 协议

续表

指标项	指标要求
版本	支持 Redis 4.0 或以上版本
安全性	支持数据持久化存储
	支持自动备份与恢复功能
可用性	支持主备、集群等高可用实例类型
管理功能	集成 VM 级别的安全隔离能力，保障客户系统和数据安全
资源需求	配置内存容量≥256GB，提供 1 年的软件服务

（六）文档型数据库需求

文档型数据库需求如表 9-8 所示。

表 9-8　文档型数据库需求情况

指标项	指标要求
版本	提供 MongoDB 4.0 以上版本
安全性	支持自动备份与恢复功能
	支持访问控制策略
日志管理	慢日志管理，错误日志管理，审计日志管理
安全性	支持通用的透明加密方式或静态加密
资源需求	配置 VCPU≥64 核；内存容量≥256GB；存储空间≥3TB，提供 1 年的软件服务

（七）全文检索需求

全文检索需求如表 9-9 所示。

表 9-9　全文检索需求情况

指标项	指标要求
数据可视化分析	支持数据查询、可视化分析
结构化/非结构化数据存储	为用户提供结构化、非结构化文本的多条件检索、统计、报表，完全兼容开源 ElasticSearch 软件原生接口
安全性	支持自动备份与恢复功能
	支持访问控制策略
版本	ElasticSearch 6.7 及以上版本
服务能力	搜索与推荐相结合，支持根据用户对搜索结果的点击行为自动优化搜索结果
	支持向量数据类型，支持特征向量的相似性检索，提供声音、图片等富文本检索
资源需求	配置节点数≥3 个。单节点配置：VCPU≥32 核；内存容量≥128GB，磁盘容量≥15TB，提供 1 年的软件服务

（八）密钥管理系统需求

密钥管理系统需求如表9-10所示。

表9-10　密钥管理系统需求情况

指标项	指标要求
基本密钥管理	用户可创建、启用、禁用、删除、别名、修改用户主密钥，完成对用户主密钥的生命周期管理
	用户可创建、加密、解密数据密钥，支持国密算法
一键集成加密能力	提供与其他云服务如对象存储一键集成加密能力
密钥使用审计	审计密钥所有的非查询类操作
云主机密钥对登录	通过密钥对登录虚机方式，避免可能存在的弱口令/暴力破解等安全问题
资源需求	配置≥1套，提供1年的软件服务

（九）日志及应用实时监控服务需求

日志及应用实时监控服务需求如表9-11所示。

表9-11　日志及应用实时监控服务需求情况

指标项	指标要求
日志管理能力	支持接入kubernetes集群日志
	支持日志多种条件搜索，导出、下载，并提供上下文展示和搜索结果导出功能
监控能力	支持标准Prometheus自定义指标接入能力
	支持监控指标导出功能
	支持按照应用、主机、服务、实例多维度关联分析
告警能力	支持告警信息查看、清除、过滤搜索、导出功能
	支持多种指标设置阈值告警，包括资源使用情况、应用状态、SLA指标等
结构化数据存储	支持日志聚合查询、实时刷新
资源需求	对象存储≥15TB，存储时长≥180天，提供1年的软件服务

（十）文件存储需求

文件存储需求如表9-12所示。

表9-12　文件存储需求情况

指标项	指标要求
持久性	服务可用性不低于99.99%，数据持久性不低于99.9999999%
基本功能	支持客户的多个VPC虚机共享同一文件系统
资源需求	配置文件存储容量≥30TB，提供1年的软件服务

三、数据传输服务需求

数据传输服务需求如表 9-13 所示。

表 9-13　数据传输服务需求情况

指标项	指标要求
功能要求	支持 MySQL 至 MySQL/分析型数据库的数据结构迁移、数据全量迁移及数据增量实时同步
	支持动态增减同步对象
	支持数据增量的订阅功能，把变化的数据流式地送给下游业务读取和消费
	提供数据迁移、数据订阅等多种数据传输能力
	支持多活灾备功能
	支持多个源数据库写入同一个目标数据库，支持库级多对一、表级多对一
高可用性	数据传输任务需具备断点续传机制
资源需求	全量复制迁移任务数≥5，实时增量同步任务数≥15，提供 1 年的软件服务

四、运维及安全管理平台需求

运维及安全管理平台需求如表 9-14 所示。

表 9-14　运维及安全管理平台需求情况

指标项	指标要求
功能指标	系统管理、告警管理、物理平台管理
任务管理	自定义自动化运维操作及任务
运维管理	支持对运维 API 进行细粒度的权限控制和安全审计
	支持在版本和应用接口层面的统一管理视角
	支持灵活多样的定制化能力
	支持自定义开发监控系统、告警大屏、运维平台
安全管理	账户暴力破解防护：检测账户遭受的口令破解攻击，对识别出的攻击源 IP 封锁 24 小时，禁止其再次登录，防止主机因账户破解被入侵
	弱口令检测：使用最新的常见弱口令字典，对系统账户进行口令扫描，检测出其中的弱口令，提示用户修改，防止账户口令被轻易猜解

五、平台功能及数据迁移服务需求

平台功能及数据迁移服务需求如表 9-15 所示。

表9-15　平台功能及数据迁移服务需求情况

指标项	指标要求
方案质量	方案科学合理、符合平台运行实际，方案安排合理，能确保平台数据安全
时间要求	不超过一个月
功能需求	确保迁移后系统及数据的完整性
性能需求	确保迁移中业务不中断、质量不下降

第三节　项目解决方案

一、云平台整体设计

平台整体设计包括阿里私有云提供的 IaaS 层和 PaaS 层，某监管服务平台作为 SaaS 层运行在阿里私有云之上，同时和运行在阿里公有云的电子合同系统做互通如图 9-1 所示。

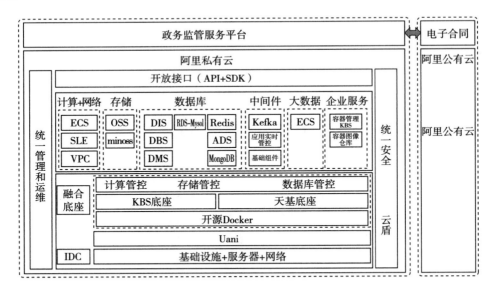

图9-1　政务监管服务云平台的整体框架

（一）设计原则

1. 自主可控原则

国家信息基础设施的安全问题日益突出，各种国际安全事件频发，越发体现出

"自主可控"的重要性。国家专门成立网信办，主要负责指导信息安全管理工作。多个国家部委单位明确发文表示推动信息系统的国产化进程，并提出明确的指标。采用国内厂商自主研发、安全可控的信息技术产品，已经成为政府 IT 发展的明确趋势。

在"自主可控"的大背景下，开源项目也越来越多地成为企业用户的选择。然而，某些开源项目来源于外国政府机构发起的项目，由国外开发组织所主导，由国外大型企业投资的基金会赞助，虽然开源但仍旧存在不自主、不可控、不安全的隐患，所以在系统选型的过程中应予以考虑，并慎重选择。

在项目的系统选型过程中，应将坚持在自主可控的基础上，尽可能地采用国产化的自主可控的系统。阿里云作为本土产生的云服务提供商，飞天云平台完全由阿里自研，与开源云厂商有着本质的区别。

2. 可用性原则

（1）无单点故障。由于各组件的控制节点与业务承载节点均为关键节点，因此不应存在单点故障。

阿里云平台从底层文件操作系统架构设计上就考虑三副本或多副本的冗余，从而在云平台的底层就保证了系统的高可靠性。平台上面的各个云产品又在各自的产品设计上提供了各种产品级的高可用性保证，因此系统和架构设计中需要充分考虑系统的安全性和可靠性。

（2）保证数据完整性。假设有单节点故障时不应影响数据的完整性。

每个阿里云产品，无论其是控制节点故障还是数据节点故障，都不会影响数据的完整性。控制采用 Paxos 协议，保证在数据写两份成功时才返回应用成功，在这种模式下，即使一台控制节点异常，由于是两份数据，也可以保证数据的完整性。

数据节点采用三副本策略，因此任何节点的异常也不会影响数据的完整性，任何节点故障后恢复时均不能影响正常节点的运行。

控制集群在故障节点恢复阶段会重新加入 Paxos 协议的控制集群进行选择，这个时候加入不会影响正常节点的运行。同理，数据节点异常之后加入集群会对副本存放的位置进行重新的分配，也不会影响正常节点工作。

数据存储采用多副本存储技术，个别副本故障不应影响系统及业务的正常运行，且能自动在线重建副本。

阿里云采用独特的同步写两副本+异步写一个副本模式，因此当前出现一个副本异常，对写入无影响，对读数据也不会产生影响。由于存在两个正常副本，因此，它也不会影响正常运营。

（3）高可靠性。平台需要提供可靠的数据备份和恢复的解决方案。阿里云的云主机和 RDS 都采用实时备份的方式，在故障恢复时 RDS 可以实现秒级的恢复，而云主机通过快照可以快速进行数据的恢复。

（4）高可用率。系统可用率＝系统无故障运行时间／（系统无故障运行时间＋系统故障维护时间）。由于阿里云无论是控制集群还是数据集群，都采用集群设计，因此具有高可用率。

（5）不可用时间计算。云平台不可用时间应排除以下非云产品故障和恢复时间：①计划内的维护、升级、变更。②数据中心不可用（自然灾害、断电、空调故障等）。③硬件故障（服务器故障、磁盘故障、网卡故障、网络设备故障、网线故障、UPS故障等）。④由于应用自身问题导致的故障。⑤使用不当引起系统容量过载导致的故障。⑥任何其他非阿里云产品原因引起的故障、中断、停机。

3. 扩展性原则

阿里云每个云产品都具备在线扩展的能力，同时在线扩展不会影响现有业务的正常运行。

4. 开放和开源原则

提供 SDK、二次开发接口，支持主流的开发语言进行调用。

阿里云每个云产品都提供 SDK 以及二次开发的接口，支持主流开发语言的调用。阿里云通过 EDAS 中的能力开放平台可以与现有的信息系统实现无缝的集成、进行服务的适配和数据的互通。阿里对外共享开源的项目高达 120 多个，其中包括著名的 Linux 内核 LVS、支付宝使用的数据库 oceanbase。在 MySQL 领域中，更是与 Facebook、Google、Twitter、LinkedIN 成立开源社区 WebScaleSQL，共享核心代码。阿里带给全球开源社区的贡献在国内远远领先于其他互联网公司。

另外，阿里的众多云产品完全兼容开源协议，如云 KVStore 存储兼容 Redis 协议、MAXCOMPUTE 大数据兼容 Hadoop 协议等。这些云产品底层的核心引擎代码全部由阿里自主研发，完全具备自主知识产权。企业在使用阿里云产品过程中，无任何法律风险。

开源的 KVM 只是虚拟化技术的基础实现，其离商业的云服务器距离还非常大。很多云计算厂商都在开源的 KVM 基础上做改进、提升、加固，形成一套商业产品。阿里借鉴了这项技术，在 KVM 的基础上改进提升了性能，修补加固了漏洞，增加了很多需要融入云平台的功能，例如：租户隔离，能够让各虚机之间不可见，安全可靠；云服务器的热迁移功能；云服务器的管控接口，支持云操作系统对虚机的调度管控，云管控平台对其的监控；云服务器对分布式文件系统的支持功能；等等。

阿里的 RDS for MySQL 完全兼容 MySQL5.5、MySQL5.6、MySQL5.7 的协议。

阿里联合 Facebook、Google、Twitter、Linkedin 五家公司成立了开源社区 Web-ScaleSQL，共享核心代码。阿里的 RDS 基于共享的核心代码研发得来，完全具备自主知识产权。在常用的 MySQL5.6 版本性能测试中，阿里云的 RDS 性能优于开源 10% 以上。同时，阿里采用自主研发的技术，通过流式备份，实现了 RDS 数据在误操作下的秒级恢复。在稳定性方面，数据库采用的是长连接，通过阿里技术改造，可以实现数据库异常不会给业务系统带来闪断，该项技术可极大提高业务系统使用 RDS 的稳定性。

阿里的分布式应用中间件叫 EDAS，EDAS 内的服务开发框架 HSF 对应的开源社区版本是 Dubbo。它是阿里开源的一个分布式服务框架，致力于提供高性能和透明化的 RPC 远程服务调用方案，以及 SOA 服务治理方案。开源社区的 Dubbo 只是一个服务开发框架，不具备完整的中间件功能，而 EDAS 是一个商业化完整的产品。阿里从 2006 年开源至今，一直在积极维护开源版本。

阿里的分布式数据库中间件对应的开源版本是 cobra，社区中较为流行的版本叫 mycat，是开源社区根据开源的 cobra 产品做了功能的完善和发展后出来的一个分布式数据库社区版。此版本在各大互联网公司得到广泛应用。

MQ 对应的社区开源版本是 rocketmq，社区版的内核比商业版的低，该社区是由阿里内部的 MQ 产品开源出来成立的。

此外，阿里云的所有云产品，都提供标准 SDK，用户可以通过开放的 SDK 按照需求构建自己的应用。其中，云主机的操作系统兼容主流的 Linux 和 Windows 操作系统，包括但不限于 Redhat、CentOS、SUSE、Redflag 等。

5. 安全性原则

云计算的虚拟化资源池、弹性架构、服务可度量、灵活接入和按需服务等特性让计算资源（包括网络、服务器、存储、应用软件、服务）变得像自来水一样随时、随地、随需可得，极大地优化了 IT 资源效率，但同时也对云上用户的 IT 系统安全性提出了新的挑战。阿里云提供的云产品及服务来自阿里巴巴集团在电子商务行业多年的技术沉淀，阿里自身的应用一直也在锤炼攻防。阿里云的安全体系源自阿里巴巴集团多年安全攻防技术积累，形成了云盾体系，依托云计算的高弹性扩展和大数据分析能力，为各行业用户的专有云环境提供安全审计、DDoS 攻击防护、主机入侵防护、Web 应用入侵防护、网站漏洞检测及修复等云安全服务。

云盾不同于传统的软硬件安全产品，它采用纵深防御，多点联动的云安全架构，完全基于阿里云的云计算环境研发，从网络层、应用层、主机层等多个层面为用户提供全面的、一体化的云安全防护能力。

6. 先进性原则

阿里云平台完全具有自主知识产权，产品是阿里近 3000 名工程师的研发成果，可以实现代码层面的运维，更符合用户对云平台长期发展的要求。

系统采用成熟、具有国内先进水平并符合国际发展趋势的技术、软件和设备，在设计过程中充分依照国际上的规范、标准，借鉴国内外目前成熟的互联网分布式系统的体系结构，以保证系统具有较强的生命力和扩展能力。保证先进性的同时还要保证技术的稳定、安全。

7. 分布式原则

根据用户业务应用存在海量数据存储、海量计算处理，高并发的特点，非常适合采用分布式架构设计的云平台。阿里云平台是构建在通用 X86 服务器上的分布式架构云计算平台，其设计具备大规模的数据存储、数据计算和大数据分析能力。

（二）标准依据

项目云平台的建设需要遵循但不限于下列相关国际、国家和行业标准：

1. 国际标准

ISO/IEC 27017—2014：《信息技术—安全技术—基于 ISO/IEC 27002 的云服务信息安全控制的实施规程》；

ISO/IEC 19831—2015：《云基础设施管理接口（CIMI）模型和基于 RESTfulHTTP 的协议：一种用于管理云基础设施的接口》；

ISO/IEC 17789—2014：《信息技术云计算参考架构》；

ISO/IEC 17788—2014：《信息技术云计算概述和词汇》；

ITU-TY.3501—2016：《云计算框架和高级要求》；

ISO/IEC 17788：2014《信息技术云计算概念和词汇》；

ISO/IEC 17788：2014《信息技术云计算参考架构》；

ITU-TX.1642—2016《云计算运行安全指南》；

ITU-TY.3510—2016《云计算基础结构要求》；

ITU-TY.3520—2015：《端到端资源管理的云计算框架》；

ITU-TQ.4040—2016：《云计算互用性测试的框架和综述》；

ITU-TY.3600—2015：《基于大数据的云计算的需求和能力》；

ITU-TX.1601—2015：《云计算的安全框架》；

ITU-TY.3512—2014：《云计算网络服务的功能性要求》；

ITU-TY.3513—2014：《云计算基础设施服务的功能要求》；

ITU-TY.3502—2014：《信息技术云计算参考架构》；

ITU-TY.3500—2014：《信息技术云计算概述和词汇》；

ITU-TQSuppl.65—2014：《云计算的互操作活动》；

ITU-TY.3511—2014：《云计算网络和基础设施云间框架》；

《云计算关键领域安全指南 V4.0》。

2. 国家标准

《基于云计算的电子政务公共平台顶层设计设计指南》；

《信息安全技术　云计算服务安全能力要求》；

《信息安全技术　云计算服务安全指南》；

《电子政务标准化指南》；

《电子政务系统总体设计要求》；

《信息技术　云计算　参考架构》；

《信息技术　云计算　概览与词汇》；

《信息技术　云数据存储和管理》；

《电子政务术语》；

《信息系统灾难恢复规范》；

《信息安全技术　信息系统安全保护等级定级指南》；

《信息安全技术　信息系统安全等级保护基本要求》；

《信息安全技术　信息系统安全等级保护实施指南》；

《信息系统安全等级保护测评准则》；

《信息安全技术　云计算服务安全能力要求》；

《信息安全技术　云计算服务安全指南》；

《信息安全技术　网络安全等级保护基本要求　第2部分：云计算安全扩展要求》；

《信息安全技术　信息系统通用安全技术要求》；

《信息安全技术　网络基础安全技术要求》；

《信息安全技术　操作系统安全技术要求》；

《信息安全技术　数据库管理系统安全技术要求》；

《信息安全技术　服务器安全技术要求》；

《信息安全技术　终端计算机系统安全等级技术要求》；

《信息安全技术　信息系统安全管理要求》；

《信息安全技术　信息系统安全工程管理要求》；

《信息安全技术　信息安全风险评估规范》；

《信息安全技术　信息安全事件分类分级指南》；

《信息安全技术　信息系统灾难恢复规范》；

《信息技术　安全技术　信息安全管理体系要求》；

《信息技术　安全技术　信息安全管理实用规则》；

《信息技术　安全技术　信息安全事件管理指南》；

《政务信息资源交换体系　第2部分：技术要求》；

《政务信息资源交换体系　第1部分：总体框架》；

《政务信息资源交换体系　第3部分：数据库接口规范》；

《政务信息资源交换体系　第4部分：技术管理要求》；

《信息安全技术　灾难恢复中心建设与运维管理规范》；

《信息安全技术　信息系统安全等级保护测评要求》；

《信息安全技术　信息系统安全等级保护实施指南》；

《信息安全技术　信息系统等级保护安全设计技术要求》；

《计算机信息系统安全保护等级划分准则》；

《信息安全技术　信息系统等级保护基本要求》；

《信息安全技术　基于互联网电子政务信息安全实施指南》；

《信息安全技术　信息系统灾难恢复规范》；

《国家电子政务网络技术和运行管理规范》；

《XML 在电子政务中的应用指南》；

《电子政务主题词表编制规则》；

《电子政务业务流程设计方法通用规范》；

《电子政务数据元　第 1 部分：设计和管理规范》；

《电子政务数据元　第 2 部分：公共数据元目录》；

《电子信息系统机房设计规范》；

《电子信息系统机房施工及验收规范》。

3. 行业标准

《云计算安全框架》；

《云资源运维管理功能技术要求》；

《云计算资源池系统设备安装工程设计规范》；

《云资源管理技术要求》（YD/T 2807—2015）；

《云计算基础设施即服务（IaaS）功能要求与架构》；

《云计算服务协议参考框架》；

《面向政务的云服务》；

《国家电子政务外网信息安全标准体系框架》；

《国家电子政务外网信息安全标准化工作规范》；

《国家电子政务外网安全等级保护基本要求》；

《国家电子政务外网安全等级保护实施指南》；

《国家电子政务外网 IPSec VPN 安全接入技术要求与实施指南》；

《国家电子政务外网安全接入平台技术规范》；

《国家电子政务外网安全监测体系技术规范与实施指南》；

《国家电子政务外网安全管理系统技术要求与接口规范》；

《国家电子政务外网跨网数据安全交换技术要求与实施指南》；

《接入政务外网的局域网安全技术规范》；

《国家电子政务外网标准：政务云安全要求》。

二、云平台网络拓扑设计

云平台网络部署架构拓扑结构如图 9-2 所示。

云平台 ISW 交换机通过防火墙与云外网络互连，云外网络包括互联网和云外其他业务网络。

通过防火墙做云边界防护和访问控制。在边界防护上，采用物理防火墙保证跨越边界的访问和数据流通过边界设备提供的受控接口进行通信，通过配置访问白名单方式，能够对非授权设备私自联到内部网络的行为以及内部用户非授权联到外部网络的行为进

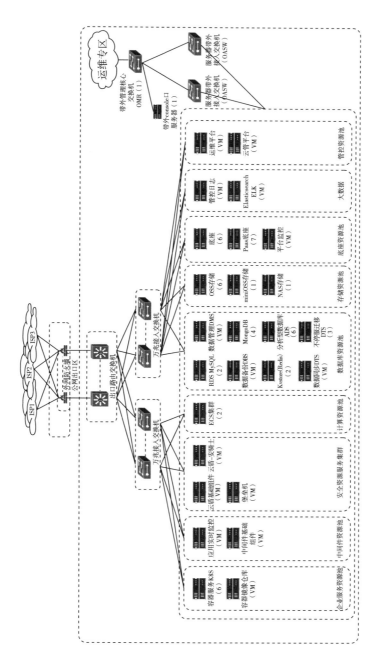

图9-2 网络部署架构拓扑

注：①数字表示物理机部署及数量；②VM表示虚拟机部署。

行限制；在访问控制方面，通过配置白名单方式在网络边界或区域之间根据访问控制策略设置访问控制规则，默认情况下除允许通信外受控接口拒绝所有通信，删除多余或无效的访问控制规则，优化 ACL，并保证访问控制规则数量最小化；通过物理防火墙或安全组对源地址、目的地址、源端口、目的端口和协议等进行检查，以允许/拒绝数据包进出，并根据会话状态信息为进出数据流提供明确的允许/拒绝访问的能力。

（一）网络架构层面

网络汇聚区主要由两台核心交换机（ISW）组成，核心交换机选择盒式交换机设备。

（二）运维与管理层面

云管理区包括云管控和云运维两部分功能。

云管控主要由云管控 Docker 集群和元数据库组成。云管控 Docker 集群为平台所有云产品及管理模块提供容器服务，元数据库为云平台内所有产品提供管控数据的数据库存储服务。

云运维主要由天基运维及监控平台、云资源管理系统、云安全管理控制台等组成。

（三）计算资源池和存储资源池

计算资源池提供云主机和存储资源。存储资源池由块存储资源集群、对象存储等存储产品组成，为用户提供不同种类的存储需求。

（四）数据库资源池

数据库资源池由数据库区 RDS for MySQL 集群组成，为云平台上的各租户提供数据库资源。同时，还提供 Redis 缓存数据库、MongoDB 数据库、DTS 等。

（五）中间件资源池

中间件资源池分为基于云主机部署和基于物理服务器部署，为云平台上的各租户提供中间件资源。

三、云平台详细设计

（一）IaaS 层设计

1. 计算资源池设计

阿里云通过 ECS 服务完成虚拟弹性主机的全生命周期管理。

阿里云 ECS 服务采用 KVM 虚拟化技术，通过虚拟化技术，ECS 为用户提供云主机的基础运行环境，与阿里公有云 ECS 服务的体验一致。用户获得云主机后，可安装合适的业务应用系统，并通过云管理平台界面对云主机执行全生命周期管理操作，包括停止、启动、快照、克隆和挂载/卸载数据云盘等操作。云主机包含 VCPU、内存、系统云盘、数据云盘和虚拟网卡等资源服务。这一虚拟化技术的特性表现为：

（1）功能特性。

①CPU 虚拟化。

从架构上看，传统的 X86 平台并不是为支持多操作系统并行而设计的。因此，CPU

厂商如 AMD 和 Intel 都需要重新设计 CPU，增加虚拟化特性，以解决上述问题。ECS 服务采用 KVM 技术，已经开始充分利用芯片厂商在处理器架构中构建的硬件辅助功能，以提高系统运行效率，降低 Hypervisor 带来的系统开销。

在传统的 X86 运行环境下，操作系统使用保护环提供保护级别，以完成不同任务代码的执行。这些环以等级排列，从最有特权的（Ring 0）到最小特权的（Ring 3）。在未虚拟化的服务器上，操作系统拥有在 Ring 0 运行设备 I/O 等核心指令的权利，同时应用运行在 Ring 3。在虚拟化系统上，Hypervisor 和虚拟机监控器（VMM）需要运行在 Ring0，因此虚拟机子操作系统必须运行在 Ring1。但由于多数操作系统的设备 I/O 等核心指令必须运行 Ring 0，因此 VMM 工具通过捕获特许指令和模拟 Ring 0 到子虚拟机，使子操作系统以为它运行在 Ring 0，这样就产生了延时和开销。

因此，Intel 和 AMD 等芯片厂商在 CPU 内引入了新的机制，即根模式和非根模式，用根模式来运行 VMM，用非根模式来运行 Guest OS，而这允许 Guest OS 天生运行在 Ring 0 里。这种 CPU 架构上的虚拟化支持扩展提升了性能。VMM 不再让 Guest OS 以为自己运行在 Ring 0 里，因为 Guest OS 已经能在此操作，并且不会与 VMM 发生冲突——VMM 已经移动到根模式。选择支持这些虚拟化优化扩展的 CPU，可以更好地降低系统开销、提升虚拟化效率。

基于以上设计，Intel 和 AMD 分别推出了 VT-x 和 AMD-v 这两种主要的 X86 处理器架构的虚拟化硬件辅助功能（见图 9-3）。

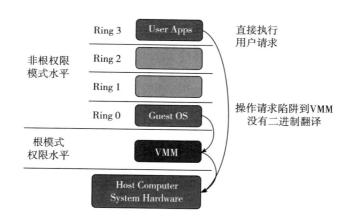

图 9-3　虚拟化硬件辅助功能示意图

ECS 将物理的 CPU 逻辑虚拟出 VCPU，使得在物理硬件之上同时运行多个操作系统成为可能。依靠 CPU 硬件辅助虚拟化技术，KVM 本身分为两部分，分别是运行于 Kernel 模式的 KVM 内核模块和运行于 User 模式的 Qemu 模块，这两块运行于 CPU 的根模式；虚拟机操作系统运行于 CPU 的 Guest 模式，也就是非根模式，特权指令受到 KVM

的严格监控，如果运行到特权指令，则会自动跳转到根模式。

利用硬件辅助虚拟化技术的支持，KVM 中的每个虚拟机可具有多个虚拟处理器 VCPU，每个 VCPU 对应一个 Qemu 线程，VCPU 的创建、初始化、运行以及退出处理都在 Qemu 线程上下文中进行，需要 Kernel、User 和 Guest 三种模式相互配合。

②内存虚拟化。

为了实现内存虚拟化，让虚拟机使用一个隔离的、从零开始且具有连续性的内存空间，KVM 引入一层新的地址空间，即虚拟机物理地址空间（Guest Physical Address，GPA），这个地址空间并不是真正的物理地址空间，它只是宿主机虚拟地址空间在虚拟机地址空间的一个映射。对虚拟机来说，虚拟机物理地址空间都是从零开始的连续地址空间，但对于宿主机来说，虚拟机的物理地址空间并不一定是连续的，虚拟机物理地址空间有可能映射在若干个不连续的宿主机地址区间（见图 9-4）。

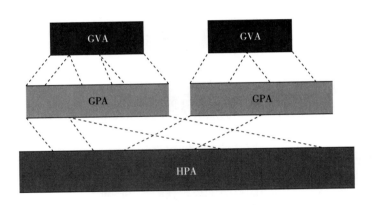

图 9-4　虚拟机地址与宿主机地址映射示意图

由于虚拟机物理地址不能直接用于宿主机物理 MMU 进行寻址，因此需要把虚拟机物理地址转换成宿主机虚拟地址（Host Virtual Address，HVA），为此，KVM 用一个 kvm_ memory_ slot 数据结构来记录每一个地址区间的映射关系，此数据结构包含了对应此映射区间的起始虚拟机页帧号（Guest Frame Number，GFN），映射的内存页数目以及起始宿主机虚拟地址。于是 KVM 就可以实现对虚拟机物理地址到宿主机虚拟地址之间的转换，也即首先根据虚拟机物理地址找到对应的映射区间，然后根据此虚拟机物理地址在此映射区间的偏移量就可以得到其对应的宿主机虚拟地址，进而再通过宿主机的页表实现虚拟机物理地址到宿主机物理地址之间的转换，也即 GPA 到 HPA 的转换。

实现内存虚拟化最主要的是实现虚拟机虚拟地址（Guest Virtual Address，GVA）到宿主机物理地址之间的转换。根据上述虚拟机物理地址到宿主机物理地址之间的转换以及虚拟机页表，即可实现虚拟机虚拟地址空间到虚拟机物理地址空间之间的映射，也即

GVA 到 HPA 的转换。显然通过这种映射方式，虚拟机的每次内存访问都需要 KVM 介入，并由软件进行多次地址转换，其效率是非常低的。因此，为了提高 GVA 到 HPA 转换的效率，KVM 提供了两种实现方式来进行虚拟机虚拟地址到宿主机物理地址之间的直接转换：其一是基于纯软件的实现方式，也即通过影子页表（Shadow Page Table）实现客户虚拟地址到宿主机物理地址之间的直接转换；其二是基于硬件对虚拟化的支持，实现两者之间的转换。

③影子页表。

由于宿主机 MMU 不能直接装载虚拟机的页表来进行内存访问，因此当虚拟机访问宿主机物理内存时，需要经过多次地址转换。先根据虚拟机页表把虚拟机虚拟地址转换成虚拟机物理地址，再通过虚拟机物理地址到宿主机虚拟地址之间的映射转换成宿主机虚拟地址，最后根据宿主机页表把宿主机虚拟地址转换成宿主机物理地址。而通过影子页表，则可以实现虚拟机虚拟地址到宿主机物理地址的直接转换（见图9-5）。

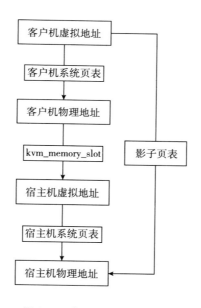

图 9-5 虚拟地址转换示意图

影子页表简化了地址转换过程，实现了虚拟机虚拟地址空间到宿主机物理地址空间的直接映射。但是由于虚拟机中每个进程都有自己的虚拟地址空间，因此 KVM 需要为虚拟机中的每个进程页表都维护一套相应的影子页表。在虚拟机访问内存时，真正被装入宿主机 MMU 的是虚拟机当前页表所对应的影子页表，从而实现了从虚拟机虚拟地址到宿主机物理地址的直接转换。此外，在 TLB 和 CPU 缓存上缓存的是来自影子页表中虚拟机虚拟地址和宿主机物理地址之间的映射，也因此提高了缓存的效率。

④EPT 页表。

EPT 技术在原有虚拟机页表对虚拟机虚拟地址到虚拟机物理地址映射的基础上，又引入了 EPT 页表来实现虚拟机物理地址到宿主机物理地址的另一次映射，这两次地址映射都是由硬件自动完成。虚拟机运行时，虚拟机页表被载入 CR3，而 EPT 页表被载入专门的 EPT 页表指针寄存器 EPTP。EPT 页表对地址的映射机理与虚拟机页表对地址的映射机理相同（见图 9-6）。

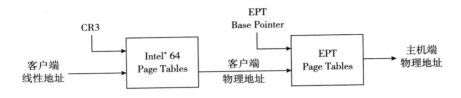

图 9-6　EPT 映射示意图

CR3 将虚拟机程序所见的 GVA 转换为 GPA，然后通过 EPT 将 GPA 转换为 HPA。这两次转换地址都是由 CPU 硬件来自动完成的，其转换效率非常高。在使用 EPT 的情况下，EPT 只需要维护一张 EPT 页表，不像影子页表那样需要为每个虚拟机进程的页表维护一张影子页表，从而减少内存开销。

（2）虚拟机管理。

①批量创建虚拟机。

根据虚拟机规格创建单台/多台虚拟机，可以同时选择云盘挂载，支持手工指定集群、宿主机、主存储，支持注入用户自定义信息如密码、用户创建。

②生命周期管理。

ECS 服务支持虚拟机的全生命周期管理。支持按镜像创建虚拟机，也可以自定义镜像；支持对虚拟机配置进行调整，如添加虚拟磁盘，添加虚拟网卡等；支持删除指定虚拟机，删除时将解绑 IP，回收虚拟机的相关资源。

③虚拟机镜像。

ECS 支持在线将虚拟机创建为镜像，并通过镜像库方式来管理镜像，创建镜像可以选择不同的镜像库。支持将虚拟机镜像导出下载。

④虚拟机快照。

ECS 云平台支持对虚拟机进行快照，对磁盘当前时间点的数据进行冻结。快照适用于一些有风险的操作，比如虚拟机操作系统升级、软件升级，如果发生故障可以进行回退，相当于有反悔的机会，从而更好地保证业务的正常运行。

⑤加载/卸载云盘。

支持在线为虚拟机加载/卸载云硬盘，无须停机，不影响业务的运行。操作系统可以立刻识别到云硬盘，添加完毕后马上可以使用。

⑥修改云主机密码。

通过云主机内置的 agent，可以在线修改云主机账号密码，防止用户因遗忘密码而无法登录云主机。

2. 容器服务设计

（1）容器服务。

容器服务提供高性能、可伸缩的容器应用管理服务，支持用 Kubernetes 进行容器化应用的全生命周期管理，提供多种应用发布方式和持续交付能力并支持微服务架构；可以直接部署在企业已有的 X86 等硬件基础之上，并加以管理；支持研发运维一体化、云原生应用架构和机器学习等场景，支持混合云管理；允许应用在公共云和自有数据中心物理机统一部署管理，支持应用无缝迁云、弹性伸缩应对突发流量等场景。

（2）产品特点。

容器服务的优势：

①使用便捷。

②通过 Web 界面一键创建 Kubernetes 集群。

③通过 Web 界面一键完成 Kubernetes 集群的升级。用户在使用自建 Kubernetes 集群的过程中，可能需要同时处理多个版本的集群。每次升级集群的过程都是一次大的调整和巨大的运维负担。容器服务的升级方案使用镜像滚动升级以及完整元数据的备份策略，允许用户方便地回滚到先前版本。

④通过 Web 界面轻松地实现 Kubernetes 集群的扩容和缩容。

⑤使用容器服务 Kubernetes 集群可以方便地一键垂直扩缩容来快速应对数据分析业务的波动。

⑥功能强大，支持异构计算，跨网络、多集群。

表 9-16　容器服务产品特点

指标项	指标参数	对容器服务产品特点
稳定	技术成熟	容器服务支持的客户集群规模有 10000+，容器数达百万级
	高可用性	平台所有组件不存在单点故障问题
	高性能	实现应用秒级启动
异构计算	异构 OS	单容器平台有能力同时纳管 Linux、Windows 计算节点
	异构资源	有能力纳管 CPU、GPU、FPGA 等计算资源
	虚机物理机混部	同时支持 Kubernetes 纳管虚拟机和物理机的计算节点
网络	容器固定 IP 能力	支持创建容器、暂停、重启、迁移后，自身 IP 保持不变
	多网络方案	支持 Terway、Flannel、Calico 等多 Kubernetes 网络方案，支持 underlay/overlay 两大主场景

指标项	指标参数	对容器服务产品特点
智能运维	广播任务	支持 Kubernetes 发起广播任务，实现各节点上执行指定任务，如资源清理，文件预热等
	有状态应用灰度	支持有状态应用的原地升级能力，保持 IP 不变
	原生可观测能力	支持容器平台本身以及运行业务应用的监控、日志、追踪功能，实现业务与平台异常问题根因定位收敛到 1 分钟内
	智能升级能力	支持 Kubernetes 无缝升级到一个新的版本，实现业务无感下的容器云平台升级
镜像	镜像安全性	实现镜像安全扫描，所有上传镜像实现漏洞报告输出
	异地仓库同步	设置跨越两个镜像仓库的镜像实现自动同步
	镜像分发效率	支持 P2P 镜像分发能力，支持上百节点高并发执行镜像下载任务时，镜像仓库依然提供稳定的下载服务
多集群	集群容量能力	容器云支持可扩展至 10000 个节点，容器云平台支持扩展至 100+ 个集群
	多集群能力	支持容器云平台管控组件和容器云平台的业务应用分别部署在不同的 Kubernetes 集群上，实现控制链路与业务数据链路的隔离
迁云	镜像迁移能力	有能力将多个源头镜像仓库的镜像迁移到指定的容器与镜像仓库
	Kubernetes 对象迁移	有能力实现新老 Kubernetes 集群的对象导出，并实现在另一个 Kubernetes 集群上的重新导入运行

（3）产品架构。

容器服务提供高性能、可伸缩的容器应用管理服务，支持企业级 Kubernetes 容器化应用的全生命周期管理。容器服务简化集群的搭建和扩容等运维工作，整合企业虚拟化、存储、网络和安全能力，打造最佳的企业级 Kubernetes 容器化应用运行环境。容器服务是 Kubernetes 认证服务供应商，全球首批通过 Kubernetes 一致性认证的平台。

容器服务部署在客户自有数据中心里，所有数据存储在客户本地，完全由客户控制；保证用户应用的敏捷上云，容器服务对外提供了标准开放的 API，支持应用无缝迁云；为第三方能力扩展，建立了灵活可定制的扩展机制。

（4）功能特性。

①资源调度。

支持根据应用需求动态调度容器，可选择多种维度的调度策略，比如资源维度（CPU、内存、GPU 等）、可用性要求维度、应用拓扑的亲和性维度等。

②微服务。

内置通用的服务注册、发现、路由、负载均衡等机制，对开发语言和中间件无特殊需求。提供声明式方式配置，无须编码。支持 Spring Cloud 等开源微服务框架。

③DevOps。

内置容器化 DevOps 最佳实践，可以实现一键式从代码提交到应用变更上线的全自动流程。支持与三方、开源 CI/CD 方案整合。提供不间断发布和蓝绿发布、金丝雀发布等灰度发布机制，支持灵活、可控的服务更新。

④日志与监控。

提供企业级日志采集和输出方案。无缝集成容器日志采集，支持采集标准输出或指定目录的日志。可以选择对接阿里云日志服务，也可以对接 ELK 等三方开源或企业已有日志框架。提供容器级别、应用级别和宿主机级别的多维度监控，提供服务和应用视角聚合数据。支持脚本、URL 等自定义监控。可以选择对接阿里云云监控，也可以对接三方开源监控解决方案。

⑤安全。

与企业用户目录无缝集成，支持统一用户认证管理。支持基于角色的授权模型，对集群资源灵活控制。

⑥镜像管理。

支持高可用性镜像仓库，支持高可用性存储。支持镜像安全扫描和数字证书签名，实现安全可控的协作和应用分发机制。

⑦容器存储。

内置支持阿里云存储能力，包括对象存储、块存储和分布式文件系统，提供标准 FlexVolume 驱动。可以通过插件扩展机制对接更多存储实现。

⑧容器网络。

支持容器间高性能跨宿主机网络通信。支持与企业现有网络方案对接。支持打通云上云下，混合管理。提供插件扩展机制，支持更多网络方案。支持容器访问策略和流控限制。

⑨应用管理。

支持应用灰度发布、蓝绿发布。内置应用目录，支持 Helm 应用一键部署和升级。支持服务目录，简化服务集成。

⑩混合云。

能与阿里云公共云无缝结合，实现混合云。支持对自有数据中心和公共云容器集群的统一资源、镜像、应用和安全管理。支持工作负载动态迁移。支持云突发、云灾备、异地多中心管理等典型场景。无缝对接阿里云公共云。提供通过专线、VPN 等网络互通方式。复用阿里云提供数据复制机制，可适用于数据迁移、异地灾备等多种混合云业务应用场景。

（5）应用场景。

①容器化应用上云。

如果传统运行在数据中心的应用要向云上迁移，面临的挑战是应用的运行环境的适配以及应用部署方式的改变。原有数据中心的环境和云环境的差异越大，迁移的成本越高。

由于容器技术具有跨平台移植的特性，因此它可以解决不同环境下应用运行差异问题。无论用户的应用是何种语言、何种技术栈，都能够通过容器技术封装成为跨平台可用的 Docker 镜像，从而将原来繁重的迁移变成一系列标准化的操作。

一般情况下，在数据中心里运行的虚拟机镜像无法直接迁移到云上环境，原来的镜像构建和部署脚本都要重新开发。采用容器技术可以使用容器镜像替代虚拟机镜像，将原有的传统应用镜像化，这样可以在尽量减少或者没有改变原有代码的情况下快速上云，并保证部署的一致性。

利用容器 Kubernetes 部署模板可以描述完整的应用栈和所需资源，并且利用 Helm Chart 作为标准的开源 Kubernetes 包管理可以方便地部署和升级应用，采用以应用为中心的管理方式，大幅提升部署、运维效率。

应用容器化的过程可以利用相关开源产品进行自动化，如 Derrick，从而大大降低应用开发团队容器化应用的成本。容器化应用上云的特点：成本低、应用上线速度快，并且在完成迁移后可以利用容器服务的微服务支持进行进一步微服务化改造。

②容器化 DevOps。

对于开发和运维中交接的代码，由于同一代码在不同环境中存在差异，导致调试成本高，软件的交付和测试周期长。开发运维团队需要花费很大的精力来屏蔽系统差异，才能实现标准化交付。

容器技术是一种高效的软件交付技术，具有跨平台可移植性、应用相互隔离的特点。利用这个特性，容器成为保证开发、测试、生产等环境保持一致的代码交付手段。在任何环境中运行的都是相同的容器，保证了由于环境不同所带来的差异被最大限度地屏蔽了。利用这种标准的交付手段，可以大大提高开发和运维的效率。

在容器服务上，更提供了容器化 Jenkins 的一键式部署模板，可以快速灵活地搭建一套 CI/CD 环境。Jenkins 有着非常活跃的生态圈，阿里云也提供了 Jenkins 插件来充分发挥容器服务的能力，比如多种发布模式，保证新系统和服务上线的可靠性。通过灰度发布，可以灵活控制新老版本的流量切换，快速、可靠地回滚。

③微服务支持。

微服务作为云应用常见的架构模式正在被越来越普遍地接受。但是随着服务实例数量的快速增长，对服务治理的要求会越来越高。容器服务提供了和语言无关的微服务治理能力，不限定语言和开发框架，不用改变应用逻辑，用户就可以轻松应对微服务的管理和伸缩。微服务伸缩和治理可以通过在编排模板中以声明的方式配置，或者在容器服务-专有云 Agility 版控制台中可视化地配置。

为了提高 SLA，容器服务提供了利用自定义命令/HTTP 等健康检查的能力，可以细度地评估应用的健康状况。容器服务还可以按照资源约束调度和再平衡、节点故障自动重调度、服务亲和性和跨可用区调度约束等机制保证高可用性。

服务发现是微服务平台的一个重要能力，所有服务的启动和停止都能够自动注册到平台，服务之间可以非常容易地进行服务发现。更进一步地，配合 Routing Mesh，简单路由服务可以为应用提供灵活的 4 层、7 层路由方式。

对于任何运维团队来说，日志的集中和分析、云资源的集中监控都必不可少。容器服务提供了声明式日志、监控采集方案，只需要简单地声明要采集的日志目录，就可以自动收集日志。支持对接多种日志、监控存储。配合监控服务，在用户自定义弹性伸缩策略后，容器服务对应用的指标进行监控，在触发条件时，按照策略进行应用弹性扩容或缩容。容器服务同时也支持集群弹性伸缩。

④弹性伸缩。

弹性伸缩是根据业务流量自动对业务扩容/缩容。容器服务可以根据业务流量自动对业务扩容/缩容，不需要人工干预，避免流量激增扩容不及时导致系统挂掉，以及平时大量闲置资源造成浪费。这样能够实现：快速响应，即业务流量达到扩容指标时，秒级触发容器扩容操作；全自动，即整个扩容/缩容过程完全自动化，无须人工干预；低成本，即流量降低时自动缩容，避免资源浪费。

⑤混合云。

容器服务支持计算能力跨界迁移，通过容器服务可以管理本地专有云和公共云容器集群，提供了对所有环境完全一致的管理方式，用户无须针对不同的其他云服务商或者 IDC 机器寻求特定的管理方案。使用同一套镜像和编排模板可以让应用无缝地在云间迁移。

混合云的典型场景包括：场景一，即应用快速在云端部署伸缩，应对大促突发流量峰值；场景二，即异地、同城灾备；场景三，本地的机器开发测试，云端预发生产，或者本地的机器预发生产，云端的机器开发测试。

针对混合云，为了提供最佳的网络实现，我们提供了不同的网络方案来适配不同环境。对于 IDC 与阿里公共云容器互通的需求，提供基于 VPC 的混合云互连方案，使用 VPC+专线/VPN，可以实现 IDC 机器、IDC 容器、云主机机器、云主机容器的全部互通。容器跨宿主机互联方案包括 Overlay（VXLAN）/Layer 3（Calico）等（见图 9-7）。

混合云的方案特点包括：物理、虚拟机资源弹性一体化调度管理；线上线下存储 NAS 卷自由挂载，高速、高吞吐；统一鉴权管理；支持容器工作流插件；支持分布式计算插件；支持异构计算 FPGA/GPU 插件。

⑥机器学习。

它帮助数据工程师在 HPC 集群上轻松部署机器学习应用，跟踪试验和训练、发布模型；数据部署在分布式存储中，无须关心部署运维，只需专注核心业务，快速实现从 0 到 1。

它能够实现：快速弹性，即一键部署机器学习应用，秒级启动和弹性伸缩；简单可控，即一行配置轻松获取 GPU 计算能力，并且可以监控 GPU 的资源；深度整合，即无缝接入阿里云存储等基础架构能力。

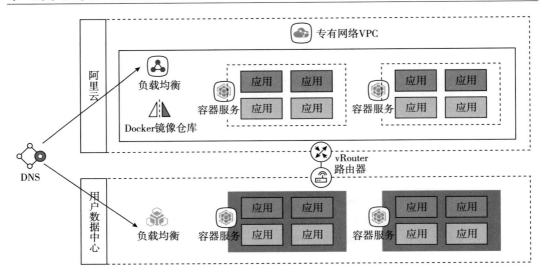

图 9-7　架构方案

（6）基本概念。

①集群。

一个集群指容器运行所需要的云资源组合，关联了若干服务器节点、负载均衡、专有网络等云资源。

②节点。

一台服务器（可以是虚拟机实例或者物理服务器）已经安装了 Docker Engine，可以用于部署和管理容器；容器服务的 Agent 程序会安装到节点上并注册到一个集群上。集群中的节点数量可以伸缩。

③容器。

容器即一个通过 Docker 镜像创建的运行时实例，一个节点可运行多个容器。

④镜像。

Docker 镜像是容器应用打包的标准格式，在部署容器化应用时可以指定镜像，镜像可以来自 Docker Hub、阿里云镜像服务或者用户的私有 Registry。镜像 ID 可以由镜像所在仓库 URI 和镜像 Tag（默认为 latest）唯一确认。

⑤Kubernetes 相关概念。

（a）节点（Node）。

Kubernetes 集群中的计算能力由 Node 提供，Kubernetes 集群中的 Node 是所有 Pod 运行所在的工作主机，可以是物理机也可以是虚拟机。工作主机的统一特征是上面要运行 kubelet 管理节点上运行的容器。

（b）命名空间（Namespace）。

命名空间为 Kubernetes 集群提供虚拟的隔离作用。Kubernetes 集群初始有 3 个命名空间，分别是默认命名空间 default、系统命名空间 kube-system 和 kube-public，除此之外，管理员可以创建新的命名空间以满足需要。

（c）Pod。

Pod 是 Kubernetes 部署应用或服务的最小基本单位。一个 Pod 封装多个应用容器（也可以只有一个容器）、存储资源、一个独立的网络 IP 以及管理控制容器运行方式的策略选项。

（d）副本控制器（Replication Controller，RC）。

RC 确保任何时候 Kubernetes 集群中都有指定数量的 Pod 副本（Replicas）在运行。通过监控运行中的 Pod 来保证集群中运行指定数目的 Pod 副本。指定的数目可以是多个也可以是 1 个；当少于指定数目时，RC 就会启动运行新的 Pod 副本；当多于指定数目时，RC 就会终止多余的 Pod 副本。

（e）副本集（Replica Set，RS）。

RS 是 RC 的升级版本，两者唯一的区别是对选择器的支持，RS 能支持更多种类的匹配模式。副本集对象一般不单独使用，而是作为 Deployment 的理想状态参数使用。

（f）部署（Deployment）。

部署表示用户对 Kubernetes 集群的一次更新操作。部署比 RS 应用更广，可以是创建一个新的服务，更新一个新的服务，也可以是滚动升级一个服务。滚动升级一个服务，实际是创建一个新的 RS，然后逐渐将新 RS 中副本数增加到理想状态，将旧 RS 中的副本数减小到 0 的复合操作。这样一个复合操作用一个 RS 是不太好描述的，所以用一个更通用的 Deployment 来描述。不建议手动管理利用 Deployment 创建的 RS。

（g）服务（Service）。

Service 也是 Kubernetes 的基本操作单元，是真实应用服务的抽象，每一个服务后面都有很多对应的容器来提供支持，通过 Kube-Proxy 的 port 和服务 selector 决定服务请求传递给后端的容器，对外表现为一个单一访问接口，外部不需要了解后端如何运行，这给扩展和维护后端带来很大的好处。

（h）标签（labels）。

Labels 的实质是附着在资源对象上的一系列 Key-Value 键值对，用于指定对用户有意义的对象的属性，标签对内核系统是没有直接意义的。标签可以在创建一个对象的时候直接赋予，也可以在后期随时修改，每一个对象可以拥有多个标签，但 Key 值必须唯一。

（i）存储卷（Volume）。

Kubernetes 集群中的存储卷跟 Docker 的存储卷有些类似，只不过 Docker 的存储卷作用范围为一个容器，而 Kubernetes 的存储卷的生命周期和作用范围是一个 Pod。每个 Pod 中声明的存储卷由 Pod 中的所有容器共享。支持使用持久存储卷声明（Persistent Volume Claim，PVC）这种逻辑存储，使用者可以忽略后台的实际存储技术，具体关于持久存储卷（Persistent Volumn，PV）的配置由存储管理员来配置。

（j）持久存储卷（PV）和持久存储卷声明（PVC）。

PV 和 PVC 使 Kubernetes 集群具备了存储的逻辑抽象能力，使得在配置 Pod 的逻辑中可以忽略对实际后台存储技术的配置，而把这项配置的工作交给 PV 的配置者。存储的 PV 和 PVC 的这种关系跟计算的 Node 和 Pod 的关系是非常类似的：PV 和 Node 是资源的提供者，根据集群的基础设施变化而变化，由 Kubernetes 集群管理员配置；PVC 和 Pod 是资源的使用者，根据业务服务的需求变化而变化，由 Kubernetes 集群的使用者即服务的管理员来配置。

（k）Ingress。

Ingress 是授权入站连接到达集群服务的规则集合。用户可以通过 Ingress 配置提供外部可访问的 URL、负载均衡、SSL、基于名称的虚拟主机等。用户通过 POST Ingress 资源到 API server 的方式来请求 Ingress。Ingress Controller 负责实现 Ingress，通常使用负载均衡器，它还可以配置边界路由和其他前端，这有助于以高可用性方式处理流量。

3. 网络资源池设计

（1）专有网络。

专有网络是基于 VPC 路由器和 VPC 网络共同组成的自定义私有云网络环境，帮助企业用户构建一个逻辑隔离的私有云。用户可以完全掌控自己的专有网络，如选择 IP 地址范围、配置路由表等（见图 9-8）。

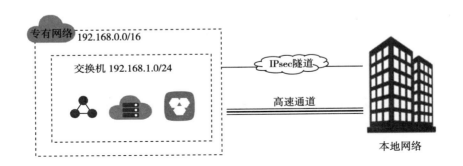

图 9-8 专有网络与私有云网络环境

可以将专有网络连接到其他专有网络或本地网络，形成一个按需定制的网络环境，实现应用的平滑迁移上云和对数据中心的扩展。

每个 VPC 都由一个私网网段、一个路由器和至少一个交换机组成。在创建专有网络和交换机时，用户需要以 CIDR 地址块的形式指定专有网络使用的私网网段。用户可以使用表 9-17 中标准的私网网段及其子网作为 VPC 的私网网段。

虚拟路由器（VRouter）是专有网络的枢纽。作为专有网络中重要的功能组件，它可以连接 VPC 内的各个交换机，同时它也是连接 VPC 和其他网络的网关设备。每个专有网络创建成功后，系统会自动创建一个路由器。每个路由器关联一张路由表。

表 9-17　虚拟路由器关联表

网段	可用私网 IP 数量（不包括系统保留地址）
192.168.0.0/16	65532
172.16.0.0/12	1048572
10.0.0.0/8	16777212

虚拟交换机（VSwitch）是组成专有网络的基础网络设备，用来连接不同的云资源。创建专有网络后，用户可以通过创建交换机为专有网络划分一个或多个子网。同一专有网络内的不同交换机之间内网互通。用户可以将应用部署在不同可用区的交换机内，从而提高应用的可用性。

（2）产品特点。

①灵活的网络配置。不同的 VPC 网络可灵活挂载到 VPC 路由器，每个 VPC 网络可自定义独立的网络段和独立的网关，VPC 路由器支持加载/卸载网卡，并支持动态配置路由表和路由条目。

②安全可靠的隔离。不同 VPC 下的 VPC 网络之间逻辑上隔离，支持 VLAN 和 VX-LAN 进行二层逻辑隔离，不同账户的 VPC 互不影响。

③多子网互通。同一 VPC 下的多个 VPC 网络互联互通。

④网络流量优化。支持分布式路由功能，优化东西向网络流量，并有效降低网络延迟。

（3）基础架构。

随着云计算的不断发展，对虚拟化网络的要求越来越高，如弹性（scalability）、安全性（security）、可靠性（reliability）和私密性（privacy）方面的要求，并且还有极高的互联性能（performance）需求，因此催生了多种多样的网络虚拟化技术。

比较早的解决方案是将虚拟机的网络和物理网络融合在一起，形成一个扁平的网络架构，如大二层网络。随着虚拟化网络规模的扩大，这种方案中的 ARP 欺骗、广播风暴、主机扫描等问题会越来越严重。为了解决这些问题，出现了各种网络隔离技术，把物理网络和虚拟网络彻底隔开。其中一种技术是用户之间用 VLAN 进行隔离，但是VLAN 的数量最大只能支持到 4096 个，无法支撑公共云的巨大用户量。

基于目前主流的隧道技术，专有网络隔离了虚拟网络。每个 VPC 都有一个独立的隧道号，一个隧道号对应着一个虚拟化网络。一个 VPC 内的云主机实例之间的传输数据包都会加上隧道封装，带有唯一的隧道 ID 标识，然后送到物理网络上进行传输。不同 VPC 内的云主机实例因为所在的隧道 ID 不同，本身处于两个不同的路由平面，所以不同 VPC 内的云主机实例无法进行通信，天然地进行了隔离。

· 193 ·

如图 9-9 所示，VPC 包含交换机、网关和控制器三个重要的组件。交换机和网关组成了数据通路的关键路径，控制器使用自研的协议下发、转发表到网关和交换机，完成了配置通路的关键路径。在整体架构里面，配置通路和数据通路互相分离。交换机是分布式的节点。

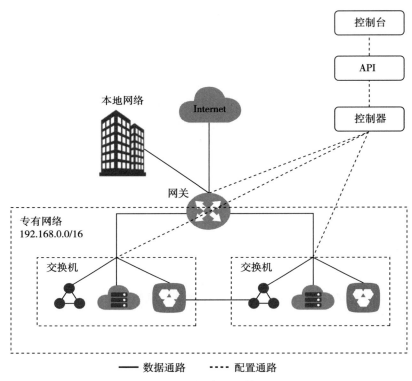

图 9-9　虚拟网络

（4）功能特性。

专有网络是一个隔离的网络环境，专有网络之间逻辑上彻底隔离。专有网络的功能特性如下：

①自定义私有网络。

用户可以自定义专有网络。当创建 VPC 和交换机时，用户可以指定想用的私网地址。此外，用户还可以根据业务规划创建多个子网，将不同的服务部署到不同的子网以提高服务的可用性。

②自定义路由。

用户可以在 VPC 的路由表中添加自定义路由，将流量转发到目标下一跳。

（5）应用场景。

专有网络是完全隔离的网络环境，配置灵活，可满足不同的应用场景。

①托管应用程序。

用户可以将对外提供服务的应用程序托管在 VPC 中，也可以在应用程序服务器和数据库之间进行访问控制隔离，将 Web 服务器部署在能够进行公网访问的子网中，将应用程序的数据库部署在没有配置公网访问的子网中。

②业务系统隔离。

不同的 VPC 之间逻辑隔离。如果有多个业务系统如生产环境和测试环境要严格进行隔离，那么可以使用多个 VPC 进行业务隔离。当有互相通信的需求时，可以在两个 VPC 之间建立对等连接。

③构建混合云。

VPC 提供专用网络连接，可以将本地数据中心和 VPC 连接起来，扩展本地网络架构。通过该方式，用户可以将本地应用程序无缝地迁移至云上，并且不必更改应用程序的访问方式。

（6）基本概念。

专有网络涉及的基本概念如表 9-18 所示。

表 9-18 专有网络涉及的基本概念

术语	说明
专有网络	专有网络是用户基于阿里云创建的自定义私有网络，不同的专有网络之间逻辑上彻底隔离。用户可以在自己创建的专有网络内创建和管理云资源
交换机	交换机是组成专有网络的基础网络设备。交换机可以连接不同的云资源。在专有网络内创建云资源时，必须指定云资源所连接的交换机
路由器	路由器是专有网络的枢纽。路由器可以连接专有网络的各个交换机，同时它也是连接专有网络与其他网络的网关设备。路由器根据路由条目来转发网络流量
路由表	路由表是指路由器上管理路由条目的列表
路由条目	路由表中的每一项是一条路由条目。路由条目定义了通向指定目标网段的网络流量的下一个地址。路由条目包括系统路由和自定义路由两种类型

4. 存储资源池设计

存储资源池包含块存储、对象存储、文件存储服务。

（1）块存储。

块存储具有丰富的产品类型，包括基于分布式存储架构的弹性块存储产品，以及基于物理机本地硬盘的本地存储产品。

弹性块存储是为 ECS 提供数据块级别的随机存储，具有低时延、持久性、高可靠等特点；采用三副本的分布式机制，为 ECS 实例提供数据可靠性保证；可以随时创建或释放，也可以随时扩容。

本地存储也称为本地盘，是指挂载在 ECS 所在物理机（宿主机）上的本地硬盘，是一种临时块存储。它是专为对存储 I/O 性能有极高要求的业务场景而设计的存储产品。该类存储为实例提供块级别的数据访问能力，具有低时延、高随机 IOPS、高吞吐量的 I/O 能力。

阿里云目前主要提供三种数据存储产品，分别是块存储、文件存储和对象存储，它们的比较如表 9-19 所示。

表 9-19　存储产品比较

分类	特点	场景
块存储	是为 ECS 云服务器提供的块设备，高性能、低时延，满足随机读写，可以像使用物理硬盘一样格式化建文件系统使用	可用于大部分通用业务场景下的数据存储
对象存储	可以理解为一个海量的存储空间，最适合存储互联网上产生的图片、短视频、音频等海量非结构化数据。用户可以通过 API 在任何时间、任何地点访问对象存储里的数据	常用于互联网业务网站搭建、动静资源分离、CDN 加速等业务场景
文件存储	类似于对象存储，适合存储非结构化的海量数据。用户需要通过标准的文件访问协议访问这些数据，如 Linux 系统需要使用 Network File System（NFS）协议，Windows 系统需要使用 Common Internet File System（CIFS）协议。用户可以通过设置权限让不同的客户端同时访问同一份文件	适合企业部门间文件共享、非线编、高性能计算、Docker 等业务场景

块存储产品特点，根据是否可挂载到多台 ECS 实例，弹性块存储可以分为云盘和共享块存储。一块云盘只能挂载到同一可用区的一台 ECS 实例上，而一块共享块存储可以同时挂载到同一可用区的 4 台 ECS 实例。

①云盘。

云盘可根据性能和用途分别进行分类。

根据性能不同，云盘可分为普通云盘、高效云盘和 SSD 云盘。普通云盘面向低 I/O 负载的应用场景，为 ECS 实例提供数百 IOPS 的 I/O 性能。高效云盘面向中度 I/O 负载的应用场景，为 ECS 实例提供最高 3000 的随机 IOPS 性能。SSD 云盘为 I/O 密集型应用，提供稳定的高随机 IOPS 性能。

根据用途不同，云盘可以分为系统盘和数据盘。系统盘的生命周期与系统盘所挂载的 ECS 实例相同，随实例一起创建和释放，不可共享访问。数据盘可以与 ECS 实例同时创建，也可以单独创建，不可共享访问。与 ECS 实例同时创建的数据盘，生命周期与实例相同，随实例一起创建和释放。单独创建的数据盘，可以单独释放，也可以设置为随 ECS 实例一起释放。数据盘的容量由云盘类型决定。

②共享块存储。

共享块存储是一种支持多台 ECS 实例并发读写访问的数据块级存储设备，具备多并发、高性能、高可靠性等特性。

单块共享块存储最多可以同时挂载到 4 台 ECS 实例上。共享块存储只能做数据盘用，只能单独创建，可以共享访问。用户可以设置共享块存储与挂载的 ECS 实例一起释放。

根据性能不同，共享块存储可以分为 SSD 共享块存储和高效共享块存储。SSD 共享块存储是采用固态硬盘作为存储介质，能够提供稳定的高随机性的 I/O、高数据可靠性的高性能存储。高效共享块存储采用固态硬盘与机械硬盘的混合介质作为存储介质。

挂载到实例上时，共享块存储与云盘共享数据盘配额，即一台实例最多挂载 16 块数据盘。

③三副本技术。

阿里云分布式文件系统为 ECS 提供稳定、高效、可靠的数据随机访问能力。

ECS 用户对虚拟磁盘的读写，最终都会被映射为对阿里云数据存储平台上文件的读写。阿里云提供一个扁平的线性存储空间，在内部会对线性地址进行切片，一个分片称为一个 Chunk。对于每一个 Chunk，阿里云会复制出三份副本，并将这些副本按照一定的策略存放在集群中的不同节点上，保证数据的可靠性（见图 9-10）。

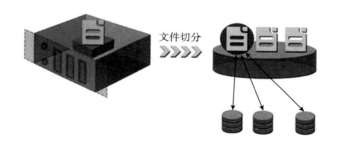

图 9-10　三副本存储

在阿里云数据存储系统中，有三类角色，分别称为 Master、Chunk Server 以及 Client。ECS 用户的一个写操作，经过层层转换，最终会交由 Client 来执行，执行过程为：Client 计算出这个写操作对应的 Chunk；Client 向 Master 查询该 Chunk 三份副本的存放位置；Client 根据 Master 返回的结果，向这三个 Chunk Server 发出写请求。如果三份都写成功，Client 向用户返回成功；如果一份或一份以上写失败，Client 向用户返回失败。

Master 的分布策略会综合考虑集群中所有 Chunk Server 的磁盘使用情况，在不同交换机机架下的分布情况、电源供电情况、机器负载情况，尽量保证一个 Chunk 的所有副本分布在不同机架下的不同 Chunk Server 上，有效防止由于一个 Chunk Server 或一个机架的故障导致的数据不可用。

当有数据节点损坏，或者某个数据节点上的部分硬盘发生故障时，集群中部分 Chunk 的有效副本数就会小于 3。一旦发生这种情况，Master 就会发起复制机制，在

Chunk Server 之间复制数据，使集群中所有 Chunk 的有效副本数达到 3 份（见图 9–11）。

图 9–11　数据的自动复制

综上所述，对于云盘上的数据而言，无论是新增、修改还是删除数据，所有用户层面的操作都会同步到底层 3 个副本上。这种模式能够保障用户数据的可靠性和一致性。

至于 ECS 实例内，由于病毒感染、人为误删除或黑客入侵等软故障造成的数据丢失，需要采用备份、快照等技术手段来解决。任何一种技术都不可能解决全部的问题，因地制宜地选择合适的数据保护措施，才能为用户宝贵的业务数据筑起一道坚实的防线。

④ECS 磁盘加密。

ECS 磁盘加密为用户提供了一种简单、安全的加密手段，使其能够对新创建的云盘进行加密处理。用户无须构建、维护和保护自己的密钥管理基础设施，无须更改任何已有的应用程序和运维流程，也无须做额外的加密操作，磁盘加密功能对于业务没有任何影响。在创建加密云盘并将其挂载到 ECS 实例后，将对以下类型的数据进行加密：云盘中的数据；云盘和实例间传输的数据（实例操作系统内数据不再加密）；加密云盘创建的所有快照（加密快照）。对从 ECS 实例传输到云盘的数据进行加密，在 ECS 实例所在的宿主机上进行。

磁盘加密支持面向所有专有云中的可用云盘（普通云盘、高效云盘和 SSD 云盘）和共享块存储（高效共享块存储和 SSD 共享块存储）。

⑤本地存储。

本地存储也称为本地盘，是指挂载在 ECS 所在物理机（宿主机）上的本地磁盘。作为一种临时块存储，本地盘是专为对存储 I/O 性能有极高要求的业务场景而设计的存储产品。

本地存储可为实例提供块级别的数据访问能力，具有低时延、高随机性 IOPS、高吞吐量的 I/O 能力。由于本地盘来自单台物理服务器，数据可靠性取决于物理服务器的可靠性，因为存在单点故障风险，建议用户在应用层做数据冗余，以保证数据的可用性。

说明：用本地盘存储数据有丢失数据的风险（如宿主机宕机时），请勿在本地盘上存储需要长期保存的业务数据。如果您的应用不能做好数据可靠性的架构，强烈建议使用云盘或共享块存储搭建用户的 ECS。

目前，阿里云提供两种本地盘：NVMe SSD 本地盘，搭配使用的实例规格族包括

gn5 和 ga1；SATA HDD 本地盘，搭配使用的实例规格族包括 d1ne 和 d1，适用于有大数据计算与存储分析需求的行业客户，进行海量数据存储和离线计算的业务场景，充分满足以 Hadoop 为代表的分布式计算业务类型对实例存储性能、容量和内网带宽的多方面要求。

（2）对象存储。

阿里云对象存储服务是阿里云提供的海量、安全、低成本、高可靠的云存储服务。

OSS 可以被理解成一个即开即用、无限大空间的存储集群。相比于传统自建服务器存储，OSS 在可靠性、安全性、成本和数据处理能力方面都有着突出的优势。使用 OSS，可以通过网络随时存储和调用包括文本、图片、音频和视频等在内的各种非结构化数据文件。

OSS 将数据文件以对象/文件（Object）的形式上传到存储空间（Bucket）中。OSS 提供的是一个 Key-Value 键值对形式的对象存储服务。用户可以根据 Object 的名称（Key）唯一地获取该 Object 的内容。

可以进行以下 OSS 相关的操作：创建存储空间，并向存储空间中上传文件；获取已上传文件的地址，进行文件的分享和下载；修改存储空间或文件的属性或元信息，为其设置相应的权限；在 OSS 控制台进行基础和高级 OSS 操作；通过开发工具包 SDK 或直接在应用程序中调用 RESTful API，进行基础和高级 OSS 操作。

①对象存储的产品特点。

OSS 与自建存储对比如表 9-20 所示。

表 9-20 OSS 与自建存储对比

对比项	OSS	自建服务器存储
可靠性	规模自动扩展，不影响对外服务； 数据自动多重冗余备份	受限于硬件可靠性，易出问题，一旦出现磁盘坏道，容易出现不可逆转的数据丢失； 人工数据恢复困难、耗时、耗力
安全	提供企业级多层次安全防护； 多用户资源隔离机制； 提供多种鉴权和授权机制，以及白名单、防盗链、主子账号、STS 临时授权访问功能	需要另外购买清洗和黑洞设备； 需要单独建立安全机制

OSS 具备的其他各项优势：

（a）方便、快捷的使用方式。

（b）提供了标准的 RESTful API 接口（部分接口与 Amazon S3 API 兼容）、丰富的 SDK 包、客户端工具、控制台。用户可以像使用文件一样方便地上传、下载、检索、管理用于 Web 网站或者移动应用的海量数据。

（c）不限文件数量和大小，用户可以根据所需存储量无限扩展存储空间，解决了传统硬件存储扩容问题。

（d）支持流式写入和读出，特别适合视频等大文件的边写边读业务场景。

（e）支持数据生命周期管理，用户可以自定义将到期数据批量删除。

（f）提供强大、灵活的安全机制。

（g）提供灵活的鉴权、授权机制。提供 STS 和 URL 鉴权和授权机制，以及白名单、防盗链、主子账号功能。

②对象存储的产品架构。

OSS 是构建在阿里云飞天平台上的一种存储解决方案，其基础是飞天平台的分布式文件系统、分布式任务调度等基础设施。这些基础设施提供了 OSS 以及其他阿里云服务所需的分布式调度、高速网络、分布式存储等重要特性。OSS 的架构如图 9-12 所示。

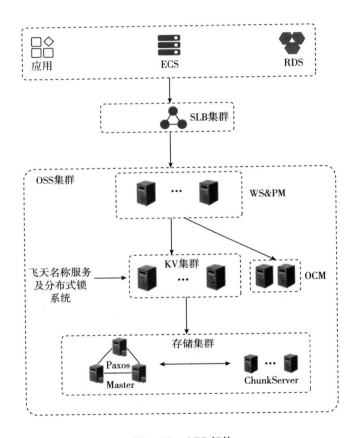

图 9-12　OSS 架构

WS&PM（协议接入层）：负责接收用户使用 RESTful 协议发来的请求，进行安全认证。如果认证通过，用户的请求将被转发到 Key-Value 引擎继续处理；如果认证失败，直接返回错误信息给用户。

KV 集群：负责数据结构化处理，即按照 Key（对象名称）来查找或存储数据，并支持大规模并发的请求。当协调服务集群变更导致服务被迫改变运行物理位置时，可以快速协调找到接入点。

存储集群：元数据存储在 Master 上，Master 之间采用分布式消息一致性协议（Paxos）保证元数据的一致性，从而实现高效的文件分布式存储和访问。

③对象存储的功能特性。

OSS 提供的主要功能如表 9-21 所示。

表 9-21　OSS 提供的功能

类别	功能	描述
存储空间	创建存储空间	在上传任何文件到 OSS 之前，需要首先创建存储空间来存储文件
	删除存储空间	当用户不再需要存储空间时，可以将存储空间删除
	修改存储空间读写权限	OSS 提供权限控制 ACL，用户可以在创建存储空间的时候设置相应的 ACL 权限控制，也可以在创建之后修改 ACL
	设置静态网站托管	将存储空间配置成静态网站托管模式，并通过存储空间域名访问该静态网站
	设置防盗链	OSS 支持设置基于 HTTP header 中表头字段 referer 的防盗链方法
	管理跨域资源共享	OSS 提供 HTML5 协议中的跨域资源共享 CORS 设置，实现跨域访问
	设置生命周期	定义和管理存储空间内所有对象或对象的某个子集的生命周期。设置生命周期一般用于文件的批量管理和自动碎片删除等操作
对象（文件）	上传文件	用户可以上传任意类型文件到存储空间中
	新建文件夹	用户可以像管理 Windows 文件夹一样管理 OSS 文件夹
	搜索文件	在存储空间或文件夹中搜索具有相同的名称前缀的文件
	获取文件访问地址	通过获取已上传文件的地址进行文件的分享和下载
	删除文件	删除单个文件或批量删除文件
	删除文件夹	删除单个文件夹或批量删除文件夹
	修改文件读写权限	用户可以在上传文件的时候设置相应的 ACL 权限控制，也可以在上传之后修改 ACL
	管理碎片	删除存储空间内的全部或部分碎片文件
API	API	提供 OSS 支持的 RESTful API 操作和相关示例
SDK	SDK	提供主流语言 SDK 的开发操作和相关示例

④对象存储的应用场景。

（a）图片和音视频等应用的海量存储。

OSS 可用于图片、音视频、日志等海量文件的存储。各种终端设备、Web 网站程序、移动应用可以直接向 OSS 写入或读取数据。OSS 支持流式写入和文件写入两种方式。

（b）网页或者移动应用的静态和动态资源分离。

利用 BGP 带宽，OSS 可以实现超低延时的数据直接下载。

（c）离线数据归档存储。

依靠低成本、高可用性的 OSS，可以将企业内部长期需要离线归档的数据转存至 OSS。

（3）文件存储。

阿里云文件存储（Network Attached Storage，NAS）是面向阿里云 ECS 实例、容器服务等计算节点的文件存储服务，提供标准的文件访问协议，用户无须对现有应用做任何修改，即可使用具备无限容量及性能扩展、多共享、高可靠性和高可用性等特性的文件系统。

用户创建 NAS 文件系统实例和挂载点后，即可在 ECS、容器服务等计算节点内通过标准的 NFS 协议挂载文件系统，并使用标准的 Posix 接口对文件系统进行访问。多个计算节点可以同时挂载同一个文件系统，共享文件和目录。

①文件存储的产品特点。

（a）多共享。

同一个文件系统可以同时挂载到多个计算节点上，共享访问，节约大量复制和同步成本。

（b）高可靠性。

（c）弹性伸缩。

文件系统容量可以弹性扩展或缩减，轻松应对业务的随时扩容和缩容。

（d）高性能。

单个文件系统吞吐性能随存储量线性扩展。

（e）易用性。

支持 NFSv3 和 NFSv4 协议，无论是在 ECS 实例内，还是在容器服务等计算节点中，都可以通过标准的 Posix 接口对文件系统进行访问操作。

②文件存储的功能特性。

（a）无缝集成。

NAS 支持 NFSv3 及 NFSv4 协议，并使用标准的文件系统语义访问数据。主流的应用程序及工作负载无须任何修改即可无缝配合使用。

（b）共享访问。

一个 NAS 文件系统实例可以被多个计算节点同时访问，非常适合跨多个 ECS、容器服务实例部署的应用程序访问相同数据来源的应用场景。

（c）安全控制。

NAS 具有网络隔离（专有网络）/用户隔离（经典网络）、文件系统标准权限控制、权限组访问控制和 RAM 主子账号授权等多种安全机制，从而保证文件系统数据安全。

（d）线性扩展的性能。

NAS 能够为应用工作负载提供高吞吐量与高 IOPS、低时延的存储性能，同时，其性能与容量呈线性关系，可满足业务增长时对更高容量与存储性能的诉求。

③文件存储的应用场景。

场景一：负载均衡共享存储和高可用性。

在 SLB 连接多个 ECS 实例的场景中，建议将这些 ECS 实例上的应用数据存放在共享的文件存储 NAS 上，实现数据共享和负载均衡服务器高可用性。

场景二：企业办公文件共享。

如果企业员工办公需要访问和共享相同的数据集，建议管理员创建 NAS 文件系统，为组织中的个人提供数据访问，并设置文件或目录级别的用户和用户组权限。

场景三：数据备份。

如果用户希望将线下机房的数据备份到云上，同时要求云上的存储服务兼容标准的文件访问接口，建议使用 NAS 文件系统备份机房的数据。

场景四：服务器日志共享。

如果用户希望将多个计算节点上的应用服务器日志存放在共享的文件存储上，建议使用 NAS 文件系统存储这些服务器日志，方便日志的集中处理与分析。

（二）PaaS 层设计

1. RDS 设计

阿里云 RDS 是一种稳定可靠、可弹性伸缩的在线数据库服务。基于阿里云分布式文件系统和高性能存储，RDS 提供了容灾、备份、恢复、监控、迁移等方面的全套解决方案，彻底解决了数据库运维的烦恼。

云数据库 MySQL 版基于阿里的 MySQL 源码分支，经过"双 11"高并发、大数据量的考验，拥有优良的性能。云数据库 MySQL 版支持实例管理、账号管理、数据库管理、备份恢复、白名单、透明数据加密（TDE）以及数据迁移等基本功能。除此之外，它还提供只读实例和读写分离的高级功能。

在对数据库有大量读请求和少量写请求时，单个实例可能无法承受读取压力，为了实现读取能力的弹性扩展，减少单个实例的压力，云数据库 MySQL 5.6 版支持只读实例，利用只读实例满足大量的数据库读取需求，以此增加应用的吞吐量。

读写分离功能是在只读实例的基础上，额外提供了一个读写分离地址，联动主实例及其所有只读实例，创建自动的读写分离链路。应用程序只需连接读写分离地址进行数据读取及写入操作，读写分离程序会自动将写入请求发往主实例，而将读取请求按照权重发往各个只读实例。用户只需通过添加只读实例的个数，即可不断扩展系统的处理能力，应用程序上无须做任何修改。

（1）RDS 的产品特点。

①易于使用。

云数据库 RDS 拥有即开即用、按需升级、透明兼容和管理便捷的优点。

②即开即用。

用户可以通过 API 进行 RDS 规格定制，创建后 RDS 实时生产出目标实例。

③按需升级。

随着数据库压力和数据存储量的变化，用户可以灵活调整实例规格，且升级期间 RDS 不会中断数据链路服务。

④透明兼容。

RDS 与原生数据库引擎的使用方法一致，用户无须二次学习，上手即用。另外，RDS 兼容用户现有的程序和工具。使用通用的数据导入导出工具即可将数据迁移到 RDS，迁移过程中的人力开销非常低。

⑤高性能。

云数据库 RDS 通过参数优化、SQL 优化、高端硬件来实现高性能。

⑥参数优化。

所有 RDS 实例的参数都是经过多年的生产实践优化而得，在 RDS 实例的生命周期内，我们持续对其进行优化，确保 RDS 一直基于最佳实践在运行。

⑦SQL 优化。

针对应用场景特点，RDS 会锁定效率低下的 SQL 语句并提出优化建议，以便优化业务代码。

⑧高安全性。

云数据库 RDS 通过防 DDoS 攻击、访问控制策略、系统安全和 TDE 加密实现高安全性。

⑨可设置访问控制策略。

支持设置允许访问 RDS 的 IP 地址，指定之外的 IP 地址将被拒绝访问。每个账号只能查询、操作自己的数据库。

⑩系统安全。

RDS 处于多层防火墙的保护之下，可以有效抵抗各种恶意攻击，保证数据的安全。RDS 服务器不允许直接登录，只开放特定的数据库服务所需要的端口。RDS 服务器不允许主动向外发起连接，只能接受被动访问。

⑪TDE 加密。

TDE 可以对实例数据文件执行实时 I/O 加密和解密。数据在写入磁盘之前会进行加密，从磁盘读入内存时会进行解密。TDE 不会增加数据文件的大小。开发人员无须更改任何应用程序，即可使用 TDE 功能。

⑫高可靠性。

云数据库 RDS 通过双机热备、多副本冗余、数据备份和数据恢复实现高可靠性。

⑬双机热备。

RDS 采用热备架构，物理服务器出现故障后服务秒级完成切换，整个切换过程对应用透明。

⑭多副本冗余。

RDS 服务器中的数据构建于 RAID 之上，数据备份存储在 OSS 上。

⑮数据备份。

RDS 提供自动备份的机制，用户可以自行选择备份周期，也可以根据自身业务特点随时发起临时备份。

⑯数据恢复。

支持按备份集和指定时间点来创建克隆实例恢复数据，数据验证无误后即可将数据迁回 RDS 主实例，从而完成数据回溯。

（2）RDS 的产品架构。

云数据库 RDS 的系统架构如图 9-13 所示。

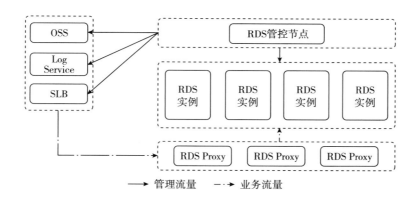

图 9-13　云数据库 RDS 系统架构

（3）RDS 的功能特性。

①数据链路服务。

云数据库 RDS 提供全数据链路服务，包括 DNS、负载均衡、Proxy 等。

云数据库 RDS 使用原生的数据库引擎，对数据库的操作高度类似，基本没有学习成本，极大地方便了用户访问使用数据库。

DNS 模块提供域名到 IP 的动态解析功能，以便规避 RDS 实例 IP 地址改变带来的影响。在连接池中设置域名后，即使对应的 IP 地址发生了变化，仍然可以正常访问 RDS 实例。

例如，某 RDS 实例的域名为 test. rds. aliyun. com，对应的 IP 地址为 10. 10. 10. 1，某程序连接池中设置为 test. rds. aliyun. com 或 10. 10. 10. 1 都可以正常访问 RDS 实例。

一旦该 RDS 实例发生了实例迁移或者版本升级后，IP 地址可能变为 10. 10. 10. 2。如果程序连接池中设置的是域名 test. rds. aliyun. com，则仍然可以正常访问 RDS 实例，但是如果程序连接池中设置的是 IP 地址 10. 10. 10. 1，就无法访问 RDS 实例了。

SLB 模块提供实例 IP 地址（包括内网 IP 和外网 IP），以便屏蔽物理服务器变化带来的影响。

例如，某 RDS 实例的内网 IP 地址为 10.1.1.1，对应的 Proxy 或者 DB Engine 运行在 192.168.0.1 上。在正常情况下，负载均衡模块会将访问 10.1.1.1 的流量重定向到 192.168.0.1 上。当 192.168.0.1 发生了故障时，处于热备状态的 192.168.0.2 接替了 192.168.0.1 的工作，此时负载均衡模块会将访问 10.1.1.1 的流量重定向到 192.168.0.2 上，RDS 实例仍旧正常提供服务。

Proxy 模块提供数据路由、流量探测和会话保持等功能。

数据路由功能：支持大数据场景下的分布式复杂查询聚合和相应的容量管理。

流量探测功能：降低 SQL 注入的风险，在必要情况下支持 SQL 日志的回溯。

会话保持功能：解决故障场景下的数据库连接中断问题。

②高可用服务。

高可用服务由 Detection、Repair、Notice 等模块组成。高可用服务主要保障数据链路服务的可用性，除此之外还负责处理数据库内部的异常。

Detection 模块负责检测 DB Engine 的主节点和备节点是否提供了正常的服务。通过间隔为 8~10 秒的心跳信息，高可用性节点可以轻易获得主节点的健康情况，结合各节点的健康情况和其他高可用性节点的心跳信息，Detection 模块可以排除网络抖动等异常引入的误判风险，快速完成异常切换操作。

Repair 模块负责维护 DB Engine 的主节点和备节点之间的复制关系，还会修复主节点或者备节点在日常运行中出现的错误。例如，主备复制异常断开的自动修复，主备节点表级别损坏的自动修复，主备节点 Crash 的现场保存和自动修复。

Notice 模块负责将主备节点的状态变动通知到负载均衡或者 Proxy，保证用户访问正确的节点。例如，Detection 模块发现主节点异常，并通知 Repair 模块进行修复。Repair 模块进行了尝试后无法修复主节点，通知 Notice 进行流量切换。Notice 模块将切换请求转发至负载均衡或者 Proxy，此时用户的流量全部指向各节点。与此同时，Repair 在别的物理服务器上重建了新的备节点，并将变动同步给 Detection 模块。Detection 模块开始重新检测实例的健康状态。

高可用策略是根据用户自身业务的特点，采用服务优先级和数据复制方式之间的不同组合，组合出适合自身业务特点的高可用策略。

服务优先级有以下两个级别：一是复原时间目标（Recovery Time Objective，RTO）优先，数据库应该尽快恢复服务，即可用时间最长。如果对数据库在线时间要求较高，应该使用 RTO 优先策略。二是复原点目标（Recovery Point Objective，RPO）优先，数据库应该尽可能保障数据的可靠性，即数据丢失量最少。如果对数据一致性要求较高，应该使用 RPO 优先策略。

③数据复制：

第一，异步复制（Async），即应用发起更新（含增加、删除、修改操作）请求，Master 完成相应操作后立即响应应用，Master 向 Slave 异步复制数据。因此，在异步复制方式下，Slave 不可用不影响主库上的操作，而 Master 不可用有较小概率会引起数据不一致。

第二，强同步复制（Sync），即应用发起更新（含增加、删除、修改操作）请求，Master 完成操作后向 Slave 复制数据，Slave 接收到数据后向 Master 返回成功信息，Master 接到 Slave 的反馈后再响应应用。Master 向 Slave 复制数据是同步进行的，因此 Slave 不可用会影响 Master 上的操作，而 Master 不可用不会引起数据不一致。

第三，半同步复制（Semi-Sync），即正常情况下数据复制方式采用强同步复制方式，当 Master 向 Slave 复制数据出现异常的时候（Slave 不可用或者双节点间的网络异常），Master 会暂停对应用的响应，直到复制方式超时退化成异步复制。如果允许应用在此时更新数据，则 Master 不可用会引起数据不一致。当双节点间的数据复制恢复正常（Slave 恢复或者网络恢复）时，异步复制会恢复成强同步复制。

用户可以根据自身业务特点，选择服务优先级和数据复制方式的不同组合方式，提高可用性。

④备份恢复服务。

备份恢复服务主要提供数据的备份、转储和恢复。

云数据库 RDS 可以随时发起数据库的备份，能够根据备份策略将数据库恢复至任意时刻，提高了数据可回溯性。

备份模块负责将主备节点上面的数据和日志压缩并上传。RDS 默认将备份上传到 OSS 中。在各节点正常运作的情况下，备份总是在各节点上面发起，以避免对主节点提供的服务带来冲击；在备节点不可用或者损坏的情况下，备份模块会通过主节点创建备份。

恢复模块负责将 OSS 上面的备份文件恢复到目标节点上，包括：回滚主节点功能，即用户发起数据相关的误操作后可以通过回滚功能按时间点恢复数据；修复备节点功能，即在各节点出现不可修复的故障时自动新建备节点来降低风险；创建只读实例功能，即通过备份来创建只读实例。

转储模块负责备份文件的上传、转储和下载。目前备份数据全部上传至 OSS 进行存储，用户可以根据需要获取临时链接来下载。在某些特定场景下，转储模块支持将 OSS 上面的备份文件转储至归档存储来提供更长时间和更低费用的离线存储。

⑤监控服务。

云数据库 RDS 提供物理层、网络层、应用层等多方位的监控服务，保证业务可用。

Service 模块负责服务级别的状态跟踪，监控负载均衡、OSS、归档存储和日志服务等 RDS 依赖的其他云产品是否正常，包括功能和响应时间等。对 RDS 内部的服务，Service 也会通过日志来判定是否正常运作。

Network 模块负责网络层面的状态跟踪，包括云主机与 RDS 之间的连通性监控，RDS 物理机之间的连通性监控，路由器和交换机的丢包率监控。

OS 模块负责硬件和 OS 内核层面的状态跟踪，包括：硬件检修，即不断检测 CPU、内存、主板、存储等设备的工作状态，预判是否会发生故障，并提前进行自动报修；OS 内核监控，即跟踪数据库的所有调用，并从内核态分析调用缓慢或者出错的原因。

Instance 模块负责 RDS 实例级别的信息采集，包括：实例的可用信息；实例的容量和性能指标；实例的 SQL 执行记录。

⑥调度服务。

调度服务由 Resource 模块完成，主要提供资源调配服务。

Resource 模块主要负责 RDS 底层资源的分配和整合，对用户而言就是实例的开通和迁移。例如，用户通过 RDS 控制台或者 API 创建实例，Resource 模块会计算出最适合的物理服务器来承载流量。RDS 实例迁移所需的底层资源也由 Resource 负责分配和整合。在经过长时间的实例创建、删除和迁移后，Resource 模块会计算资源碎片化程度，并定期发起资源整合以提高服务承载量。

⑦迁移服务。

云数据库 RDS 提供了数据迁移服务 DTS 工具，方便用户快速迁移数据库。迁移服务主要帮助用户把数据从本地数据库迁移到阿里云数据库，或者把阿里云数据库的一个实例迁移到另一实例中。

DTS 是云上的数据传输服务，能快速地将本地数据库或者 RDS 中的实例迁移到另一个 RDS 实例中。DTS 提供了三种迁移模式，分别为结构迁移、全量迁移和增量迁移。

第一，结构迁移。

DTS 会将迁移对象的结构定义迁移到目标实例，目前支持结构迁移的对象有表、视图、触发器、存储过程和存储函数。

第二，全量迁移。

DTS 会将源数据库迁移对象的已有数据全部迁移到目标实例中。在全量迁移过程中，为了保证数据一致性，无主键的非事务表会被锁定。锁定期间这些表无法写入，锁定时长依赖于这些表的数据量大小。在这些无主键非事务表迁移完成后，锁定才会被释放。

第三，增量迁移。

DTS 会将迁移过程中数据变更同步到目标实例。如果迁移期间进行了数据定义语言（Data Definition Language，DDL）操作，这些结构变更不会同步到目标实例（见图 9-14）。

（4）应用场景。

①数据多样化存储。

云数据库 RDS 提供缓存数据持久化和多结构数据存储。RDS 支持搭配云数据库 Redis 版、OSS 等产品使用，适用于多样化存储的场景，如图 9-15 所示。

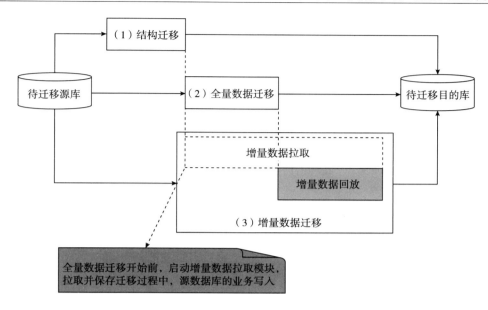

图 9-14　云数据库迁移

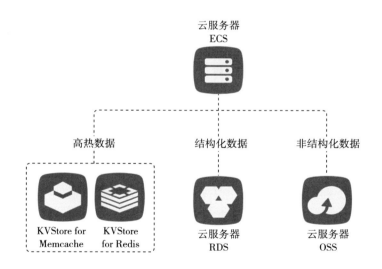

图 9-15　数据多样化存储

第一，缓存数据持久化。

RDS 可以和 KVStore for Memcache、KVStore for Redis 搭配使用，组成高吞吐、低延迟的存储解决方案。与 RDS 相比，云数据库缓存产品有两个特性：一是响应速度快，KVStore for Memcache 和 KVStore for Redis 请求的时延通常在几毫秒以内；二是缓存区能够支持比 RDS 更高的每秒查询率（Query Per Second，QPS）。

第二，多结构数据存储。

OSS 是阿里云对外提供的海量、安全、低成本、高可靠的云存储服务。RDS 可以和 OSS 搭配使用，组成多类型数据存储解决方案。例如，当业务场景为论坛时，RDS 搭配 OSS 使用，注册用户的图像、帖子内容的图像等资源存储在 OSS 中，以减少 RDS 的存储压力。

②读写分离。

通过读写分离功能可以实现数据读取和写入操作的分离，扩展系统的处理能力。

阿里云数据库 MySQL 版支持直接挂载只读实例，分担主实例读取的压力。MySQL 版数据库的主实例和只读实例都具有独立的链接地址，当用户开启读写分离功能后，系统就会额外提供一个读写分离地址，联动主实例及其下的所有只读实例，实现自动的读写分离。应用程序只需连接同一个读写分离地址进行数据读取及写入操作，读写分离模块会自动将写入请求发往主实例，而将读取请求按照用户设置的权重发往各个只读实例。用户只需通过添加只读实例的个数，即可不断扩展系统的处理能力，应用程序上无须做任何修改，如图 9-16 所示。

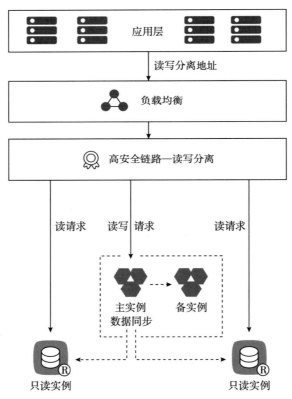

图 9-16 读写分离示意图

③大数据分析。

将 RDS 数据导入大数据计算服务，可以实现大规模的数据计算。大数据计算服务

（MaxCompute）可服务于批量结构化数据的存储和计算，提供海量数据仓库的解决方案以及针对大数据的分析建模服务，如图 9-17 所示。

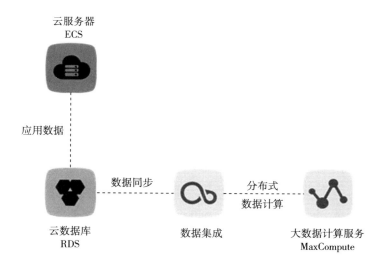

图 9-17 大数据分析示意图

2. 缓存型数据库 KVStore for Redis 设计

阿里云数据库 KVStore for Redis 是兼容开源 Redis 协议的在线 Key-Value 存储服务。它支持字符串（String）、链表（List）、集合（Set）、有序集合（SortedSet）、哈希表（Hash）等多种数据类型，它还支持事务（Transactions）、消息订阅与发布（Sub/Pub）等高级功能。通过内存加硬盘的存储方式，云数据库 KVStore for Redis 在提供高速数据读写能力的同时满足数据持久化需求。

除此之外，云数据库 KVStore for Redis 作为云计算服务，其硬件和数据部署在云端，有完善的基础设施、网络安全保障和系统维护服务，确保用户可以专注于业务创新。

（1）产品特点。

①性能卓越。

一是支持集群功能，提供 128 GB 及以上集群实例规格，可满足大容量和高性能需求。二是提供 32 GB 及以下的主—从双节点实例，满足一般用户的容量和性能需求。

②弹性扩容。

一是存储容量一键扩容，即用户可根据业务需求通过控制台对实例存储容量进行调整。二是在线扩容不中断服务，即可在线进行调整实例存储容量，无须停止服务，不影响用户的业务。

③资源隔离。

针对实例级别的资源隔离，可以更好地保障单个用户服务的稳定性。

④数据安全。

一是数据持久化存储，即采用内存+硬盘的存储方式，在提供高速数据读写能力的同时满足数据持久化需求。支持从持久化数据库中读取数据加载到缓存数据库。二是数据主从双备份，即所有数据在主从节点上进行双备份，确保数据不丢失。三是访问控制，即支持密码认证方式，确保访问安全可靠。四是数据传输加密，即支持安全套接层协议（Secure Sockets Layer，SSL）和安全传输层协议（Transport Layer Security，TLS）的安全加密，保障数据传输的安全性。

⑤高可用性。

一是每个实例均有主从双节点，避免单点故障引起的服务中断。二是硬件故障自动检测与恢复，即自动侦测硬件故障并在数秒内切换，尽量减少突发硬件故障对服务的影响。

⑥简单易用。

一是支持即开即用的方式，购买之后即可使用，方便业务快速部署。二是兼容 Redis 命令，任何 Redis 客户端都可以轻松地与云数据库 KVStore for Redis 建立连接进行数据操作。三是支持批量命令。

（2）产品架构。

云数据库 KVStore for Redis 的基础架构如图 9-18 所示。

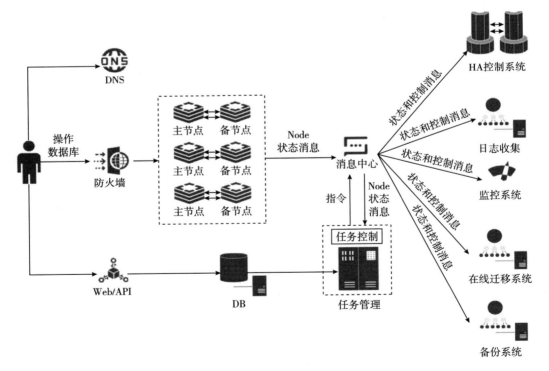

图 9-18　KVStore for Redis 架构

云数据库 KVStore for Redis 自动搭建好主备双节点结构供用户使用。

①高可用性控制系统。

实例高可用性探测模块用于探测监听 Redis 实例运行状况，如果断定主节点实例不可用，则自动进行主备节点的切换操作，保证 Redis 实例的高可用性。

②日志收集。

进行 Redis 运行情况的日志收集，包括实例码查询日志，访问控制日志等。

③监控系统。

进行 Redis 实例性能监控信息的收集工作，目前包括基本信息组监控、keys 组信息监控、String 信息组监控等核心信息。

④在线迁移系统。

当实例所运行的物理机出现故障时，在线迁移系统会根据备份系统中的备份文件进行实例重新搭建，保证业务不受影响。

⑤备份系统。

针对 Redis 实例进行备份处理，并且将生成的备份文件存储至 OSS 系统上进行保存。目前 Redis 备份系统支持用户自定义备份设置，临时备份并且保存 7 天内的备份文件。

⑥任务控制。

云数据库 KVStore for Redis 实例支持多种管理控制任务，如创建实例、变更配置、备份实例等，任务系统会根据用户下发的操作指令进行控制、任务跟踪及出错管理。

（3）功能特性。

①采用高可用技术，保障业务顺畅进行。

系统工作时主节点（Master）和备节点（Slave）数据实时同步，主节点故障时系统自动秒级切换，备节点接管业务，故障转移过程不影响业务，保障系统服务的高可用性。

集群（Cluster）实例采用分布式架构，每个节点都采用一主一从的高可用性架构，自动进行切换和故障迁移，保障服务的高可用性。

②支持一键备份和恢复，可定制备份策略。

在控制台可即时执行备份操作，并且可以进一步定制自动备份策略。系统自动保留 7 天内的备份数据，支持一键恢复，有效防范数据误操作，将业务损失降到最低。

③采取多种网络安全防护措施，保障数据安全。

VPC 在 TCP 层直接进行网络隔离保护；DDoS 防护实时监测并清除大流量攻击；支持 1000 个以下 IP 白名单配置，隔绝非法登录操作。

④采用优化后的内核，避免漏洞攻击。

阿里云专家团队对源码 Redis 进行深度内核优化，有效防止内存溢出，修复安全漏洞，为用户保驾护航。

⑤支持弹性扩容，突破容量和性能瓶颈。

云数据库 KVStore for Redis 支持多种内存规格的产品配置，可根据业务量大小升级内存规格。支持集群架构下弹性扩展数据库系统的存储空间及吞吐性能，突破性能瓶颈。

⑥提供多种实例规格，灵活变配。

支持单节点缓存架构和双节点存储架构，并且能根据不同业务的场景进行实例配置变更。

⑦提供监控告警功能，用户可实时了解实例状态。

提供 CPU 利用率、连接数、磁盘空间利用率等监控信息，并提供报警功能，用户可随时随地了解实例动态。

⑧提供可视化运维平台，运维操作简便。

在运维平台可对实例克隆、备份、数据恢复等高频高危操作进行一键式操作。

⑨数据库内核版本自动升级，避免软件缺陷。

实例主动升级，快速修复缺陷，免去日常版本管理的苦恼。

⑩自定义参数配置，定制个性行为。

在控制台可设置 Redis 参数，最大化地利用系统资源。

⑪异步复制，避免影响性能。

子实例间通过异步复制进行同步，不影响 Redis 的服务性能。

（4）应用场景。

①游戏行业应用。

游戏行业可以选择云数据库 KVStore for Redis 作为重要的部署架构组件。

场景一：Redis 作为存储数据库使用。

游戏部署架构相对简单，主程序部署在云主机上，所有业务数据存储在 Redis 中，作为持久化数据库。云数据库 KVStore for Redis 支持持久化功能，主备双机冗余数据存储。

场景二：Redis 作为缓存加速应用访问。

Redis 作为缓存层，加速应用访问，而数据则存储在后端的数据库（RDS）中。

Redis 的服务可靠性至关重要，一旦 Redis 服务不可用，将导致后端数据库无法承载业务访问压力。云数据库 KVStore for Redis 提供双机热备的高可用架构，保障极高的服务可靠性。主节点对外提供服务，当主节点出现故障时，系统自动切换备用节点接管服务，整个切换过程对用户全部透明。

②视频直播类应用。

视频直播类业务往往会重度依赖 Redis 业务，存储用户数据及好友互动关系。云数据库 KVStore for Redis 提供双机热备的方式，可以极大地保障服务的可用性。云数据库 Redis 提供集群版实例，破除 Redis 单线程机制的性能瓶颈，可以有效地应对视频直播类流量突起，满足高性能的需求。云数据库 KVStore for Redis 可支持一键扩容，整个升级过程对用户全透明，可以从容应对流量突发对业务产生的影响。

③电商行业应用。

电商行业大量采用 Redis，多数应用在商品展示、购物推荐等模块。

场景一：秒杀类购物系统。

大型促销秒杀系统整体访问压力非常大，一般的数据库根本无法承载这样的读取压力。云数据库 KVStore for Redis 支持持久化功能，可以直接选择 Redis 作为数据库系统使用。

场景二：带有计数系统的库存系统。

底层用 RDS 存储具体数据信息，数据库字段中存储具体计数信息。数据库用 Redis 来进行计数的读取，RDS 存储计数信息。云数据库 Redis 版部署在物理机上，底层基于 SSD 高性能存储，可以提供极强的数据存储能力。

3. 文档型数据库 MongoDB 设计

阿里云通过云数据库 MongoDB 提供文档型数据库服务。

阿里云数据库 MongoDB 是阿里云基于 MongoDB 专业打造的高性能分布式数据存储服务，100%完全兼容 MongoDB 协议，提供稳定可靠、弹性伸缩的数据库服务，同时提供备份、恢复、监控、报警等方面的全套数据库解决方案。

云数据库 MongoDB 版具有以下基本特点：提供一键式的数据库备份、恢复功能。用户可以通过控制台一键式的进行数据库的常规备份及数据库回溯；提供多达 20 种性能指标监控及报警功能，数据库性能数据尽收眼底；提供可视化的数据管理工具，方便用户运维。

（1）产品特点。

①高可用性。

云数据库 MongoDB 服务采用三节点副本集的高可用架构，三个数据节点位于不同的物理服务器上，自动同步数据。Primary 和 Secondary 节点提供服务：当 Primary 节点出现故障时，系统自动选举新的 Primary 节点；当 Secondary 节点不可用时，由备用节点接管服务。

②自动备份，一键式数据恢复。

每天自动备份数据并上传至 OSS，提高数据容灾能力的同时有效降低磁盘空间占用。通过备份文件将实例数据恢复至原实例，有效防范因误操作等对业务数据造成不可逆的影响。

③高安全性。

IP 白名单配置：最多支持配置 1000 个允许连接 MongoDB 实例 IP 地址，从访问源进行直接的风险控制。

④易用性。

完善的性能监控。提供 CPU 利用率、IOPS、连接数、磁盘空间等实例信息，实时监控及报警，随时随地了解实例动态。

⑤扩展性。

云数据库 MongoDB 支持三节点的副本集模式，支持弹性扩容。当前实例配置无法满足应用的性能要求，或者当前实例的配置过高时，用户可以变更实例的配置。变更过程完全透明，对业务无影响。

（2）产品架构。

云数据库 MongoDB 版自动搭建好三节点的副本集供用户使用，用户可以直接操作首要节点和一个第二节点。系统架构如图 9-19 所示。

高可用性控制系统：实例高可用探测模块，用于探测监听 MongoDB 实例的运行状况。如果判断主节点实例不可用，进行主备节点的切换操作，保证 MongoDB 实例的高可用性。

日志收集：进行 MongoDB 运行情况的日志收集，包括实例慢日志查询以及访问控制日志等。

监控系统：进行 MongoDB 实例性能监控信息的收集工作，包括基础指标、磁盘容量、网络请求以及操作次数等核心信息。

在线迁移系统：当实例所运行的物理机出现故障时，在线迁移系统会根据备份系统中的备份文件进行实例重新搭建，保证业务不受影响。

备份系统：针对 MongoDB 实例进行备份处理，将生成的备份文件存储至 OSS 系统上。目前 MongoDB 备份系统支持用户自定义备份设置和临时备份，保存 7 天内的备份文件。

任务控制：云数据库 MongoDB 实例支持多种管理控制任务，如创建实例、变更配置以及备份实例等，任务系统会根据用户下发的操作指令进行灵活控制、任务跟踪及出错管理。

（3）功能特性。

①架构灵活。

云数据库 MongoDB 自动搭建好三节点的副本集供用户使用，用户可以直接操作 Primary 节点和一个 Secondary 节点。如果判断主节点实例不可用，进行主备节点的切换操作，保证 MongoDB 实例的高可用性。

②弹性扩容。

存储容量一键扩容，即用户可根据业务需求通过控制台对实例存储容量进行调整。在线调整实例存储容量时无须停止服务，不影响用户的业务。

③数据安全。

自动备份：云数据库 MongoDB 支持用户自行设置备份周期。备份开始时间可根据用户的业务低峰灵活配置，所有备份文件免费保留 7 天。

临时备份：用户在需要时可以临时性发起备份操作，备份文件免费保留 7 天。

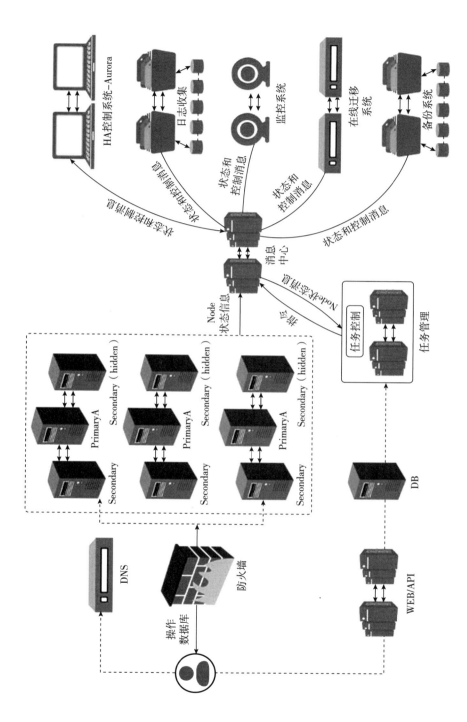

图 9-19　MongoDB 架构

数据恢复：利用备份文件，用户可以直接覆盖型恢复至现有实例。

备份文件下载：云数据库会将用户的备份文件免费保留 7 天，在此期间用户可以登录管理控制台，将备份文件下载至本地。

根据备份集创建实例：根据备份文件在控制台上一键式地创建一个实例，满足快速部署的需求。

IP 访问白名单：提供对实例进行 IP 访问过滤功能，用户可以登录云数据库 Mon-goDB 管理控制台进行 IP 访问白名单设置，设置后便可实现最高级的访问安全保护，IP 白名单最多可配置 1000 条。

④多层网络安全防护。

VPC 在 TCP 层直接进行网络隔离保护；DDoS 防护实时监测并清除大流量攻击。

⑤智能运维。

提供 CPU 利用率、连接数、磁盘空间利用率等实例信息实时监控及报警，随时随地了解实例动态。

⑥提供可视化管理平台。

管理控制平台对实例克隆、备份、数据恢复等高频高危操作可便捷地进行一键式操作。

⑦数据库内核版本管理。

主动升级，快速修复缺陷，免去日常版本管理苦恼；优化 MongoDB 参数配置，最大化利用系统资源。

（4）应用场景。

①业务需要读写分离。

MongoDB 服务采用三节点副本集的高可用架构，三个数据节点位于不同的物理服务器上，自动同步数据。百事和第二节点提供服务，两个节点分别提供独立域名，配合MongoDB Driver 可自行实现读取压力分配。

②业务灵活多变。

由于 MongoDB 采用 No-Schema 的方式，因此它对于初创型的业务非常适用，可免去用户变更表结构的痛苦。用户可以将模式固定的结构化数据存储在 RDS 中，模式灵活的业务存储在 MongoDB，并将高热数据存储在云数据库 Memcache 或云数据库 Redis 中，实现对业务数据高效存取，并相应降低成本投入。

③移动应用。

云数据库 MongoDB 版支持二维空间索引，可以完美地支撑基于位置查询的移动类App 的业务需求。同时，MongoDB 动态模式存储方式非常适合存储多重系统的异构数据，满足移动 App 应用的需求。

④物联网应用。

云数据库 MongoDB 性能极高，具备异步数据写入功能，特定场景下可达到内存数据库的性能，非常适合物联网高并发写入的场景。同时，MongoDB 的 map-reduce 功能也可以将大量数据进行聚合分析。

⑤核心日志系统。

云数据库 MongoDB 在异步落盘场景下可提供极高的插入性能，具备内存数据库的处理能力。MongoDB 提供二级索引功能满足动态查询的需求，并且可以利用 map-reduce 的聚合框架进行多维度的数据分析。

（5）实例规格。

MongoDB 副本集规格参数如表 9-22 所示。

表 9-22 MongoDB 副本集规格参数

规格类型	规格信息	规格代码	最大连接数	最大 IOPS
通用规格	1 核 2G	dds. mongo. mid	500	1000
	2 核 4G	dds. mongo. standard	1000	2000
	4 核 8G	dds. mongo. large	2000	4000
	8 核 16G	dds. mongo. xlarge	4000	8000
	8 核 32G	dds. mongo. 2xlarge	8000	14000
	16 核 64G	dds. mongo. 4xlarge	16000	16000
独享规格	2 核 16G	mongo. x8. medium	2500	4500
	4 核 32G	mongo. x8. large	5000	9000
	8 核 64G	mongo. x8. xlarge	10000	18000
	16 核 128G	mongo. x8. 2xlarge	20000	36000
	32 核 256G	mongo. x8. 4xlarge	40000	72000
独占物理机	60 核 440G	dds. mongo. 2xmonopolize	100000	100000

4. 全文检索 Elasticsearch 设计

阿里云通过 Elasticsearch 提供全文检索服务。

Elasticsearch（ES）是基于 Lucene 的分布式搜索和分析引擎。它提供了具有一个分布式多用户能力的全文搜索引擎，支持 RESTful Web 接口。Elasticsearch 是用 Java 开发的，是当前流行的企业级搜索引擎，设计用于云计算中，能够达到实时搜索、稳定、可靠、快速且安装使用方便，致力于数据分析、数据搜索等场景服务。

阿里云 Elasticsearch 提供全托管式的 Elasticsearch 服务，并且支持多版本开源 Elasticsearch（支持 6.7.0、6.8.2、7.2.1、7.4.0 版本），100%兼容开源，针对性优化内核性能，提供安全功能和 Kibana 可视化工具。支持多租户，高可用服务，弹性伸缩。同时，在开源产品的基础上提供了可视化创建集群、集群监控告警以及智能运维的能力。

（1）产品特点。

阿里云 Elasticsearch 具有以下特点和优势：

①实时检索和分析。

支持毫秒级快速响应。

②稳定可靠。

阿里云 IaaS 支持灾备和容错机制，数据存储稳定可靠。

③部署维护简单。

自动化部署，零成本运维，提供完善的系统监控模块。

④可视化分析。

集成 Kibana 模块，可视化数据分析、后台管理。

⑤中文分词。

默认整合主流插件，包括第三方 IK 中文分词插件。

⑥弹性扩展。

支持弹性扩展到上百台服务器，服务器硬件配置可以伸缩。

（2）产品架构。

阿里云 Elasticsearch 架构如图 9-20 所示。

图 9-20　Elasticsearch 架构

阿里云专有云部署平台基于 Kubernetes 集群运行 Elasticsearch 服务。Kubernetes 集群可以搭建在物理机或者虚拟机环境中，通过大数据管家一键创建 Elasticsearch 集群、Kibana 可视化以及 Grafana 监控等服务。在 Kubernetes 集群上可以创建 Logstash 用于数据接入，通过 Cerebro 来支持 Elasticsearch 运维。

（3）功能特性。

①分布式的搜索引擎和数据分析引擎。

搜索：例如，百度网站的站内搜索、IT 系统的检索。

数据分析：例如，分析电商网站最近 7 天牙膏销量排名前 10 的商家有哪些，分析新闻网站最近 1 个月访问量排名前 3 的新闻板块是哪些。

②全文检索、结构化检索和数据分析。

全文检索：例如，想搜索商品名称包含牙膏的商品。

结构化检索：例如，想搜索商品分类为日化用品的商品都有哪些。

数据分析：例如，分析每一个商品分类下有多少种商品。

③对海量数据进行近实时的处理。

分布式：Elasticsearch 可以自动将海量数据分散到多台服务器上去存储和检索。

海量数据的处理：分布式完成后，便可采用大量的服务器去存储和检索数据，实现海量数据的处理。

近实时：在秒级别对数据进行搜索和分析。

（4）应用场景。

Elasticsearch 适用于以下应用场景：

①提供强大的搜索功能。可以实现类似百度、Google 等搜索。

②搜索日志或者交易数据。用来分析商业趋势、搜集日志、分析系统瓶颈或者运行发展等。

③提供预警功能。持续地查询分析某个数据，如果超过一定的值，就进行警告。

④分析商业信息。在百万级的大数据中轻松定位关键信息。

5. 分析型数据库 AnalyticDB MySQL 设计

阿里云通过云原生数据仓库 AnalyticDB MySQL 提供分析型数据库服务。

云原生数据仓库 AnalyticDB MySQL（简称 ADB，原分析型数据库 MySQL 版）是阿里针对海量数据分析自主研发的实时高并发在线分析 RT-OLAP（Realtime OLAP）云计算服务，支持对千亿级数据进行即时的（毫秒级）多维分析透视和业务探索。

随着企业 IT 和互联网系统的快速发展，越来越多的数据产生了，而容量（Volume）和数据生产速度（Velocity）作为大数据特征中最重要的两个原始特征，都在发生急剧变化，这使得数据处理从业务系统的一部分演变得愈发独立。

在业务系统中，我们通常使用的是 OLTP（Online Transaction Processing）系统，如 MySQL、PostgreSQL 等。OLTP 系统擅长事务处理，能够很好地支持频繁的数据插入和修改，但一旦计算的数据量过大（如数千万甚至数十亿条）或计算过于复杂，OLTP 数据库系统便力不从心了。此时，我们便需要 OLAP（Online Analytical Processing）系统来进行处理。

ADB 支持通过 SQL 来构建关系型数据仓库，具有管理简单、节点数量伸缩方便、灵活升降实例规格等特点，而且支持丰富的可视化工具以及 ETL 软件，极大地降低了企业建设数据化的门槛。

ADB 为精细化应运而生，实时洞现数据价值，持续推进企业数据化变革转型。当前，物流、交通、新零售等越来越多的行业需要通过 OLAP 做到精细化运营，从而调控生产规则、运营效率、企业决策等。

ADB 能够支撑较高并发查询量，并且通过动态的多副本数据存储计算技术来保证较高的系统可用性，所以能够直接作为面向最终用户（End User）的产品（包括互联网产品和企业内部的分析产品）的后端系统。当前，淘宝数据魔方、淘宝指数、快的打车、阿里妈妈达摩盘、淘宝美食频道等拥有数十万至上千万最终用户的互联网业务系统中，都使用了 ADB。

（1）产品特点。

ADB 采用行列混存 MPP（Full MPP Mode）技术、突破 OLTP 和传统数据仓库技术壁垒，其最大优势是在 PB 级数据量下构建高性能和经济实用的数据仓库。

ADB 全面兼容 MySQL 协议和 SQL：2003 语法标准，用户只需对现有业务进行少量更改，甚至不需要进行任何更改，即可把业务全部迁移到 ADB 中。

（2）产品架构。

ADB（MySQL 版）是基于 MPP 架构并融合了分布式检索技术的分布式实时计算系统，构建在飞天操作系统之上。

分析型数据库 MySQL 版的主体部分主要由底层依赖、控制节点、计算节点和存储节点组成（见图 9-21）。

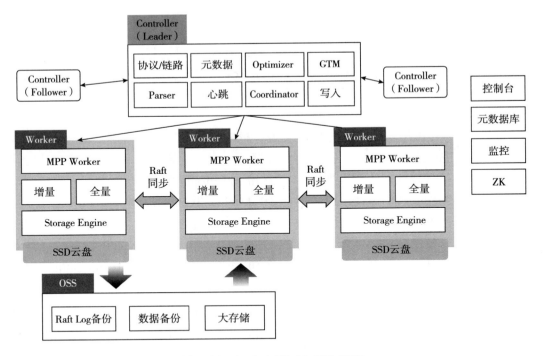

图 9-21　AnalyticDB MySQL 架构

①底层依赖。

底层依赖包括飞天操作系统、元数据库以及开源 Apache ZooKeeper 模块。飞天操作系统用于资源虚拟化隔离、数据持久化存储、构建数据结构和索引。元数据库是由使用阿里云 RDS 关系数据库或阿里云表格存储分析型数据库 MySQL 版的各类元数据组成的。元数据不是实际参与计算用的数据。开源 Apache ZooKeeper 模块用于对各个组件进行分布式协调。

②控制节点。

控制节点用于控制计算集群中数据库资源分配、计算资源的分布、飞天集群上的计算节点管理、数据库后台运行的任务管理等。控制集群实际上由多个模块组成：

阿里云负载均衡，用于管理 FrontNode 的分组和负载均衡；客户端，访问接入管理；SQL 解析器；ADB 控制台。

ADB 主要支持的客户端、驱动、编程语言和中间件如下所示。

客户端和驱动：支持 MySQL 5.1/5.5/5.6 系列协议的客户端和驱动，如 MySQL 5.1.x jdbc driver、MySQL 5.3.x odbc connector（driver）、MySQL 5.1.x/5.5.x/5.6.x 客户端。

编程语言：JAVA、Python、C/C++、Node.js、PHP、R（RMySQL）。

中间件：Websphere Application Server 8.5、Apache Tomcat、JBoss。

③计算节点。

计算节点负责响应控制节点下发的计算任务，负责读取数据、过滤数据、数据合并计算等功能。

④存储节点。

存储节点负责响应数据写入、数据落盘存储、节点间数据复制，支持数据备份和恢复功能。

（3）功能特性。

①兼容 MySQL。

ADB 兼容 MySQL、支持 JDBC、ODBC 标准访问接口。

支持 MySQL 生态的多种开发工具，如 DMS 控制台、MySQL 命令行客户端、DBeaver、Navicate、SQL WorkBench/J 等工具。

采用关系模型存储，可以使用 SQL 进行自由灵活的计算分析，无须预先建模。

支持主流数据类型，包括数值型、字符型、日期型、二进制型等各种数据类型。

②支持 INSERT、UPDATE、DELETE 操作。

ADB 支持单表和多表并发的 INSERT、DELETE 操作。

支持对已定义主键的实时表进行 INSERT、DELETE 操作。

多种机制保障写入成功的数据不会丢失，INSERT 支持 OVERWRITE、IGNORE 两种模式。

支持 INSERT INTO…SELECT FROM。

ADB 支持单表和多表下的 SELECT 查询操作。

与标准 MySQL Query 兼容度为 90%，支持表达式、函数、别名、列名、CASE WHEN 等列投射形式。

支持 FROM 表名 AS 别名、JOIN 表名 AS 别名操作。

支持事实表之间的 JOIN、事实表与维度表的 JOIN、多个 ON 条件的 JOIN 操作。

支持子查询（建议子查询不超过 3 层），允许特定条件下的两个子查询进行 JOIN 操作，IN 过滤条件中的数据均来自维度表。MPP 引擎下 IN 过滤条件中的数据可以是维度表或者事实表。

过滤条件 WHERE 中支持 AND 和 OR 组合表达式、函数表达式、BETWEEN、IS 等多种逻辑判断和条件组合表达式。

支持对多列进行 GROUP BY 操作，也支持对 CASE WHEN 等表达式产生的别名进行 GROUP BY 操作。

支持基于表达式、列的 ORDER BY 操作，并且 ORDER BY 中支持正序和倒序排序。

支持常见的聚合函数，支持 HAVING。

支持对带有一级分区列的多列进行［COUNT］DISTINCT 操作，在 FULL MPP MODE 下支持对任意列进行［COUNT］DISTINCT 操作。

支持对多个 SELECT 进行 UNION、UNION ALL 操作，且支持 MINUS、INTERSECT 限定条件。

支持主流数据类型和丰富的 OLAP 函数。

ADB 支持主流数据类型和丰富的 OLAP 函数，包括数值型、字符型、日期型、二进制型等多种数据类型。

③支持行列混存。

ADB 支持单表物理混合存储的行列混存模式，能够轻松面对混合负载的业务场景。

OLTP 明细查询：OLTP 中的明细查询通常需要通过 SELECT 查询一整行的明细数据，这一类查询的特点是单次 I/O 即可实现整行数据的读取和写入。ADB 的数据查询特点为以较小的 I/O 代价快速返回用户需要的查询结果。

OLAP 大规模多维分析：主要是海量数据的统计分析、JOIN 等，并且大部分是针对宽表中的某几列进行统计查询，ADB 更加擅长处理 OLAP 场景下的负载。

吞吐量大：支持每天千亿级别的实时数据写入。

④高数据压缩率。

ADB 支持自适应性压缩算法，根据不同的数据分布方式和数据类型自动选择最优算法，可达 1∶20 压缩比，同时支持数据压缩状态下的数据操纵语言（Data Manipulation Language，DML）操作。

⑤数据入库。

ADB 支持多种数据入库方式。

支持多节点并行批量加载文件方式入库。

支持 CSV/TEXT 等文件格式导入 ADB，也支持多分隔符文件。

支持多节点实时流方式入库。

⑥数据出库。

ADB 支持多节点并行批量数据出库，用户可以指定数据导出位置。

支持任何形式的 SELECT 语句输出查询结果。

支持通过 DUMP DATA 语句将大批量数据快速导出到 OSS、MaxCompute 中。

⑦负载均衡管理。

ADB 通过集成阿里云 SLB 支持负载均衡，支持透明的客户端故障，即使两个以上服务端出现故障，ADB 仍可以正常接收客户端连接，并且对客户端无感知。

⑧全文索引。

ADB 支持 SQL92 标准、兼容 MySQL 协议，通过 SQL 语言提供全文检索功能，极大地降低了用户的学习成本。同时，ADB 将常用的结构化数据分析与灵活的非结构化数据分析进行了统一，使用同一套 SQL 语言来操作多种类型数据，大幅降低了开发成本。

ADB 具备结构化数据、非结构化数据的融合检索和多模分析能力。大部分已有业界解决方案侧重于在文本数据上构建全文索引来检索非结构化数据，对于结构化数据的检索能力支持不足。而 ADB 不仅支持全文检索功能，还提供传统数据库中的多种经典索引结构，如 B+Tree index、Bitmap index、Inverted index 等，支持在同一张表中同时使用多种不同的索引以满足多变的检索需求。

ADB 提供了完善的分布式计算能力。当下 ElasticSearch、Solr 等缺乏完善的分布式 JOIN 解决方法，而 ADB 基于成熟的 MPP + DAG 架构，具备完善的分布式 JOIN、GROUPBY、AGGREGATION 能力，如［COUNT］DISTINCT 等，同时也支持基于分区键与非分区键进行计算。

⑨数据一致性。

ADB 支持数据强一致性，写入和更新数据后可以立即查询生效。

（4）应用场景。

ADB 常见的应用场景如表 9-23 所示。

表 9-23 ADB 应用场景及描述

应用场景	描述
电商行业	A-CRM、爆款选品、自动化运营、SKU 组合分析等
O2O	数据分析和 CRM 系统、地理围栏系统
广告行业	数字营销，M-DMP 系统
金融行业	实时多维数据分析、交易流水查询系统、报表系统等
大安全	人群透视分析、潜在关键元素挖掘、关系网络分析、明细查询等
交通、交警	车辆卡口数据分析和研判
物流和物联网	车联网数据分析、企业安监数据分析、传感器数据存储和检索、物流实时数据仓库

阿里妈妈的广告 DMP（Data Management Platform）应用架构如图 9-22 所示。

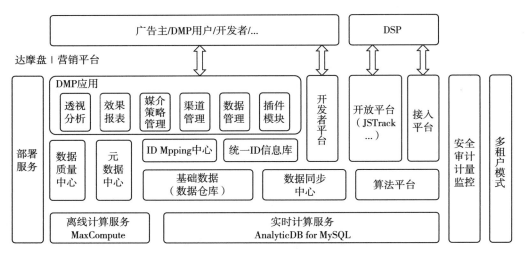

图 9-22　DMP 应用架构

在 DMP 系统中，大数据处于整个系统的核心位置。

MaxCompute 进行用户数据清洗、标签挖掘。

ADB 承接了广告主对大数据的透视和人群管理的计算工作。ADB 具有海量数据极速导出功能，已圈定的用户群数据可通过它导出到查询速度更快的 KV（Key-Value）存储系统中。

定向引擎根据 KV 存储系统的数据服务于 DSP（Demand-Side Platform）系统。

某交管应用示例如图 9-23 所示。

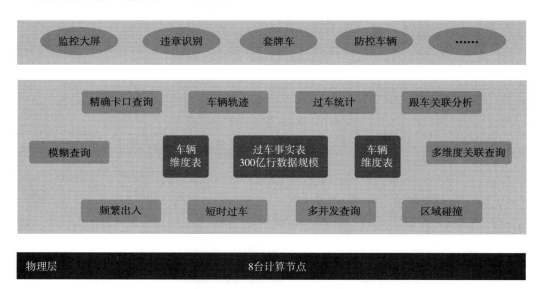

图 9-23　交通监管应用示意图

该交警业务系统特点如下：

第一，有海量数据。全市仅交通卡口过车记录表达到 300 亿～500 亿级别（保存半年），折合数据 20TB～30TB。

第二，飞速增长。市级系统每天数据增量 1000 万条。

第三，实现复杂查询。有多个部门需要查询、多种查询方式。业务应用查询复杂，包括单表查询、多表查询（join）、模糊查询（like）、轨迹分析（in）、区域碰撞（intersect）、短时过车（having count）、多用户等多种应用场景，对表结构设计、内存使用效率、CPU 使用效率等要求较高，对查询的并发性也有要求。

（5）基本概念。

①数据库集群。

数据库集群是组织、存储和管理数据的仓库，是租户隔离的基本单位。不同数据库集群之间的计算资源、用户权限、用户配额完全隔离。

②数据库用户。

ADB 用户可以分为管理员用户和普通用户两种。管理员用户即创建 ADB 集群时由阿里云管理员账号创建的数据库管理员用户；普通用户是管理员用户通过 SQL 语句创建并授予了数据库使用权限的用户。管理员用户可以给不同部门授予不同的权限，用户的操作也可以被细粒度审计。

③表。

ADB 支持标准的关系表模型。

④列。

ADB 中的表数据是按列存储的。支持 boolean、tinyint、smallint、int、bigint、float、double、varchar、date、timestamp 等多种 MySQL 标准数据类型。支持删除列的自动化索引，无须手动建立索引。

⑤索引。

ADB 为解决大数据索引问题，采用默认模式预先为所有列创建索引。当表的某一列确认不需要索引时，用户可以通过 disable index 显式地去掉该列的索引。

⑥主键。

ADB 支持指定数据表主键，执行 INSERT、UPDATE 或 DELETE 数据时，系统会通过主键进行相同记录的判断，确定唯一记录。

需要说明的是，ADB 中的主键仅用于做记录唯一性判断，不支持修改主键。若需修改主键，须重新建表。

6. 密钥管理系统设计

（1）安全隔离。

密钥管理服务并非实例化部署的产品，因此不存在实例产品虚拟化带来的资源隔离问题。密钥服务产品中的资源为用户主密钥，用户只能通过 Open API 的访问间接使用密钥，用户对密钥资源并没有直接访问的能力，安全隔离实现在 Open API 的网络层。

（2）鉴权认证。

①身份验证。

用户可以在云控制台中自行创建 Access Key。Access Key 由 AccessKey ID 和 AccessKey Secret 组成，其中 AccessKey ID 是公开的，用于标识用户身份，而 AccessKey Secret 是秘密的，用于用户身份的鉴别。

当用户向 KMS 发送请求时，需要首先将发送的请求按照 KMS 指定的格式生成签名字符串，其次使用 AccessKey Secret 对签名字符串进行加密（基于 HMAC 算法）产生验证码。验证码带时间戳，以防止重放攻击。KMS 收到请求以后，通过 AccessKey ID 找到对应的 AccessKey Secret，以同样的方法提取签名字符串和验证码：如果计算出来的验证码和提供的一致即认为该请求是有效的；否则，KMS 将拒绝处理这次请求，并返回 HTTP 403 错误。

②权限控制。

对 KMS 的访问控制通过 RAM 来实现。可以通过 RAM 的权限策略定义不同的身份类型，授予用户 KMS 的使用权限。KMS 的权限主要通过如下两个 RAM 概念来描述：一是操作。KMS OpenAPI 的 Action 包括对密钥的增删改查以及使用密钥对数据进行加解密等操作。每一个 API 都对应一个 Action，可以独立被授权一个身份。二是资源。KMS 的资源为密钥，通过密钥的 ID 来描述。

③RAM 和 STS 支持。

KMS 支持 RAM/STS 鉴权。

RAM 是阿里云提供的资源访问控制服务。通过 RAM，主账号可以创建出子账号，子账号从属于主账号，所有资源都属于主账号，主账号可以将所属资源的访问权限授予给子账号。

STS 是阿里云提供的临时访问凭证服务，提供短期访问权限管理。STS 可以生成一个短期访问凭证给用户使用，凭证的访问权限及有效期限由用户定义，访问凭证过期后会自动失效。

（3）数据安全。

KMS 的数据就是用户创建和管理的用户主密钥。用户主密钥通过冗余 RDS（主备模式）存储，RDS 每一个备份同时具有自己的冗余和备份机制，因此可以实现对用户数据的多层次冗余。

用户主密钥的密钥材料落盘时被 KMS 系统进行了加密，KMS 系统实行多层次的密钥结构，并有对上层次密钥进行自动轮转的能力。KMS 也支持接入硬件 TPM 模块，实现对 KMS 根密钥的硬件保护，从而保证用户数据的私密性。

（4）传输加密。

密钥管理服务实现了数据传输的全链路加密。用户向 KMS 发起的请求必须通过

HTTPS 协议进行，以保证信息交换的私密性和完整性。

（5）日志审计。

密钥管理服务利用阿里云日志服务对 KMS 操作进行记录，用户可以在日志服务中对 KMS 的操作进行安全审计。

7. 日志及应用实时监控设计

阿里云通过 Elasticssearch、容器管理日志功能和业务实时监控 ARMS 提供日志及应用实时监控。

（1）ARMS。

ARMS 是一款阿里云应用性能管理（APM）类监控产品。借助该产品，用户可以基于前端、应用、业务自定义等维度，迅速便捷地为企业构建秒级响应的业务监控能力。

ARMS 工作流程如图 9-24 所示。

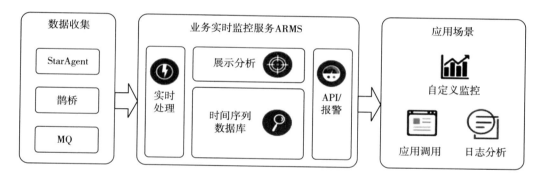

图 9-24　ARMS 工作流程

数据收集：ARMS 支持通过配置从云主机 Log、MQ 和 Loghub 上抓取日志。

任务定义：通过任务配置来定义实时处理、数据存储、展示分析、数据 API 和报警等任务，从而定义出自己的应用场景。

通过前端监控、应用监控等预设场景直接进行业务监控。

应用场景：除了自定义监控以外，ARMS 还有可直接使用的预设监控场景，包括前端监控、应用监控等。

适用场景包括：一是业务深度定制监控，即可按需深度定制具备业务属性的实时监控报警和大盘。业务场景包括电商场景、物流场景、航旅场景等。二是前端体验监控，即按地域、渠道、链接等维度实时反映用户页面浏览的性能和错误情况。三是应用性能和异常监控，即对分布式应用进行性能异常监控和调用链查询的应用性能管理（APM）。四是统一报警和报表平台，即集自定义监控、前端监控和应用监控为一体的统一报警和报表平台。ARMS 适用场景示意图如图 9-25 所示。

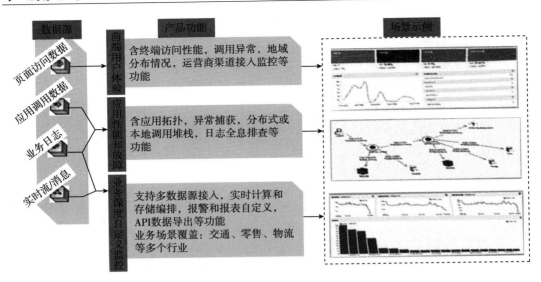

图 9-25　ARMS 适用场景示意图

凭借 ARMS，IT 人员能够在数分钟内搭建和启动基于大数据平台的业务实时监控系统，在充分发挥数据监控时效性的同时提升 IT 人员效率。

（2）产品特点。

传统的业务监控架构多为离线计算，无法满足企业的业务监控实时性要求，而且定制复杂，对生产数据库有影响。而一般的互联网实时业务监控架构普遍缺少端到端打包方案，搭积木式方案复杂，实现周期长且门槛高，业务方需自行编写各个流计算、MR以及报表等。

相较于传统监控产品，ARMS 架构的最大特点是，在基于大数据实时计算和存储架构的同时，不仅提供开箱即用的诸多应用监控功能，还将其中的计算和存储能力开放出来，为个性化业务监控需求提供了快速开发能力。

ARMS 的优势包括多个方面。

①多方位的前端监控功能。

高时效性：实时感知用户实际访问网站的响应时间和错误率。

多维度监控分析：基于地区、运营商、浏览器等多维度的用户访问速度和错误分析。

页面异常监控：监控和诊断应用的大量异步数据调用的性能和成功率。

②高效易用的应用监控。

应用拓扑的自我发现：通过对 RPC 调用信息进行动态分析、智能计算，自动生成分布式应用间调用关系。

常用诊断场景的指标下钻分析：根据应用响应时间、请求数、错误率等指标下钻分析，按应用、事务、数据库多维度查看。

异常事务和慢事务捕捉：基于调用事务（Trace）的超时和异常分析，并有效自定关联到对应的接口调用，如 SQL、MQ 等。

事务快照查询：智能收集基于调用链（Trace）的问题事务，通过排查详细数据明确异常或错误来源。

③功能丰富的自定义监控。

丰富的数据源：支持各类实时数据源，如日志、SDK、MQ、Loghub 等。

灵活地实时计算和存储编排：支持用户根据指定维度和计算方式自行编排实时计算和存储方式。

灵活的报警和大盘对接：监控数据集可快速对接 ARMS 报警和大盘平台，以提供各类场景的监控能力。

大量丰富的参考场景模板，如 Nginx 监控、异常监控、电商监控等。

④灵活地实时定义计算任务。

支持拖曳式的实时计算模块化编程，支持绝大多数语言逻辑，如通用数学计算、正则匹配、if/else 等；丰富的实时计算和存储算子支持，包括 Sum、Count、Max/Min、Sample、TopN、Count Distinct 等。

⑤稳定高效的时序和事件存储。

在线持续聚合数据，保证数据容量可控；智能分级存储存放策略；支持最多三级的下钻索引。

⑥可定制地报警设置。

支持设置任意连续时间的滑动平均、最大值报警；支持自定义报警内容；丰富的报警通道，如邮件、短信、钉钉等。

⑦灵活的交互大盘定制。

丰富的展示控件，如柱线图、热力图、饼图、翻牌器等；支持大盘共享、全屏展示等。

⑧灵活对接各类下游应用。

支持 Java、Python、Perl、C#等 API 对接；支持 DataV 等其他大屏展示工具对接。

（3）产品架构。

ARMS 架构如图 9-26 所示。

在一个完整的监控任务中，数据流依次经过以下环节：从数据源流入数据通道进行统一管理和缓存；从数据通道流入实时计算引擎进行实时计算；实时计算的结果流入持久化存储进行统一管理；通过数据展示层对数据进行各类导出，包括 Open API 直接读取、报表展示、报警通知等。

（4）功能特性。

ARMS 提供数据接入、数据计算、数据存储、大盘展示和报警以及下游 API 对接等一系列监控定制功能。

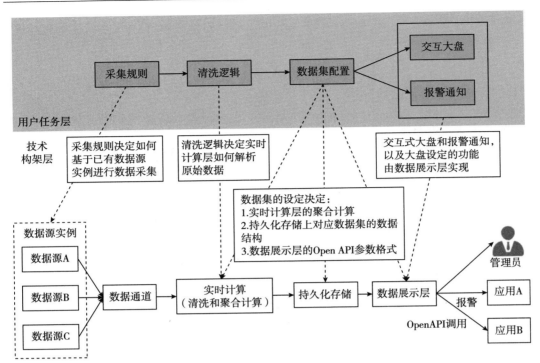

图 9-26　ARMS 架构

ARMS 整体功能如图 9-27 所示。

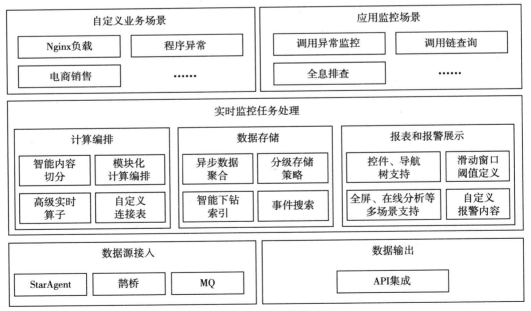

图 9-27　ARMS 整体功能

各功能描述如下：

①可接入多种数据源。

云主机 Log：可从云主机日志抓取日志进行统计；

Loghub：可拉取阿里云日志服务的 Loghub 数据；

MQ：可从 MQ Topic 中直接读取数据；

SDK：可通过在程序中接入 SDK 中来推送数据。

②可对接各类下游应用。

支持对接其他大屏展示工具，如 DataV；支持对接 Java、Python、Perl、C#等 API。

③可进行灵活地计算编排。

可对业务日志进行智能切分，将其转化为标准的 KV 格式；支持拖曳式的可视化和模块化编程，支持大多数语言逻辑，如通用数学运算、正则匹配、if/else 判断逻辑等；支持多种实时计算算子和存储算子，如 Sum、Count、Max/Min、Sample、TopN、Count Distinct 等；支持自定义连接表。

④数据存储。

异步聚合数据；

智能分级存储策略；

支持最多三级的智能下钻索引；

支持事件集搜索。

⑤可定制交互大盘。

提供多种展示控件，如柱线图、条形图、饼图、翻牌器等；支持全屏展示大盘、利用大盘进行在线分析等多种场景。

⑥可定制地报警。

可设置指定长度时间内的平均值、总和、最大值或最小值报警；支持自定义报警内容，以及邮件、短信、钉钉等多种报警方式。

⑦支持多种业务场景。

支持自定义业务场景，可监控自定义的业务指标，如 Nginx 负载、程序异常、电商销售业务事件等；支持前端监控场景，可监控页面性能、JS 错误、API 调用等指标；支持应用监控场景，可监控调用异常，查询调用链，并结合事件集进行全息排查。

（5）应用场景。

①Java 应用监控和诊断。

在这个应用场景案例中，我们采用基于 ARMS 的应用监控方案来解决分布式 Java 应用监控中的业务痛点。

互联网业务的高速发展带来了日益增长的流量压力，业务逻辑也日趋复杂，传统的单机应用已经无法满足需求。越来越多的网站逐渐采用了分布式部署架构。同时，随着

Spring Cloud/Dubbo 等基础开发框架的不断成熟，越来越多的企业开始对网站架构按照业务模块进行垂直拆分，形成了更适合团队协同开发、快速迭代的微服务架构（Microservice Architechture）。

分布式的微服务架构在开发效率上具备先进性，但给传统的监控、运维、诊断技术带来了巨大挑战。以淘宝网践行分布式架构与微服务实践的过程为例，遇到的主要挑战有：

（a）定位问题难。

客服人员接到用户反馈商品购买出现问题后，会交由技术人员排查解决。而微服务分布式架构中的一个网站请求通常要经过多个服务/节点后返回结果。一旦请求出现错误，往往要在多台机器上反复翻看日志才能初步定位问题，对简单问题的排查也常常涉及多个团队。

（b）发现瓶颈难。

当用户反馈网站出现卡顿现象时，很难快速发现瓶颈在哪里：是用户终端到服务端的网络问题，是服务端负载过高导致响应变慢，还是数据库压力过大？即使定位到了导致卡顿的环节，也很难快速定位到代码层面的根本原因。

（c）架构梳理难。

在业务逻辑变得逐渐复杂以后，很难从代码层面去梳理某个应用依赖了哪些下游服务（数据库、HTTP API、缓存），以及被哪些外部调用所依赖。业务逻辑的梳理、架构的治理和容量的规划（如在"双 11"促销活动的准备过程中，需要为每个应用准备多少台机器）也变得更加困难。

ARMS 提供的应用监控功能，源于阿里内部的分布式跟踪与监控系统，可以在不修改任何现有代码的情况下帮助网站开发人员和运维人员解决上述问题。

首先，调用拓扑图。用户可以在 ARMS 中看到应用的调用关系拓扑图，如应用被哪些服务依赖、依赖了哪些下游服务等。被 ARMS 监控的应用依赖了 Redis、MySQL 数据库和外部的一些 HTTP 服务，而对 MySQL 数据库的依赖是瓶颈所在（平均耗时超过 1700 ms）。

其次，进入慢服务/SQL 报表。进入该应用的 SQL 分析报表，可以清楚地定位到具体的慢 SQL、慢服务。

最后，分布式调用链查询。点击慢 SQL 的接口快照，可以找到一条包含该 SQL 调用的请求，并能看到该方法的调用堆栈，进而定位到代码级别的问题。

无论从全局视角还是单个调用视角，ARMS 能够全方位解决用户在分布式 Java 应用监控领域的痛点。ARMS 的应用监控可搭配前端监控、业务监控使用，从业务关键指标到用户体验，再到应用性能，为用户的站点全方位保驾护航。

②用户体验监控场景。

用户访问我们的业务时，整个访问过程大致可以分为三个阶段：页面生产时

（Server 端状态）、页面加载时和页面运行时。为了保证线上业务稳定运行，我们会在 Server 端对业务的运行状态进行各种监控。现有的 Server 端监控系统相对已经很成熟了，而页面加载和页面运行时的状态监控一直比较欠缺。主要原因是对于前端监控的重视不足，认为服务端的监控可以部分替代前端监控，这种想法导致系统在线上运行时，我们无法感知用户访问系统时的具体情况，因而定位线上用户偶现的前端问题变得非常困难。

（a）业务痛点。

一是定位性能瓶颈困难。当用户反馈页面加载较慢时，很难快速发现性能瓶颈在哪里：是网络问题、资源加载问题，还是页面 DOM 解析问题？是和用户所在的省份、国家有关系，还是和用户的浏览器、设备有关系？这些问题都无法快速复现并定位到具体原因。

二是无法获知用户访问时的报错情况。一个系统上线之后，访问时的大量 JS 报错导致用户无法正常使用。如果我们无法及时获知，是否会流失大量用户？如果用户反馈页面的使用情况，我们能否第一时间复现用户的使用场景，能否知晓用户遇到的详细报错信息而快速修复？这些都是开发人员目前遇到的难点。

三是 API 异步调用情况未知。API 调用返回的 HTTP 状态码均为 200 并不能代表接口完全正常，如果业务逻辑出现异常，我们能否有所感知？如果 API 返回全部正常，但整体的耗时较长，那么如何了解全局概况并进行优化呢？在这些都未知的情况下，我们就无法发现问题，也无法提升用户体验。

（b）基于 ARMS 的前端监控方案。

前端监控功能基于 ARMS 平台提供的海量实时日志分析和处理服务，对当前线上所有真实用户的访问情况进行监控，从而解决以上问题。

ARMS 前端监控中可以看到应用总览信息，包括应用的满意度、JS 错误率、访问速度、API 请求成功率及 PV 信息的情况。

在访问速度页面，可以看到关于页面性能的具体指标数据及对应的加载瀑布图，用户可以根据具体数据来定位性能瓶颈。

在 JS 稳定性页面，可以看到错误率从高到低的页面排行及错误聚类排行。用户可以直观地看到哪些页面的 JS 错误率较高，以及哪些错误出现次数最多。

在 API 请求页面，可以看到 API 的成功率及耗时数据，全面掌握接口情况。

单击访问明细可进入访问明细页面，查看具体的访问情况。例如，根据报错的 File、Stack、Line、Col 信息定位错误。

③零售行业实时监控方案。

在这个应用场景案例中，某服装行业龙头公司采用基于 ARMS 的混合云解决方案，搭建了零售业务实时监控系统。

（a）业务痛点。

一是监控平台使用传统的商业 OLAP 数据库，许可证费用高昂；二是监控平台在横向扩展和实时性方面难以满足业务要求。

（b）基于 ARMS 的零售行业监控方案。

交易日志通过 Logtail Agent 实时上传到阿里云 Loghub 日志服务。

ARMS 业务实时监控服务对接 Loghub 进行计算和存储，并通过自带交互大盘实时分析和查看销售业务数据。其中：一是计算编排和存储，即从日志中抽取每条交易的详细数据，包括总价、件数，按照交易发生地点、销售公司名称和客户会员信息等多个维度进行聚合。二是交互展示，即按照地域、门店、会员、类目等维度展示销售状态和各类下钻场景分析。

ARMS 数据输出到下游 DataV 数据可视化组件进行大屏展示。

（c）基于 ARMS 的 IT 运维监控系统的业务价值。

一是令 TCO 分析成本成百倍下降，满足高时效性的多维度分析，帮助用户实时掌握前线销售情况，让用户能够以销售策略和库存配置策略及时应对挑战。二是监控展示方案满足多场合需求：DataV 的酷炫大盘用于监控室总体展示，ARMS 的交互大盘用于深度排查问题。

8. 数据传输服务设计

DTS 是阿里云提供的一种支持关系型数据库及大数据等多种数据源之间数据交互的数据服务。

DTS 提供了数据迁移、数据实时订阅及数据实时同步等多种数据传输能力。通过 DTS 可实现不停服数据迁移、数据异地灾备、跨境数据同步、缓存更新等多种业务应用场景。

（1）产品特点。

DTS 支持关系型数据库、OLAP 等数据源间的数据传输。它提供了数据迁移、数据订阅及数据同步等多种数据传输方式。相对于第三方迁移同步工具，DTS 提供更丰富多样、高性能、高安全可靠的传输链路，同时它提供了诸多便利功能，极大地方便了传输链路的创建及管理。

①丰富多样。

DTS 能够支持多种同异构数据源之间的迁移同步。对于异构数据源之间的迁移，DTS 支持结构对象定义的转化。

DTS 支持多种传输方式，如数据迁移、数据订阅及数据同步，其中数据订阅及数据同步均为实时数据传输方式。

为了降低数据迁移对应用的影响，数据迁移功能支持不停服迁移方式。不停服迁移可实现在数据迁移过程中，将应用停机时间降低到秒级别。

②高性能。

DTS 使用高规格服务器来保证每条迁移同步链路都能拥有良好的传输性能。对于数据迁移，DTS 底层采取了多种性能优化措施。

相对于传统的数据同步工具，DTS 的实时同步功能能够将并发粒度缩小到事务级别，能够并发同步同张表的更新数据，从而极大地提升同步性能。

③安全可靠。

DTS 底层为服务集群，集群内任何一个节点宕机或发生故障，控制中心都能够将这个节点上的所有任务快速切换到其他节点上。

DTS 各模块间采用安全传输协议及安全 token 认证，有效保证数据传输可靠性。

④简单易用。

DTS 提供可视化管理界面，提供向导式的链路创建流程，用户可以在其控制台简单轻松地创建自己的传输链路。DTS 控制台展示了链路的传输状态、传输进度和传输性能等信息，用户可以方便地管理自己的传输链路。

为了解决网络或系统异常等导致的链路中断问题，DTS 提供链路断点续传功能，且定期监测所有链路的状态，一旦发现链路异常，先尝试自动修复重启，如果链路需要用户介入修复，那么用户可以直接在控制台修复后触发链路重启。

（2）产品架构。

DTS 系统架构如图 9-28 所示。

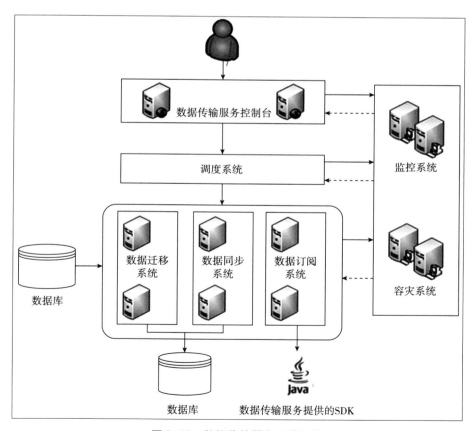

图 9-28 数据传输服务系统架构

DTS 内部每个模块都有主备架构，保证系统高可用性。容灾系统实时监测每个节点的健康状况，一旦发现某个节点异常，会将链路秒级切换至其他节点。

对于数据订阅及同步链路，容灾系统还会监测数据源的链接地址切换等变更操作，一旦发现数据源发生链接地址变更，它会动态适配数据源新的连接方式，保证链路的稳定性。

①数据迁移基本原理。

数据迁移基本原理如图 9-29 所示。

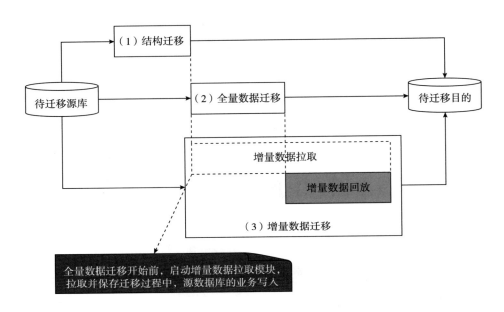

图 9-29　数据迁移基本原理

数据迁移任务支持多种迁移类型：结构对象迁移、全量数据迁移以及增量数据迁移。如果需要实现不停服迁移，那么迁移过程需要经历结构对象迁移—全量迁移—增量数据迁移。

异构数据库之间进行结构迁移时，DTS 会从源数据库读取结构定义语法，再根据目标数据库的语法定义组装成目标数据库的语法定义格式，然后导入到目标实例中。

全量数据迁移过程持续较久，在这过程中源实例不断有业务写入，为保证迁移数据的一致性，在全量数据迁移之前会启动增量数据拉取模块，增量数据拉取模块会拉取源实例的增量更新数据，并解析、封装、存储在本地存储中。

当全量数据迁移完成后，DTS 会启动增量数据回放模块，增量数据回放模块会从增量拉取模块中获取增量数据，经过反解析、过滤、封装后同步到目标实例，从而实现源实例、目标实例数据实时同步。

②数据订阅基本原理。

数据订阅基本原理图如图 9-30 所示。

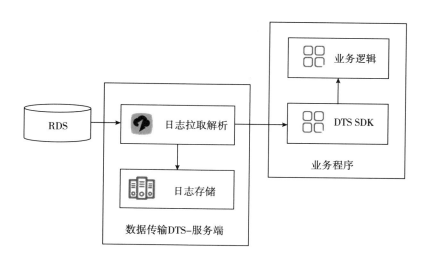

图 9-30　数据订阅基本原理

从图中可以看出，数据订阅支持实时拉取 RDS 实例的增量日志，用户可以通过 DTS SDK 从数据订阅服务端订阅增量日志，根据业务需求实现数据定制化消费。DTS 服务端的日志拉取模块从数据源抓取原始数据，并通过解析、过滤、标准格式化等流程，最终将增量数据在本地持久化。日志抓取模块通过数据库协议连接并实时拉取源实例的增量日志。例如，源实例为 RDS for MySQL，那么数据抓取模块通过 Binlog dump 协议连接源实例。

DTS 实现了日志拉取模块及下游消费 SDK 的高可用性。DTS 容灾系统一旦检测到日志拉取模块出现异常，就会在健康服务节点上断点重启日志拉取模块，保证日志拉取模块的高可用性。

DTS 支持在服务端实现下游 SDK 消费进程的高可用性。用户同时对一个数据订阅链路，启动多个下游 SDK 消费进程，服务端同时只向一个下游消费推送增量数据，当这个消费进程异常后，服务端会从其他健康下游中选择一个消费进程向这个消费进程推送数据，从而实现下游消费的高可用性。

③实时同步基本原理。

实时同步基础原理如图 9-31 所示。

DTS 的实时同步功能能够实现任何两个 RDS 实例之间的增量数据实时同步。

同步链路的创建过程包括：一是同步初始化，即在目标实例中初始化一份源实例的历史存量数据；二是增量数据实时同步，即当初始化完成后，进入两边增量数据实时同步阶段，在这个阶段 DTS 会实现源实例与目标实例之间的数据动态同步。

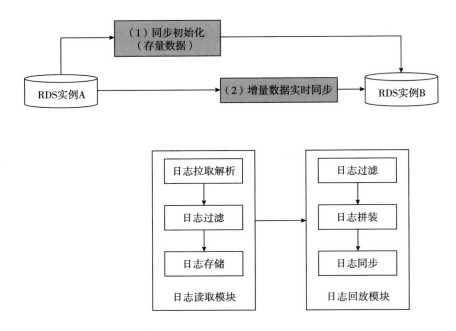

图 9-31　实时同步基本原理

增量数据的实时同步过程中，DTS 的底层实现模块主要包括：

第一，日志读取模块。日志读取模块从源实例读取原始数据，经过解析、过滤及标准格式化，最终将数据在本地持久化。日志读取模块通过数据库协议连接并读取源实例的增量日志。如果源数据库为 RDS for MySQL，那么数据抓取模块通过 Binlog dump 协议连接源库。

第二，日志回放模块。日志回放模块从日志读取模块中请求增量数据，并根据用户配置的同步对象进行数据过滤，然后在保证事务时序性及事务一致性的前提下，将日志记录同步到目标实例。

DTS 实现了日志读取模块、日志回放模块的高可用性，DTS 容灾系统一旦检测到链路异常，就会在健康服务节点上断点重启链路，从而有效保证同步链路的高可用性。

（3）功能特性。

①数据迁移。

DTS 旨在帮助用户方便、快速地实现各种数据源之间的数据迁移，实现数据迁移上云、阿里云内部跨实例数据迁移、数据库拆分扩容等业务场景。数据迁移功能提供了库表列三级映射、数据过滤多种 ETL 特性。

支持的数据库和迁移类型如表 9-24 所示。

表 9-24　数据迁移支持的数据库及迁移类型

源数据库	目标数据库	结构迁移	全量迁移	增量迁移
自建 MySQL	自建 MySQL	支持	支持	支持

（a）在线迁移方式。

DTS 默认使用在线迁移方式，在线迁移只要用户配置迁移地源、目标实例及迁移对象即可，DTS 会自动完成整个数据迁移过程。在线迁移支持数据不停服迁移，但要求 DTS 服务器能够同时跟源实例、目标实例连通。

（b）多种迁移步骤。

数据迁移支持多种迁移步骤：结构迁移、全量数据迁移及增量数据迁移。结构迁移：将源实例中的结构对象定义一键迁移至目标实例。全量数据迁移：将源实例中的历史存量数据迁移至目标实例。增量数据迁移：将迁移过程中源实例产生的增量数据实时同步到目标实例。结构迁移+全量数据迁移+增量数据迁移可以简单实现业务不停服迁移。

（c）多种 ETL 特性。

数据迁移支持多种 ETL 特性，主要包括：一是支持库表列三级对象名映射。库表列三级对象名映射是指可以实现源实例和目标实例的库名或表名，甚至列名不同的两个对象之间的数据迁移。二是支持迁移数据过滤。用户可以对要迁移的表配置 SQL 条件以过滤要迁移的数据。例如，用户可以配置时间条件，只迁移最新的数据。

（d）报警机制。

数据迁移提供迁移异常报警，一旦迁移任务出现异常，即会向任务的所有者（Owner）发送报警短信，让用户第一时间了解并处理异常任务。

（e）迁移任务。

迁移任务是 DTS 进行数据迁移的基本单元。如果需要进行数据迁移，必须创建一个迁移任务。当创建迁移任务时，需要配置待迁移源实例的连接方式、目标实例的连接方式、迁移对象及迁移类型等信息。用户可以在 DTS 控制台进行迁移任务的创建、管理、停止及删除等操作。

迁移任务在创建及运行过程中，不同阶段会处于不同的状态，具体如表 9-25 所示。

表 9-25　迁移状态阶段对应表

迁移状态	状态说明	可进行操作
未启动	迁移任务已经完成任务配置，但是还没有进行迁移前的预检查	预检查；删除
预检中	迁移任务正在进行前期的预检查	删除
预检通过	迁移任务已经通过迁移前的预检查，但是还没有启动迁移	启动；删除

迁移状态	状态说明	可进行操作
迁移中	迁移任务正在进行正常的数据迁移	暂停；结束；删除
迁移失败	迁移任务异常，可以根据任务的进度确认具体是哪个阶段失败	删除
暂停中	迁移任务已被暂停	启动；删除
完成	迁移任务已完成，或者用户单击结束停止数据迁移	删除

②数据同步。

数据实时同步功能旨在帮助用户实现两个数据源之间的数据实时同步，可实现数据灾备、数据异地多活、跨境数据同步、查询、报表分流、云 BI 及实时数据仓库等多种业务场景。

数据同步支持的数据库如表 9-26 所示。

表 9-26 数据同步支持的数据库

源数据库	目标数据库	初始化类型	同步拓扑
自建 MySQL 5.1、5.5、5.6、5.7 版本 RDS MySQL 5.6、5.7 版本	自建 MySQL 5.1、5.5、5.6、5.7 版本	结构初始化 全量数据初始化	单向同步； 双向同步
	RDS MySQL 5.6、5.7 版本	结构初始化 全量数据初始化	单向同步； 双向同步
	ADB	结构初始化 全量数据初始化	单向同步
云原生分布式数据库 PolarDB-X （原分布式关系型数据库 DRDS）	云原生分布式数据库 PolarDB-X	全量数据初始化	单向同步

（a）同步对象。

数据同步的同步对象的选择粒度为库、表、列。用户可以根据需要同步某几个表的数据。

数据同步支持库、表、列名映射，即用户可以进行两个不同库名的数据库之间的同步，或两个不同表名的表之间的数据同步。

数据同步支持列选择，即用户可以根据业务需求，只同步表中的某几列数据。

（b）同步作业。

同步作业是数据实时同步的基本单元。如果要进行两个实例间的数据同步，必须在DTS 控制台创建同步作业。

同步作业在创建及运行过程中，不同阶段会处于不同的状态，具体如表 9-27 所示。

表 9-27　迁移状态说明

作业状态	状态说明	可进行操作
预检中	同步作业正在进行启动前的预检查	查看同步配置；删除同步；复制同步配置；配置监控报警
预检查失败	同步作业预检查没有通过	预检查；查看同步配置；修改同步对象；修改同步速度；删除同步；复制同步配置；配置监控报警
未启动	迁移任务已经通过过迁移之前的预检查，但是还没有启动	预检查；开始同步；修改同步对象；修改同步速度；删除同步；复制同步配置；配置监控报警
同步初始化中	同步作业正在进行同步初始化	查看同步配置；删除同步；复制同步配置；配置监控报警
同步初始化失败	同步作业在初始化过程中，迁移失败	查看同步配置；修改同步对象；修改同步速度；删除同步；复制同步配置；配置监控报警
同步中	同步作业正常同步中	查看同步配置；修改同步对象；修改同步速度；暂停同步；删除同步；复制同步配置；配置监控报警
同步失败	同步作业同步异常	查看同步配置；修改同步对象；修改同步速度；启动同步；删除同步；复制同步配置；配置监控报警
暂停中	同步作业被暂停，处于暂停状态	查看同步配置；修改同步对象；修改同步速度；启动同步；删除同步；复制同步配置；配置监控报警

（c）高级特性。

数据同步支持多种特性，有效降低用户使用门槛，主要包括：一是动态增减同步对象。在数据同步过程中，用户可以随时增加或减少需要同步的对象。二是完善性能查询体系。数据同步提供同步延迟、同步性能（RPS、流量）趋势图，用户可以方便查看同步链路的性能趋势。三是完善监控体系。数据同步提供同步作业状态、同步延迟的报警监控功能。用户可以根据业务敏感度，自定义同步延迟报警阈值。

③数据订阅。

实时数据订阅功能旨在帮助用户获取 MySQL 数据库的实时增量数据，用户能够根据自身业务需求自由消费增量数据，如实现缓存更新、业务异步解耦、异构数据源数据实时同步及含复杂 ETL 的数据实时同步等多种业务场景。

支持的数据库有自建 MySQL、RDS MySQL。

（a）订阅对象。

数据订阅的订阅对象可以为库和表。用户可以根据需要订阅某几个表的增量数据。

数据订阅将增量数据细分为数据变更 DML 和结构变更 DDL，配置数据订阅时，可以选择需要订阅的具体数据变更类型。

（b）订阅通道。

订阅通道是进行增量数据订阅与消费的基本单元。如果要订阅 MySQL 数据库的增量数据，必须在 DTS 控制台创建一个针对这个 MySQL 数据库的订阅通道。订阅通道会实时拉取 MySQL 数据库的增量数据，并将最新一段时间的增量数据保存在订阅通道中，用户可以使用 DTS 的 SDK 从这个订阅通道中订阅增量数据，并进行相应的消费。同时，用户可以在 DTS 控制台进行订阅通道的创建、管理及删除等操作。

一个订阅通道同时只能被一个下游 SDK 订阅消费，如果用户有多个下游订阅同一个 MySQL 数据库，需要创建多个订阅通道。

订阅通道在创建及运行过程中，不同阶段会处于不同的状态，具体如表 9-28 所示。

表 9-28　通道状态及说明

通道状态	状态说明	可进行操作
预检中	订阅通道已经完成任务配置，正在进行启动前的预检查	删除订阅
未启动	迁移任务已经通过迁移前的预检查，但是还没有启动订阅	开始订阅；删除订阅
初始化	订阅通道正在进行启动初始化，一般需要 1 分钟左右	删除订阅
正常	订阅通道正在正常拉取 MySQL 数据库的增量数据	查看示例代码；查看订阅数据；删除订阅
异常	订阅通道拉取 MySQL 数据库增量数据异常	查看示例代码；删除订阅

（c）高级特性。

数据订阅支持多种特性，有效降低用户使用门槛，主要包括：一是动态增减订阅对象。在数据订阅过程中，用户可以随时增加或减少需要订阅的对象。二是在线查看订阅数据。数据传输 DTS 控制台支持在线查看订阅通道中的增量数据。三是修改消费时间点。数据订阅支持用户随时修改需要消费数据对应的时间点。四是完善监控体系。数据订阅提供订阅通道状态、下游消费延迟的报警监控功能。用户可以根据业务敏感度，自定义消费延迟报警阈值。

（4）应用场景。

DTS 支持数据迁移、数据实时订阅及数据实时同步等多种功能，可以满足以下多种典型应用场景：

①不停服迁移，迁移时业务停服时间降低到分钟级别。

很多用户希望系统迁移时，尽可能不影响业务。然而，在迁移过程中，如果业务不停服，迁移数据就会发生变化，无法保证迁移数据的一致性。为了保证迁移数据一致性，很多第三方迁移工具要求在数据迁移期间应用停止服务。在整个迁移过程中，业务可能需要停服数小时甚至数天，对业务影响极大。

为了降低数据库迁移门槛，DTS 提供不停服迁移解决方案，让数据迁移过程中的业务停服时间降低到分钟级别。

不停服迁移的实现原理如图 9-32 所示。

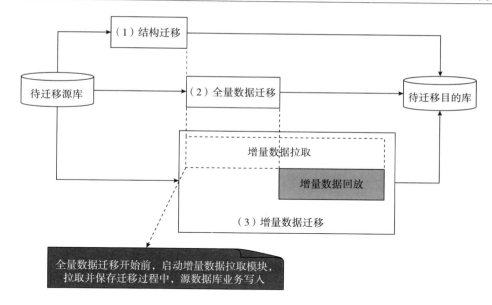

图 9-32　不停服迁移实现原理

不停服迁移的迁移类型需包含结构迁移、全量数据迁移及增量数据迁移三个阶段。当进入增量数据迁移阶段时，目标实例会保持跟源数据库之间的数据实时同步，用户可以在目标数据库进行业务验证，当验证通过后，直接将业务切换到目标数据库，从而实现整个系统迁移。由此可见，在整个迁移过程中，只有当业务从源实例切换到目标实例期间，会产生业务闪断，其他时间业务均能正常服务。

②加速全球化业务访问速度，为跨境业务赋能。

对于用户分布比较广的业务，如全球化业务，如果按照传统架构只在单地区部署服务，那么其他地区的用户需要跨地区远距离访问服务，导致访问延迟大、用户体验差的问题。为了加速全球化业务访问速度，优化访问体验，可以将架构调整为如图 9-33 所示。

在这个架构中，我们定义了中心和单元的概念，所有地区用户的写请求全部路由回中心。通过 DTS 将中心的数据实时同步到各个单元，各个地区用户的读请求可以路由到就近的单元，从而避免远距离访问，降低访问延迟，加速全球化访问速度。

③云 BI，快速搭建定制化 BI 系统。

自建 BI 系统无法满足越来越高的实时性要求，且操作复杂。而阿里云提供的 BI 体系可以在不影响现有架构的情况下快速搭建 BI 系统，所以越来越多的用户选择在阿里云上搭建满足自身业务定制化要求的 BI 系统。

DTS 可以帮助用户将本地自建数据库的数据实时同步到阿里云的 BI 存储系统（如 MaxCompute、Analytic 数据库或流计算），然后用户使用各种计算引擎进行后续的数据分析，同时可以通过可视化工具进行计算结果的实时展示，或通过迁移工具将计算结果同步回本地 IDC，具体实现架构如图 9-34 所示。

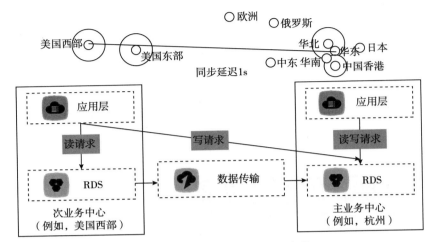

图 9-33　降低跨地区访问延迟架构

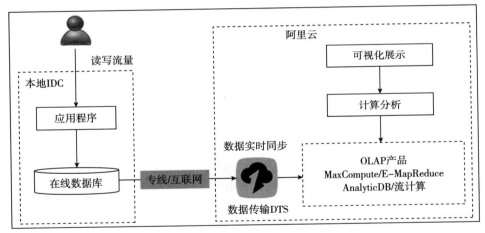

图 9-34　云 BI 架构

④数据实时分析，快速抢占商业先机。

数据分析在提高企业洞察力和用户体验方面发挥着举足轻重的作用，且实时数据分析能够让企业更快速、灵活地调整市场策略，适应快速变化的市场方向及优化消费者体验。为了在不影响线上业务的情况下实现实时数据分析，需要将业务数据实时同步到分析系统中，由此可见，实时获取业务数据必不可少。DTS 提供的数据订阅功能可以在不影响线上业务的情况下，帮助用户获取业务的实时增量数据，通过 SDK 可将其同步至分析系统中进行实时数据分析，如图 9-35 所示。

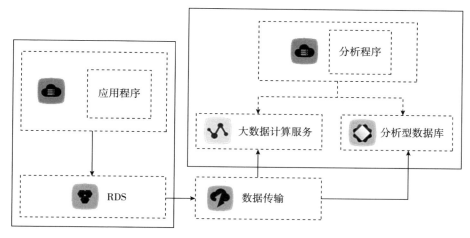

图9-35　数据实时分析架构

⑤轻量级缓存更新策略，让核心业务更简单可靠。

为了提高业务访问速度，提升业务读并发，很多用户都会在业务架构中引入缓存层。业务所有读请求全部路由到缓存层，通过缓存的内存读取机制大幅提升业务读取性能。缓存中的数据不能持久化，一旦缓存异常退出，那么内存中的数据就会丢失，所以为了保证数据完整，业务的更新数据会落地到持久化存储中，如数据库。

综上所述，业务会遇到缓存更持久化数据库数据同步的问题。DTS 提供的数据订阅功能，可以通过异步订阅数据库的增量数据，并更新缓存的数据，实现轻量级的缓存更新策略。这种策略的架构如图9-36 所示。

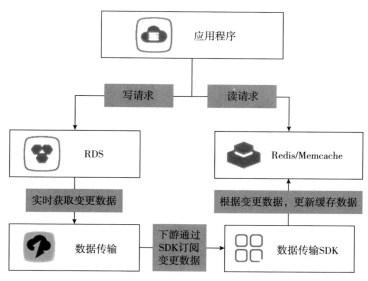

图9-36　缓存更新策略构架

这种缓存更新策略的优势在于：一是更新路径短，延迟低。缓存失效为异步流程，业务更新数据库完成后直接返回，不需要关心缓存失效流程，整个更新路径短，更新延迟低。二是应用简单可靠。应用无须实现复杂双写逻辑，只需启动异步线程监听增量数据，更新缓存数据即可。三是应用更新无额外性能消耗。因为数据订阅是通过解析数据库的增量日志来获取增量数据，所以获取数据的过程对业务、数据库性能无损。

⑥业务异步解耦，让核心业务更简单可靠。

通过数据订阅，可以将深耦合业务优化为通过实时消息通知实现的异步耦合，让核心业务逻辑更简单可靠。这个应用场景在阿里内部得到了广泛的应用，目前淘宝订单系统每天有上万个下游业务通过数据订阅获取订单系统的实时数据更新，触发自身的变更逻辑。

下面举个简单的逻辑，描述一下整个应用场景的优势。

例如，电商行业涉及下单系统、卖家库存、物流发货等多个业务逻辑。如果将这些逻辑全部放在下单流程中，那么下单流程为用户下单—系统通知卖家库存—物流发货等下游业务进行逻辑变更，当全部变更完成后，返回下单结果。这种下单逻辑存在如下问题：一是下单流程长，用户体验差。二是系统稳定性差，任何一个下游发生故障，直接影响下单系统的可用性。

为了提升核心应用用户体验，提高稳定性，可以将核心应用和依赖的下游业务异步解耦，让核心应用更稳定可靠。具体调整如图9-37所示。

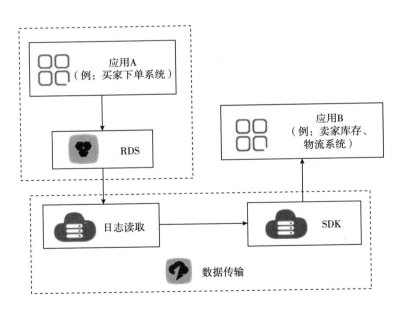

图9-37　业务异步解耦

下单系统只要下完单就直接返回，底层通过 DTS 实时获取订单系统的变更数据，业务通过 SDK 订阅这个变更数据，并触发库存、物流等下游业务逻辑。由此，保证下单系统的简单可靠。

⑦读能力横向扩展，快速适应业务发展。

对于有大量读请求的应用场景，单个 RDS 实例可能无法承担全部的读取压力，甚至可能对主流程业务产生影响。为了实现读取能力的弹性扩展，分担数据库压力，可以使用 DTS 的实时同步功能构建只读实例，利用这些只读实例承担大量的数据库读取工作负载，从而方便地扩展了应用的吞吐量。

（三）运维及安全管理平台设计

云计算技术的飞速发展和成熟度的提高，使得越来越多的用户认可和接纳云计算技术，以解决自身 IT 建设发展到一定规模后面临的服务器资源利用率低、能耗问题突出、系统运维压力大、网络安全防御难度大等问题。

不同用户可以根据自身特点及需求，选择合适的云计算部署模式。然而，无论是哪种部署模式，云计算部署后在运营运维层面都同样面临着诸多新的管理困境，这有别于传统模式，具体体现在以下方面：

第一，云计算资源的全局掌控。

IT 管理员反复登录多个不同管理平台，不仅管理效率低下，而且不易于基于全局角度监控所有资源的运行、使用状态，如何有效合理地统一管理众多的云产品，成为 IT 管理员或运维人员面临的一个重大问题。

此外，运维人员的重点管理对象不再是单独的物理机，而是需要同时考虑虚拟化后的云产品以及两者的对应关系等。

第二，资源的充分利用。

用户在云建设之前投入使用了 IT 设施及原有系统运行依赖各式各样的服务器、网络设备、存储设备、数据库、存储等，应考虑如何让这些原有投资设施得到充分的利用，并减少管理多套系统带来的运维负担。

第三，云建设的安全问题。

云计算作为众多使用用户参与的计算模式，拥有众多的资源、服务、数据等，作为动态、虚拟化提供的服务，如何保证云上的安全，成为云计算面临的一个大问题。

根据美国安全研究机构 Ponemon Institute 的一项调查，IT 专业人士担心，如果采用云计算模式，敏感数据将可能落入坏人之手。数据泄露、数据丢失、数据劫持、不安全的接口、肆意滥用等，成为云计算安全领域面临的共同问题。

第四，多用户的权限管理。

云基础设施及服务建成后，面对不同的部门、不同的用户，如资源使用者、资产管理员、IT 管理员等，如何为多用户在线提供不同限权的服务，给运维人员带来了新的挑战。

云管理平台软件基于 DevOps 开发，平台迭代速度快，可以根据项目的需求进行快速迭代和开发，以及软件架构和接口开放，可以被第三方集成或集成第三方软件，产品已经经过了多个专有云项目的实际验证。

1. 云管理平台架构设计

阿里云管理平台基于公有云的经验和复杂的使用环境自主研发了成熟商用的专有云管理平台，从 2010 年阿里云开始正式对外提供公有云服务，到 2013 年阿里云单集群规模 5000 台服务器的飞天集群正式开始投入生产，这标志着阿里云从此成为世界上独立拥有相关技术能力的屈指可数的公司之一。自 2014 年起，阿里云陆续为公安部、海关总署、国家税务总局、新华社、中石油、中石化、中国联通、中国邮政等政府部门和大型企业提供云计算和大数据服务。

目前阿里云作为全球领先的云计算及 AI 科技公司，为 200 多个国家和地区的企业、开发者和政府机构提供服务。2017 年 1 月阿里云成为奥运会全球指定云服务商。截至 2017 年 3 月，阿里云付费云计算用户达 87.4 万。阿里云致力于以在线公共服务的方式提供安全、可靠的计算和数据处理能力，让计算和 AI 成为普惠科技。

阿里云管理平台通过软件自定义网络（Software Defined Network，SDN）架构，整个 SDN 采用 VXLAN 协议隔离租户网络，使用 VPC 技术隔离不同租户的资源。阿里自主研发的 SDN 控制器包括集群式 XGW、软件定义路由器、软件定义安全组、软件定义交换机、软件定义路由表、软件定义负载均衡。

阿里云管理平台是基于各种专有云平台为各行业客户定制管理服务，着眼于改善用户 IT 管理及运营中面临的诸多问题，致力打造行业云计算服务的管控平台，注重为政府、企业、金融等行业客户提供大规模、低成本的一站式云计算、云安全、大数据等的管理服务。

阿里云管理平台通过构建支持多种不同业务类型的政企专有云平台，简化物理和虚拟资源的管理部署，帮助用户简单快速地建立自己的业务系统，充分提升资源利用率，降低运维成本，促进用户的关注点从运营运维向业务的转变，将互联网经济模式带入政企、金融等行业客户，构建出以云计算为基础的全新生态链。

（1）云管理平台位置。

行业运营计算平台结构如图 9-38 所示。

阿里云管控平台基于各种专有云平台之上，为客户打造一站式云计算服务体验。通过运管平台不仅可以集中管理阿里专有云各种产品资源，还可以统一管理企业不同架构的云基础设施，包括 VMware 等产品资源，以及企业原有 IT 设施，向上提供统一的计算、存储、网络等资源及服务。

云管理平台除了提供统一的 IaaS 层服务外，还集成安全、管理、运营、运维以及 PaaS 平台服务，让客户可以享受到真正的云服务。

（2）云管理平台架构及特点。

云管理平台基于用户对自助门户、运营、运维业务的功能需求，使用服务化设计，将业务逻辑、数据、界面显示分离，为专有云、混合云等数据中心提供专业智能的运营运维集中管理平台，以层次化、模块化、精简化为核心，统一技术框架、统一流程管理，

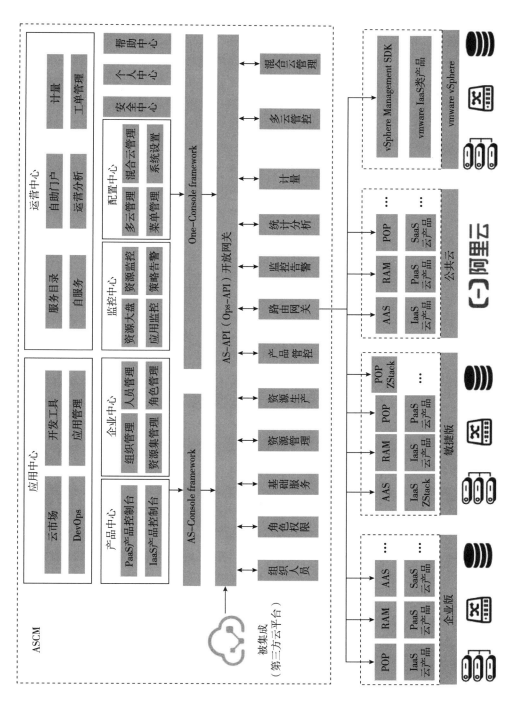

图 9-38　云平台示意图

覆盖 IaaS、PaaS、SaaS 平台功能，同时集成云安全、数据库、大数据等业务管理功能，易于提高资源的综合利用率、统一服务和技术的规范、简化业务应用的开发及运维。阿里云管理平台整体架构功能如下：

一是运维管理。运维管理作为阿里云管理平台的核心功能组件，为 IT 管理人员提供云数据中心全面的资产管理、报表管理、流程工单处理、各类资源及应用的维护和监控管理等功能。

二是运营管理。运营管理主要面向云资源的使用者及管理员，基于用户的鉴权及资源分配，提供对云资源的各类操作、监控、分析、告警等管理功能。

三是自助门户管理。自助门户管理主要面向资源的使用者，基于用户的鉴权及资源分配，提供云资源及数据库、大数据等各类应用的开通申请、资料显示等功能。

此外，云管理平台基于用户的场景特点，提供可定制化、直观、实时的大屏显示，通过大屏对关键云资源及应用的直观显示，方便政企等用户快速作出相应的决策。

云管理平台作为超融合的云管理平台，遵循融合的理念，可将不同地域的异构云管理统一集中化，并可根据不同地域、不同组织结构、不同云资源及应用，基于不同的用户分配相应的资源权限。

①云监控设计。

（a）资源的集中监控。

云资源承载着用户的各类业务，同时云资源及服务主要由物理服务器承载。通过阿里云，不同用户可分别对不同的云资源、云下物理服务器进行集中监控及设置告警管理，动态发现各类云资源及物理服务器的使用资源及健康状态，确保云数据中心云资源能够得到合理的使用，一方面避免资源配置申请过高导致的浪费，另一方面可分析出是否存在配置过低导致业务运行的不稳定情形，最终使云数据中心能够稳定、高效地为业务提供服务。

云平台提供对云资源及物理服务器的概览信息查看，并提供多维度的精细化信息监控，包括基本信息（如区域、主机名称、集群、CPU 核数、硬盘、机器型号等）、位置、操作系统、CPU 使用情况、内存、网卡、存储、物理机使用性能等的详尽信息查看。同时，用户可对关键性能指标（如 CPU 使用率、内存使用率、流入/流出流量等）基于时间段设置监控报警。

（b）多维度报表服务。

云平台提供资源详情、告警、资源使用评估等多维度的报表，各报表可按区域、部门、项目、云资源等多层次进行详细显示，同时管理员可根据实际需要按不同维度、不同层次将报表导出，这样有利于从全局角度了解云平台各产品实例的详情，运行过程中产生的告警信息，资源的使用状况，防止资源的浪费或超负荷使用，为运营运维提供多方面强有力的数据支撑，确保业务得到高效的运行以及稳定提供服务。

（c）详细的库存信息。

云平台支持对各类云数据中心的云主机、SLB、RDS、OSS、TABLE STORE、MAX-

COMPUTE 及 ADS 等资源，提供使用数量、存储空间、使用趋势等多维度的详情显示，IT 管理员可对各库指标设置告警值，并自动触发报警。

云平台的库存信息管理不仅利于资源提供者尽可能地以最小化成本提供服务，而且使其可基于对库存变化的掌握预测未来资源的使用情况，便于有效地提前做出决策，抢占市场先机，最大化满足最终客户的生产需要。

②运维管理设计。

（a）运维管理。

云运维中心提供了对计算资源、存储资源、库存、报警的管理功能。用户可以通过云运维中心对计算资源、存储资源库存等信息进行查看，在报警管理中设置报警规则，实时地对资源进行监控。

运维中心主要有以下四个功能：

一是计算资源管理。计算资源包括物理机、虚拟机（即云主机 ECS）、物理机下的 CPU、内存、磁盘，以及虚拟机下的 CPU、内存、磁盘资源。通过对计算资源的查看和动态资源调度功能，保证所有物理机和虚拟机的正常运行。

二是存储资源管理。它对物理存储资源进行管理，物理存储资源包括专业的存储设备和服务器上的硬盘资源，其中，专业的存储设备有基于 iSCSI 协议的 SAN 设备和基于 FC 协议的 SAN 设备。

三是网络资源管理。它是对虚拟网络资源进行统一运维管理，以及虚拟网络资源 VPC、SLB、子网、安全组等资源的查询检索。运维管理平台可以查看租户级别的网络资源使用情况，如子网数量，网络是否激活等。

库存管理。它可以反映当前时刻各个产品的资源使用率以及根据不同的配置计算实例资源的库存情况。

四是设置告警。自定义设置库存的报警规则，当库存的数据不满足报警规则时向相应的报警组或报警人发出通知，以便及时采取措施。

（b）查看资源库存信息。

库存管理平台方便用户了解所有资源的库存情况，同时根据库存管理页面信息，用户还可以有针对性地创建库存报警，更加有效地管理系统中成千上万的资源。

（c）库存报警。

库存报警管理是提供对物理资源库存监控服务的平台，该平台主要提供了报警规则管理、报警实时通知、浏览报警信息服务。用户可以在库存报警平台上设置库存的报警规则，根据设置的报警规则，系统会定时对物理资源的库存进行检测，当不满足报警规则时会及时向用户通知。通过该平台，用户可以及时地接收异常信息，浏览报警产生的报警信息，清晰地了解物理资源的库存状况。

库存报警与云监控报警的不同是库存报警是对物理资源库存的监控，目的是保证物理资源的库存充足，能够成功创建出资源实例；云监控报警是对虚拟资源的监控获得异常信息，目的是保证资源实例能够正常工作。

库存报警配置流程如图 9-39 所示。

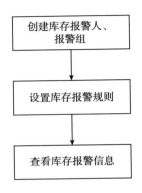

创建库存报警人、报警组

设置库存报警规则

查看库存报警信息

图 9-39　库存报警配置流程

创建库存的报警人和报警组，确定告警发生时的通知人群。详细操作请参见——设置库存报警人和报警组。

设置库存的报警规则，确定对系统监控库存的哪一方面进行报警以及监控值。详细操作请参见——创建库存报警规则。

当设置的报警规则发生告警时会产生相应的报警信息，这时需要系统管理员查看报警信息以定位问题所在。详细操作请参见——查看库存报警信息。

首先，设置库存报警人和报警组。

设置库存报警人和报警组与云监控中的报警人和报警组区别如下：云监控中的报警人和报警组是接收虚拟资源各监控项的报警信息，是对创建的资源实例进行监控管理，以便资源实例能够正常工作。库存报警人和报警组是接收物理机资源各监控项的报警信息，是对物理机的使用以及库存情况进行监控管理，了解库存情况，以便能够成功地创建出资源实例。

库存报警人是当库存发生报警时需要通知的人，可以将库存报警人添加到库存报警组中，报警会以邮件或短信的方式通知库存报警组下的库存报警人。

其次，查看库存报警信息。

库存报警信息是设置的库存报警规则发生报警时产生的记录信息。库存报警信息只有在报警规则发生报警时才会产生，系统检查库存的时间间隔是 30 分钟，如果连续多次检查库存均为报警，报警信息只会产生一条，当报警信息没有结束时间时表示报警还没有结束，只有当报警规则状态变回正常时，报警信息打上结束时间，才表示报警结束。

最后，查看库存监控项。

系统提供对库存的监控告警服务，设置库存的监控项则是设置对库存哪一方面进行监控告警。

监控巡检：对监控项和告警项的完整性、有效性进行周期性遍历检查，对产品中监控和告警的缺失进行提示和告警，尤其是对新部署的扩容升级后的环境意义比较大。

平台自动巡检功能有三个方面。

一是系统健康巡检：主要是针对操作系统级别的周期性遍历检查，对所有服务节点的 Syslog 进行遍历，检查其能否及时发现操作系统层面的警告或者错误，并根据优先级进行提示和告警。此巡检的价值在于将操作系统层面的问题提前发现和暴露出来并及时处理。

二是平台依赖链巡检：主要是根据云平台中产品、集群、服务、SR 的依赖关系进行树状层级周期性遍历检查，主要产品、服务、SR 的依赖关系中的问题，对依赖却是进行提示和告警。此巡检的价值在于及时发现依赖链上的问题并及时暴露和处理。

三是网络全链路巡检：对物理网络、虚拟网络上的各个节点进行埋点和周期性的遍历、点对点的通道 ping 检查，对物理网络设备、网络节点、虚拟网络节点进行周期性的连通性、流量压力扫描，并生成网络巡检报表。此巡检的价值在于及时发现网络的故障和网络的压力，提前处理故障问题和提供网络扩容参考。

云管理平台具有完备的高可用性策略，支持双机主备，主故障后备服务可快速接替，确保运维运营的不中断。阿里云管理平台具有完备的高可用性策略，支持双机主备，主故障后备服务可快速接替，确保运维运营的不中断。

云管理平台部署采用集群化部署，在生产数据中心和在备数据中心的主备节点分部部署。当主节点出现故障后，被分界点自动化接管平台管控任务，整个平台的对外运营和运维不受影响；当生产节点的故障恢复后，支持管控节点的回切，把生产业务全部切换回主节点。

2. 云管理平台扩展能力设计

云平台支持定制化能力，开放接口被第三方集成，同时支持集成第三方平台，项目的维度可以根据第三方平台的接口规范提供基于项目的定制化开发，以满足项目中的具体客制化需求。

云管理平台基于资源统一融合的设计理念，结合用户的场景，从全盘的角度出发，能够覆盖不同区域，将分散的高性能计算资源实现统一融合管理，计算资源不再以孤立的形式存在，而由云管控平台整合、管理与调度，构成一个统一的资源池，实现资源的按需分配，确保闲置、高性能资源得到充分利用，提高资源利用率。

云管理平台通过将各类丰富的云资源、物理资源等进行一站式集中管理，实现各类资源一目了然，利于资源的综合高效使用及管理。

云管理平台资源中心管理的对象不仅包括飞天专有云的各类产品及服务，而且包括对 VMware 资源池的管理。

云管理平台作为云资源和应用管理的大脑中心，可管理的部分资源如图 9 - 40 所示。

图 9-40　可管理的云资源

云管理平台管理的云产品及服务包括：

（1）云服务器。

提供云服务器的总体使用概况，云服务器实例的镜像、快照及云磁盘等的资源管理，实例的详细信息查询、操作日志以及操作运维管理等。

（2）负载均衡。

提供负载均衡实例的创建、删除、查询等的管理，同时提供负载均衡实例的服务参数、访问控制、监测协议等功能的设置，并可实时查看负载均衡实例的运行状态、操作日志等。

（3）开放存储服务。

提供开放存储服务的总体使用概况，服务实例以及 Object 的创建、删除、查询等，支持服务及 Object 的权限控制/防盗链/白名单等安全设置、操作日志查看等管理。

（4）云数据库。

提供云数据库的总体使用概况，数据库实例的创建、删除、查询、锁定、解锁、扩容、升级、备份及恢复等，支持数据库实例的详细使用、性能信息查询，以及安全访问设置管理。

（5）开放结构化数据。

提供开放结构化数据服务的总体使用概况，对实例名称、空间占用、吞吐性能等的详尽信息查看，以及实例的创建、删除、更新以及操作日志等管理。

（6）虚拟专用网。

提供对 VPC 实例的创建、删除、修改等功能，以及 VPC 实例详细信息查看、VPC

实例的虚拟路由器、虚拟子网等的管理功能。

（7）弹性外网 IP。

提供对 EIP 的开通、释放、查询、详细信息查看等，以及将 EIP 与 ECS 云服务器的设置绑定、解绑等的管理功能。

（8）备份服务。

提供对云资源及数据的备份及恢复管理服务，支持手工、自动备份，可制定不同的备份策略、设置备份目的地等，提供备份执行状态及结果、备份的操作日志及错误日志等的信息查看。

（9）大数据分析及应用。

提供对海量离线数据服务以及实时高并发在线 ADS 的管理，包括工作流、项目、资源、作业等业务管理，以及磁盘利用率、负载、任务状态、主机状态等监控及告警管理。

阿里云管理平台可同时管理第三方资源及应用，如 Oracle 数据库、VMWare 的专有域资源，最终为用户提供统一的资源管理中心，便于不同角色用户一站式完成云资源的管理。

（10）资源的集中监控。

云资源承载着用户的各类业务，同时云资源及服务主要由物理服务器承载。通过阿里云管理平台，不同用户可分别对不同的云资源、云下物理服务器进行集中监控及设置告警管理，动态发现各类云资源及物理服务器的使用资源及健康状态，确保云数据中心云资源能够得到合理的使用，一方面避免资源配置申请过高导致的浪费，另一方面可分析出是否存在配置过低导致业务运行的不稳定，最终使云数据中心能够稳定、高效地为业务提供服务。

阿里云管理平台提供对云资源及物理服务器的概览信息查看，并提供多维度的精细化信息监控，包括基本信息（如区域、主机名称、集群、CPU 核数、硬盘、机器型号等）、位置、操作系统、CPU 使用情况、内存、网卡、存储、物理机使用性能等的详尽信息查看。同时，用户并可对关键性能指标（如 CPU 使用率、内存使用率、流入/流出流量）基于时间段设置监控报警。

（11）多维度自定义报表。

阿里云管理平台提供资源详情、告警、资源使用评估等多维度的报表，各报表可按区域、部门、项目、云资源等多层次进行详细显示，同时管理员可根据实际需要按不同维度、不同层次将报表导出，这样利于从全局角度了解云平台各产品实例的详情，运行过程中产生的告警信息，资源的使用状况，防止资源的浪费或超负荷使用，为运营运维提供多方面强有力的数据支撑，确保业务得到高效的运行以及稳定提供服务。

向云管理平台提交查询某类报表的请求时，系统将对数据库中存储的对应类别日志数据进行统计分析和加工形成报表。

云管控平台的报表有资源报表、告警报表、资源使用评估报表、资源监控报表和物理资源利用率报表五种，可以根据需要设置查询条件，预览报表，也可以将报表导出到本地，以便后续进行查看。

（12）详细的库存信息。

阿里云管理平台支持对各类云数据中心的云服务器、SLB、RDS、OSS、OTS、ODPS 及 ADS 等资源提供使用数量、存储空间、使用趋势等多维度的详情显示，IT 管理员可对各库指标设置告警值，并自动触发报警。

阿里云管理平台的库存信息管理不仅利于资源提供者尽可能地以最小化成本提供服务，而且可基于对库存变化的掌握预测未来资源的使用情况，便于有效地提前做出决策，抢占市场先机，最大化满足最终客户的生产需要。

（13）告警通知功能。

告警支持邮件通知、钉钉通知、短信通知等通知方式，可以根据实际需求配置对应的告警通知。

第一，配置邮件通知。

配置邮件通知前，请确保已获取 smtp 服务器地址。smtp 服务器地址可阅读待配置的邮箱系统的官方说明，获取 smtp 服务器地址和 smtp 服务器端口。smtp 服务器地址一般为 smtp.xxxx.com，如 163 邮箱的地址为 smtp.163.com。

邮箱地址、邮箱密码为系统用来发送邮件通知的邮箱地址、密码。进入系统管理→系统配置→报警网关配置页面。

在邮件通知设置区域中，单击配置，弹出邮件通知设置对话框，输入 smtp 服务器地址和端口号、邮箱地址及密码，如图 9-41 所示。

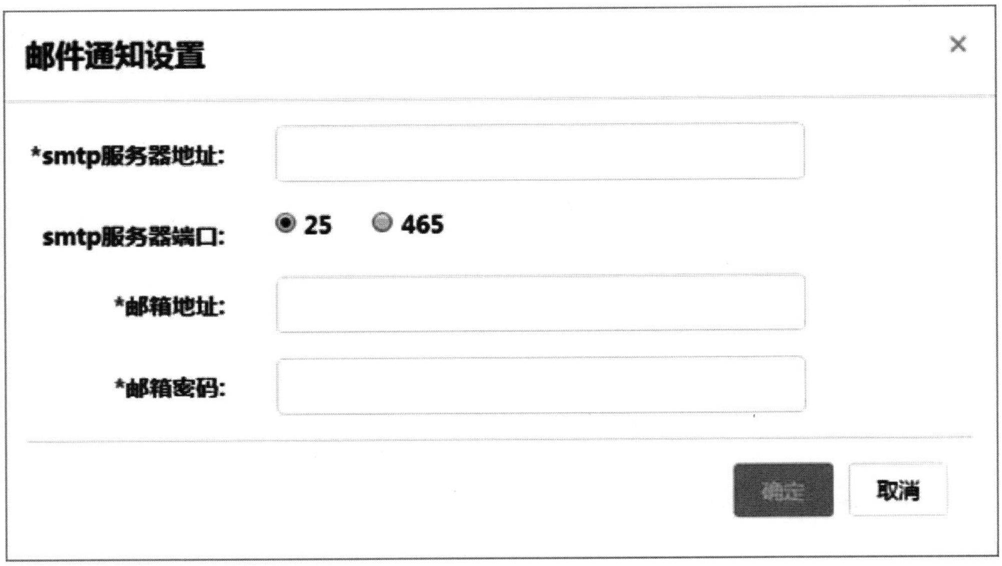

邮件通知设置　　　　　　　　　　　　　　　×

*smtp服务器地址：　[　　　　　　　　　　]

smtp服务器端口：　◉ 25　　◯ 465

*邮箱地址：　[　　　　　　　　　　]

*邮箱密码：　[　　　　　　　　　　]

　　　　　　　　　　　　　　　　[确定]　[取消]

图 9-41　邮件通知设置

单击确定，配置成功后，如果需要修改该配置，可通过单击清空配置后再重新配置。

第二，配置短信告警通知功能。

钉钉支持短消息发送服务。它的灵活定制化能力可以和三大运营商（电信、移动、连通）的短信业务实现无缝对接，支持短消息实时发送，支持定义短消息告警发送级别。

实现机制为：钉钉的 alarm 服务从天基 mon 的消息队列、钉钉监控模块的告警消息队列中获取告警消息，在一个线程池中，通过同步调用短信网关接口将段信息发送给客户手机终端。

3. 软件定义服务能力设计

（1）云管理平台能力。

①注册账号。

提供账号注册申请，等待审批系统审核，审核通过的账号系统自动生效，并邮件通知用户。账号包含两种类型：政务类客户、非政务类客户。政务类客户注册时，需要选择所属机构。

②账号登录。

提供账号登录入口，完成身份验证，而进入 Portal 可展示该账号下的资源列表、申请单列表、工单信息等。

③修改密码。

账号登录成功，提供账号密码修改功能，密码修改成功后，以邮件通知用户。

④资源申请。

提交 ECS 申请表单，包含的基本要素：CPU、内存、DISK、带宽、操作系统、网络区域（该信息只有政务类用户可见，显示为互联网区域或政务外网区域）、数量、说明。

提交 RDS 申请表单，包含的基本要素：数据库类型、版本、存储空间、内存、数量、说明。

提交 SLB 申请单，包含的基本要素：类型（公网、私网）、带宽、数量、说明。

提交 OSS 申请单，包含的基本要素：说明。

⑤资源升降配申请。

提交 ECS 升降配申请表单，包含的基本要素：实例 ID、CPU、内存、DISK、带宽、说明。

提交 RDS 升降配申请表单，包含的基本要素：实例 ID、数据库类型、版本、内存、说明。

提交 SLB 升降配申请单，包含的基本要素：实例 ID、峰值带宽、说明。

⑥资源释放申请。

提交 ECS 释放申请表单，包含的基本要素：实例 ID、说明。

提交 RDS 释放申请表单，包含的基本要素：实例 ID、说明。

提交 SLB 释放申请单，包含的基本要素：实例 ID、说明。

（2）运营管理。

①服务管理。

审批通过的资源申请单（创建申请、升降配申请、释放申请），在此进行资源的生产。可实现 ECS、RDS、SLB、OSS 的服务生产。

②VPC 管理。

提供 VPC 列表、EIP 列表、安全组列表管理。

提供创建 VPC、VPC 画布管理（创建 Vswitch、Vswithc 名称修改、ECS 生产、添加路由、创建安全组管理等）。

提供 EIP 创建、EIP 解绑、绑定功能。

提供安全组管理（修改安全组名称、维护安全组规则等）、删除功能。

③账号管理。

提供创建账号、权限分配、启用、禁用、删除账号管理功能。

④操作日志管理。

提供账号登录、登出、提交申请单、审批申请单、生产资源、修改资源、添加账号、更新账号、删除账号等操作日志的查询。

⑤组织机构管理。

提供省政务部门的各委办局组织机构维护功能，用户注册账号时，可选择组织机构名称。

⑥计量数据获取。

涉及云产品的公网流出流量和访问次数的数据，需要通过接口从阿里云获取，在每月生成月账单时，获取上个月每个 SLB 实例的公网流量数据、OSS 服务的存储空间、公网流出流量数据、访问次数数据。

⑦资源生命周期管理。

记录每个云产品每个实例的创建成功时间点、配置变更成功时间点、释放成功时间点，包括：实例 ID、配置规格、创建时间、变更时间、释放时间、实例状态。

（3）异构多云管理。

①非云与云统一管理。

异构云部署主要针对已部署有简单的云建设用户，原有资源相对简单，有简单的数据库等，通过单独增加飞天专有云平台，并利用云管理平台管理系统，可实现原有云及飞天专有云的异构统一管理，如图 9-42 所示。

异构云部署具有如下特点：

第一，丰富地资源及服务，灵活的扩展性。通过新部署飞天专有云平台，易于建设云服务器、云数据库、大数据、数据库、云安全等全面的资源，同时基于飞天架构，未来可灵活扩展其他云资源及服务。

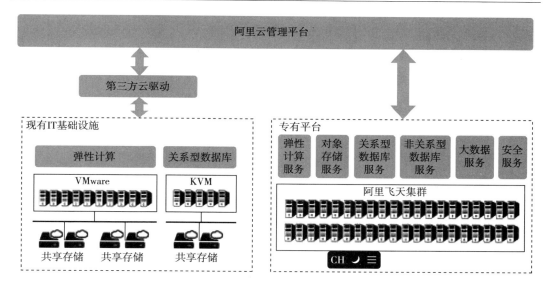

图 9-42　异构多云管理

第二，能够兼容管理原有云平台资源，保护已有投资，同时资源的统一集中管理减少了运营运维成本。

②混合云管理。

随着公有云的不断成熟和业内人士的认可，越来越多的用户将部分业务迁移到公有云，尤其是针对可预见性的，对计算、网络等业务有突发需求的用户，会考虑将对应的业务和数据非敏感的业务迁移至公有云，以利用公有云快速弹性扩展等多种特点，保障企业业务运行。同时，用户通过 VPN 或专线，将用户内部私有云和公有云互通，整体形成了混合云的部署，但私有云、公有云相应的资源往往为独立管理模式，增加了运维管理成本。在这种背景下，可利用云管理平台进行混合云的自动建立、资源统一集中管理，如图 9-43 所示。

混合云部署具有如下特点：

第一，公有云资源的快速部署。通过云管理平台可以实现公有云资源开通，帮助用户业务快速上线，快速展开市场业务。

第二，混合云连接的自动建立，支持带宽管理、防火墙安全等功能，确保混合云业务访问的安全性及私密性。

第三，混合云资源的统一集中管理减少了运营运维成本。

（4）统一权限管理。

云管理平台基于服务化原则，将云数据中心涉及的用户、角色、组织、项目进行统一管理，易于针对不同用户赋予不同的资源访问权限。其中，用户中心作为统一权限管理的核心模块，关键功能模块如下：

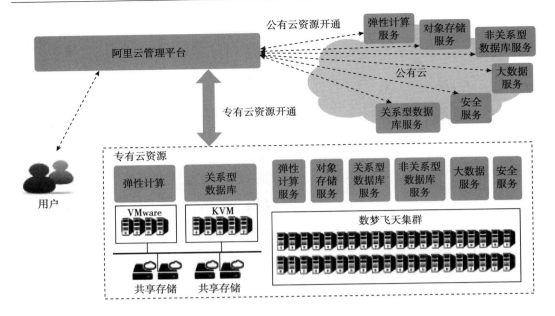

图 9-43　混合云管理

①用户管理。

提供用户的创建、删除、更新、修改密码、查询等，用户包括超级管理员、部门管理员、资源使用者等。

②角色管理。

提供多种常见默认角色，同时可对角色进行创建、删除、更新，可对系统管理员、资源管理员、资源检察员、资源使用者等角色进行配置权限，如菜单页面、操作权限、资源访问权限等，并提供基于角色的用户列表查询功能。

③组织管理。

提供对组织结构的初始化，租户部门的创建、删除、查询，以及部门中的用户及相应的角色管理功能。

④项目管理。

项目作为资源的使用单位，典型比如云服务器、VPC、云数据库、PaaS 服务等，项目管理提供项目的创建、删除、查询功能，并可添加、删除项目成员。

⑤一站式云资源管理。

新建云包括基于飞天平台架构构建的专有云、私有云，用户可根据自身需求构建云基础设施。

基于飞天云平台+云管理平台的新建云具有如下特点：

第一，健全地用户统一权限管理。

第二，一站式云资源及服务统一集中管理，包括对云管控平台上所有虚拟资源及云下各物理资源的统一监控及管理，利于新业务的快速部署。

第三，统一的技术架构，涵盖 IaaS、PaaS、SaaS 服务，全面提高资源的综合利用率、简化业务应用的开发及运维。

4. 云管理平台安全设计

平台按网络安全等级保护三级建设并通过等级保护三级测评和密码应用安全性评估，确保完成服务期内年度网络安全攻防演习防守要求。

信息安全是保护专有云平台业务发展的重要组成部分，用户非常重视专有云项目信息安全的建设。因此，本节将根据项目信息安全风险分析和安全需求总结的结果，设计相对应的信息安全措施，制定全面、有效的专有云平台和云上业务系统的基础架构安全体系以及针对性的安全解决方案，从而有效控制本专有云项目信息安全风险，保证云平台业务系统可靠、稳定、安全的运营。

在云项目安全风险评估和解决方案设计过程中，将遵循国家信息安全等级保护基本要求，进行安全体系的总体规划，并结合专有云平台网络架构和运维，设计详细的专有云平台安全解决方案。

（1）安全工作目标及范围。

本次专有云项目安全风险分析和解决方案设计，需要满足云平台业务当前和长期的安全性需求，需要为用户信息化建设的 IT 基础架构提供安全技术保障，保障业务系统信息资产的安全。

专有云项目安全工作目标和范围包括：一是总结云项目的安全建设需求。二是对云平台面临的安全风险进行评估，包括：通过风险识别，识别出系统安全性威胁、影响、可能性；根据风险分析，结合业务安全需求、IT 支持能力、国家等级保护要求，制定安全技术保障措施。三是制定全面、有效的云安全防护体系和安全解决方案，包括：根据云项目安全需求，制定安全体系架构；选择需要的安全技术、产品，确定云项目安全解决方案。

（2）云安全方案特点。

云项目在进行安全风险分析和安全方案设计过程中，充分考虑云计算的虚拟化、多租户、云计算资源池共享、计算资源弹性扩展等特性。在整个安全方案中将充分体现云安全体系的完整性，以及安全解决方案的符合性和针对性。

完整性：专有云项目安全体系全面覆盖用户系统的 IT 基础架构。

符合性：专有云项目安全解决方案设计严格遵守国家信息安全等级保护标准要求，确保云平台系统安全的符合性。

针对性：对于项目建设过程中着重关注的安全各方面内容，制定详细解决方案。

①安全需求分析。

根据前期与云项目小组进行的安全需求沟通，总结而言专有云平台客户一般关注以下几大方面的安全问题：

（a）防范来自互联网的 DDoS 攻击。

一旦专有云平台上的业务遭受 DDoS 攻击，导致业务不可用，将直接对业务造成一定程度的影响。近年来，在全世界范围内已经有越来越多的针对用户业务的 DDoS 攻击，而随着云平台云上的应用不断增多，云平台面临的 DDoS 攻击威胁也越来越大。

（b）防范来自互联网应用入侵。

一般来说，互联网应用入侵的主要途径有以下两种：利用 Web 安全漏洞写入 Webshell 后门实现入侵；通过破解主机管理账户密码实现入侵。因此，做好专有云平台上业务的应用安全防护，防止密码暴力破解和 Web 安全漏洞成为云平台面临的一大挑战。

（c）防范敏感数据遭泄露。

现有云平台业务系统包含大量敏感信息，这些敏感信息一旦外泄，有可能影响企业形象、泄露隐私，造成重大业务损失。因此，如何防范云平台业务系统敏感数据的外泄是云项目建设过程中需要重点考虑的。

（d）保障专有云平台业务系统的高可用性。

云平台业务系统的稳定，直接关系到相关工作人员的日常办公和对外提供服务的质量，因此业务系统的高可用性至关重要。需要从 IT 基础架构角度，保证专有云平台网络的高可用性、服务器资源的高可用性和存储数据的高可用性。

（e）保证云平台自身的安全性。

由于专有云平台系统采用云计算技术，由第三方提供 IT 基础架构云服务，多租户共享云平台计算资源，这些与传统 IT 基础架构安全差异较大，因此专有云平台的身份管理、权限管理、计算资源租户隔离、虚拟机安全性将成为本次云项目安全建设的关注要点。

（f）构建专有云平台安全纵深防护体系。

当前整个行业正面临从传统架构向互联网、数字化、云计算架构方面转变的趋势，而伴随大量面向用户的公共信息在互联网上被披露，安全方面不但要保证信息访问的高可用性，还要防范隐藏在海量互联网访问过程中的各种网络攻击和黑客入侵行为。

同时，云计算技术的应用使得传统的安全防护体系遭遇网络边界模糊、安全防护扁平化等挑战。考虑到专有云项目的高安全性要求，本方案将不仅在云端构建包含数据、应用、主机、云平台、网络、物理各个层次的安全体系，而且通过业界领先的大数据分析模型针对隐藏在海量互联网访问中的网络攻击和黑客入侵行为进行发现、检测，建设云平台的纵深防御体系。

②安全风险分析。

（a）专有云项目安全风险分析目的和内容。

专有云项目安全风险分析的目的是通过安全威胁、影响、可能性分析，给出云业务系统面临的信息安全风险状况，从而选择合理的安全措施，指导安全体系架构和安全解决方案的设计。云项目安全风险分析包括以下内容：分析云平台系统可能面临的安全威胁；分析其影响和发生的可能性；对比传统 IT 架构采用的安全措施和云平台安全措施的区别；进行综合风险分析和提供安全防范措施。

（b）云平台面临的安全威胁。

专有云计算平台以接近无限的处理能力实现了从基础设施到软件的应用，只要接入网络、访问云计算提供的服务，就能完成大量日常工作。专有云计算平台带来便利的同时，也承担了大量风险。

根据前期对云平台业务系统的安全需求调研和总结，我们归纳出云平台系统可能面临四大类主要安全威胁：业务系统不可用（可用性），业务信息泄露（保密性），应用系统主机被入侵（保密性和完整性），云平台自身系统的安全问题。

针对此四大类安全威胁，经过仔细分析，细化出 19 类安全威胁（仅涉及 IT 基础架构部分的安全），总结可能发生的业务场景，并对每项威胁做影响和可能性分析（见表9-29）。

表9-29　安全风险场景

云平台上面临的威胁分类		风险场景描述	影响	可能性	风险等级
可用性	突发业务流量高峰（T1）	网站业务流量出现突发峰值，造成服务器处理能力下降	大	中	高风险
	DDoS 攻击（T2）	攻击者对面向互联网的业务系统进行 DDoS 攻击，造成用户业务不可使用	大	大	高风险
	存储介质故障（T3）	业务采用大量 X86 服务器，服务器集群内磁盘故障概率较大，磁盘故障影响业务数据完整性和可用性	大	中	高风险
信息保密性	剩余信息保护（T4）	应用系统下线后内存、磁盘等存储资源未清空，被其他应用重用时出现信息泄露	大	小	中等风险
	业务数据被外部用户窃取（T5）	外部用户通过黑客入侵、SQL 注入攻击或者数据库权限管理不完善的漏洞获取业务系统数据	很大	小	高风险
	系统快照被窃取（T6）	为实现快速部署和保存系统数据，采用虚拟化技术保存系统快照。但系统快照保存主机上的生产数据，快照如被窃取，将导致主机存储的数据保密性被破坏	大	很小	中等风险
服务器入侵	网站入侵（T7）	攻击者对云端网站进行入侵	大	大	高风险
	密码暴力破解（T8）	攻击者对业务系统进行口令暴力破解	大	很大	高风险
	业务网站存在漏洞被入侵（T9）	攻击者利用漏洞入侵网站后上传网站后门	大	很大	高风险
	黑客扫描（T10）	攻击者利用扫描、手工渗透等方式发现网站存在的漏洞	大	大	高风险

云平台上面临的威胁分类		风险场景描述	影响	可能性	风险等级
服务器入侵	业务应用系统端口开放管理不严（T11）	管理员误操作或安全意识薄弱，导致云端系统开放不必要的远程管理端口或其他服务端口	中	中	中等风险
	僵尸网络（T12）	云主机被攻击者入侵并控制，组建僵尸网络，对云平台其他机器或平台外开展入侵、DDoS攻击，或发送垃圾邮件、广告，或开展挖坑等非法牟利行为，导致云资源被滥用	很大	大	高风险
云平台安全性	云平台组件缺乏认证机制（T13）	云计算平台因系统由多个组件构成，组件之间的通信缺乏认证机制导致组件通信可以被劫持或伪造	很大	很小	中等风险
	云平台管理权限被非法获取（T14）	云平台管理权限被非法获取后，可以控制整个云平台的资源	很大	很小	中等风险
	API认证不严（T15）	云平台提供API接口，但因认证不严格导致被非法调用，导致云资源被非法控制	大	小	中等风险
	云资源的安全隔离（T16）	云资源因隔离机制不完善导致云平台内资源被其他租户非法访问	大	很小	中等风险
云平台安全性	云主机镜像被篡改（T17）	云主机的实例生产镜像被植入木马或后门，导致镜像生产的实例都被木马后门控制	很大	很小	中等风险
	宿主机故障（T18）	云主机所在宿主机故障，影响宿主机业务连续性	中	中	中等风险
	虚拟机逃逸（T19）	黑客通过虚拟平台漏洞逃逸到云主机的宿主机，对其他云主机进行攻击	大	很小	中等风险

　　对专有云平台可能面临的安全威胁、安全影响和可能性进行半定量分析，评估安全威胁可能导致的风险大小，并将风险等级通过安全风险分析网格进行展示说明。

　　图9-44为安全风险分析网格，可定义专有云平台安全风险级别。

　　从安全风险分析网格中可以看出：

　　第一类——业务系统可用性风险T1、T2、T3和第三类——服务器被入侵风险T7、T8、T9、T10、T11、T12的绝大部分风险属于高风险，需要重点关注，也需要特别加强安全防护。

　　第四类——云平台安全性风险T13、T14、T15、T16、T17、T18、T19都属于中等风险，虽然有些危险影响很大（如T12、T13、T17），但是由于云平台采取了必要的安全控制措施，发生的概率很小，因此风险等级中。

　　第二类——信息保密性风险，T4、T5、T6属于中高风险，特别是T5，业务数据被外部用户窃取属于高风险，需要有效的安全防御措施。

　　通过以上半定量的风险等级分析，清楚地了解专有云项目在IT基础架构方面面临的主要安全风险，并针对风险采取积极的安全防范措施。

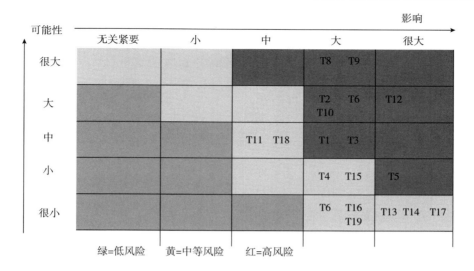

图 9-44　专有云平台安全风险分析网格

第三，云项目风险防范措施分析。

从专有云平台安全风险分析网格来看，针对高风险领域的威胁，需采取积极的安全防御措施。同时对中风险领域的云平台安全性威胁也需要采取有效的技术措施进行保护，才能保证云计算平台的安全。而面对同样安全风险，如果采用传统 IT 架构安全手段，将在安全防护效果和安全运维能力上都遇到较大的挑战。

以下将对云计算计划采取的安全风险防范措施进行说明，并进行云计算和传统 IT 架构安全防范措施的简要对比分析。

首先，可用性安全保障。

服务器可用性：针对突发业务流量高峰，提供 SLB 服务，利用云计算弹性扩展能力实现业务 IT 基础架构的横向扩展，满足业务流量峰值处理能力的要求。而传统 IT 架构解决方法，仅保证系统设计峰值处理能力，超出峰值流量将无法提供服务。

网络可用性：针对 DDoS 攻击威胁，采用 DDoS 防御系统，可以根据合同协议要求，弹性地扩展防御能力。而传统 IT 架构解决方法是购买防 DDoS 攻击的硬件设备，但当攻击流量大于防 DDoS 攻击硬件性能时，云计算平台服务不可用。

存储可用性：针对存储介质故障，采用盘古分布式存储系统，默认数据存在三个副本，并且具有副本的校验机制，确保底层存储介质的损坏不影响云资源的数据完整性和可用性。而传统 IT 架构解决方法是购买昂贵的高端存储设备，通过冗余设计来保证数据存储的安全，这种方式成本高，系统扩展能力差。

其次，信息保密性安全保障。

针对系统平台剩余信息泄露威胁，在应用系统下线、云资源存储释放后，进行自动逻辑清零，同时采取磁盘物理消磁，防范数据被带出机房。而传统 IT 架构解决方法是，在应用系统下线后，手工进行磁盘格式化，进行数据清除，同时实施严格的物理磁盘进出机房管理，这种方式管理工作量大，对运维要求高。

针对云平台系统业务数据可能存在被外部用户窃取的威胁，采取以下安全防范措施：在云服务 RDS 数据库上，用户可以设置白名单，仅允许指定服务器访问用户的 RDS；通过数据库自身的实例隔离机制进行多用户隔离。而传统 IT 架构解决方法是，采购外部数据库防火墙，配置数据库访问列表，这些存在需另购安全设备、对甲方运维管理能力要求高等问题。

针对系统快照被窃取的威胁，采取系统快照身份标签方式进行严格的访问控制。系统快照必须由云平台进行调用，并且严格认证调用的来源是否属于资源所对应的用户。而传统的 IT 架构不对系统进行镜像快照，不保存系统数据。

再次，服务器入侵安全防范。

针对业务网站被入侵的可能，采用自主研发的经过天猫、淘宝多年实战验证的安全防御系统，对云计算平台的互联网公共服务提供多层次、纵深安全保护。而传统 IT 架构解决方法一般是采用物理防火墙方式，对网站进行保护，但防火墙策略不能做到实时更新，且防护措施仅限于边界，一旦攻破，内部将没有防御能力。

针对政府网站系统密码被暴力破解的威胁，通过主机入侵防御系统中的密码暴力破解拦截模块来实现口令破解检测和防御。而传统 IT 架构解决方法是被动地加强主机系统口令管理，实施严格口令策略，这种方式有可能因为一时管理不到位，导致系统有弱口令，最终密码被暴力破解。

针对业务网站存在漏洞被入侵的威胁，定期进行网站漏洞扫描，一旦发现网站漏洞和弱点将及时通知用户进行修复。对已经入侵后，黑客植入网站后门 Webshell 的情况，通过主机入侵防御系统中的网站后门检测模块来检测。而传统 IT 架构解决方法是通过补丁管理修补漏洞，存在因管理不及时，未知最新漏洞没有及时打补丁的状况，无法及时发现黑客所留网站后门 Webshell。

针对黑客扫描的威胁，采用多层次的安全防御系统，防范黑客扫描威胁，包括网络流量分析和阻断，Web 应用防火墙等手段。而传统 IT 架构解决方法是仅采用 IPS 入侵防御系统进行阻断，如果出现云计算平台本身 IPS 策略配置不当，将不能有效阻断黑客扫描。

针对应用系统端口开放管理不严，容易被黑客利用高危端口入侵的威胁，采用安全体检方式，定期端口检测，发现高危端口的开放并提出告警。而传统 IT 架构解决方式是加强人工管理，但这种方式可能会因安全管理不完善，导致高危端口的开放。

针对主机系统可能存在僵尸网络的威胁，通过大数据分析技术，实时检测云资源的非法使用行为，并向管理员提供告警。而传统 IT 架构除了加强主机口令管理和主机补丁管理，一般没有采用更积极的技术防护手段。

最后，云平台安全保障。

为了保障云平台各应用组件之间通信安全性，在云平台的各组件之间实现 AK/SK（Access Key ID 和 Secret Access Key）认证。

为了防范云平台管理权限被非法获取，从运营管理机制上进行防范，要求生产、运维必须从管控区发起，并且必须经过精确到人员和命令级的审计，且对人员的身份鉴别实施双因素认证机制。

为了防范 API（为了便于用户使用云服务，云平台提供管理 API）调用过程威胁，实行 API 调用需验证 Access ID 和 Access Key 的认证机制。

为了实现云计算平台资源的安全隔离，通过虚拟化平台实现 CPU 和内存的隔离，安全组实现网络层（OSI 第 3 层）隔离，VPC 实现数据链路层隔离（OSI 第 2 层）。

为了防范云主机镜像被篡改，在虚拟化平台对生产镜像进行校验，未通过校验的镜像无法应用于生产实例。

为了防范宿主机故障而导致的业务中断，将云主机部署在分布式操作系统上，底层数据存储部署在分布式存储上，默认有三个副本。当宿主机故障发生时，不影响数据完整性和可用性，云主机可以在大二层网络的集群内实现快速迁移，上层应用实现应用级冗余时，不影响业务连续性。

为了防范虚拟机逃逸威胁，在集群底层物理机部署提权检测和告警系统，一旦出现虚拟机逃逸，将检测并告警。

第四，专有云平台安全措施与传统措施的对比。

对专有云平台采取的安全措施进行分析，并与传统 IT 架构解决方法做了比较，分析及比较结果如表 9-30 所示。

表 9-30　安全措施对比表

云平台上面临的威胁分类		风险等级	云计算平台安全措施	传统 IT 架构解决方法	传统 IT 架构解决方法的不足
业务系统可用性（可用性）	突发业务流量高峰（T1）	高风险	SLB 服务提供 4~7 层负载均衡。云服务器随用随起，云计算架构天然具备弹性可扩展特性	仅保证系统设计峰值的系统可用性	超过设计峰值流量时无法提供服务
	DDoS 攻击（T2）	高风险	采用阿里云 DDoS 防御系统，可根据合同协议要求，弹性扩展防御性能	购买防 DDoS 攻击一定流量的硬件设备	攻击流量大于防 DDoS 攻击硬件性能时服务不可用
	存储介质故障（T3）	高风险	云平台的存储采用盘古分布式存储系统，默认数据存在三个副本，并且具有副本的校验机制，确保底层存储介质的损坏不影响云资源的数据完整性和可用性	购买高端存储设备，采取冗余设计	价格昂贵，维护成本高，系统扩展能力差

续表

云平台上面临的威胁分类		风险等级	云计算平台安全措施	传统 IT 架构解决方法	传统 IT 架构解决方法的不足
信息保密性	剩余信息保护（T4）	中等风险	云平台在云资源存储释放后进行逻辑清零。采取磁盘物理消磁，防范数据被带出机房	应用系统下线后，进行磁盘格式化，实施严格的物理磁盘进出机房管理	对运维管理能力要求高
	业务数据被外部用户窃取（T5）	高风险	RDS 用户可以设置白名单，仅允许指定服务器访问用户的 RDS 服务；通过数据库自身的实例隔离机制进行多用户隔离，用户仅有数据库实例权限，没有数据库 root/sa 权限	部署数据库防火墙，配置数据库访问列表	对数据库运维管理能力要求高，还需要另外购置数据库防火墙设备
	系统快照被窃取（T6）	中等风险	云主机的快照和云主机一样打上身份标签，并具备严格的访问控制机制，必须由云平台进行调用，并且严格认证调用的来源是否属于资源所对应的用户	不对系统进行镜像快照	不能实现业务快速部署，不能保存系统数据
服务器入侵	网站入侵（T7）	高风险	多层次的安全防御系统，包括网络流量分析，应用防火墙，主机入侵防御	防火墙防护	防火墙策略不能做到实时更新，且防护措施仅限于边界，一旦攻破，内部将没有防御能力
	密码暴力破解（T8）	高风险	通过主机入侵防御系统的密码暴力破解拦截模块来实现口令破解检测和防御	加强口令管理，实施严格口令策略	管理不到位有可能导致弱口令
	网站存在漏洞被入侵（T9）	高风险	定期进行网站漏洞扫描，通知用户进行修复。对入侵后黑客植入的网站后门，通过主机入侵防御系统的网站后门检测模块来检测	进行补丁管理，修补漏洞	管理不到位，有可能导致未知最新漏洞没有及时打补丁。不能及时发现网站后门 Webshell
	黑客扫描（T10）	高风险	多层次的安全防御系统，包括网络流量分析和阻断，应用防火墙	IPS 防护，阻断扫描	IPS 策略配置不当，不能阻断扫描
	应用系统端口开放管理不严（T11）	中等风险	安全体检，端口检测服务能发现高危端口的开放并提出告警	人工加强管理	安全管理不完善，导致开放高危端口

续表

云平台上面临的威胁分类		风险等级	云计算平台安全措施	传统 IT 架构解决方法	传统 IT 架构解决方法的不足
服务器入侵	僵尸网络（T12）	高风险	云计算平台安全防御体系通过大数据分析技术，能检测云资源的非法使用行为，向管理员提供告警	除了加强主机口令管理和主机补丁管理，没有采用更好的技术防护手段	传统 IDC 物理机器托管，存在 20%～30% 的主机被入侵，变成肉鸡
云平台安全性	云平台组件缺乏认证机制（T13）	中等风险	云平台的组件之间有认证机制	传统 IT 架构不存在云平台的管理	—
	云平台管理权限被非法获取（T14）	中等风险	云平台生产运维必须从管控区发起，并且必须经过精细到人员和命令级的审计，对人员的身份鉴别实施双因素认证机制	传统 IT 架构不存在云平台的管理	—
	API 认证不严（T15）	中等风险	云平台 API 调用验证 Access ID 和 Access Key	传统 IT 架构不提供云平台管理 API	—
	云资源的安全隔离（T16）	中等风险	云平台的身份认证机制实现云资源用户级隔离，虚拟化平台实现 CPU 和内存的隔离，安全组实现网络层（OSI 第 3 层）隔离，VPC 实现数据链路层隔离（OSI 第 2 层）	传统 IT 架构通过物理主机和防火墙划分安全域来实现隔离	—
	云主机镜像被篡改（T17）	中等风险	云计算虚拟化平台对生产镜像具有校验机制，未通过校验的镜像无法生产实例	传统 IT 架构由系统管理员安装操作系统，而不是采用镜像方式	—
	宿主机故障（T18）	中等风险	云主机部署在分布式操作系统上，底层数据存储部署在分布式存储上，默认三份副本，宿主机故障发生时，不影响数据完整性和可用性，云主机可以在大二层网络的集群内实现快速迁移，上层应用实现应用级冗余时，不影响业务连续性	传统 IT 架构采用高端的小型机或者大型机，通过提升硬件的可用性来保障整个系统的业务连续性	—
	虚拟机逃逸（T19）	中等风险	集群底层物理机部署了提前检测和告警系统	传统 IT 机构采用物理主机	—

③安全体系设计。

基于上述专有云项目信息安全需求的总结、安全风险的分析、安全措施的实现，参考国家等级保护要求，进行云平台安全体系架构设计。

为了保障云平台环境中应用系统的安全性，建设一套适合云生态环境特性的三级等级保护安全保障体系，并通过等级保护三级测评和密码应用安全性评估，确保完成服务期内年度网络安全攻防演习防守要求。

（a）构建专有云平台安全纵深防护体系。

当前用户系统正面临着向"互联网+"方面转变，伴随大量信息在互联网上被披露，安全方面不但要保证公共信息访问的高可用性，而且要防范隐藏在海量互联网访问过程中的网络攻击和黑客入侵行为，云计算技术的应用使得传统的安全防护体系遭遇网络边界模糊、安全防护扁平化等挑战。

考虑到云平台的高安全性要求，本方案包括基础设施安全、云操作系统安全、网络服务安全、云数据库安全、云存储安全、应用安全、大数据计算安全、数据安全、云产品代码安全、安全审计、云平台安全运营服务等云平台层面的安全架构保障，以及账户安全、主机安全、应用安全、数据安全、安全运营等云用户（租户）层面的安全架构保障。同时，针对隐藏在海量互联网访问中的网络攻击和黑客入侵行为，采用业界领先的安全手段和技术构建系统的纵深防御体系。

（b）云平台安全架构。

其一，基础设施安全。

一是物理安全。对于专有云机房物理安全方面的要求，主要包括但不限于双路供电、访问控制、视频监控、火灾检测、热备机房等安全措施。

二是双路供电。为保障业务7×24小时持续运行，专有云数据中心机房的每一个负载均由两个电源供电，两个电源之间可以进行切换。若电源发生故障，在其中一个电源失电的情况下可以投切到另一个电源供电。

三是访问控制。对于专有云数据中心的物理设备和机房的访问要进行访问控制，包括机房的进出访问控制。例如，对于进出机房或者携带设备进出机房，物理设备的配置、启动、关机、故障恢复等，均需具备相应的访问控制策略。

四是视频监控。专有云数据中心机房应装设视频监控系统或者有专人24小时值守，对通道等重要部位进行监视。例如，对出入通道进行视频监控，同时报警设备应该能与视频监控系统或者出入口控制设备联动，实现对于监控点的有效监视。

五是火灾检测。专有云数据中心机房应配备火灾自动报警系统，包括火灾自动探测器、区域报警器、集中报警器和控制器等。火灾自动报警系统能够对于火灾发生的部位以声、光或电的形式发出报警信号，并启动自动灭火设备，切断电源、关闭空调设备等。

六是热备机房。在故障发生时，按照预先设定的故障恢复方案，使用热备份单元自动替换故障单元，实现故障的自动恢复。

其二，服务器设备安全。

阿里云对专有云物理服务器本身的安全进行加固，主要包括但不限于账号安全、文件权限、系统服务、主机入侵检测系统等方面。

一是账号安全。针对物理服务器账号的口令长度、复杂度、密码长度、口令生命期进行安全策略设置，删除空口令的账号，设置登录超时时间等。

二是文件权限。针对重要目录进行完整性监控，在黑客篡改和写入文件时，能第一时间发现入侵行为。

三是系统服务。禁用物理服务器上不必要的系统服务，减少服务器的受攻击面。

四是主机入侵检测。在服务器设备上部署主机入侵检测系统（HIDS），其主要功能包括异常进程检测、异常端口检测、异常行为检测等。

其三，网络设备安全。

一是账号安全。针对网络设备的账号口令策略、密码配置文件的存储加密进行安全加固。为网络设备建立只读账号，只允许查看配置，实现读、改配置的账号分离。通过集中管控策略，实现账号的统一管理。采用多因素认证的方式保障网络设备的账号安全。

二是服务。禁用网络设备上的服务，减少网络设备的受攻击面，并且禁用与网络设备不相关的功能。

三是日志集中化。将网络设备产生的日志进行集中化收集和管理。

其四，基础网络安全。

一是微隔离。专有云平台对专有云网络环境中的管理网络（OPS）、业务网络、物理网络进行了三网安全隔离。OPS 网络、业务网络、物理网络三张网络之间通过网络访问控制策略实现三网逻辑隔离，彼此之间不能互相访问。同时，采取网络控制措施防止非授权设备私自连接云平台内部网络，并防止云平台物理服务器主动外连。

二是 IP、MAC、ARP 防欺骗。在传统网络环境中，IP、MAC、ARP 欺骗一直是网络面临的严峻考验。通过 IP、MAC、ARP 欺骗，黑客可以扰乱网络环境，窃听网络机密。专有云平台通过物理服务器上的网络底层技术机制，彻底解决地址欺骗问题。专有云平台在物理服务器数据链路层隔离由服务器向外发起的异常协议访问，阻断服务器的MAC、ARP 欺骗，并在宿主机网络层防止服务器 IP 欺骗。

三是网络入侵检测。专有云平台部署网络入侵检测系统，实时发现网络中的异常行为并告警。网络入侵检测系统的功能包括 HTTP 异常入侵检测、HTTP 漏洞发现等。同时，对于部分系统服务进行安全漏洞检测，包括但不限于 Redis、MongoDB、MySQL 等服务。

其五，云操作系统安全。

一是虚拟化安全。虚拟化技术是云计算平台的主要技术支撑，通过计算虚拟化、存储虚拟化、网络虚拟化来保障云计算环境下的多租户隔离。阿里云的虚拟化安全技术主要包括租户隔离、补丁热修复、逃逸检测三大基础安全部分，以此来保障专有云平台虚拟化层的安全。

二是租户隔离。虚拟化管理层在租户隔离中起到至关重要的作用。基于硬件虚拟化技术的虚拟机管理，将多个计算节点的虚拟机在系统层面进行隔离，租户不能访问相互之间未授权的系统资源，从而保障计算节点的基本计算隔离。同时，虚拟化管理层还提供存储隔离和网络隔离等。

三是计算隔离。专有云平台提供各种基于云的计算服务，包括各种计算实例和服务，同时支持自动伸缩以满足应用程序及各用户的需求。这些计算实例和服务从多个级别提供计算隔离以保护数据，同时保障用户需求的配置灵活性。计算隔离中关键的隔离边界是管理系统与用户虚拟机之间以及用户虚拟机之间的隔离，这种隔离由 Hypervisor 直接提供。在专有云平台使用的虚拟化环境中，将用户实例作为独立的虚拟机运行，并且通过使用物理处理器权限级别强制执行隔离，确保用户虚拟机无法通过未授权的方式访问物理主机和其他用户虚拟机的系统资源。

四是存储隔离。作为云计算虚拟化基础设计的一部分，阿里云将基于虚拟机的计算与存储分离。这种分离使得计算和存储可以独立扩展，从而更容易提供多租户服务。在虚拟化层，Hypervisor 采用分离设备驱动模型实现 I/O 虚拟化。虚拟机所有 I/O 操作都会被 Hypervisor 截获并处理，保证虚拟机只能访问分配给它的物理磁盘空间，从而实现不同虚拟机硬盘空间的安全隔离。用户实例服务器释放后，原有的磁盘空间将会被可靠地清零以保障用户数据安全。

五是网络隔离。为了支持云主机虚拟机实例使用网络连接，阿里云将虚拟机连接到专有云的虚拟网络。虚拟网络是建立在物理网络结构之上的逻辑结构，每个逻辑虚拟网络与所有其他虚拟网络隔离。这种隔离有助于确保部署中的网络流量数据不被其他云主机虚拟机访问。

六是逃逸检测。虚拟机逃逸攻击主要包括两个基本步骤：第一步，将攻击方控制的虚拟机置于与其中一个攻击目标虚拟机相同的物理主机上；第二步，破坏隔离边界，以窃取攻击目标的敏感信息或实施影响攻击目标功能的破坏行为。

专有云虚拟化管理程序通过使用高级虚拟机布局算法防止恶意用户的虚拟机运行在特定物理机上。同时，阿里云在虚拟化管理软件层面还提供了虚拟化管理程序加固、虚拟化管理程序下攻击检测、虚拟化管理程序热修复三大核心技术来防范恶意虚拟机的攻击。

七是补丁热修复。专有云虚拟化平台支持补丁热修复技术，通过补丁热修复技术使得系统缺陷或者漏洞的修复过程不需要用户重启系统，从而不影响用户业务。

其六，基础系统服务安全。

一是分布式文件系统安全。分布式文件系统使用三副本技术，将系统中的数据保存三份。如果其中一份副本丢失，系统会自动进行三份副本的拷贝操作，始终保持拥有三份副本。同时，根据安全策略，三份副本不会存储在同一个物理存储介质上，保持存储的分离操作。

所有访问分布式文件系统的操作必须通过 Capability 认证，只有携带了允许的 Capability 才能与系统进行通信，从而解决未经授权访问的操作。

存储在分布式文件系统中的数据采用二进制格式化存储的方式，避免直接查看到明文信息，造成信息泄露。

二是远程过程调用模块安全。远程过程调用模块在飞天操作系统进行通信时，采用指定的二进制格式进行通信，保证传输过程中的效率以及传输的安全，保证即使数据被中间人劫持也无法还原数据。

三是任务调度模块安全。任务调度模块采用沙箱的方式对程序进行隔离。

四是系统管理和调度安全。专有云平台管理系统采用 Docker 容器化的部署方式。由阿里云安全专家对云平台管理系统进行安全开发周期（Security Development Lifecycle，SDL）安全审核，通过代码审核、线上测试、需求分析、威胁建模的方式，保障云平台管理系统的整体安全性。

其七，云服务器安全。

一是宿主机的操作系统。专有云平台云服务器宿主机的操作系统采用阿里云根据云特点定制的、重新增减并进行编译的加固操作系统。同时，对操作系统的安全策略和安全访问进行了大量的深度加固定制。

二是实例的操作系统。用户拥有对云服务器云主机实例操作系统的完全控制权，阿里云没有任何权限访问用户的实例及实例上的操作系统。同时，阿里云强烈建议用户采用安全的方式对云主机实例上的操作系统进行访问和操作。例如，使用 SSH 公钥和私钥对，并妥善保存私钥（至少要求使用复杂密码，可在创建实例时设置）；采用更安全的 SSHv2 方式远程登录；采用 sudo 指令的方式实现临时提权等。

其八，云数据库安全。

一是租户层隔离。专有云环境云数据库采用虚拟化技术进行租户隔离，每个租户拥有自己独立的数据库权限。同时，阿里云对运行数据库的服务器进行了安全加固。例如，禁止用户通过数据库读写操作访问系统文件，确保用户无法接触其他用户的数据。

二是数据库账号。用户创建云数据库实例后，系统并不会为用户创建任何初始的数据库账户。用户需要通过控制台或者 API 的方式来创建普通数据库账户，并设置数据库级别的读写权限。如果用户需要更细粒度的权限控制（如表、视图、字段级别的权限控制），也可以通过控制台或者 API 先创建超级数据库账户，使用数据库客户端和超级数据库账户来创建普通数据库账户，并用超级数据库账户为普通数据库账户设置表级别的读写权限。

三是 IP 白名单。默认情况下，云数据库实例被设置为不允许任何 IP 访问，即

127.0.0.1。用户可以通过控制台的数据安全性模块或者 API 的方式添加 IP 白名单规则。IP 白名单规则更新无须重启 RDS 实例即可生效，因此不会影响用户的正常使用。IP 白名单可以设置多个分组，每个分组可配置 1000 个 IP 或 IP 段。

其九，云存储安全。

一是身份验证。用户可以在专有云控制台中自行创建 Access Key。Access Key 由 Access。而 Key ID 和 Secret Access Key 组成，其中 ID 部分是公开的，用于标识用户身份。而 Secret 部分是私密的，用于用户身份的鉴别。当用户向云存储服务发送请求时，需要首先将发送的请求按照指定的格式生成签名字符串，然后使用 Secret Access Key 对签名字符串进行加密（基于 HMAC 算法）产生验证码（验证码包含时间戳，以防止重放攻击）。云存储服务收到请求后，通过 Access Key ID 找到对应的 Secret Access Key，以同样的方法提取签名字符串和验证码，如果计算出来的验证码和提供的一致即认为该请求是有效的，否则，云存储服务将拒绝处理这次请求，并返回 HTTP 403 错误。

二是访问控制。对云存储服务的资源访问分为拥有者访问和第三方用户访问：拥有者是指 Bucket 的拥有者；第三方用户是指访问该 Bucket 资源的其他用户。访问方式分为匿名访问和带签名访问：如果请求中没有携带任何与身份相关的信息即为匿名访问；带签名访问是指按照云存储服务 API 规定在请求头部或者在请求 URL 中携带签名的相关信息的请求。

三是租户层隔离。云存储服务将用户数据切片，按照一定规则离散地存储在分布式文件系统中，并且将用户数据和数据索引分离存储。云存储服务的用户认证采用 Access Key 对称密钥认证技术，对于用户的每个 HTTP 请求都验证签名。在用户通过验证后，再重组用户离散存储的数据，从而实现多租户间的数据存储隔离。

四是应用安全。专有云平台针对中间件应用和平台采用安全应用 Web 应用防火墙（WAF）来进行安全防御。WAF 主要解决的问题是针对应用的 OWASP TOP10 的攻击（包括 SQL 注入攻击、XSS 攻击等 Web 应用攻击）进行阻断和拦截，保障中间件应用和平台应用的安全性。同时，阿里云安全专家对专有云平台的中间件应用和平台应用进行 SDL 安全审核，以及持续化的红蓝军对抗，保障中间件和平台应用的安全。

其十，大数据计算安全。

一是授权管理。项目空间是专有云平台大数据计算服务实现多租户体系的基础，是用户管理数据和计算的基本单位。当用户申请创建一个项目空间之后，该用户就是这个空间的所有者（Owner）。也就是说，这个项目空间内的所有对象（如表、实例、资源、UDF 等）都属于该用户。除了 Owner 之外，任何人都无权访问此项目空间内的对象，除非获得 Owner 的授权许可。

当项目空间的 Owner 决定对另一个用户授权时，Owner 需要先将该用户添加到自己的项目空间中，只有添加到项目空间中的用户才能够被授权。

角色（Role）是一组访问权限的集合。当需要对一组用户赋予相同的权限时，可以使用角色来授权。基于角色的授权可以大大简化授权流程，降低授权管理成本。当需要对用户授权时，应当优先考虑是否应该使用角色来完成。

大数据计算服务支持对项目空间里的用户或角色，针对 Project、Table、Function、Resource Instance 四种对象，授予不同权限。

二是跨项目空间的资源分享。假设用户是项目空间的 Owner 或管理员（admin 角色），其他用户需要申请访问用户的项目空间资源。如果申请人属于该用户的项目团队，建议用户使用项目空间的用户与授权管理功能；如果申请人并不属于该用户的项目团队，可以使用基于 Package 的跨项目空间的资源分享功能。

Package 是一种跨项目空间共享数据及资源的机制，主要用于解决跨项目空间的用户授权问题。使用 Package 后，A 项目空间管理员可以对 B 项目空间需要使用的对象进行打包授权（也就是创建一个 Package），然后许可 B 项目空间安装这个 Package。在 B 项目空间管理员安装 Package 后，就可以自行管理 Package 是否需要进一步授权给自己 Project 下的用户。

三是数据保护机制。如果项目空间中的数据非常敏感，绝对不允许流出到其他项目空间，可以使用项目空间保护机制（设置 Project Protection）。明确要求该项目空间中的数据只能流入，不能流出。

其十一，数据安全。

一是数据安全体系。阿里云数据安全体系从数据安全生命周期角度出发，采取管理和技术两方面的手段进行全面、系统的建设。通过对数据生命周期（数据生产、数据存储、数据使用、数据传输、数据传播、数据销毁）各环节进行数据安全管理管控，实现数据安全目标。

专有云平台在数据安全生命周期的每一个阶段都有相应的安全管理制度以及安全技术保障。

二是数据所有权。2015 年 7 月，阿里云发起中国云计算服务商首个数据保护倡议，这份公开倡议书明确：运行在云计算平台上的开发者、公司、政府、社会机构的数据，所有权绝对属于用户；云计算平台不得将这些数据移作他用。平台方有责任和义务，帮助用户保障其数据的私密性、完整性和可用性。

三是多副本冗余存储。专有云使用分布式存储技术，将文件分割成许多数据片段从而分散存储在不同的设备上，并且将每个数据片段存储多个副本。分布式存储不但提高了数据的可靠性，还提高了数据的安全性。

四是全栈加密。专有云对于数据安全提供了全栈的加密保护能力，包括应用程序敏感数据加密、RDS 数据库透明加密、块存储数据加密、对象存储系统加密、硬件加密模块和网络数据传输加密。对于应用程序敏感数据加密，支持使用处理器提供的硬件可信执行环境下的加密解决方案。

五是镜像管理。专有云平台的云服务器提供快照与自定义镜像功能，快照可以保留某个时间点上的系统数据状态,用于数据备份,便于用户快速实现灾难恢复。用户可以使用快照创建自定义镜像,将快照的操作系统、数据环境信息完整地包含在镜像中。快照采用增量方式,两个快照之间只有数据变化的部分才会被复制。

六是残留数据清除。对于曾经存储过用户数据的内存和磁盘,一旦释放和回收,其上的残留信息将被自动进行零值覆盖。

七是运维数据安全。运维人员未经用户许可,不得以任意方式访问用户未经公开的数据内容。专有云平台遵循生产数据不出生产集群的原则,从技术上控制了生产数据流出生产集群的通道,防止运维人员从生产系统复制数据。

八是云产品代码安全。在云产品安全生命周期(Secure Product Lifecycle,SPLC)中,阿里云安全专家在各个开发节点中都进行严格审核并评估代码的安全性,保障阿里云提供给用户的产品的代码安全。

SPLC 是阿里云为云上产品量身定制的,目标是将安全融入整个产品开发生命周期中。SPLC 在产品架构审核、开发、测试审核、应急响应的各个环节层层把关,每个节点都有完整的安全审核机制确保产品的安全性能够满足严苛的云上要求,从而有效地提高云产品的安全能力并降低安全风险。整个云产品安全生命周期可以分为六大阶段:产品立项、安全架构审核、安全开发、安全测试审核、应用发布、应急响应。

在产品立项阶段,安全架构师和产品方一同根据业务内容、业务流程、技术框架建立功能需求文档(FRD)、绘制详细架构图,并在阿里云产品上云的所有安全基线要求中确认属于产品范围的安全基线要求。同时,本阶段会为产品方人员安排针对性的安全培训课程与考试,从而避免在后续产品开发中出现明显的安全风险。

在安全架构审核阶段,安全架构师在上一阶段产出的 FRD 和架构图的基础上对产品进行针对性的安全架构评估并做出产品的威胁建模。在威胁建模的过程中,安全架构师会对产品中的每一份需要保护的资产、资产的安全需求、可能的被攻击场景做出详细的模型,并提出相对应的安全解决方案。安全架构师会综合安全基线要求和威胁建模中的安全解决方案,一并与产品方确认对于该产品的所有安全要求。

在安全开发阶段,产品方会根据安全要求在产品开发中遵守安全编码规范,并实现产品的相关安全功能和要求。为了保证云产品快速持续地开发、发布与部署效率,产品方会在本阶段进行自评,确认安全要求都已经实现,并向负责测试的安全工程师提供相对应的测试信息(如代码实现地址、自测结果报告等),为下一阶段的安全测试审核做好准备。

在安全测试审核阶段,安全工程师会根据产品的安全要求对其进行架构设计、服务器环境等全方位的安全复核,并对产品的代码进行审核和渗透测试。在此阶段发现的安全问题会要求产品方进行安全修复和加固。

在应用发布阶段,只有经过安全复核并且得到安全审批许可后,产品才能通过标准发布系统部署到生产环境,以防止产品携带安全漏洞在生产环境运行。

在应急响应阶段,安全应急团队会不断监控云平台可能的安全问题,并通过外部渠道（如 ASRC 等）或者内部渠道（如内部扫描器、安全自测等）得知安全漏洞。在发现漏洞后应急团队会对安全漏洞进行快速评级，确定安全漏洞的紧急度和修复排期，从而合理分配资源，做到快速并合理地修复安全漏洞，保障阿里云用户、自身的安全。

九是安全审计。

安全审计是指由专业审计人员根据有关法律法规、财产所有者的委托和管理当局的授权，对计算机网络环境下的有关活动或行为进行系统的、独立的检查验证，并做出相应评价。在管理员需要对系统过往的操作进行回溯时，可以进行安全审计。

阿里云的安全审计收集系统安全相关的数据，分析系统运行情况中的薄弱环节，上报审计事件，并将审计事件分为高、中、低三个风险等级。管理员通过关注和分析审计事件，持续改进系统，保证云服务的安全可靠。

安全审计覆盖云计算平台多个业务和物理宿主机，从各个角度对行为进行收集，确保不存在因覆盖面不足而导致的审计缺失。

审计日志收集中心集中、准实时、同步回收所有行为日志。审计日志的存储基于云计算存储业务，通过集群化三备份保障存储安全与稳定性，其存储空间也可快速扩充。

通过对海量日志数据构建全文索引，安全审计同时具备大量数据的快速检索查询能力。

（c）云用户（租户）侧安全。

专有云在用户侧安全上提供了多个层面的安全保障，其中包括了账户安全、主机安全、应用安全、数据安全、云盾、安全运营服务以及安全最佳实践。

其一，账户安全。

专有云平台提供多种安全机制来帮助用户保护账户安全，防止未授权的用户操作。这些安全机制包括云账户登录、创建子用户、集中管理子用户权限、数据传输加密、子用户操作审计等，用户可以使用这些机制来保护云账户的安全。

其二，主机安全。

一是入侵检测。专有云平台用户可以通过在主机上配置云盾安骑士客户端实现与云盾安全中心的联动防护，获取入侵检测能力。主机的入侵检测包括异地登录提醒、识别暴力破解攻击、网站后门查杀、主机异常检测等功能。

二是漏洞管理。专有云用户可以通过在主机上配置云盾安骑士客户端实现与云盾安全中心的联动防护，获取漏洞管理能力。主机的漏洞管理综合了多套扫描引擎（网络端、本地端、PoC 验证），全面批量检测系统存在的所有漏洞，并提供一键修复、生成修复命令、一键批量验证功能，实现漏洞管理的闭环。

三是镜像加固。镜像是云服务器、云主机、虚拟机实例运行环境的模板，一般包括操作系统和预装的软件。云主机租户可以使用镜像创建新的云主机实例或更换云主机实例的系统盘。阿里云基础镜像（支持 Linux 和 Windows 的多个发行版本）安全主要包括镜像基础安全配置、镜像漏洞修复、默认镜像主机安全软件三个部分。同时，阿里云保持对基础镜像操作系统漏洞以及三方软件漏洞的实时监测，确保阿里云提供的所有基础镜像的高危漏洞在第一时间得到修复。基础镜像默认采用主机最佳安全事件配置，并且所有阿里云基础镜像会默认添加阿里云主机安全软件以保障租户在实例启动时第一时间得到安全保障。

其三，应用安全。

一是 Web 应用防护。通过 Web 应用防火墙，防御 SQL 注入、XSS 跨站脚本、常见 Web 服务器插件漏洞、木马上传、非授权核心资源访问等 OWASP 常见攻击，过滤海量恶意访问，避免网站资产数据泄露，保障网站应用的安全与可用性。

二是代码安全。SPLC 中，阿里云的安全专家在各个开发节点都会严格审核和评估代码的安全性，从而保障阿里云提供给用户的产品代码安全质量。同时，阿里云强烈建议企业用户对其上线的应用进行黑白盒代码安全检测，务求上线后的应用不存在安全漏洞，增加用户本身业务的安全性。

三是安全最佳实践。为保障租户业务安全，租户在迁移上云时应将之前的安全策略一同迁移，并结合安全配置最佳实践。

云资源安全：云资源主体应采用 VPC 网络保证安全性。

云盾：使用云盾保证租户业务的安全，并且使用同步中心功能及时同步最新版云盾安全规则。同时，建议用户使用 WAF 来进行 Web 应用的安全防护。

云产品安全配置：云主机实例的密码策略应足够复杂，避免被暴力破解而入侵成功；SSH 和 RDP 管理端口应通过安全组进行限制；云主机实例开放高危端口应通过 IP 白名单进行访问限制；不允许将 SSH、RDP、MySQL、Redis 等高危端口服务通过 SLB 实例对互联网开放访问；RDS 实例的密码必须设置高强度密码，并且使用 IP 白名单进行访问控制；OSS 实例的访问应通过访问控制规则进行限制，禁止公共读写的操作。

应用部署安全：代码部署上线之前必须删除压缩包、SVN 隐藏目录、GIT 隐藏目录；Linux 和 Windows 等操作系统必须进行安全加固的配置；对于 Web 应用服务，建议用户使用 Web 应用防火墙进行防护。

（d）云平台安全方案设计。

专有云不仅要有完善的安全体系进行全面保护，还需要为云平台量身定制安全解决方案，解决云项目最为关注的区域隔离、纵深安全防护、云平台安全运维问题。

其一，安全防护框架设计。

云平台项目安全防护框架采用动态化纵深防护设计思路，参照信息系统等级保护基本要求，围绕等级保护的"一个中心、三重防护"的核心指导思想，基于云原生的模块化安全组件，面向云平台及其上承载的业务应用提供"一体化"安全防护能力。在总体安全策略的指导下，从安全技术、安全管理、安全运维三个维度，依托"一体化"云安全运营中心，形成"防护、检测、响应、恢复"于一体的安全闭环防护体系（见图 9-45）。

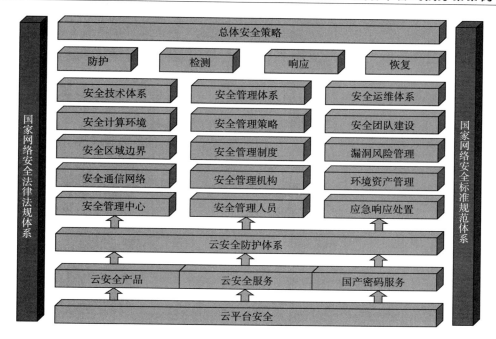

图 9-45　云平台安全架构

信息系统等级保护基本要求第三级安全保护能力应满足在统一安全策略下防护免受来自外部有组织的团体、拥有较为丰富资源的威胁源发起的恶意攻击、较为严重的自然灾难，以及其他相当危害程度的威胁所造成的主要资源损害，能够及时发现、监测攻击行为和处置安全事件，且在自身遭到损害后，能够较快恢复绝大部分功能。

其二，安全物理环境设计。

机房物理位置选择在具有防震、防风和防雨等能力的建筑内，避免设在建筑物的顶层或地下室。机房出入口应配置电子门禁系统，控制、鉴别和记录进入的人员。设置机房防盗报警系统或设置有专人值守的视频监控系统，设置防雷保安器或过压保护装置等。设置火灾自动消防系统，能够自动检测火情、自动报警，并自动灭火；对机房进行防水检测和报警。采用防静电地板或地面，并采用必要的接地防静电措施；在机房供电线路上配置稳压器和过电压防护设备，设置冗余或并行的电力电缆线路为计算机系统供电。

其三，安全通信网络设计。

在网络架构安全设计方面，充分考虑云平台业务系统实际访问需求，选型网络设备的业务处理能力应满足业务高峰期需要，各个部分的带宽应满足业务高峰期需要；在网络管理方面，采用网络隔离机制，划分不同的网络区域，并按照方便管理和控制的原则为各网络区域分配地址，避免将重要网络区域部署在边界处，同时重要网络区域与其他网络区域之间应采取 VPC、防火墙、安全组等隔离技术，并充分考虑通信线路、关键网络设备和关键计算设备的硬件冗余，保证系统的可用性。

在通信传输方面，要求业务系统使用如国密 SSL 证书等经国家密码管理局认证核准的密码技术，保证通信过程中数据的完整性和保密性。

其四，安全区域边界设计。

在边界防护设计上，采用物理防火墙和安全组保证跨越边界的访问和数据流通过边界设备提供的受控接口进行通信，通过配置访问白名单方式能够对非授权设备私自联到内部网络的行为以及内部用户非授权联到外部网络的行为进行限制。

在访问控制方面，通过配置白名单方式在网络边界或区域之间根据访问控制策略设置访问控制规则，默认情况下除允许通信外受控接口拒绝所有通信，删除多余或无效的访问控制规则，优化 ACL，并保证访问控制规则数量最小化；通过物理防火墙或安全组对源地址、目的地址、源端口、目的端口和协议等进行检查，允许或拒绝数据包进出，并根据会话状态信息为进出数据流提供明确的允许或拒绝访问的能力；通过 Web 应用防火墙对进出网络的数据流实现基于应用协议和应用内容的访问控制。

在入侵防范方面，通过物理防火墙、安全组、VPC 等组件的白名单功能防止或限制从内部发起的网络攻击行为，结合态势感知系统对网络行为进行分析，实现对网络攻击特别是新型网络攻击行为的分析；当检测到攻击行为时，记录攻击源 IP、攻击类型、攻击目标、攻击时间，在发生严重入侵事件时应提供报警。

基于物理防火墙提供的网络病毒防护功能，对关键网络节点处的恶意代码进行检测和清除，并维护恶意代码防护机制的升级和更新。

基于云平台安全审计功能，对网络边界、重要网络节点进行安全审计，审计覆盖到每个用户；对重要的用户行为和重要安全事件进行审计，审计记录应包括事件的日期和时间、用户、事件类型、事件是否成功及其他与审计相关的信息，对审计记录进行保护，定期备份，避免受到未预期的删除、修改或覆盖等；基于堡垒机对远程访问的用户行为、访问互联网的用户行为等单独进行行为审计和数据分析。

其五，安全计算环境设计。

基于堡垒机对登录的用户进行身份标识和鉴别，其中身份标识具有唯一性，身份鉴别信息具有复杂度要求并定期更换，为不同用户提供不同的用户身份标识；系统的用户名和口令不得相同，用户口令应为数字、字母、特殊字符混合组合，系统应具有用户口令定期更新提示和更新确认，禁止明文存储口令；具有登录失败处理功能，应配置并启用结束会话、限制非法登录次数和当登录连接超时自动退出等相关措施，如同一用户连续登录失败次数为 6~10 次，当登录失败超过规定次数时，用户账户应被锁定 10 分钟，或申请由系统管理员进行密码重置；当进行远程管理时，采取必要措施防止鉴别信息在网络传输过程中被窃听，如采用 SSH、HTTPS、VPN 等安全的远程管理方式。

通过堡垒机提供的双因子认证功能，采用口令、密码技术、生物技术等两种或两种以上组合的鉴别技术对用户进行身份鉴别，且其中一种鉴别技术至少应使用国家密码管理局认证核准的密码技术来实现，另一种鉴别技术宜采用动态口令、数字证书、生物特征或设备指纹。

在访问控制方面，对登录的用户分配账户和权限，重命名或删除默认账户，修改默认账户的默认口令，在操作系统禁用无法重命名或无法删除的默认账户，或阻止默认账户直接远程登录，及时删除或停用多余的、过期的账户，避免共享账户的存在，授予管理用户所需的最小权限，实现管理用户的权限分离；由授权主体配置访问控制策略，访问控制策略规定主体对客体的访问规则；访问控制的粒度应达到主体为用户级或进程级，客体为文件、数据库表级；对重要主体和客体设置安全标记，并控制主体对有安全标记信息资源的访问。

对重要数据库系统部署数据库审计系统，审计覆盖到每个用户，对重要的用户行为和重要安全事件进行审计，审计记录应包括事件的日期和时间、用户、事件类型、事件是否成功及其他与审计相关的信息，对审计记录进行保护，定期备份，避免受到未预期的删除、修改或覆盖等；对审计进程进行保护，防止未经授权的中断。

在入侵防范方面，遵循最小安装的原则，仅安装需要的组件和应用程序，关闭不需要的系统服务、默认共享和高危端口；通过设定终端接入方式或网络地址范围对通过网络进行管理的管理终端进行限制，提供数据有效性检验功能，保证通过人机接口输入或通过通信接口输入的内容符合系统设定要求。

在云平台和应用系统层面，采用 HTTPS 确保在传输过程中的数据完整性，包括但不限于鉴别数据、重要业务数据、重要审计数据、重要配置数据、重要视频数据和重要个人信息等；采用校验技术或经国家密码管理局认证核准的密码技术保证重要数据在存储过程中的完整性，包括但不限于鉴别数据、重要业务数据、重要审计数据、重要配置数据、重要视频数据和重要个人信息等。采用国家密码管理局认证核准的密码技术保证重要数据在传输过程中的保密性，包括但不限于鉴别数据、重要业务数据和重要个人信息等；采用国家密码管理局认证核准的密码技术保证重要数据在存储过程中的保密性，包括但不限于鉴别数据、重要业务数据和重要个人信息等。

基于数据库备份机制，对重要数据进行本地数据备份与恢复；支持实时备份功能，利用通信网络将重要数据实时备份至备份场地；基于云平台三副本技术，提供重要数据处理系统的热冗余，保证系统的高可用性。

在剩余信息保护方面，通过云平台自动回收机制，保证鉴别信息所在的存储空间被释放或重新分配前得到完全清除；保证存有敏感数据的存储空间被释放或重新分配前得到完全清除。

云平台仅采集和保存业务必需的用户个人信息，禁止未授权访问和非法使用用户个人信息。

其六，云平台安全设计。

云平台项目按照等级保护三级要求建设，不承载高于其安全保护等级的业务应用系统，通过物理防火墙和安全组实现不同云服务客户虚拟网络之间的隔离，基于云安全组件提供通信传输、边界防护、入侵防范等安全机制方面的能力；支持租户自主设置安全策略的能力，包括定义访问路径、选择安全组件、配置安全策略，提供开放接口或开放性安全服务。

基于安全组在虚拟化网络边界部署访问控制机制，并设置访问控制规则，在不同等级的网络区域边界部署访问控制机制，设置访问控制规则。

基于硬件防火墙与 Web 应用防火墙检测网络攻击行为，并能记录攻击类型、攻击时间、攻击流量等，同时能检测对虚拟网络节点的网络攻击行为，并能记录攻击类型、攻击时间、攻击流量等；基于主机安全系统提供的功能能检测虚拟机与宿主机、虚拟机与虚拟机之间的异常流量；在检测到网络攻击行为、异常流量情况时进行告警。

在安全审计方面，运维人员统一通过平台侧堡垒机进行登录，在远程管理时通过执行的特权命令进行审计，审计内容包括虚拟机删除、虚拟机重启；远程管理云计算平台中设备时，支持管理终端和云计算平台之间建立双向身份验证机制，当虚拟机迁移时，访问控制策略随其迁移，租户可通过安全组设置不同虚拟机之间的访问控制策略。检测虚拟机之间的资源隔离失效，并进行告警；检测非授权新建虚拟机或者重新启用虚拟机，并进行告警，检测恶意代码感染及在虚拟机间蔓延的情况，并进行告警。

在镜像和快照保护方面，针对重要业务系统提供加固的操作系统镜像或操作系统安全加固服务，提供虚拟机镜像、快照完整性校验功能，防止虚拟机镜像被恶意篡改。

客户数据、用户个人信息等存储于中国境内，确保只有在云服务客户授权下，云服务商或第三方才具有云服务客户数据的管理权限，使用校验码技术确保虚拟机迁移过程中重要数据的完整性，并在检测到完整性受到破坏时采取必要的恢复措施；支持部署密钥管理解决方案，保证云服务客户自行实现数据的加解密过程。

基于云平台回收机制保证虚拟机所使用的内存和存储空间回收时得到完全清除；云服务客户删除业务应用数据时，云计算平台将云存储中所有副本删除。

其七，安全运维设计。

通过云平台访问控制体系和堡垒机，对系统管理员进行身份鉴别，只允许其通过特定的命令或操作界面进行系统管理操作，并对这些操作进行审计；通过系统管理员对系统的资源和运行进行配置、控制和管理，包括用户身份、系统资源配置、系统加载和启动、系统运行的异常处理、数据和设备的备份与恢复等。

通过云平台安全审计组件和堡垒机，对安全审计员进行身份鉴别，只允许其通过特定的命令或操作界面进行安全审计操作，并对这些操作进行审计；通过安全审计员对审计记录应进行分析，并根据分析结果进行处理，包括根据安全审计策略对审计记录进行存储、管理和查询等。

通过云平台访问控制体系和堡垒机，对安全管理员进行身份鉴别，只允许其通过特定的命令或操作界面进行安全管理操作，并对这些操作进行审计；通过安全管理员对系统中的安全策略进行配置。

基于云平台网络隔离机制，切分出相互隔离的网络，通过运维网络对分布在网络中的安全设备或安全组件进行管控。

云平台项目安全系统逻辑架构如图 9-46 所示。

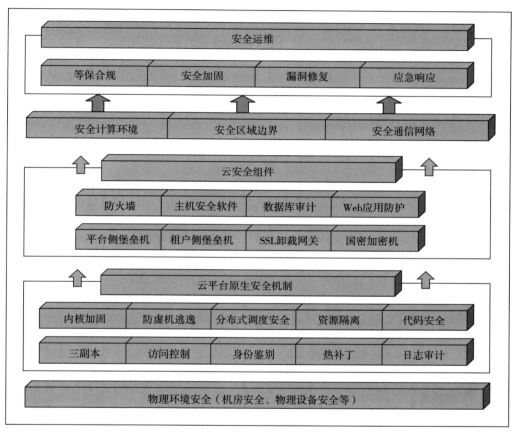

图 9-46　云平台项目安全系统逻辑架构

云平台项目安全系统基于云平台自身安全机制、云产品原生安全能力以及云安全服务组件，面向上层租户提供符合等级保护三级要求的安全防护能力。

其一，堡垒机。

云堡垒机是一个核心系统运维和安全审计管控平台。堡垒机集中了运维身份鉴别、账号管控、系统操作审计等多种功能。基于协议正向代理实现，即通过正向代理的方式实现对 SSH、Windows 远程桌面及 SFTP 等常见运维协议数据流进行全程记录，并通过协议数据流重组的方式进行录像回放，达到运维审计的目的。云堡垒机支持云化部署方式，满足安全组件和业务云化需求。

系统功能：一是支持本地认证方式，同时支持手机 App 动态口令、短信口令等双因子认证方式。二是支持托管 ECS 的账户和密码（或 SSH 密钥），运维人员只需要登录到云堡垒机即可直接登录 ECS 云服务器，无须使用 ECS 云服务器的账户和密码信息。三是支持 Web 端调用本地工具实现单点登录，支持以本地客户端登录堡垒机，再选择服务器的方式进行运维。四是针对运维人员的操作过程进行实时监控，并支持以切断操作会话的方式阻断违规操作等异常行为。五是日志回放、事后追溯：提供录像式日志回放功能，并且可以通过关键信息进行定位回放；提供指令记录功能，并且可基于关键指令进行过滤检索；提供图像记录功能，并且可基于关键文字进行过滤检索；提供文件审计功能，并且可详细记录上传下载的文件名等信息。

其二，国密密码机。

加密服务使用通过国家密码管理局检测认证的密码机，让用户安全地生成、存储和管理用于数据加密的密钥，在不牺牲应用程序性能的情况下符合严格的密钥管理要求。

系统功能：一是密钥的安全存储和使用、分散产生子密钥、安全报文形式的导入导出。二是全面支持国产算法以及部分国际通用密码算法，满足用户各种加密算法需求。对称密码算法：支持 SM1、SM4、DES、3DES、AES；非对称密码算法：支持 SM2、RSA（1024-2048）；摘要算法：支持 SM3、SHA1、SHA256、SHA384。

其三，硬件防火墙。

硬件防火墙为用户提供 L2~L7 层网络的全面安全防护，通过网络流量深度检测和解析技术，支持入侵检测和病毒防护功能。

系统功能：一是支持基于深度应用识别的访问控制。二是支持强大的 NAT 及 ALG。三是防火墙策略重复与冗余规则检测。四是多种畸形报文攻击防护。五是 SYN Flood、DNS Query Flood 等多种 DoS/DDoS 攻击防护。六是基于状态、精准的高性能攻击检测和防御。七是支持针对 HTTP、SMTP、IMAP、POP3、VOIP、NETBIOS 等 20 余种协议和应用的攻击检测和防御。八是支持缓冲区溢出、SQL 注入和跨站脚本攻击的检测和防护。九是支持自定义入侵防御特征。十是提供预定义防御配置模板。

其四，主机安全服务。

提供符合云平台等级保护 2.0 安全需求的主机安全服务，包括主机资产管理服务、主机风险检测服务、主机入侵防御服务、安全态势感知服务等。

服务内容：一是主机资产管理服务。在服务周期内提供工具软件+人工指导，帮助客户识别主机的软硬件资产信息，包括 CPU、内存、硬盘、网卡、操作系统、网络配置、安装软件等内容，监控主机资产状态，提供安全事件管理和远程运维管理，帮助用户掌握全网主机数量和梳理主机安全管理边界。

二是主机安全基线检查服务。在服务周期内提供工具软件+人工指导，帮助客户识别全网主机安全基线配置详情，发现不符合安全管理规范的主机，并能进行持续监控；主机安全基线检查功能同时涵盖中标麒麟、银河麒麟和统一操作系统及中科方德等国产操作系统，支持账号与口令检查、密码生存周期检查、远程登录检查、网络与服务检查、日志审计检查、防火墙检查、系统安全配置检查等内容，对不合规项进行详细描述，提供修复指导方案，帮助用户科学合理地进行短板修复，提高主机入侵门槛。

三是主机风险监控服务。在服务周期内提供工具软件+人工指导，帮助客户从多个主机系统关键风险点进行监控和评估，包括系统开放的网络端口、运行的系统服务、已经存在的用户账户、系统非法提权等，并能对网络端口、系统服务所关联的用户和进程信息进行追踪，评估程序的安全性，帮助用户实时感知全网主机存在的系统风险。

四是主机恶意程序防护服务。在服务周期内提供工具软件+人工指导，帮助客户防御恶意软件、木马病毒相关威胁，提供基于文件动作行为特征模型分析的查杀能力及主动防御型查杀，对自定义黑名单程序进行检测、拦截。引擎采用单内核设计，组件耦合度高，摆脱微内核设计所带来的效率损失。

五是主机安全态势分析服务。在服务周期内提供工具软件+人工指导，帮助客户从安全事件、风险文件、安全基线等多个层面对主机进行安全态势分析。通过逻辑的风险拓扑，展示全网风险主机分布状态，以时间轴形态分析展示单主机的安全态势。

六是日志报表服务。在服务周期内提供工具软件+人工指导，提供客户多类别的日志报表服务，包括系统威胁日志、网络威胁日志、网络访问日志、文件运行日志、系统登录日志、管理员操作日志等。报表可自定义统计范围，包括安全事件类型、统计主机范围和时间范围，支持实时导出报表和定期导出报表。

七是告警管理。在服务周期内提供工具软件+人工指导，帮助客户建立安全响应基础能力，通过配置短信告警和邮件告警，帮助用户在未登录管理平台的情况下，第一时间获知最新发生的安全事件以及系统运行状态信息，缩短安全事件的响应周期。

八是专有云安全服务。为打造稳定、可靠、安全、合规的专有云平台，阿里云提供一系列安全产品及安全服务来保障系统及数据的可用性、机密性和完整性。其中，安全服务是整个安全保障体系中不可或缺的部分，通过产品+服务的方式充分发挥专有云产品及云盾产品的安全特性，从技术和管理的角度提升专有云产品的安全性，切实保障用户的专有云平台。

阿里云提供的安全服务包括以下多个方面：专有云安全运营支持服务。专有云安全运营支持服务通过安全专家咨询、培训、现场支持等方式，让用户更好地运用专有云产品的安全特性及云盾产品的安全能力，实现对云平台和云上租户的安全管理目标。

专有云安全运营驻场服务。专有云安全运营驻场服务的目标是帮助用户更好地利用专有云产品及云盾产品的安全特性，它是管理租户层应用安全的一项服务。安全运营服务包括上线前安全评估、安全访问控制策略优化、周期性安全评估、安全巡检、安全应急等一系列服务内容，全面覆盖专有云平台租户业务的完整安全生命周期。通过安全运营驻场服务，帮助用户梳理并建立云上安全运营体系，全面提升应用系统安全性，保障用户业务的安全和稳定运行。

安全评估服务。信息安全风险评估服务（简称风险评估）是指通过技术手段系统地分析业务系统所面临的威胁及存在的脆弱性，并提出有针对性的防护对策和整改措施的服务。

渗透测试服务。渗透测试服务是一种黑盒安全测试方法，安全专家通过模拟真实黑客的技术手段对目标进行漏洞检测，突破系统的安全防护手段，深入评估漏洞所可能造成的实际影响。

阿里云渗透测试服务由阿里云联合授权安全合作伙伴企业提供，参与渗透测试的人员均具备丰富的安全渗透经验，通过渗透测试服务可以帮助客户发现当前系统中存在的安全隐患，增加信息安全的认知程度，同时也可以检验当前防御手段的有效性，从而有助于提升整个网络安全水平。

安全护航服务。在重要的党政会议、国际峰会以及企业 IPO、新品发布会等重大活动期间，政府机构或企业系统往往会成为敌对势力和竞争对手的重点攻击目标，在这些特殊时期如果出现严重的信息安全事件，将给政府机构、企业带来严重的后果。因此，特殊时期需要对核心系统进行特殊保障，确保在线业务的安全运行。

安全护航服务是面向专有云客户提供的短期重点保障服务，在特殊时期通过安全专家驻场方式实现对安全事件的实时监控和快速响应，保障客户的专有云及业务系统在重点保障期的安全性。

安全咨询服务。安全咨询服务是阿里云安全服务团队联合国内行业领先的安全公司，在多年安全咨询服务经验的基础上，依据国际/国内的行业标准、规范、最佳实践，结合客户的安全需求，协助客户规划和建立有效的信息安全技术体系及管理体系，目的是提升信息安全成熟度，为客户业务的发展提供信息安全保障，助力企业业务战略目标的达成。

阿里云安全咨询服务主要包括以下服务项：

数据安全咨询服务。数据是企业的信息系统的最核心资产，自然也是攻击者的核心目标，数据的安全保障对于企业来说至关重要，一旦发生泄露、破坏，将给企业带来严重的影响。

数据安全咨询服务是面向专有云上租户业务数据安全保障的咨询服务，通过咨询帮助企业进行数据安全相关的组织制度、技术攻击、人员能力等维度的建设，保障敏感数据在全生命周期过程中的安全性。

SDL 安全咨询服务。目前，大部分企业的安全管理和软件开发过程是互相割裂的，开发环节只关注各项功能的实现而不关注安全属性，等到系统上线后再进行安全测试、安全隔离、漏洞修复等工作。这种模式发现漏洞的时机较晚，漏洞修复代价高昂，甚至一些安全漏洞在系统上线后由于各种客观因素限制而无法被发现和解决。因此，这种开发和安全分开的方式已经被证明越来越不适应信息系统建设对安全性的需求。

微软提出的 SDL 是将各种安全实践内建到软件开发的各个关键环节之中，通过开发团队中已有的角色实施安全措施，利用自动化安全分析和测试技术快速地发现安全问题，并从漏洞产生的根源上解决问题，通过对软件工程的控制，更好地保证软件的安全性。然而，由于缺乏专业的安全人员，大部分企业未建立安全开发管理制度，也没有能力将安全整合至软件开发的各个环节，企业普遍都会遇到 SDL 难以落地的问题。

SDL 安全咨询服务根据企业实际情况设计安全开发管理制度和技术规范，通过安全培训提升开发人员的安全意识及安全水平，通过持续的监督指导，最终帮助企业真正落地 SDL 开发模式。

安全合规咨询服务。等级保护标准，通过咨询服务帮助客户评估现状与标准的差距，制定合规整改方案，从而帮助客户顺利通过合规检查，降低合规风险，提升客户网络安全水平。

安全体系咨询服务。安全体系咨询服务是面向专有云平台整体安全提供的咨询服务，其主要服务目标是通过咨询帮助构建专有云的平台安全架构、设计专有云安全管理体系及安全运营体系。

安全培训服务。安全培训服务为客户提供云盾产品的使用、维护、安全实践培训以及专有云平台安全管理实践培训。同时，根据客户需要提供攻防对抗培训、安全开发流程培训、人员安全意识培训、安全管理培训等专项安全培训，帮助客户提升整体安全意识。

四、云平台迁移设计

项目采购的软硬件设备主要用于平台运行支撑环境和系统安全建设，具备和满足与原公有云上基本一致的功能及性能需求，具备平台正常运行所需的计算、存储资源及云安全。迁移服务主要用于将公有云上平台系统及数据迁移至单位机房。

基于以上业务需求提供云平台功能和数据迁移方案。

（一）系统迁移原则、策略和节奏

1. 迁移原则

业务系统是否适合迁移至私有云云平台，首先需要根据业务特性、特点、定位等方面进行初步评估，对业务系统进行详细梳理，具体梳理内容可参照表 9-31。

表 9-31 业务系统评估

序号	业务系统	主要内容
1	系统重要性	适用范围；故障影响用户范围；允许的最大宕机时间；重要等级
2	系统当前部署模式	集中部署；分级/分散部署；部署位置
3	系统是否具备迁移条件	系统是否长期使用；系统是否存在严重故障隐患；同时在线用户比例；系统资源利用率；是否支持系统优化/改造；是否支持平滑迁移

其次，需要考虑业务系统迁移至私有云平台可以获得的收益和可能的风险，即改用专有云计算技术的部署方式，是否可以满足工程建设需要，是否可以实现业务平台整合和资源共享等预期收益。

最后，要从技术方面、初始建设成本、运维管理等方面评估迁移至云平台的风险，且要充分考虑回退方案。

2. 迁移策略

现有业务系统向专有云平台迁移方案比较复杂，需要考虑的因素比较多，应尽量避免或减少对业务带来影响。专有云资源方面考虑满足现有和未来可能的扩展需求的前提下迁移。

系统迁移上云需要根据系统类型和重要性选择合适的迁移方式，而对于复杂系统的迁移上云，需要根据实际情况采用定制化的迁移技术及方法。具体的迁移策略包括：

（1）平滑迁移到专有云平台，即将公有云业务系统迁移到专有云上，并采用统一运营管理平台进行管理。

（2）改造后迁移，即对系统架构、运行环境、接口等进行改造，使其满足迁移到云平台的技术要求后再迁移。

选择最佳的应用程序迁移上云方式不是单纯的迁移问题，而是一个真正的优化问题，不能孤立地做出决定。任何迁移上云的决策本质上是应用程序或基础设施走向现代化的决定，需要在相关的应用程序组合管理和基础设施组合管理的大背景下进行。

3. 迁移节奏

考虑到迁移过程中会面临的风险，迁移可以分以下几步来进行：

第一步，搭建部门专有云平台，并对平台进行充分测试和验证。

第二步，合作伙伴在专有云部署监管平台，并进行测试验证。

第三步，系统数据从公有云平台迁移到专有云平台，并做完整性验证。

第四步，用户流量从公有云平台切换到专有云平台。

无论采用哪种迁移思路，在系统迁移前都要提前建设好支持运行测试验证的云平台环境，进行相应的组件测试，避免因为云平台本身问题导致迁移的失败。

（二）系统迁移和部署流程

项目需要遵循统一的部署方案，低成本、高效地使用弹性计算服务、负载均衡服务、操作系统服务、关系型数据库服务、开放存储服务。图 9-47 是统一的部署框架。

弹性计算：弹性计算提供应用的运行环境，云主机的配置包括 VCPU 核数、VMEM 数量、VDISK 容量、带宽。

负载均衡：负载均衡服务，可实现 4 层协议、7 层协议负载均衡，与弹性计算组合，搭建可扩展的分布式应用架构。

操作系统：操作系统运行在云服务器之上，业务系统应用运行在操作系统之上。

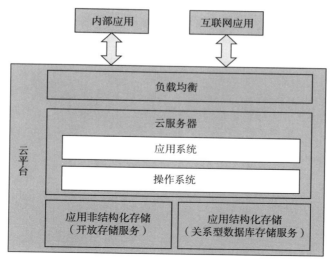

图 9-47 部署框架

关系型数据库：云平台提供 RDS，业务应用开发方可从云平台申请数据库实例，然后使用所提供的数据库链接地址端口号连接数据库，在应用中的使用方式与原先自行安装数据的操作方式、编程接口保持一致。云平台支持 MySQL、MSSQL 数据库引擎，业务应用的开发所用数据库首选 RDS-MySQL 及 RDS-MSSQL。

开放存储：云开放存储服务提供海量文件存储，业务应用使用开放存储服务 API来存取文件。

1. 迁云整体流程

下面从流程角度简要阐述迁移上云的过程，整个过程分为系统调研与风险评估、迁移方案设计、专有云平台搭建、迁移实施、系统割接和回滚、系统交付与护航等方面，这里先看流程图的几个关键节点（见图 9-48）。

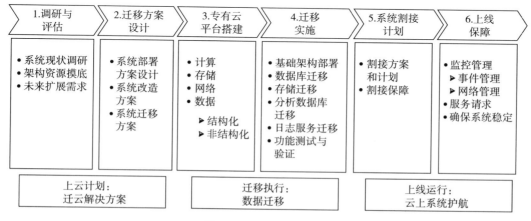

图 9-48 流程关键节点

2. 系统调研

调研可以让团队充分理解当前系统业务现状、系统未来规划、现有架构和专有云平台是否匹配等，为后续的系统迁移方案制定和实施提供第一手资料。

迁移上云的系统调研阶段主要是通过调研表、访谈、系统数据收集、应用系统观摩等标准化的流程及方法调研应用系统，使迁移团队充分地了解系统业务及应用现状，为后续的迁移方案制定、实施以及验证交付提供数据支撑。

系统调研阶段主要工作内容包含业务调研、系统架构调研、数据库调研、应用程序调研。

（1）业务调研：基于待迁移应用系统的业务层面开展基础性调研分析工作，主要包含对业务类型、使用人员、业务使用特征、业务性能指标等方面进行调研分析。

主要内容包括：系统名称；所属单位；系统业务说明及服务对象；功能模块开发/运行情况（上线、开发中、设计中、规划中）。

（2）系统架构调研：对整个应用系统部署、系统运行体系、系统运行现状、系统可扩展性、系统数据流、系统关联性等方面进行全面的调研分析。

主要内容包括：外设和商业软件需求调研；网络需求调研；改造规划调研；系统各模块依赖调研，是独立系统还是有赖于其他系统；安全要求调研；资源的使用情况（服务器、存储设备、网络带宽），系统是 OLAP 还是 OLTP 类型。

（3）数据库调研：需要通过收集数据库版本、部署结构、数据安全策略等基础信息，以及现有数据库容量、流量、SQL、高级特性等方面使用情况，进行数据库层面的技术调研和分析。

主要内容包括：数据库厂商/版本；数据库架构（是否 RAC、主备）；备份策略（冷备、热备、备份周期）；数据容量、流量统计（高峰 TPS/QPS，库大写，超过 1000w 记录的表数量及名称，峰值连接数）；SQL 收集；数据库高级特性收集（racle/SQL SERVER），包括过程、触发器、包、物化视图、虚拟列、分区、DBLINK、SEQUENCE、索引、DTS 等；数据库字符集。

（4）应用程序调研：搜集应用程序架构、中间件使用情况、应用负载等方面，进行应用程序层面的技术调研和分析。

主要内容包括：操作系统架构；是否有高可用性设计；是否有高性能设计；数据存储方式；系统类型；应用程序使用哪种语言开发；若采用 PHP 开发，采用的框架是什么；若采用 Java 开发，采用的框架有哪些；系统采用的架构是 B/S 还是 C/S；系统部署是否使用了第三方组件；是否调用外部接口或服务，若调用外部服务，采用的接口协议类型是什么；若提供服务供外部调用，接口协议类型是什么；若有文档存储，文件存储方案是什么；文档存储中包含哪些文件类型；日志文件存储方式；系统是否同时使用多个数据源；与数据库调用方式；中间件类型有哪些，使用哪种中间件产品；中间件是单节点部署还是采用集群方式部署；系统部署使用的第三方组件类型是什么；是否使用定制插件，若使用定制插件，请提供开发语言和运行环境；系统性能指标是什么。

以上调研内容包括在《上云技术改造类调研表》《上云基础设施依赖表》《系统上云应用整体信息汇总表》中。

通过一系列的调研，为接下来的迁移上云奠定基础。

3. 风险评估

基于系统调研阶段输出的调研报告，并结合云平台的架构特点，迁移上云团队对系统的风险进行评估，包括系统迁移的可行性（和专有云平台的兼容性），能否迁移到专有云，是否需要做系统改造或是代码重构，改造难度大小的预估，迁移到专有云云端需要什么架构来支撑，通过一系列的调研，我们基本可以推算出项目迁移的改造工期和技术难点。

迁移团队对系统迁移过程中出现的风险点进行评估，对专有云平台暂时还不支持的功能进行分析，以便在方案设计阶段有针对性地提出解决办法。风险评估主要包含如图 9-49 所示几个方面。

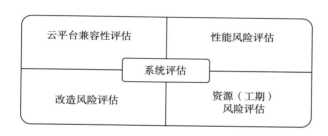

图 9-49　迁移风险评估内容示意图

（1）云平台兼容性评估：应用系统实际情况摸底，对专有云平台还不支持的软硬件进行摸底，以便制定相应的解决方案。

（2）性能风险评估：结合甲方应用系统性能调研结果，对现有系统性能瓶颈点进行评估，以便制定应用系统优化方案，比如是否需要使用分库分表，是否需要海量数据的处理技术，数据库资源是否满足并发访问以及空间存储限制，应用服务器是否满足系统性能需求，分布式存储接口是否满足并发要求。

（3）改造风险评估：根据现有应用系统业务特点、技术特征以及平台特性，评估系统在改造过程中的风险。

（4）资源风险评估：对迁移实施计划、专有云云平台资源准备、迁移实施团队人力资源等风险点进行评估。

4. 架构设计

基于系统调研和风险评估结果，并结合专有云平台特点，确定应用系统云上的新架构和迁移方案，是直接迁移到专有云平台上，还是需要一系列的改造（如 SaaS 系统的接口改造），以及文件存储的加密服务、数据分析系统的接口重构、日志体系的数据迁移筛选、改造周期预估等，最终形成迁移的架构设计和改造方案。

系统部署方案设计：基于应用系统特征，如可用性、稳定性、性能的要求，输出基于云平台的部署方案。

系统改造方案：基于系统调研、风险评估结果和云平台特性，设计系统改造方案。

5. 专有云平台搭建

（1）概述。

专有云平台搭建包括硬件设备采购、机房工勘、方案设计、布线施工、硬件安装、平台部署，验收测试等一系列服务内容，帮助部门从硬件到软件一体化建造稳定、可靠的阿里飞天平台专有云系统。

（2）前提条件。

机房应满足云平台部署需求的温度、湿度、供电、承重、空气质量等。

项目具备收货条件的前提是具备机房上架条件，具备上架条件后通知厂商发货，上架完成后需客户签发硬件签收报告，表示硬件实物已交接给客户。

每项检查和准备工作都需要以阿里云提供的规范文档为指导，并且需要把检查和准备的结果反馈给技术负责人。

甲方提供云平台部署所需的 IP 地址、域名、NTP 服务器地址等信息。

（3）搭建内容。

搭建服务内容如表 9-32 所示。

表 9-32　服务内容

服务内容	服务子项	服务描述
项目管理	项目管理	对项目进行硬件+软件一体化建设的进度、资源、风险把控
IDC 工勘	现场工勘	现场机房的工勘，包括机柜、布线等，输出工勘报告，输出布线方案
方案规划	实施方案规划	根据工勘结果和客户需求输出 IDC 规划设计方案
	方案评审	规划方案的评审，产品技术的可行性
硬件采购及部署	硬件及辅料采购	对云平台所需物料进行采购
	硬件上架	包括网络、硬件设备拆箱、验货、上架
	布线方案设计及核查	根据工勘结果输出布线方案，并对布线进行核查，输出布线测试报告
	布线（施工队）	布线
	硬件部署	操作系统、版本升级、调试
	IDC 设备安装指导与监控	在客户现场指导甲方按照服务商的标准进行基础设施建设工作，包括追踪硬件及建材采购流程跟踪及到货信息确认，指导施工队进行硬件部署

续表

服务内容	服务子项	服务描述
专有云 云平台部署	基础环境搭建	在甲方服务器、网络设备等硬件到货、上架并且 IDC 基础设施等按照服务商的要求准备完毕之后，根据网络架构方案进行网络设备的调试和部署
	专有云云平台及 产品部署	专有云云平台及产品组件部署调试
专有云云平台 测试及验收	功能测试	对专有云云平台的功能进行测试，确保云平台达到可交付水平
	云平台验收	按照项目验收流程进行验收，提交交付物，验收通过签署完工凭证
远程支持	二线提供技术支持	包括实施过程中问题解决、方案核对、配置文件核对工作

①项目管理。

在平台交付服务中，有专业项目经理管理项目交付。项目经理作为项目管理接口人，负责以下工作：需求管理，即对项目需求进行沟通和确认；整体设计和建设方案的讨论和输出；硬件部署时的监控与进度管理；项目实施计划的制定和输出；项目变更管理，即管理项目需求变更并执行项目变更；项目进度管理，即对项目整体进度进行管控；沟通管理，汇报项目进展和状态；问题解决，即负责收集、跟踪和安排资源，解决项目过程中出现的问题；质量管理，即负责交付完成后的测试工作安排，与乙方和客户沟通测试内容，提供测试报告；项目验收，即负责推动项目验收工作，签署完工报告。

②IDC 工勘。

现场机房的工勘，包括机柜、电力、布线，输出工勘报告。

③方案规划。

实施方案规划，即根据工勘结果和客户需求输出 IDC 规划设计方案。

方案评审：技术专家对实施方案进行可交付性评审。

④硬件采购及部署。

按照项目的 IDC 规划设计方案和勘察报告进行 IDC 基础设施的采购及安装部署。

硬件及辅料采购：根据甲方要求和服务商的配置要求采购硬件设备、备件、线缆及辅料。

硬件上架：硬件设备的到货接收、拆箱、验货、上架工作，由 IDC 驻场协助厂家进行。

布线方案设计及核查：根据工勘结果输出布线方案，并对布线进行核查，输出布线测试报告。

布线：布线现场施工。

硬件部署：服务器、网络设备等硬件操作系统、版本升级、初始化调试。

IDC 设备安装指导与监控：在客户现场指导甲方按照服务商的标准进行基础设施建设工作，指导施工队进行硬件部署。

⑤专有云云平台部署。

基础环境搭建：在部门服务器、网络设备等硬件到货、上架并且 IDC 基础设施等按照服务商的要求准备完毕之后，根据网络架构方案进行网络设备的调试和部署。

专有云云平台及产品部署：完成基础环境搭建后，基于前期调研进行专有云基础平台及产品组件部署调试。部署架构图如图 9-50 所示。

6. 迁移实施

（1）K8s 容器迁移。

①概述。

阿里云提供的容器以 Docker 为底层容器引擎，采用 Kubernetes 调度框架。结合阿里云多年实践经验，给客户提供一个支持多租户、资源管理和资源隔离以及安全有保障的容器云平台。

阿里云容器是面向专有云场景的敏捷云应用平台，支持 Docker 企业版，支持研发运维一体化、云原生应用架构和机器学习等场景，支持混合云管理，允许应用在公共云和自有数据中心物理机统一部署管理，支持应用无缝迁云、弹性伸缩、应对突发流量等场景。阿里在"双 11"得到大规模验证，与 Docker 公司战略合作，提供真正企业级的安全和稳定服务保障。

容器符合如下设计原则：

（a）高可用性设计。

关键核心模块都要求高可用性设计、高可用性部署，保障在服务器物理宕机等故障情况下应用不受影响。

（b）先进性。

平台的建设采用业界主流的云计算技术，包括容器虚拟化、分布式存储、分布式计算等先进技术与应用模式。

（c）成熟性。

对各种技术进行充分地比较、选型，采用各种成熟技术手段，实现平台功能稳定，保证平台的正常运行，满足业务需要。

（d）开放性与兼容性。

平台采用开放性架构体系，能够兼容业界通用的设备及主流的操作系统、虚拟化软件、应用程序，从而使得容器平台大大降低开发、运营、维护等成本。

（e）可靠性。

平台需提供可靠的计算、存储、网络等资源，系统需要在硬件、网络、软件等方面考虑适当冗余，避免单点故障，保证容器平台的高可用性，从而保证业务的连续性。

（f）可扩展性。

平台的计算、存储、网络等基础资源需要根据业务应用工作负荷的需求进行伸缩。在系统进行容量扩展时，只需增加相应数量的硬件设备，并在其上部署、配置相应的资

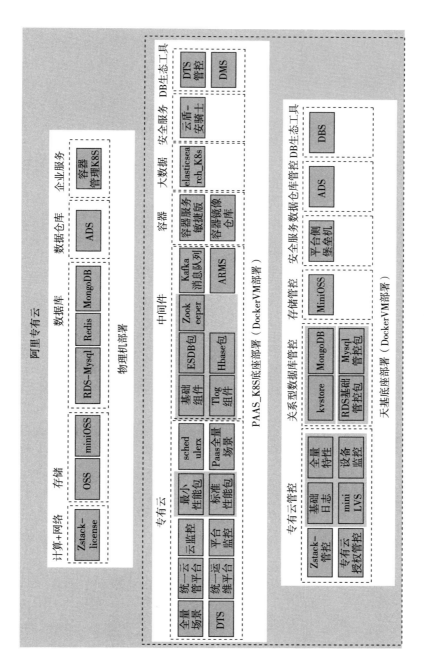

图 9–50　阿里云部署架构

源调度管理软件和业务应用软件，即可实现系统扩展。

（g）安全性。

平台根据业务需求与多个网络分别连接，必须防范网络入侵攻击、病毒感染，同时，容器平台资源共享给不同的系统使用，必须保证它们之间不会发生数据泄露。因此，容器平台应该在各个层面进行完善的安全防护，确保信息的安全和私密性。

（h）松耦合。

平台自身组件使用松耦合架构，前后端分离，可以给客户开发标准的 API 接口，方便客户做已有系统的对接或在平台基础之上做二次开发。

容器服务提供高性能、可伸缩的容器应用管理服务，支持企业级 Kubernetes 容器化应用的生命周期管理。容器服务简化集群的搭建和扩容等运维工作，整合企业虚拟化、存储、网络和安全能力，打造最佳的企业级 Kubernetes 容器化应用运行环境。容器服务是 Kubernetes 认证服务供应商，全球首批通过 Kubernetes 一致性认证的平台。

容器服务部署在客户自有数据中心里，所有数据存储在客户本地，完全由客户控制；适配客户已有的资源，无须额外采购，充分利用现有硬件资源和软件资源。为了保证用户应用的敏捷上云，容器服务对外提供了标准开放的 API，支持应用无缝迁云。为了第三方能力扩展，建立了灵活可定制的扩展机制。

②前提条件。

（a）数据已同步。

（b）迁移工具已准备好。

（c）Kubetnetes、Docker、容器镜像仓库、Nginx+Lua。

（d）相关平台及软件已部署好。

（e）Kubernetes 平台已部署好，且预留好充足的资源。

（f）容器镜像仓库已部署好，且创建好相应的项目。

（g）待迁移的应用已打好镜像。

（h）Nginx 已作为 Ingress 部署在 Kubernetes 平台。

③操作步骤。

（a）云下迁移准备阶段。

应用系统本地化评估：对应用进行梳理和分析，将不同的应用分类，如计算密集型、I/O 密集型等，同时综合考虑波峰波谷和业务特性。基于现有主要功能保持稳定，具体梳理：业务流程、业务功能架构、业务子模块间的关联和依赖关系，业务功能模块间的通信、数据同步等方式，关键业务流程的性能，以及功能模块配置分割等。

找出部署环境变化的配置：为了确保一致性，同一个镜像要在多套环境中使用（如测试和生产），因此必须列出所有在不同环境中会变化的配置值，在启动容器的时刻再设置值。容器中的程序可以从环境变量或者从配置文件中获取这些配置的值。可以考虑修改应用并支持从环境变量中读取配置，以便简化容器化的过程。

本地化资源选择：在考虑满足网络发展和业务需求的情况下，针对业务平台迁移后的可维护性提出对本地化资源相关配置的要求或建议。

本地容器架构规划：根据业务系统的部署架构，规划迁移到本地容器平台后的系统集群架构、规模和配置要求。

（b）云下迁移实施阶段。

资源申请、分配：根据规划的资源配置需求，向本地容器平台申请 CPU、内存、存储等资源。在申请资源时，应根据现有业务资源的占用情况，考虑业务发展需求，结合适当宽裕的原则，综合决定资源的大小或多少（包括 CPU、内存和存储等资源）。

镜像迁移/制作：迁移/制作的镜像需要推送到本地镜像仓库中。

流量切割设计：Nginx 已作为 Ingress 部署好，并设置好相应的分组分流的流量切割方案。

迁移实施：业务系统通过本地容器平台发布，通过分组分流切换公有云和专有云流量，当专有云应用正常访问并无异常时，逐渐调整专有云流量比例，而当专有云流量切割的过程中出现异常时，再调整公有云的流量比例，逐渐缩小专有云的流量，确保迁移过程中访问不中断。

（c）服务分组分流管理创段。

分流服务组菜单放在应用中心下，该菜单系统管理员、租户管理员、项目管理员可见。创建分流服务组，用户需提前将需要加入分流服务组的服务创建完成，分流服务组在一个集群内不可重复。加入分流服务组的服务都是在同一个集群下、同一个项目下的服务，服务可跨分区。在用户熟悉 Nginx 配置的前提下，用户需要对加入分流服务组的服务配置 Nginx 相关配置，如 Server、Location 等。在用户熟悉 Nginx 配置的前提下，用户需要通过配置 map 的方式匹配不同的后端服务。

用户需指定一台分流服务组使用的负载均衡器。分流服务组中只存在一个 server.conf，配置名称建议：svcGroupName-server.conf；分流服务组中只存在一个 map.conf，配置名称建议：svcGroupName-map.conf；分流服务组中用户配置（server.conf、map.conf）需要有版本控制，server.conf/map.conf 同属于一个版本，用户可以切换配置版本，每个配置版本界面需体现出具体的修改时间；保存服务组时，对 server.conf 和 map.conf 配置内容进行校验，校验通过后才保存。服务组创建完成后，提示用户是否将相关配置提交到负载均衡器，界面上将现有配置和负载均衡器的配置以对比的形式展示。用户可以选择立即提交，也可以选择不提交。

分流服务组列表需展示关键信息，如名称、集群、负载均衡器、创建时间。分流服务组创建完成后，支持修改，用户可以为服务组添加或删除服务，调整配置。删除分流服务组后，相关资源进行清理，如 IngressGroup、map.conf、server.conf，数据库相关配置数据进行清理。创建完成分流服务组后，指定的负载均衡 Nginx 配置后不会自动进行重新加载，用户在自定义负载均衡列表手动对负载均衡器进行重新加载操作。

用户可以看到目前分流服务组在负载均衡器上最新生效的配置。

（d）云下迁移过渡阶段。

并行运行/功能验证：在过渡阶段，新旧系统可能会存在并行，如果不能并行，需要提早告知。在试运行阶段，相关测试人员对新系统进行全面的功能测试，验证新系统是否有问题。有些业务对性能也有较高的要求，在不影响现应用情况下，可以进行性能测试。

系统切换：在功能验证通过后，正式修改应用入口流量，确保应用流量已经在本地容器上，云上环境无流量。

（e）云下维护管理阶段。

监控/分析：在监控方面，本地平台提供对应的监控手段和监控内容，将主机、平台组件、容器等纳入平台监控系统，进行统一管理。在分析方面，根据业务应用的特征和资源运行情况，及时进行调整、优化资源配置，包括 CPU、内存、存储等参数。

运维/管理：除了按照现有应用平台的维护管理制度及流程做好日常维护工作，还需要结合本地平台的运维流程和要求，加强对业务在平台运行的维护管理。

（2）RDS 迁移。

阿里云 RDS 是一种稳定可靠、可弹性伸缩的在线数据库服务。基于阿里云分布式文件系统和 SSD 盘高性能存储，RDS 支持 MySQL、SQL Server、PostgreSQL、PPAS（Postgre Plus Advanced Server，高度兼容 Oracle 数据库）和 MariaDB TX 引擎，并且提供了容灾、备份、恢复、监控、迁移等方面的全套解决方案，彻底解决数据库运维的烦恼。

准备工作：准备用于数据库迁移的数据库账号；网络已经连通；添加迁移数据库到白名单；源端数据库创建账号并设置 binlog。

①迁移工具。

DTS 支持同构或异构数据源之间的数据迁移，同时提供了库表列三级映射、数据过滤等多种 ETL 特性，适用于数据迁移上云、阿里云实例间迁移等多种场景。数据迁移功能帮助用户实现同构或异构数据源之间的数据迁移，适用于数据上云迁移、阿里云内部跨实例数据迁移、数据库拆分扩容等业务场景。相对于传统数据迁移/同步工具，DTS 为用户提供功能更丰富、传输性能更强、易用性更高且安全可靠的服务，帮助用户简化复杂的数据交互工作，专注于上层的业务开发。

DTS 具备极高的链路稳定性和数据可靠性。数据传输支持同/异构数据源之间的数据交互，提供数据迁移、订阅、同步交互功能。支持节点的故障容灾，可实现链路的秒级恢复。支持断点续传，可有效解决因硬件、网络等异常导致的传输中断。

DTS 支持 RAM 主子账号体系，用户可以使用子账号创建并管理 DTS 实例，提高企业安全性（见表9-33）。

表 9-33   迁移类型说明

迁移类型	说明
结构迁移	DTS 将源库中待迁移对象的结构定义迁移至目标库（如表、视图、触发器、存储过程等）。对于异构数据库之间的结构迁移，DTS 会根据源库和目标库的语法，将结构定义的语法进行转换，如将 Oracle 中的 number 转换为 MySQL 中的 decimal
全量数据迁移	DTS 将源库中待迁移对象的存量数据，全部迁移到目标库中。如果在配置数据迁移任务时仅选择了结构迁移和全量数据迁移，那么在迁移过程中源库的新增数据不会被迁移至目标库。为了保障数据一致性，迁移期间请勿在源库中写入新的数据。如需实现不停机迁移，用户需要在配置数据迁移任务时同时选择结构迁移、全量数据迁移和增量数据迁移
增量数据迁移	DTS 会先在源库中实现用于全量数据迁移的静态快照，然后将快照数据迁移到目标库，最后再将迁移过程中源库产生的增量数据实时同步至目标库。增量数据迁移会保持实时同步的状态，所以迁移任务不会自动结束，用户需要手动结束迁移任务

②操作步骤。

数据迁移提供多种迁移类型：结构对象迁移、全量数据迁移及增量数据迁移。如果需要实现不停服迁移，需要选择结构对象迁移、全量数据迁移和增量数据迁移。

对于异构数据库之间的迁移，DTS 会从源库读取结构定义语法，根据目标数据库的语法定义，将语法重新组装成目标数据库的语法格式，并导入到目标实例中。

全量数据迁移过程持续较久，在这过程中，源实例不断有业务写入，为保证迁移数据的一致性，在全量数据迁移之前会启动增量数据拉取模块，增量数据拉取模块会拉取源实例的增量更新数据，并解析、封装、存储在本地存储中。

当全量数据迁移完成后，DTS 会启动增量日志回放模块，增量日志回放模块会从增量日志读取模块中获取增量数据，经过反解析、过滤、封装后迁移到目标实例，从而实现增量数据迁移。迁移过程如图 9-51 所示。

（3）OSS 迁移。

阿里云 OSS 是阿里云提供的海量、安全、低成本、高持久的云存储服务。OSS 具有与平台无关的 RESTful API 接口，用户可以在任何应用、任何时间、任何地点存储和访问任意类型的数据。用户可以使用阿里云提供的 API、SDK 接口或者 OSS 迁移工具轻松地将海量数据移入或移出阿里云 OSS。数据存储到阿里云 OSS 以后，用户可以选择标准存储作为移动应用、大型网站、图片分享或热点音视频的主要存储方式，也可以选择成本更低、存储期限更长的低频访问存储、归档存储、冷归档存储作为不经常访问数据的存储方式。

用户可以使用在线迁移服务将第三方数据源，如亚马逊 AWS、Google 云、腾讯云、七牛云、华为云、百度云等数据，轻松迁移至 OSS。

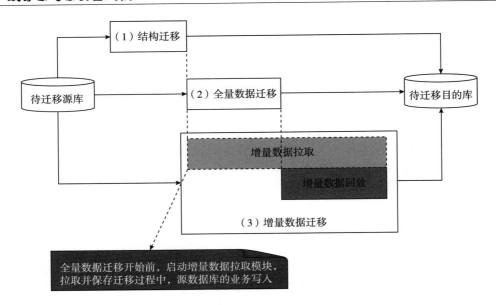

图 9-51 迁移过程示意图

准备工作：预估迁移数据量；创建目标 Bucket；创建目标存储空间，用于存放迁移的数据；创建 RAM 账号并授予相关权限。

①迁移工具。

ossimport 支持将任意地域的本地存储数据、第三方存储数据、OSS 数据迁移至任意地域的 OSS 中。ossimport 是一款将数据迁移至 OSS 的工具。用户可以将 ossimport 部署在本地服务器或云上 ECS 实例内，轻松将用户本地或其他云存储的数据迁移到 OSS。

ossimport 具有以下特点：

第一，支持丰富的数据源，包括本地、七牛、百度 BOS、AWS S3、Azure Blob、又拍云、腾讯云 COS、金山 KS3、HTTP、OSS 等，并可根据需要扩展。

第二，支持单机模式和分布式模式。单机模式部署简单、使用方便，分布式模式适合大规模数据迁移。

第三，支持断点续传。

第四，支持流量控制。

第五，支持迁移指定时间以后的文件、特定前缀的文件。

第六，支持并行数据下载和上传。

②操作步骤。

迁移操作步骤如图 9-52 所示。

迁移过程涉及的成本包含：源和目的存储空间访问费用、源存储空间的流出流量费用、ECS 实例费用、数据存储费用、时间成本。如果数据超过 TB 级别，存储成本和迁移时间成正比。

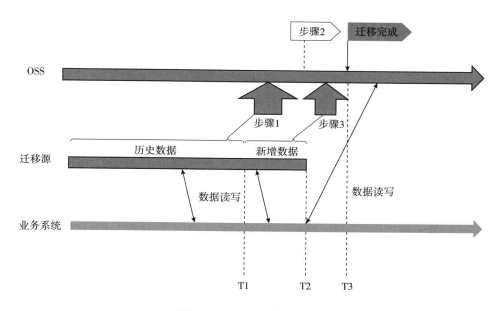

图 9-52　OSS 迁移操作步骤

（4）ADB 迁移。

专有云数据仓库 AnalyticDB MySQL 是阿里自主研发的海量数据实时高并发在线分析（Realtime OLAP）云计算服务，使得用户可以在毫秒级针对千亿级数据进行即时多维分析透视和业务探索。通过 DTS，用户可以将 RDS MySQL 同步到云原生数据仓库 AnalyticDB MySQL，帮助用户快速构建企业内部 BI、交互查询、实时报表等系统。

①前提条件。

第一，RDS MySQL 中待同步的数据表必须具备主键。

第二，创建目标云原生数据仓库 AnalyticDB MySQL 集群。

第三，确保目标云原生数据仓库 AnalyticDB MySQL 具备充足的存储空间。

②数据库账号权限设置。

数据库账号所需权限如表 9-34 所示。

表 9-34　数据库账号所需权限

数据库	所需权限
RDS MySQL	REPLICATION CLIENT、REPLICATION SLAVE、SHOW VIEW 和所有同步对象的 SE-LECT 权限
云原生数据仓库 AnalyticDB	读写权限

③操作步骤。

第一，配置同步通道的源实例及目标实例信息，具体如表9-35所示。

表9-35　同步通道源实例

类别	配置	说明
无	同步作业名称	DTS会自动生成一个同步作业名称，建议配置具有业务意义的名称（无唯一性要求），便于后续识别
源实例信息	实例类型	选择RDS实例
	实例地区	购买数据同步实例时选择的源实例地域信息，不可变更
	实例ID	选择源RDS实例ID
	数据库账号	填入源RDS的数据库账号。 说明：当源RDS实例的数据库类型为MySQL 5.5或MySQL 5.6时，无须配置数据库账号和数据库密码
	数据库密码	填入该数据库账号对应的密码
	连接方式	根据需求选择非加密连接或SSL安全连接。如果设置为SSL安全连接，用户需要提前开启RDS实例的SSL加密功能
	实例类型	固定为ADS，不可变更
	实例地区	购买数据同步实例时选择的目标实例地域信息，不可变更
	版本	根据目标云原生数据仓库AnalyticDB MySQL集群的版本，选择2.0或3.0。 说明：选择为2.0后，无须配置数据库账号和数据库密码；选择为3.0后，用户还需要配置数据库账号和数据库密码
	数据库	选择目标云原生数据仓库AnalyticDB MySQL的集群ID
	数据库账号	填入云原生数据仓库AnalyticDB MySQL的数据库账号
	数据库密码	填入该数据库账号对应的密码
目标实例信息	同步作业名称	DTS会自动生成一个同步作业名称，建议配置具有业务意义的名称（无唯一性要求），便于后续识别
	实例类型	选择RDS实例
	实例地区	购买数据同步实例时选择的源实例地域信息，不可变更
	实例ID	选择源RDS实例ID
	数据库账号	填入源RDS的数据库账号。 说明：当源RDS实例的数据库类型为MySQL 5.5或MySQL 5.6时，无须配置数据库账号和数据库密码
	数据库密码	填入该数据库账号对应的密码
	连接方式	根据需求选择非加密连接或SSL安全连接。如果设置为SSL安全连接，用户需要提前开启RDS实例的SSL加密功能
	实例类型	固定为ADS，不可变更

续表

类别	配置	说明
目标实例信息	实例地区	购买数据同步实例时选择的目标实例地域信息，不可变更
	版本	根据目标云原生数据仓库 AnalyticDB MySQL 集群的版本，选择 3.0
	数据库	选择目标云原生数据仓库 AnalyticDB MySQL 的集群 ID
	数据库账号	填入云原生数据仓库 AnalyticDB MySQL 的数据库账号
	数据库密码	填入该数据库账号对应的密码

第二，配置同步策略及对象信息，具体如表9-36所示。

表9-36 配置同步与对象信息

配置	说明
同步初始化	默认情况下，用户需要同时选中结构初始化和全量数据初始化。预检查完成后，DTS 会将源实例中待同步对象的结构及数据在目标集群中初始化，作为后续增量同步数据的基线数据
目标已存在的处理模式	预检查并报错拦截：检查目标数据库中是否有同名的表。如果目标数据库中没有同名的表，则通过该检查项；如果目标数据库中有同名的表，则在预检查阶段提示错误，数据同步作业不会被启动。如果目标库中同名的表不方便删除或重命名，用户可以更改该表在目标库中的名称。 忽略报错并继续执行：跳过目标数据库中是否有同名表的检查项 警告：选择为忽略报错并继续执行，可能导致数据不一致，给业务带来风险，例如：在表结构一致的情况下，在目标库遇到与源库主键的值相同的记录，则会保留目标集群中的该条记录，即源库中的该条记录不会同步至目标数据库；在表结构不一致的情况下，可能会导致无法初始化数据、只能同步部分列的数据或同步失败
多表归并	选择为"是"：DTS 将在每个表中增加 _dts_data_source 列来存储数据来源，且不再支持 DDL 同步。选择为"否"：默认选项，支持 DDL 同步。 说明：多表归并功能基于任务级别，即不支持基于表级别执行多表归并。如果需要让部分表执行多表归并，另一部分不执行多表归并，用户可以创建两个数据同步作业
同步操作类型	根据业务选中需要同步的操作类型，支持的同步操作，默认情况下都处于选中状态
选择同步对象	在源库对象框中单击待同步的对象，然后单击 **>** 图标将其移动至已选择对象框。同步对象的选择粒度为库、表。 说明：如果选择整个库作为同步对象，那么该库中所有对象的结构变更操作会同步至目标库；如果选择某个表作为同步对象，那么只有这个表的 ADD COLUMN 操作会同步至目标库；在默认情况下，同步对象的名称保持不变，如果用户需要同步对象在目标集群上名称不同，请使用对象名映射功能

第三，设置待同步的表在目标库中的类型。

上述配置完成后，单击页面右下角的预检查并启动。在预检查对话框中显示预检查通过后，关闭预检查对话框，同步作业将正式开始。等待同步作业的链路初始化完成，直至处于同步中状态。

（5）日志服务 SLS 迁移。

logstash-input-sls 插件是阿里云 Logstash 自带的默认插件。作为 Logstash 的 input 插件，logstash-input-sls 插件提供了从日志服务获取日志的功能。

主要特点如下：

第一，支持分布式协同消费，可配置多台服务器同时消费一个 Logstore 服务。当多台 Logstash 服务器进行分布式协同消费时，由于 logstash-input-sls 插件限制，需保证各个服务器仅部署一个 input sls 管道。如果单个服务器中存在多个 input sls 管道，输出端可能会出现数据重复的异常情况。

第二，高性能。基于 Java Consumer Group 实现，单核消费速度可达 20MB/s。

第三，高可靠性。消费进度会被保存到服务端，宕机恢复时，会从上一次 checkpoint 处自动恢复。

第四，自动负载均衡。根据消费者数量自动分配 Shard，消费者增加或退出后会自动进行负载均衡。

①前提条件。

第一，安装 logstash-input-sls 插件。

第二，创建日志服务项目和 Logstore，并采集数据。

②操作步骤。

可以通过配置文件管理管道的方式创建管道任务。在创建管道任务时，按照说明配置管道参数。配置完成后进行保存与部署，即可触发 Logstash 从日志服务获取日志。

以使用阿里云 Logstash 消费某一个 Logstore，并将日志输出到阿里云 Elasticsearch 为例，配置示例如下：

```
input {
  logservice{
  endpoint => "cn-hangzhou-intranet. log. aliyuncs. com"
  access_id => " * * * "
  access_key => " * * * "
  project => "test-project"
  logstore => "logstore1"
  consumer_group => "consumer_group1"
  consumer => "consumer1"
  position => "end"
  checkpoint_second => 30
  include_meta => true
```

```
    consumer_name_with_ip => true
    }
  }

output {
  elasticsearch {
    hosts => ["http://es-cn-***.elasticsearch.aliyuncs.com:9200"]
    index => "myindex"
    user => "elastic"
    password => "changeme"
    }
  }
```

7. 数据迁移验证

公有云 RDS 迁移到专有云 RDS 上。公有云 OSS 迁移到专有云 OSS 上。

利用数据比对工具验证源数据库与目标数据库的数据一致性。

DTS 已经支持 Oracle、MySQL、DRDS（阿里云分布式数据库）、PGAS（PostgreSQI Advance Server）间的数据迁移功能。除了提供数据迁移功能，AMP 也能够帮助用户进行结构对象的迁移，同时 DTS 也提供了迁移数据一致性校验功能，可以校验迁移数据的正确性。用户只要在 DTS 的管理控制台上配置待迁移数据库的连接信息及需要迁移的对象并启动任务后，即可轻松将源数据库数据迁移到目标数据库。任务启动后，用户可以在 DTS 控制台随时查看任务迁移状态及进度，并可以根据需要停止或删除迁移任务。如图 9-53 所示。

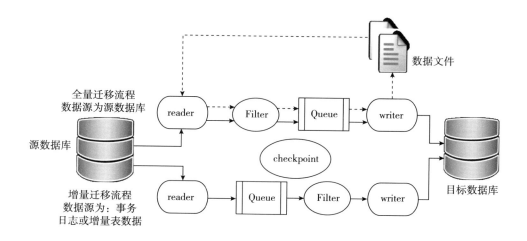

图 9-53　迁移过程示意图

政务云与云安全建设

DTS 提供了丰富灵活的迁移个性化配置，可以支持用户的多种数据迁移需求。具体功能如下：

第一，支持多种迁移粒度，用户可以选择迁移实例、库、表或列。

第二，支持迁移对象重命名，即可以支持源库、目标库的库、表、列名不一致。但是用户一次只能重命名库名、表名、列名中的一个，如只修改库名。

第三，支持源库、目标库字符集不一致，如源库为 GBK，目标库可为 UTF8。但是，当目标库字符集是源库字符集的子集时，不能保证数据完全正确。

全量迁移支持只迁移一个表中的部分数据到目标库，可以通过配置一个表中某个列的 where 条件，只迁移满足 where 条件的部分数据到目标库。

8. 功能/性能测试

由业务方根据系统设计中的测试用例来完成功能、性能及数据完整性校验等工作。匹配审核包含人工审核及工具审核两个部分。

迁移完成后，在开启功能测试前需要应用负责人进行系统架构及部署方面的人工审核，如审核无误可进入工具审核阶段；人工审核后，由迁移脚本通过包含路径、文件列表、代码的对比进行对比审核，审核通过后开启功能测试。

9. 系统割接

本阶段主要是完成新老应用系统的割接，并确保迁移上云后的应用系统可以稳定、高效地在运行在云平台上，具体地包括云上资源申请和开通、数据库迁移、应用程序迁移和业务割接（见图 9-54）。

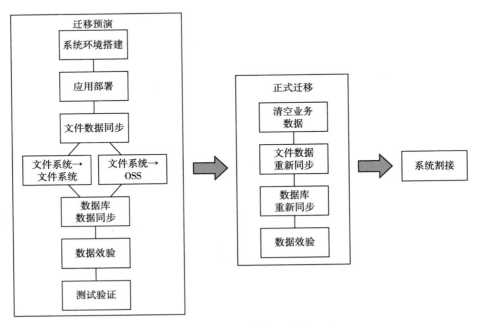

图 9-54 迁移步骤示意图

· 308 ·

系统环境准备：根据系统需求，完成应用系统所需云产品的资源申请和环境准备，以及数据迁移工具准备。

应用程序部署：按照应用程序部署方案，通过功能和性能测试之后，部署到云平台上。

文件/数据库同步：将改造后的数据库设计以及现有应用系统的存量数据、增量数据迁移到云平台，并且校验新老平台数据，确保云平台上数据的正确性。

业务割接：明确业务割接时间点后，按照业务割接方案完成应用系统到云平台的割接验证工作，完成流量切换。

回滚机制：系统迁移需要回滚方案，包括应用程序的回滚、数据库的回滚。

10. 上线保障

本阶段是指在应用系统完成系统割接，流量成功切换到云平台后，系统正式进入运行和后期运维阶段。

交付后有任何技术问题，可以随时提交工单，阿里云有专业的售后团队支持。

（三）迁移风险控制策略

1. 技术风险

（1）迁移不完整。

迁移预演完成后的测试过程中，由于配置文件修改不完全、二进制程序写死等，测试仍有可能访问原有系统或原第三方系统账号。表面测试虽然可以达到预期，但是实际迁移后可能有无法访问的风险。

迁移预演完成后的测试应安排有独立性测试。测试过程使用独立网络，保证与原有系统完全隔离。测试预迁移完成后是否可完全脱离原有环境。

（2）业务中断。

迁移过程由于技术因素，可能会导致业务中断，中断时间从秒级到日级不等。不同项目应有不同的方案，方案中要计算出计划停机时间和计划最长停机时间。

正式迁移前3~5天，应在原系统页面显著位置提示系统升级时间和时长，此处时长应以计划最长停机时间计算。准备基本功能测试用例，确保关键业务可以验收。此处最佳实践是使用自动化测试脚本，并且配套准备测试数据清理脚本，以便快速执行测试。

正式迁移时，业务中断期间应有友好的HTML页来显示"正在维护"之类的信息，或使用跳转页面将系统跳转至新系统上。

主要迁移工作完成时，执行基本功能测试，确保验收通过。

2. 业务风险

（1）数据泄露。

迁移过程中，应严格控制数据保密性，但由于人员因素，仍有数据泄露的风险。尽量安排编制内人员参与，所有参与人员必须签署保密协议，不能携带移动存储设备，不能连接各种云盘。所有参与人员必须使用专用操作电脑，电脑安装有录屏软件，全程记录所有操作。

（2）数据损毁。

迁移过程需要数据需要复制，每次复制应按照数据完整性要求校验数据。但由于人员或硬件因素，仍可能有数据损毁的风险。应按照原有业务系统的数据安全要求在任意时间内保证至少有几份有效数据副本。可不定期对迁移小组进行抽查，如有发现数据有效副本缺失的情况，需中断所有迁移操作，及时补救处理。

（3）功能、性能测试未达标。

迁移之前应对原有功能按照原有业务系统的测试用例对系统进行完整的功能、性能测试，出具真实的测试报告。预迁移完成后，应对预迁移的系统按照原有业务系统的测试用例再次对系统进行完整的功能、性能测试，出具真实的测试报告。

由于软硬件环境等因素，可能出现原系统可以通过的用例在预迁移系统上无法通过的情形。预迁移完成后的测试报告没有达到预期效果，不可向下进行后续操作。

功能测试未达标需要组织开发方、迁移执行方进行排查解决。分析性能测试未达标具体原因后，可以充分利用云平台弹性特性进行扩展。

（4）测试数据污染。

测试过程尽量应该在预迁移环境进行，但可能因为其他条件限制而必须在正式环境进行。测试过程可能会产生测试数据，应有测试数据清除方案对测试数据进行清理。但仍有可能由于人员问题，造成有测试数据遗漏在生产系统里。

建议使用自动化测试工具，使用脚本对系统进行测试，并且准备对应测试数据清理脚本，对测试过程产生的测试数据进行清理。自动化测试脚本和测试数据清理脚本应充分调试，确保无误。

第四节　项目验收方案

在试运行阶段完成后组织项目的验收，验收程序按照国家信息化项目相关验收规定开展。

一、验收总则

（一）验收管理概述

系统建设工作的评审验收方案包括一套明确的可操作性和可测量性强的评价指标，作为甲方评价承建单位工作的标准。该评审方案将在项目实施过程中根据具体情况进行调整细化，满足工程整体建设需要。

试运行指卖方提供的系统连续无重大故障运行一定时间，并不断根据试运行报告进行修改完善。在试运行期内如出现重大故障，则试运行期从故障排除之日起重新计算，直到系统连续一定时间无重大故障为止。

验收指卖方提供的系统试运行期满合格，具备正式验收条件，卖方提交验收申请和全部文档，经买方确认后，组织系统验收。验收合格后即为该工程完工，进入质量保证期。

（二）评审验收依据

项目的评审验收应当遵守国家及本工程有关标准、规范，根据甲方认可的验收方案及验收要求进行。评审验收的主要依据如下：

第一，国家有关法律法规以及国家关于信息系统和电子政务建设项目的相关标准，如《中华人民共和国政府采购法》《国家政务信息化项目建设管理办法》。

第二，项目建议书和批复文件。

第三，建设项目可行性研究报告和批复文件。

第四，建设项目初步设计方案和投资概算报告及批复文件。

第五，建设项目的合同文件及附件。

（三）验收人员、阶段

用户单位、承建单位共同组成验收小组，由承建单位或第三方提供测试方案和测试数据，经用户单位确认后进行验收。

（四）分工职责

项目验收阶段，用户单位与承建单位的职责分工为：承建单位负责保证系统满足用户提出的验收要求，用户单位负责组织项目验收。

二、项目验收实施计划

项目验收阶段的主要工作内容包括以下四个方面：

第一，制订项目验收计划：制定验收标准、方式、内容、人员、时间计划等，提交验收申请。

第二，验收材料准备：准备齐全的项目验收资料，并提交公司内部评审，待内部评审通过后提交用户方进行验收资料审核。

第三，系统验收：用户方对验收资料进行详细审核后，确定项目具备验收条件，组织专家召开项目验收评审会，完成项目验收审核。

第四，交付项目成果：审核通过后进行项目全部交付物的正式交付。

三、项目验收组织与流程

（一）验收组织

承建单位将配合甲方成立验收组织机构，开展必要的测试、核查工作，对项目的完成情况、实现功能和性能、质量控制、档案完整性、项目取得的成果及主要技术经济指标进行全面总结和评价，并形成相应的验收意见。

为保证项目验收工作的顺利进行，需要专门成立一个项目验收组。按照项目验收规定进行各项验收。项目验收组主要由专家指导组、项目验收组、用户应用验收组和监理单位验收组四个方面的人员组成。

1. 专家指导组

专家指导组主要负责整个项目验收的监督、评测以及就整个项目取得的成绩给予评估，同时根据目前项目建设的进展，提出今后信息化建设的指导性意见。专家指导小组由行业企业、科研单位等相关专家组成，可由承建单位和用户方从多种渠道共同邀请，保证专家指导小组的权威性。

2. 项目验收组

项目验收组主要负责整个项目验收过程中的技术问题解答、现场测试、技术指导、验收事务等方面的工作。项目验收组由参加项目实施的核心工程技术人员、验收事务人员组成，由项目技术负责人和项目经理共同担任项目技术小组的组长。验收事务人员主要负责验收的准备、验收过程的支持，以及后续事务的处理工作。

3. 用户应用验收组

用户应用验收组由用户主管领导、专家、业务操作人员代表、数据处理人员以及系统管理维护人员等组成，主要是负责系统的演示、测试、业务处理以及系统管理和维护的工作。用户应用验收组由系统管理人员或用户方技术负责人担任组长。

由项目验收组制定详细的项目验收及系统测试计划，并详细说明项目验收及系统测试计划的各个细节，以保证项目软件系统及相应成果与项目系统需求描述相一致。为了有效地进行验收工作，提交的成果应包括文档资料（测试计划、测试用例、测试报告），其在项目系统完成之日提交给用户。

建立项目验收组，以便于与用户的沟通，主要体现在项目经理与用户技术负责人之间的验收接口关系上，确保项目经理在项目整个过程中的桥梁作用，以及有效地进行项目进度管理和特殊情况下的变更。

4. 监理单位验收组

监理单位验收组是由专业的监理工程师组成的，负责在工程项目建设过程中对工程的质量、进度、成本等方面进行全面监督和检查。确保工程符合设计要求和相关标准。

在项目完成之后，承建单位应首先向监理单位提出验收申请，监理单位收到申请后，与承建单位共同制订验收计划，确定验收方式、时间、地点等，对项目进行全面评估和审核。监理单位应该审核由承建单位提交的验收测试，检查项目是否符合设计要求和技术标准，同时进行配置审计，确保项目文档和代码的完整性。根据项目的规模和复杂程度，协助建设方成立由相关领域专家组成的验收委员会，监理最终协助承建单位将项目的相关资料移交给验收委员会，最终完成验收过程的资料移交。

（二）验收流程

承建单位完成了合同规定建设工作后，向用户提交项目验收申请，附带验收方案和测试报告。由用户组织验收，并形成验收评审意见。

四、上线试运行

（一）试运行准备

为了试运行工作的顺利开展，需要对试运行期间系统运行情况进行监控和分析，为后期系统正式运行提供保障。需要对系统操作、系统维护、系统运行状态等全过程进行记录。

试运行的准备工作包括：

（1）建立系统运行所需的各项规章制度。

（2）规范管理队伍。

（3）建立日常运行工作制度草案。

（4）建立日常操作、故障处理、警报处理、应急处理操作规程（草案）。

（5）建立日常巡检制度，制定各项巡检、复核内容。

（6）制定系统管理和维护规范。

（7）制定日常运行报表生成内容、时间间隔。

（8）组织规范好试运行。

在试运行的时间段，建立规范的可操作的试运行记录内容，制定可操作的试运行记录表格，以便于记录详细试运行情况。

（二）试运行制度

1. 职责划分

试运行期间，需要用户配合试运行工作。用户培训上岗的操作人员进行的合法操作，均视为已接受过承建单位的书面或口头指导。各方在试运行中的责任：用户单位进行组织、调度、安排实施；承建单位具体准备试运行的资料等条件，协助用户单位工作，完善整个系统。

2. 记录详细试运行情况

试运行期间记录详细试运行情况。不定期进行特别操作或特殊环境测试记录；每周生成一份日常问题记录；每半月生成一份半月问题汇总（含问题处理记录）；出现重大问题（系统崩溃、出现 bug 等）时生成重大问题记录（含处理记录）；对问题处理情况做汇总分析、上报；试运行结束后，承建单位向试运行单位收集详细的使用意见，结合前期的试运行记录，整合形成系统试运行报告。

3. 技术故障应急管理

一般问题（如系统运行故障等）由承建单位指导解决（电话或现场等）。重大问题（系统崩溃等）由用户单位和承建单位协调解决。

（1）软件故障。

全部软件产品均经过严格的测试，在安装时也会安装好相应的补丁程序，很大程度上减少了软件故障发生的可能。当出现故障时，了解问题的详细情况，根据具体问题提出相应的应急策略，同时负责将问题通知售后服务专员，及时地提供软件补丁或者软件修正方案，在得出相应的解决方法和软件补丁后，及时与相关业务部门人员一起解决故障问题。

（2）操作失误。

在技术培训中把设备、软件的操作作为重点内容讲授给项目单位的技术人员，减少操作错误的可能，并且强调系统备份的重要性。相关业务部门人员可以独立或者在承建单位技术员的指导下，按照正确的操作步骤，利用事前的系统配置备份完成系统恢复工作。同时，协助项目单位制定系统运行管理制度及规范，尽量减少误操作的发生。

（3）配置丢失。

对项目单位各级技术人员强调系统备份工作的重要性，同时提供系统备份与恢复工作的培训内容，使项目单位技术人员掌握对网络设备配置、各类关键数据文件等多种类型的系统备份与恢复步骤，相关业务部门管理员可以独立或者在技术人员的指导下利用事前的配置备份完成系统恢复工作。

（4）病毒破坏。

在进行方案设计时，已经充分考虑到整个系统对病毒的抵抗能力，采用了成熟的防病毒产品，极大降低了病毒破坏的可能性。为项目单位提供实用的病毒专杀工具或病毒代码库，并协助项目单位完成病毒的清除工作，同时帮助项目单位使用备份数据进行系统恢复工作，将病毒造成的损失降到最小。

五、验收

由用户组织承建单位完成项目的验收。验收文档包括验收总结报告、验收申请、项目试运行报告以及验收所需的其他所有相关文档。

（一）验收过程

实际的验收过程分为四个部分：实际考察、项目总体汇报、详细演示以及答疑和征求意见。

1. 实际考察

实际考察主要是对系统目前的运行情况以及最终用户使用情况进行实际地考察。

2. 项目总体汇报

由用户方负责将整个项目的部署以及系统建设的总体情况向专家组进行汇报，对项目的建设以及到验收期为止的时期内的系统应用情况进行汇报。

承建单位的技术人员对整个系统的体系结构、框架、关键技术以及开发方式等进行讲解，对系统的性能以及安全性等从总体方面进行说明。

项目总体汇报的目的是让各个专家组成员对系统整体有所了解。

3. 详细演示

由业务处理人员对系统的所有功能进行详细的演示。

4. 答疑和征求意见

由专家小组进行提问，由承建单位负责专家问题的答疑，并记录专家对系统建设以及以后的系统集成提出的建议，其中涉及系统问题的，由承建单位负责改进。

（二）验收方式

项目采用会议验收与书面审核验收的方式进行验收。

会议验收是指由验收组成员采用会议形式听取项目执行情况介绍并质询等，讨论及形成验收意见。

书面审核验收是指由用户审核项目承担单位提供的验收材料，形成验收意见。

（三）验收文档交付

承建单位将根据档案管理办法（《企业档案管理规定》）提出具体的实施文档管理办法。实施过程中的每一步都要有相关的文档保证，包括但不限于项目过程中承建单位提供的技术资料，联络、评审、验收会议的会议纪要，承建单位与用户往来函件等。

承建单位将按照国家档案法的要求提交到档案室，作为验收的依据。

当承建单位试运行完成后，由用户组织项目验收。验收成果包括但不限于如表9-37所示内容。

表 9-37 交付物清单

交付物名称	介质形式
需求说明书	电子/纸介质
系统设计（包括概要设计和详细设计、数据库设计和接口设计）	
项目实施方案	
测试方案	
测试报告	
系统集成方案	
部署方案	
部署手册	
软件安装调试指南	
系统试运行报告（相应的测评报告）	
操作手册	
维护手册	
验收总结报告	
验收申请	

第十章 服务中心上云方案案例

第一节 项目背景

某中心自 2011 年搬入大厦办公区以来，同步在相应楼层办公区建立了本地数据机房。在十多年的时间里，中心机房先后部署了精密空调、UPS、主机机柜、服务器、网络设备、安全设备等大概 400 台硬件设备，并进行了多次的强弱电扩容等工作。

2011~2018 年，在传统数据中心模式下，中心的网站及业务系统等主要运行在物理实体机中。业务一般是以单机模式进行部署，如需上线新业务，需要重新采购服务器，安装驱动、操作系统，部署网络，规划存储设备等，从开始实施至业务上线，需要数天甚至数周的时间。在该模式下，业务系统分散建设、分散管理、分散运维，暴露出一些方面的痛点、难点。

一、系统架构面临挑战

传统 IT 架构在资源、性能、安全方面能力有限，无法承接大量数据的采集、分析和利用工作，阻碍了未来互联网政务业务的发展。

二、数据孤岛

各部门间数据孤立，数据的共享度和自动化程度低，导致业务数据协同能力不高，消除数据孤岛问题迫在眉睫。

三、数据安全问题严峻

各业务系统数据众多且分散，系统之间相互独立，难以进行统一的安全管理和风险控制，安全问题比较严峻。

四、平台运维效率低下

各业务系统相互独立，无法进行统一的运维管理，导致运维成本高，运维效率低下。随着云计算技术的不断发展，一些问题如重复建设、信息孤岛、数据安全问题严峻、高投入低效益等，急需通过云计算等新技术、新架构予以解决。

中心从 2018 年起开始调研部署测试本地虚拟化相关产品。本地虚拟化部署方式能够有效实现对信息系统的统一管理、统一运维、统一采购，不但可以减少投入，而且便于信息资源整合，能够充分发挥云计算的整体效益。统一的运行维护方式，能够大大提高硬件设备的利用率，降低硬件设备的运行维护成本，可有效提升整体的管理水平。经过实际的部署测试及试运行，中心于 2018 年底建成了本地私有云平台，并逐步完成了将业务系统迁移部署至本地私有云平台的工作。

至 2020 年，随着中心业务的不断增加，中心机房空间及强电资源已经不足以支撑本地私有云平台的不断扩展。通过实际的调研部署测试，并经过多家的对比分析，中心最终选择了在某公司的第三方机房搭建第二套私有云平台。中心的楼层机房与异地机房之间通过裸光纤实现了互联互通，以及底层数据资源的实时交互等。此次异地机房建设工作，提升了中心两套私有云平台的容灾互备及扩容升级的能力，在一定程度上解决了中心自有机房空间不足、不易扩展、强电资源匮乏等问题。

在安全防护体系建设方面，中心持续改进与提升网络安全防护体系，实现了从被动防御向主动防御的转变。建立完成了基于 ITIL 的网络综合运维管理平台、网络安全态势感知平台、主机加固平台、"两地三中心"数据灾备平台、数据脱敏系统、数据库运维平台、数据库加密系统等；积极推进网络安全保护"实战化、体系化、常态化"和"动态防御、主动防御、纵深防御、精准防护、整体防控、联防联控"的"三化六防"体系建设；不断提升重要时间节点的安全保障能力及安全攻防实战水平。

随着云计算的不断发展，云计算作为一种资源使用和交付模式已经完全被学界和产业界所认可，市面上成熟的云服务厂商也不断增加，中心未来不断使用开放的云环境也成为一种大势所趋。

第二节　项目建设方案

中心整体上云的总体目标是实现资源云化、数据云化、应用云化，本着"分级分类、安全优先、整体规划、分步实施"的原则进行，并遵从国家等级保护三级要求和国家"互联网+政务服务"整体框架规范。

中心现有业务系统主要分为静态网站和动态系统两类。

其中静态网站中主要存储着大量的新闻、咨询、通知、消息、活动等，此类信息全部面向公众开放，不存在相关的敏感信息。动态系统中主要存储着学生提交的个人信息、业务数据、流程信息等，存储着大量的敏感信息。为有效保障存储人员的个人敏感信息安全，兼顾使用成熟的云计算技术，中心混合云架构设计按照本地私有云—混合云—专享云的模式不断演化推进。

（1）本地私有云平台现已经在中心两座机房实施完毕，并构建完成了"两地三中心"的整体数据灾备体系。现中心定级备案的业务系统绝大多数已经在私有云平台中平稳运行，并具备不断扩容的能力。

（2）混合云部署模式将根据中心业务系统的不同类型，在充分保障核心敏感数据的安全基础上，逐步将静态网站及测试系统部署至公有云环境中，正式系统等部署至本地私有云环境中。为了实现公有云及私有云之间的数据交互及传输安全，在两朵云中将通过搭建 VPN 系统、构建虚拟加密隧道等方式进行数据传输。为提高 DNS 解析的安全性、稳定性及连续性，通过租用云端 DNS 解析服务器的方式，将本地 DNS 解析权限上移至云端，以减轻本地 DNS 服务器的压力。

中心混合云架构如图 10-1 所示。

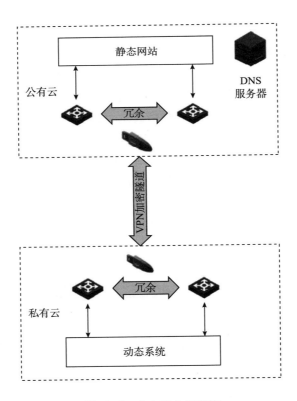

图 10-1　中心混合云架构

（3）待条件成熟以后，在保障中心核心业务数据安全的前提下，选择合适的公有云环境，不断将本地业务系统等逐步迁移至公有云或者专享云环境中。通过构建云管理平台的统一门户，以 Web 页面方式分类展示资源池的服务业务，实现计算、存储、网络等资源及服务的全局展现，形成统一云服务管理及安全体系，总体部署、统一运营管理、分权分域使用，并实现以下目标：

1）高弹性：实现资源弹性伸缩和横向扩展，为业务规模发展和快速响应提供技术保障。

2）高标准：基于"一切资源服务化"的设计理念，以服务化模式支持业务能力快速构建、扩展、灵活编排和配置，支持智能化运维和规模化管理。

3）高可用性：实现高可用性和可靠性能力保障，提供业务层、数据层、基础架构层和数据中心层的安全保障。

4）低成本：通过直接采购公有云资源或者构建专享云平台等，降低总体成本。

5）低风险：实现公有云平台专云专用，降低与其他租户的耦合，并实现不同业务的安全隔离，使故障影响能够做安全隔离，降低平台风险。

附录 云中的常见概念与术语

一、基本概念

1. 集群

一个集群指容器运行所需要的云资源组合，关联了若干服务器节点、负载均衡、专有网络等云资源。

2. 节点

一台服务器（可以是虚拟机实例或者物理服务器）已经安装了 Docker Engine，可以用于部署和管理容器；容器服务的 Agent 程序会安装到节点上并注册到一个集群上。集群中的节点数量可以伸缩。

3. 容器

一个通过 Docker 镜像创建的运行时实例，一个节点可运行多个容器。

4. 镜像

Docker 镜像是容器应用打包的标准格式，在部署容器化应用时可以指定镜像，镜像可以来自 Docker Hub、阿里云镜像服务或者用户的私有 Registry。镜像 ID 可以由镜像所在仓库 URI 和镜像 Tag（默认为 latest）唯一确认。

5. Kubernetes 相关概念

（1）节点（Node）。Kubernetes 集群中的计算能力由 Node 提供，Kubernetes 集群中的 Node 是所有 Pod 运行所在的工作主机，可以是物理机，也可以是虚拟机。工作主机的统一特征是上面要运行 Kubelet 管理节点上运行的容器。

（2）命名空间（Namespace）。命名空间为 Kubernetes 集群提供虚拟的隔离作用。Kubernetes 集群初始有 3 个命名空间，分别是默认命名空间 default、系统命名空间 kube-system 和 kube-public，除此之外，管理员可以创建新的命名空间满足需要。

（3）Pod。Pod 是 Kubernetes 部署应用或服务的最小基本单位。一个 Pod 封装多个应用容器（也可以只有一个容器）、存储资源、一个独立的网络 IP 以及管理控制容器运行方式的策略选项。

（4）副本控制器（Replication Controller，RC）。RC 确保任何时候 Kubernetes 集群

中都有指定数量的 Pod 副本（Replicas）在运行。通过监控运行中的 Pod 来保证集群中运行指定数目的 Pod 副本。指定的数目可以是多个也可以是 1 个；若少于指定数目，RC 就会启动运行新的 Pod 副本；若多于指定数目，RC 就会终止多余的 Pod 副本。

（5）副本集（Replica Set, RS）。RS 是 RC 的升级版本，两者唯一区别是对选择器的支持，RS 能支持更多种类的匹配模式。副本集对象一般不单独使用，而是作为 Deployment 的理想状态参数使用。

（6）部署（Deployment）。部署表示用户对 Kubernetes 集群的一次更新操作。部署比 RS 应用更广，可以是创建一个新的服务、更新一个新的服务，也可以是滚动升级一个服务。滚动升级一个服务实际是创建一个新的 RS，然后逐渐将新 RS 中副本数增加到理想状态，将旧 RS 中的副本数减小到 0 的复合操作。这样一个复合操作用一个 RS 是不太好描述的，所以用一个更通用的 Deployment 来描述。不建议手动管理利用 Deployment 创建的 RS。

（7）服务（Service）。Service 也是 Kubernetes 的基本操作单元，是真实应用服务的抽象，每一个服务后面都有很多对应的容器来提供支持，通过 Kube-Proxy 的 port 和服务 selector 决定服务请求传递给后端的容器，对外表现为一个单一访问接口，外部不需要了解后端如何运行。这给扩展和维护后端带来很大的好处。

（8）标签（Labels）。Labels 的实质是附着在资源对象上的一系列 Key-Value 键值对，用于指定对用户有意义的对象的属性，标签对内核系统是没有直接意义的。标签可以在创建一个对象的时候直接赋予，也可以在后期随时修改，每一个对象可以拥有多个标签，但 Key 值必须唯一。

（9）存储卷（Volume）。Kubernetes 集群中的存储卷跟 Docker 的存储卷有些类似，只不过 Docker 的存储卷作用范围为一个容器，而 Kubernetes 存储卷的生命周期和作用范围是一个 Pod。每个 Pod 中声明的存储卷由 Pod 中的所有容器共享。支持使用持久存储卷声明（Persistent Volume Claim, PVC）这种逻辑存储，使用者可以忽略后台的实际存储技术，具体关于持久存储卷（Persistent Volumn, PV）的配置由存储管理员来配置。

（10）持久存储卷和持久存储卷声明。PV 和 PVC 使 Kubernetes 集群具备了存储的逻辑抽象能力，使在配置 Pod 的逻辑中可以忽略对实际后台存储技术的配置，而把这项配置的工作交给 PV 的配置者。存储的 PV 和 PVC 的这种关系，跟计算的 Node 和 Pod 的关系是非常类似的：PV 和 Node 是资源的提供者，根据集群的基础设施变化而变化，由 Kubernetes 集群管理员配置；PVC 和 Pod 是资源的使用者，根据业务服务的需求变化而变化，由 Kubernetes 集群的使用者即服务的管理员来配置。

（11）Ingress。Ingress 是授权入站连接到达集群服务的规则集合。用户可以通过 Ingress 配置提供外部可访问的 URL、负载均衡、SSL、基于名称的虚拟主机等。用户通过

POST Ingress 资源到 API server 的方式来请求 Ingress。Ingress Controller 负责实现 Ingress，通常使用负载均衡器，它还可以配置边界路由和其他前端，这有助于以高用性方式处理流量。

二、中英文术语名称解释

1. 对象/文件（Object）

对象是 OSS 存储数据的基本单元，也被称为 OSS 的文件。对象由元信息（Object Meta）、用户数据（Data）和文件名（Key）组成。对象由存储空间内部唯一的 Key 来标识。对象元信息是一个键值对，表示了对象的一些属性，比如最后修改时间、大小等信息，用户也可以在元信息中存储一些自定义的信息。

对象的生命周期是从上传成功到被删除为止。在整个生命周期内，对象信息不可变更。重复上传同名的对象会覆盖之前的对象，因此，OSS 不支持修改文件的部分内容等操作。

需要注意的是，如无特殊说明，本书中的对象、文件称谓等同于 Object。

2. 存储空间（Bucket）

存储空间是用于存储对象的容器，所有的对象都必须隶属于某个存储空间。用户可以设置和修改存储空间属性来控制访问权限、生命周期等，这些属性设置直接作用于该存储空间内所有对象，可以通过灵活创建不同的存储空间来实现不同的管理功能。

同一个存储空间的内部是扁平的，没有文件系统的目录等概念，所有的对象都直接隶属于其对应的存储空间。每个用户可以拥有多个存储空间。存储空间的名称在 OSS 范围内必须是全局唯一的，一旦创建之后无法修改名称。存储空间内部的对象数目没有限制。

3. 强一致性

Object 操作在 OSS 上具有原子性，操作要么成功要么失败，不会存在有中间状态的 Object。OSS 保证用户一旦上传完成之后读到的 Object 是完整的，OSS 不会返回给用户一个部分上传成功的 Object。

Object 操作在 OSS 上同样具有强一致性，用户一旦收到了一个上传成功的响应，该上传的 Object 就已经立即可读，并且数据的三个副本已经写成功。不存在一种上传的中间状态，即执行"read-after-write"之后却无法读取到数据。对于删除操作也是一样的，用户成功删除指定的 Object 之后，该 Object 立即变为不存在。

强一致性方便了用户架构设计，可以使用跟传统存储设备同样的逻辑来使用 OSS，修改立即可见，无须考虑最终一致性带来的各种问题。

4. OSS 与文件系统的对比

OSS 是一个分布式的对象存储服务，提供的是一个 Key-Value 对形式的对象存储服务。用户可以根据 Object 的名称（Key）唯一地获取该 Object 的内容。虽然用户可以使用类似于 test1/test. jpg 的名字，但是这并不表示用户的 Object 是保存在 test1 目录下面的。对于 OSS 来说，test1/test. jpg 仅仅是一个字符串，和 a. jpg 这种并没有本质的区别。因此，不同名称的 Object 之间访问消耗的资源是类似的。

文件系统是一种典型的树状索引结构，对于一个名为 test1/test. jpg 的文件，访问过程需要先访问到 test1 这个目录，然后再在该目录下查找名为 test. jpg 的文件。因此，文件系统可以很轻易地支持文件夹的操作，比如重命名目录、删除目录、移动目录等，因为这些操作仅仅是针对目录节点的操作。这种组织结构也决定了文件系统访问越深的目录消耗的资源越多，操作拥有很多文件的目录也会非常慢。

对于 OSS 来说，可以通过一些操作来模拟类似的功能，但是代价非常大。比如重命名目录，希望将 test1 目录重命名成 test2，那么 OSS 的实际操作是将所有以 test1/开头的 Object 都重新复制成以 test2/开头的 Object，这是一个非常消耗资源的操作。因此，在使用 OSS 的时候要尽量避免类似的操作。

OSS 保存的 Object 不支持修改（追加写 Object 需要调用特定的接口，生成的 Object 也和正常上传的 Object 在类型上有差别）。用户哪怕是仅仅需要修改一个字节也需要重新上传整个 Object。而文件系统的文件支持修改，比如修改指定偏移位置的内容、截断文件尾部等，这些特点也使得文件系统拥有广泛的适用性。另外，OSS 能支持海量的用户并发访问，而文件系统会受限于单个设备的性能。

因此，将 OSS 映射为文件系统是非常低效的，也是不建议的做法。如果一定要挂载成文件系统的话，建议尽量只做新建文件、删除文件、读取文件这几种操作。使用 OSS 应该充分发挥其优点，即海量数据处理能力，优先用来存储海量的非结构化数据，比如图片、视频、文档等。

5. 挂载点

挂载点是文件系统实例在专有网络或经典网络内的一个访问目标地址，每个挂载点都对应一个域名，用户 mount 时通过指定挂载点的域名来挂载对应的 NAS 文件系统到本地。

6. 权限组

权限组是 NAS 提供的白名单机制，通过向权限组内添加规则允许 IP 地址或网段以不同的权限访问文件系统。

需要注意的是，每个挂载点都必须与一个权限组绑定。

7. 授权对象

授权对象是权限组规则的一个属性，代表一条权限组规则被应用的目标。在专有网络内，授权对象可以是一个单独的 IP 地址或一个网段；在经典网络内，授权对象只能是一个单独的 IP 地址（一般为 ECS 实例的内网 IP 地址）。

三、常见英文名词解释

1. Cluster

Cluster 代表一个集群，集群中有多个节点，其中有一个为主节点，这个主节点可以通过选举产生。主从节点是对于集群内部来说的。Elasticsearch 的一个概念就是去中心化，字面上理解就是无中心节点，这是对于集群外部来说的。因为从外部来看，Elasticsearch 集群在逻辑上是个整体，与任何一个节点的通信和与整个 Elasticsearch 集群通信是等价的。

2. Shards

Shards 代表索引分片，Elasticsearch 可以把一个完整的索引分成多个分片，这样的好处是可以把一个大的索引拆分成多个，分布到不同的节点上，构成分布式搜索。分片的数量只能在索引创建前指定，在索引创建后不能更改。

3. Replicas

Replicas 代表索引副本，Elasticsearch 可以设置多个索引的副本，副本的作用：一是提高系统的容错性，当某个节点某个分片损坏或丢失时可以从副本中恢复；二是提高 Elasticsearch 的查询效率，Elasticsearch 会自动对搜索请求进行负载均衡。

4. recovery

recovery 代表数据恢复或叫数据重新分布，Elasticsearch 在有节点加入或退出时会根据机器的负载对索引分片进行重新分配，挂掉的节点重新启动时也会进行数据恢复。

5. river

river 代表 Elasticsearch 的一个数据源，也是其他存储方式（如数据库）同步数据到 Elasticsearch 的一个方法。它是以插件方式存在的一项 Elasticsearch 服务，通过读取 river 中的数据并把它索引到 Elasticsearch 中，官方的 river 有 couchDB 的、RabbitMQ 的、Twitter 的、Wikipedia 的。

6. gateway

gateway 代表 Elasticsearch 索引快照的存储方式，Elasticsearch 默认是先把索引存放到内存中，当内存满了后再持久化到本地硬盘。gateway 对索引快照进行存储，当这个 Elasticsearch 集群关闭再重新启动时就会从 gateway 中读取索引备份数据。Elasticsearch 支持多种类型的 gateway，有本地文件系统（默认）、分布式文件系统、Hadoop 的 HDFS 和 amazon 的 s3 云存储服务。

7. discovery. zen

discovery. zen 代表 Elasticsearch 的自动发现节点机制，Elasticsearch 是一个基于 p2p 的系统，它先通过广播寻找存在的节点，再通过多播协议来进行节点之间的通信，同时也支持点对点的交互。

8. Transport

Transport 代表 Elasticsearch 内部节点或集群与客户端的交互方式，内部默认使用 TCP 协议进行交互，同时它支持 HTTP（json 格式）、Thrift、Servlet、Memcached、zeroMQ 等传输协议（通过插件方式集成）。

四、分类基本概念表

存储中的常见概念如附表 1 所示。

附表 1　存储中的常见概念

概念	解释
地域	地域（Region）指用户创建的 RDS 实例的服务器所处的地理位置。用户需要在创建 RDS 实例时指定，创建实例后暂不支持更改。在创建 RDS 实例时，需要搭配阿里云服务器云主机使用，RDS 只支持内网访问，在地域选择时需要与云主机相同
可用区	可用区是指在同一地域下，电力、网络隔离的物理区域。可用区之间内网互通，可用区内网络延时更小，不同可用区之间故障隔离。单可用区是指 RDS 实例副本集中的三个节点处于相同的可用区。如果云主机和 RDS 部署在相同的可用区，网络延迟更小
实例	RDS 实例，简称实例，是创建 RDS 服务的基本单位。实例是阿里云数据库 RDS 版的运行环境，在主机上以单独的进程存在。用户可以通过控制台来创建、修改和删除 RDS 实例。各实例之间相互独立、资源隔离，相互之间不存在 CPU、内存、IO 等抢占问题。每个实例拥有其自己的特性，如数据库类型、版本等，系统有相应的参数来控制实例行为
内存	云数据库 RDS 实例可以使用的内存上限
磁盘容量	磁盘容量是用户创建 RDS 实例时所选择创建的磁盘大小。实例所占用的磁盘容量除集合数据外，还有实例正常运行所需要的空间，如系统数据库、数据库回滚日志、重做日志、索引等。请确保 RDS 实例具有足够的磁盘容量来存储数据，否则可能导致实例被锁定。若因磁盘容量不足导致实例被锁定，用户可创建更大的磁盘容量来解锁实例
IOPS	以 4KB 为单位，每秒进行块设备读写操作的次数上限
CPU 核	实例可以使用的计算能力上限。1 个 CPU 拥有不低于 2.3GHz 超线程（Intel Xeon 系列 Hyper-Threading）的计算能力
连接数	客户端和 RDS 实例之间的 TCP 连接。如果客户端使用了连接池，则客户端和 RDS 实例之间的连接为长连接，反之则为短连接

数据库中的概念如附表 2 所示。

附表 2　数据库中的概念

概念	解释
区域	区域指的是用户创建的 MongoDB 实例的服务器所处的地理位置。用户需要在创建 MongoDB 实例时指定，创建实例后暂不支持更改。在创建 MongoDB 实例时，需要搭配阿里云服务器云主机使用，MongoDB 支持内网访问，在区域选择时需要与云主机相同

概念	解释
实例	MongoDB 实例或简称实例，是用户创建 MongoDB 服务的基本单位。实例是阿里云数据库 MongoDB 版的运行环境，在主机上以单独的进程存在。用户可以通过控制台来创建、修改和删除 MongoDB 实例。各实例之间相互独立、资源隔离，相互之间不存在 CPU、内存、IO 等抢占问题；每个实例拥有其自己的特性，如数据库类型、版本等，系统有相应的参数来控制实例行为
内存	云数据库 MongoDB 实例可以使用的内存上限
磁盘容量	磁盘容量是用户创建 MongoDB 实例时所选择创建的磁盘大小。实例所占用的磁盘容量除集合数据外，还有实例正常运行所需要的空间，如系统数据库、数据库回滚日志、重做日志、索引等。请确保 MongoDB 实例具有足够的磁盘容量来存储数据，否则可能导致实例被锁定。若因磁盘容量不足导致实例被锁定，用户可以创建更大的磁盘容量来解锁实例
IOPS	以 4KB 为单位，每秒进行块设备读写操作的次数上限
CPU 核	实例可以使用的计算能力上限。1 个 CPU 拥有不低于 2.3GHz 超线程（Intel Xeon 系列 Hyper-Threading）的计算能力
连接数	客户端和 MongoDB 实例之间的 TCP 连接。如果客户端使用了连接池，则客户端和 MongoDB 实例之间的连接为长连接，反之则为短连接
Mongos	MongoDB 集群请求入口，所有的请求都通过 Mongos 进行协调，Mongos 是一个请求分发中心，它负责把对应的数据请求转发到对应的 Shard 服务器上。用户可以选择多个 Mongos 作为请求的入口，防止其中一个挂掉时所有的 MongoDB 请求都没有办法操作
Configserver	配置服务器，存储所有数据库元信息（路由、分片）的配置。Mongos 本身没有存储 Shard 服务器和数据路由信息，只是缓存在内存里，配置服务器则实际存储这些数据。Mongos 第一次启动或者关掉重启就会从 Configserver 加载配置信息，以后如果配置服务器信息变化会通知所有的 Mongos 更新自己的状态，这样 Mongos 就能继续准确路由。Configserver 存储了分片路由的元数据，服务可用性和数据可靠性要求极高，云数据库 MongoDB 采用三节点副本集的方式全方位保障 ConfigServer 的服务可靠性

（一）数据库中的基本概念

1. 数据库集群

数据库集群是组织、存储和管理数据的仓库，是租户隔离的基本单位。不同数据库集群之间的计算资源、用户权限、用户配额完全隔离。

2. 数据库用户

分析型数据库 MySQL 版（简称 ADB）用户可以分为管理员用户和普通用户两种。管理员用户即创建 ADB 集群时由阿里云管理员账号创建的数据库管理员用户；普通用户是管理员用户通过 SQL 语句创建并授予了数据库使用权限的用户。管理员用户可以给不同部门授予不同的权限，用户的操作也可以被细粒度审计。

3. 表

ADB 支持标准的关系表模型。

4. 列

ADB 中的表数据是按列存储的。支持 boolean、tinyint、smallint、int、bigint、float、double、varchar、date、timestamp 等多种 MySQL 标准数据类型。支持删除列的自动化索引，无须手动建立索引。

5. 索引

ADB 为解决大数据索引问题，采用默认模式预先为所有列创建索引。当表的某一列确认不需要索引时，用户可以通过 disable index 显式地去掉该列的索引。

6. 主键

ADB 支持指定数据表主键，当执行 INSERT、UPDATE 或 DELETE 数据时，系统会通过主键进行相同记录的判断，确定唯一记录。

需要注意的是，ADB 中的主键仅用于做记录唯一性判断，不支持修改主键，若需修改主键，须重新建表。

（二）产品中常见的基本概念

ARMS 产品涉及的基本概念如附表 3 所示。

附表 3 ARMS 产品涉及的基本概念

报警规则	是指关于如何基于数据集生成报警和如何发送报警通知的定义。报警的优先级分为警告、错误、致命
采集规则	是指关于在一个监控任务中如何从不同数据源实例采集数据的定义。监控任务中必须定义采集规则
监控任务	是指从数据抓取、数据处理、数据存储到结果展示和导出的一个监控实例
交互式大盘	是指以不同类型的图表展示指定时间段内的一个或多个数据集的自定义交互式报表
时间粒度	是指查询数据时需要返回数据的最小时间间隔，如 1 天、2 小时、5 分钟等
数据集	是对所采集数据的聚合计算、持久化存储和 Open API 访问输出方式的定义
日志清洗	是指通过切分、静态 Join 等操作，将日志数据转化为标准 Key-Value（KV）格式的过程
数据源	是指 ARMS 获取数据的来源，如服务器日志、MQ

五、业务中常见的基本概念

1. 预检查

预检查是迁移任务启动前的必经阶段，主要是对影响迁移成功的前置条件进行检查。例如，源目标实例的连通性、迁移账号的权限等的检查。如果预检查失败，那么可以根据修复方法修复，然后重新进行预检查。

2. 结构迁移

结构迁移是迁移任务的一种迁移类型。在数据库迁移中，它是指进行结构对象定义语法的迁移，包括表、视图、触发器、存储过程、存储函数、同义词等结构对象的语法迁移。对于异构数据库之间的迁移，在结构迁移阶段进行数据类型的映射，并根据源实例和目标实例的语法定义，对对象定义语法进行调整。

3. 全量数据迁移

全量数据迁移是迁移任务的一种迁移类型。它是指将源实例数据库中的所有数据，不包括结构语法定义，迁移到目标实例。如果创建迁移任务时只选择全量数据迁移而不选增量数据迁移，那么迁移过程中源实例的新增数据不会迁移到目标实例。

4. 增量数据迁移

增量数据迁移是迁移任务的一种迁移类型。它是指在迁移过程中将源实例写入的增量数据同步到目标实例。如果创建迁移任务时选择了全量数据迁移及增量数据迁移，那么 DTS 会先在源实例实现静态快照，将快照数据迁移到目标实例，再将迁移过程中源实例的增量数据同步到目标实例。增量数据迁移是一个保持目标实例与源实例数据实时同步的过程，不会自动结束，如果需要结束迁移，则在控制台手动结束任务。

5. 同步初始化

同步初始化是指在同步链路增量数据同步前，将同步对象的历史数据初始化到目标实例。同步初始化分为结构初始化和全量数据初始化。结构初始化是进行同步对象的结构定义的初始化。全量数据初始化是进行同步对象数据的初始化。

6. 同步性能

同步性能是指每秒同步到目标实例的记录数，单位为 RPS。

7. 同步延迟

同步延迟是指同步到目标实例的最新数据在源数据库执行的时间戳和源实例当前时间戳的差值。同步延迟反映了目标实例和源实例的数据时间差。当同步延迟为零时，表示源实例和目标实例数据完全一致。

8. 订阅通道 ID

订阅通道 ID 是订阅通道的唯一标识，购买完订阅通道，DTS 会自动生成订阅通道 ID。用户使用 SDK 消费增量数据时，需要配置对应的订阅通道 ID。在 DTS 控制台的订阅列表中，显示每个订阅通道对应的订阅通道 ID。

9. 数据更新

DTS 将数据库中的更新数据类型分为数据更新和结构更新。数据更新是指只修改数据，但是不修改结构对象定义，如 INSERT、UPDATE、DELETE 等。

10. 结构更新

DTS 将数据库中的更新数据类型分为：数据更新和结构更新。结构更新是指修改了结构对象定义的语法，如创建表、修改表、删除视图等。用户可以在创建订阅通道时，选择是否订阅结构更新。

11. 数据范围

数据范围是指订阅通道中存储的增量数据时间戳的范围，增量数据对应的时间戳是这条增量数据在 RDS 实例中应用完并写入事务日志的时间戳。默认情况下订阅通道中只保留最新一天的增量数据。DTS 会定期清理过期的增量数据，同时更新订阅通道的数据范围。

12. 消费时间点

消费时间点是指下游 SDK 订阅数据且已经被消费掉的最新一条增量数据对应的时间戳。SDK 每消费一条数据都向 DTS 服务端汇报 ACK，服务端会更新并保存这个 SDK 对应的消费时间点，当 SDK 异常重启时，服务端会自动从最后的消费位点推送订阅数据。

参考文献

［1］Michae L，J. Kavis. 让云落地：云计算服务模式（SaaS、PaaS 和 IaaS）设计决策［M］.北京：电子工业出版社，2016.

［2］杨欢. 云数据中心构建实战：核心技术、运维管理、安全与高可用［M］.北京：机械工业出版社，2014.

后 记

感谢我的家人，本书的编写占用了许多用于陪伴家人的时间，是他们的支持让我有动力和毅力来完成本书的编写工作；感谢中国社会科学院工业经济研究所的领导及同事，好的平台让我有机会去研究实践、表达自己的想法，我的领导和同事也为本书的出版提供了很多帮助和支持；同时感谢本书编委会的全体成员，他们为本书的编写提供了很多宝贵的素材和意见，也促成了本书内容的不断完善，直到最后出版。

在本书出版过程中，祝世伟老师、王丽华老师、徐军库老师对本书做出了很多贡献，肖雅梅同志帮助进行了审阅和排版，丁慧玲、和会欣两位老师花了很多时间整理资料，在此一并致谢。

囿于信息时代飞速变化的技术屏障，受限于个人知识背景和技术水平，本书存在的谬误和不足敬请读者包容、谅解。集体的智慧是无穷的，希望各位读者不吝赐教，我会不定期地修订、完善、更新这本书，以期为大家呈现一部有价值的图书资料。

葛健

2023 年 8 月 1 日于观书斋